鉄のカーテン

アン・アプルボーム

Anne Applebaum

訳◆山崎博康

Iron Curtain

The Crushing of Eastern Europe 1944-56

上

東欧の壊滅 1944-56

白水社

ゼロ・アワー

1.ベルリンから142キロのポーランド西部に進撃した赤軍、1945年3月(PAP/DPA)

2.帝国議会、1945年4月(PAP/DPA)

3.ドイツ民間人に食料を配るソ連兵士、1945年5月(PAP/DPA)

4.セーチェニ鎖橋、1945年夏(Terror Háza)

5.ワルシャワの廃墟の中で、ポーランド人家族の日中の食事……(PAP)

6.……そして街角でパンを売る女性、1945年夏(PAP)

民族浄化

7.
ズデーテンラントから追放され、
本国送還を待つドイツ人(ČTK)

8.ハンガリーから脱出するドイツ人農民("シュヴァーベン人")(Magyar Nemzeti Múzeum)

9.ポーランドの地下組織、国民軍(NSZ)のパルチザン兵士たち。
ポーランド中南部でこの写真が撮影されてから数週間後、これら兵士全員が死亡した(PAP/DPA)

武装レジスタンス

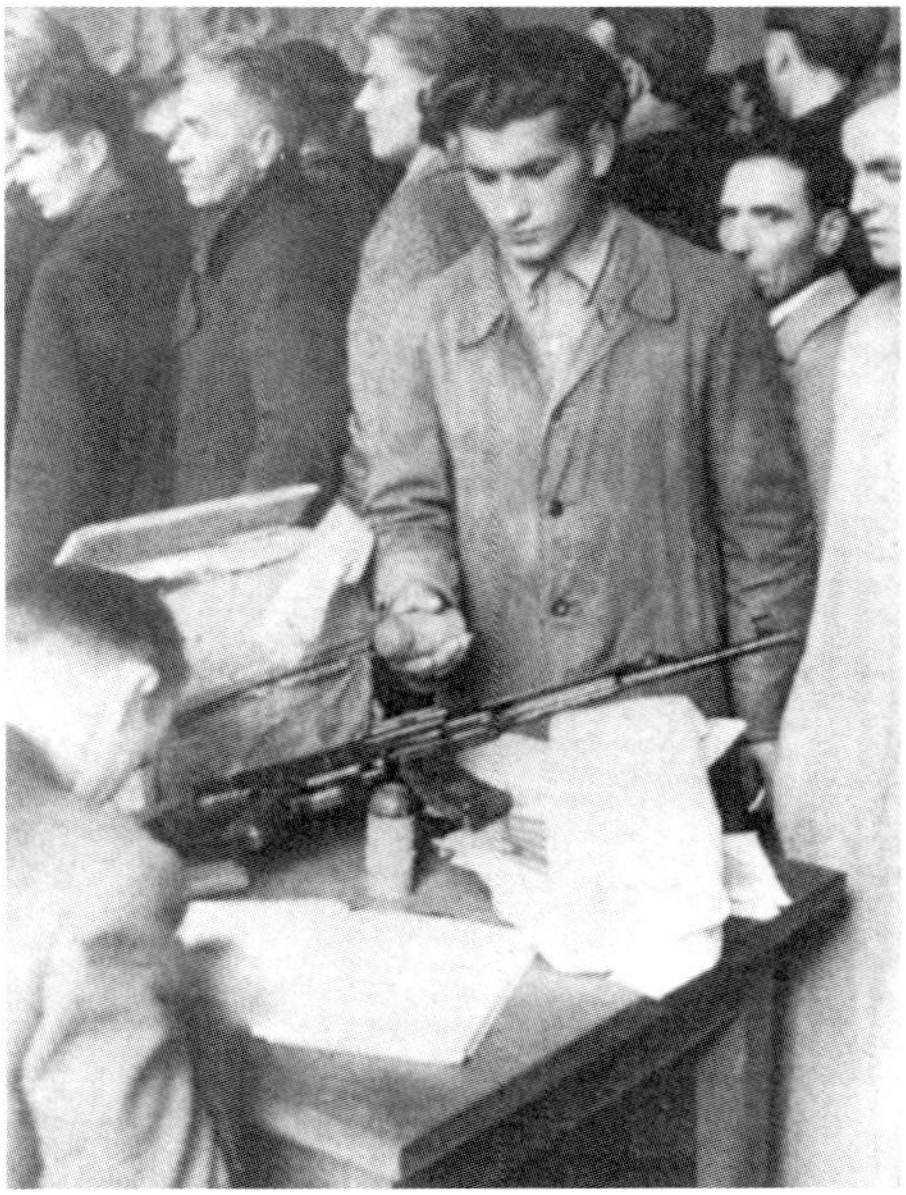

10.
恩赦を受け、
武器を引き渡すポーランドの
パルチザン兵士(PAP)

選挙

11.ブダペストの群集に向かって演説するマーチャーシュ・ラーコシ、1946年(MTI)

12.ポーランドのウッチで西側帝国主義とウィンストン・チャーチルに反対のデモ行進をする共産党(PAP)

13.ブダペストの選挙ポスター、1945年。
「闇市業者を監獄へ! 共産党が勝利すればパンも食料も増える!」とある(Magyar Nemzeti Múzeum)

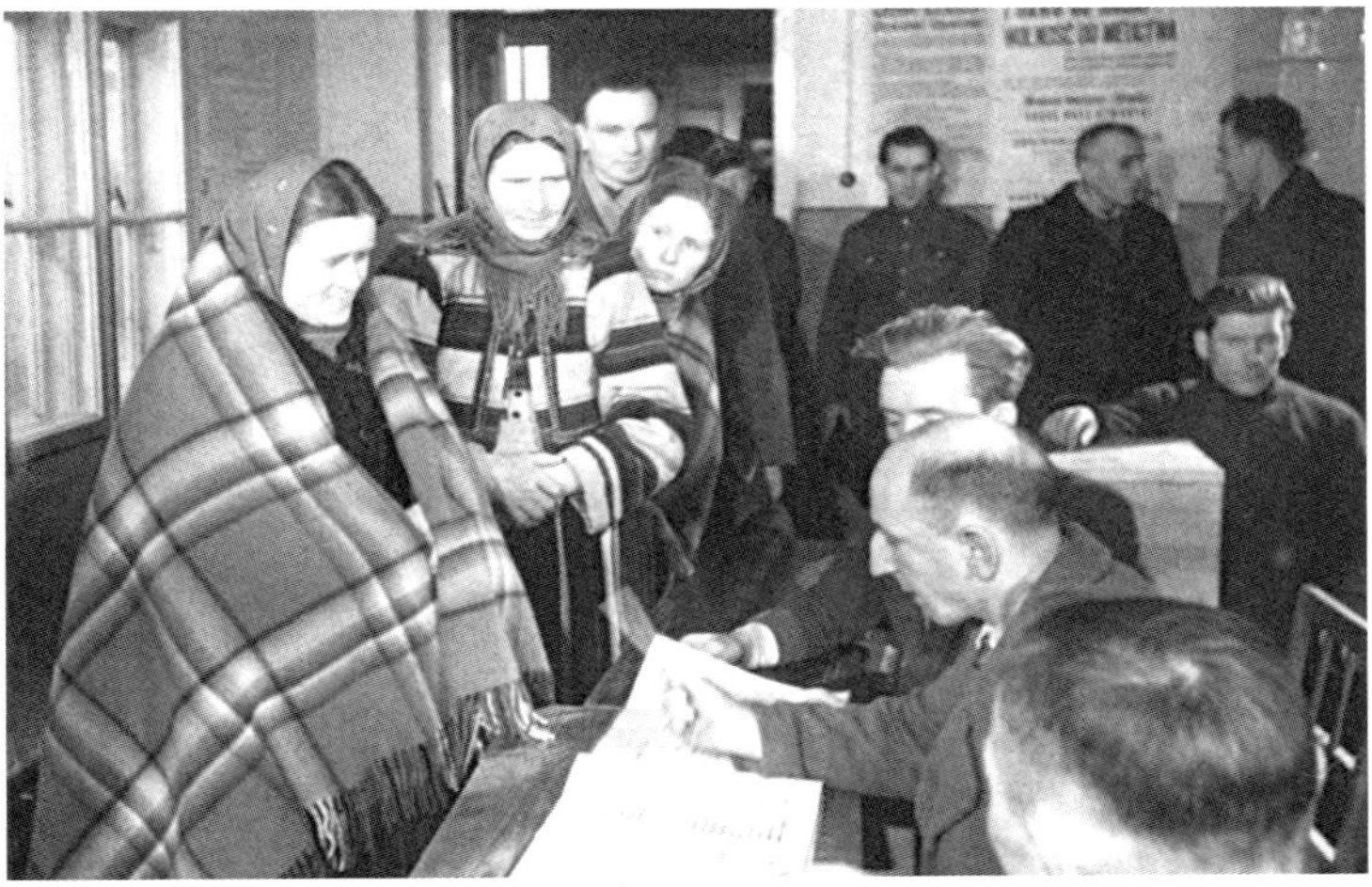

14.……ポーランドの田舎の投票風景、1947年(PAP)

15.勝ち誇る共産党。レーニン、スターリン、ラーコシの肖像画の下に勢ぞろいするハンガリー指導部（MTI）

モスクワ帰りの共産主義者：ハンガリー、東ドイツ、ポーランド

16.
左から右へ。
イシュトヴァーン・ドビ、
マーチャーシュ・ラーコシ、
エルネー・ゲレー、
ミハーイ・ファルカシュ、
ヨージェフ・レーヴァイ（MTI）

17.
左から右へ。
ヴィルヘルム・ピーク、
ヴァルター・ウルブリヒト、
オットー・グローテヴォール
（PAP/DPA）

18.
60歳の誕生日に際し
祝福を受けるビエルート（中央）
（PAP）

教会

19.党は当初、教会に譲歩する。聖体祭の巡行でポーランド首座大司教の
枢機卿アウグスト・フロントと並んで行進する国防次官ヤロシェヴィチ、1947年(PAP)

20.ハンガリーで弾圧始まる。
ブダペストで軍の付き添いを受ける枢機卿ヨージェフ・ミンツェンティ、1947年(MTI)

メディア

21.ドイツの東部地域で新聞を配るソ連兵士たち、1945年(PAP/DPA)

22.村のラジオの周りに集まるハンガリーの農民たち、1951年(MTI)

青年

23.子供たちの精神形成の一翼を担う自由ドイツ青年団(PAP/DPA)

24.夏季休暇を活用する自由ドイツ青年団(PAP/DPA)

25.ワルシャワの再建に当たるポーランド青年同盟(PAP)

26.体操の演技を披露するポーランド青年同盟(PAP)

労働

27.日々の生産量を記録するグダニスクのポーランド突撃労働者(PAP)

28.
教育目的のため念入りに姿勢を構えた写真。
スターリンヴァーロシュの建設現場で
撮影向けのポーズを取る
ジョーフィア・テヴァンとユーリア・コッラール

29.
自らの生産割り当ての287％を採掘、
ドリルを握る自身の肖像写真の下に
着席するドイツ炭鉱労働者
アドルフ・ヘンネッケ（PAP/DPA）

30.
自らの生産割り当ての1470％を
達成（自身の5カ年計画を
予定の4年前に完遂）した
ハンガリーの工場労働者
イグナーツ・ピオーケル（MTI）

31.スターリンのワルシャワへの贈り物、文化宮殿（撮影者:Lisa Larsen/Time & Life Pictures/Getty）

訳者略歴
山崎博康（やまざき・ひろやす）
一九四八年、千葉県生まれ。東京外国語大学卒業、共同通信社入社。ワルシャワ支局長、モスクワ支局長を歴任。現在、共同通信社客員論説委員。法政大学非常勤講師。
主要著書『東欧革命』（岩波新書、共著）
主要訳書『新しい東欧』（共同通信社、共訳）、『東欧革命1989』（共訳）『スターリンの子供たち』『ヒトラーが寵愛した銀幕の女王』（以上、白水社）

鉄のカーテン　上
東欧の壊滅1944－56

二〇一九年二月一五日　印刷
二〇一九年三月　五日　発行

著　者　アン・アプルボーム
訳　者 ©　山崎博康
装丁者　日下充典
発行者　及川直志
印刷所　株式会社理想社
発行所　株式会社白水社

東京都千代田区神田小川町三の二四
電話　営業部〇三（三二九一）七八一一
　　　編集部〇三（三二九一）七八二一
振替　〇〇一九〇‐五‐三三二二八
郵便番号　一〇一‐〇〇五二
www.hakusuisha.co.jp
乱丁・落丁本は、送料小社負担にてお取り替えいたします。

株式会社松岳社

ISBN978-4-560-09678-9
Printed in Japan

注

公文書館一覧

1956 Institute	1956年研究所公文書館、ブダペスト
AAN	Archiwum Akt Nowych: 現代記録の中央公文書館、ワルシャワ
ÁBTL	Állambiztonsági Szolgálatok Történeti Levéltára: ハンガリー国家保安歴史文書館（秘密警察公文書館）、ブダペスト
AdK ABK	Akademie der Künste Archiv Bildende Kunst: 芸術アカデミー視覚芸術公文書館、ベルリン
AUL	Archiv unterdrückter Literatur in der DDR: ドイツ民主共和国における抑圧された文学の公文書館、ベルリン
BStU MfSZ	Der Bundesbeauftragten für die Stasi-Unterlagen: ドイツ民主共和国国家保安公文書に関する連邦委員会（シュタージ公文書）、ベルリン
CAW	Centralne Archiwum Wojskowe: 中央軍事公文書館、ワルシャワ
DRA	Deutsche Rundfunkarchiv: ドイツ放送公文書館、ポツダム
GARF	Gosudarstvennyi Arkhiv Rossiiskoi Federatsii: ロシア連邦国立公文書館、モスクワ
GEOK	Gedenkbibliothek zu Ehren der Opfer des Kommunismus: 共産主義犠牲者記念図書館、ベルリン
HIA	Hoover Institution Archives: フーヴァー研究所公文書館、米カリフォルニア州スタンフォード
IPN	Instytut Pamięci Narodowej: 国民記憶院（秘密警察公文書館）、ワルシャワ

IWM	Imperial War museum Archives: 帝国戦争博物館公文書館、ロンドン
Karta	Archives of the Karta Center Foundation: カルタ・センター財団公文書館、ワルシャワ
MNFA	Magyar Nemzeti Filmarchívum: ハンガリー国立フィルム公文書館、ブダペスト
MOL	Magyar Nemzeti Levéltár: ハンガリー国立公文書館、ブダペスト
NA	National Archives: 英国立公文書館、リッチモンド・アポン・テムズ・ロンドン特別区キュー
NAC	Narodowe Archiwum Cyfrowe: 国立デジタル公文書館、ワルシャワ
OSA	Open Society Archive: オープン・ソサイアティ文書館、ブダペスト
PIL	Archive of the Institute of Political History: 政治史研究所公文書館、ブダペスト
RGANI	Rossiiskii Gosudarstvennyi Arkhiv Noveishei Istorii: ロシア国立現代史公文書館、モスクワ
SAPMO-BA	Stiftung archive der Parteien und Massenorganisationen der DDR im Bundesarchiv: 連邦公文書館におけるドイツ民主共和国の諸政党および大衆組織文書財団、ベルリン
SNL	National Széchényi Library: 国立セーチェーニ図書館、ブダペスト
TsAMO RF	Tsentral'nyi Arkhiv Ministerstva Oborony Rossiiskoi Federatsii: ロシア連邦国防省中央公文書館、ポドリスク
TVP	Telewizja Polska: ポーランド・テレビ（公共テレビ局）文書館、ワルシャワ

序章

（1）ヤニーナ・ススカ＝ヤナコフスカとのインタビュー。2007年10月16日、ウッチ。

（2）引用はいずれも Barbara Nowak, 'Serving Women and the State: The League of Women in Communist Poland', dissertation, Ohaio State University, 2004.

鉄のカーテン——東欧の壊滅 1944-56◆上

Cover Photo:ullstein bild/Getty Images
1945年2月11日、ソ連赤軍によるブダペスト攻勢

自由の喪失、専制、虐待、飢餓というものは、
そうした事どもを自由、公正、人民のためと呼ぶのを強制されるのでないかぎり、
すべて容易に耐えることもできたであろう。
嘘とは、まさにその不完全にして、はかない特質があるゆえ、
言葉の真実追求に直面させられると、たちどころに嘘であることが暴露される。
しかし、ここでは、暴露する手段がいっさい警察から永続的に取り上げられてしまったのである。

アレクサンダー・ワット　わが世紀

個々人はあれこれの神話化をすべて信じるには及ばない。
しかし、信じているかのごとく振る舞わなければならない。
あるいは、少なくとも黙って受け入れるか、
そういうものに従って仕事をする人々と上手に付き合っていく必要がある。
けれども、こうした理由により、嘘の中で暮らしていかなければならないのだ。

ヴァーツラフ・ハヴェル『権力なき者たちの力』

本書は嘘の中で暮らすことを拒否した東欧の人々に捧げる。

鉄のカーテン——東欧の壊滅1944-56◆上

目次

東欧、1945年
N
W
E
S
0
100
200マイル
0
100
200
300キロメートル
ダニスク
ポーランド
ワルシャワ
ウッチ
ルブリン
ジェシュフ
クラクフ
ソ連
デブレツェン
ブダペスト
ハンガリー
ルーマニア
セゲド
ベオグラード
ブカレスト
黒海
ユーゴスラヴィア
ブルガリア
ソフィア
アルバニア
トルコ

北海
バルト海
オランダ
アムステルダム
英国管轄区域
ソ連管轄区域
ビドゴシチ
ベルリン
連合国共同
管轄区域
ポズナニ
ドイツ
ヴィッテンベルク
ブリュッセル
ライプツィヒ
ドレスデン
ワイマール
ベルギー
プラハ
フランス
管轄区域
ルクセンブルク
チェコスロヴァキア
米国管轄区域
ブルノ
ソ連
管轄区域
ブラティスラヴ
フランス
ミュンヘン
米国
管轄区域
ウィーン
ジェー
フランス
管轄区域
ベルン
スイス
オーストリア
英国管轄区域
イタリア
地中海
アドリア海
コルシカ
ローマ

エストニア
スウェーデン
リガ
ラトヴィア
バルト海
リトアニア
カウナス
ヴィルノ
ドイツ
ダンツィヒ
東プロイセン
ソ連
ポズナニ
ワルシャワ
ウッチ
ドイツ
ルブリン
ポーランド
ジェシュフ
クラクフ
ルヴフ
チェコスロヴァキア
オーストリア
ハンガリー
ルーマニア
N
W
E
S
0 50 100 150マイル
0 100 200キロメートル
ポーランド、1939年

スウェーデン
バルト海
カウナス
ヴィリニュス
ダンツィヒ
（グダニスク）
ポーランド
ベルリン
ポズナニ
ワルシャワ
ウッチ
ソ連
ドイツ
ルブリン
ジェシュフ
クラクフ
リヴィウ
チェコスロヴァキア
オーストリア
ハンガリー
ルーマニア
N
W
E
S
0 50 100 150マイル
0 100 200キロメートル

ポーランド、1945年

略称と頭文字に関する注

本書で扱った時代は多種多様な政治組織を表す略称や頭文字が広範に使われた――ソ連はその点ではある種のマニアだった――が、一般の読者には非常に紛らわしいことになりかねない。なによりも、かなり頻繁に変わることがあったためだ。そこで筆者はたとえば「ポーランド統一労働者党」の代わりに「共産党」を、あるいはFDJやZMPの代わりに「共産主義青年団体」を多用し、極力そうした混乱を避けた。それでも全面的に回避することはできなかった。こうした略称はほかの歴史書や回想録でしばしば使われている。以下は最も重要な略称のリストである。

ドイツ

CDU　キリスト教民主同盟
DDR　ドイツ民主共和国　GDRあるいは東ドイツとも呼ばれる
FDJ　自由ドイツ青年団　一九四六年設立の共産党青年組織
FDP　自由民主党　自由党と表記されることもある
KPD　ドイツ共産党　一九一九年結成　ドイツのソ連管轄区域で一九四六年解散
SED　ドイツ社会主義統一党　一九四六年社会民主党との統一後のドイツ共産党の党名

ハンガリー

ÁVH　ハンガリー国家保衛庁　一九五〇年から五六年まで活動した秘密警察
ÁVO　ハンガリー国家保衛部　一九四五年から五〇年まで活動した秘密警察
DISZ　勤労青年同盟
カロト（Kalot）カトリック農業青年クラブ全国書記局
マディス（Madisz）ハンガリー民主青年同盟
MDP　ハンガリー勤労者党　社会民主党との合併後の共産党　一九四八―五六年に活動
メフェス（Mefesz）ハンガリー大学・カレッジ協会連盟　一九四五―五〇年に活動した青年組織　五六年の一時期復活
MKP　ハンガリー共産党　一九一八―四八年に活動
MSzMP　ハンガリー社会主義労働者党　一九五六―八九年に活動した共産党
ネーコス（Nékosz）人民大学全国連合
SZDP　ハンガリー社会民主党　一八九〇年結党、一九四八年共産党との合併に伴いMDPに吸収

ポーランド

KPP　ポーランド共産党　一九一八年結党、一九三八年スターリンにより解散
KRN　国民評議会
PKWN　ポーランド国民解放委員会
PPR　ポーランド労働者党　復活した共産党で一九四二―四八年に活動

PPS　ポーランド社会党　一九八二年結党、一九四八年強制解散により統一労働者党に吸収
PRL　ポーランド人民共和国　共産主義体制のポーランド
PSL　ポーランド農民党　一九一八年結党、一九四四―四六年共産体制下で野党、後に翼賛政党
PZPR　ポーランド統一労働者党、一九四八年以後の共産党
SB　ポーランドの治安機関　一九五六―九〇年に活動した秘密警察
UB　治安部局　一九四四―五六年に活動した秘密警察
WiN　自由と独立　一九四五年から五〇年頃にかけて活動した反共産主義の地下組織
ZMP　ポーランド青年同盟、一九四八―五七年に活動した共産主義青年組織
ZWM　戦う青年同盟、一九四三―四八年に活動した共産主義青年組織

序章

「バルト海地域のシュテッティンからアドリア海地域のトリエステに至るまで、
欧州大陸を横切る鉄のカーテンが引かれた。
そのラインの背後には中部および東部の欧州に昔からある国々の都がすべてある。
ワルシャワ、ベルリン、プラハ、ウィーン、ブダペスト、ベオグラード、ブカレスト、そしてソフィアと、
これら名の知られた都市のすべてと、都市を取り巻く人々は、
わたしがソヴィエト圏と呼ばざるを得ないところに位置している。
そして、どこもあれこれの形態を取りながら服属しているのはソ連の影響力に対してだけにとどまらない。
かなり高度な、そして多くの場合、ますます強まるモスクワからの支配の手立てに屈しているのである」

ウィンストン・チャーチル
一九四六年三月五日、米ミズーリ州フルトンでの演説

何よりも一九四五年が際立たせたのは、欧州の歴史でも最大級の一つだった桁外れな人口移動である。欧州大陸の全域で数十万の人々がソ連亡命から、ドイツの強制労働から、強制収容所から、捕虜収容所から、潜伏先から、あらゆる類いの避難先から帰還する途上にあった。道路という道路、歩道、小道、列車は、ぼろをまとって腹を空かせ、汚れにまみれた人々でひしめき合っていた。

各地の鉄道駅の光景はとりわけ見るもおぞましいものだった。飢えに苦しむ母親、病を抱えた子供たち、そして時には家族全体が次に来る列車を待って、何日も非衛生的なセメントの床に寝泊まりし

ている。伝染病や飢餓に巻き込まれる恐れがあったのだ。しかし、ポーランド中部の街ウッチでは、女性たちの一団が悲劇の拡大防止を決意する。一九一三年に設立された慈善と愛国主義の組織リーガ・コビエト（Liga Kobiet）、すなわちポーランド婦人同盟だったメンバーたちの主導で、女性たちが活動に乗り出した。ウッチ駅で、婦人同盟の活動家が女性や子供たち向けの避難所を設置し、ボランティアや看護師を差し向けるとともに、温かい食料や医薬品、毛布を提供した。

一九四五年春、これら女性たちの動機は一九二五年、あるいは一九三五年当時とまったく変わらなかった。彼らは社会の緊急事態に立ち会ったのである。結集したのは手助けをするためだった。だれかから要請、命令されたのではない。報酬が支払われたわけでもない。わたしが会ったとき八十代後半だったヤニーナ・ススカ＝ヤナコフスカは、ウッチで取り組んだ当初の活動が政治とはまったく無縁だったことを覚えていると語った。「慈善活動で金銭を受け取った人はひとりもいません。……少しでも時間の取れる人は助けに出たのです」[1]。ウッチの婦人同盟にはそもそも、死に物狂いの旅人に救助の手を差し伸べること以外に、いかなる政治課題も持たなかった。

五年が経過した。一九五〇年までに、ポーランド婦人同盟はまったく異なる組織に変貌する。ワルシャワに本部を置き、中央集権化された全国的な運営機関を備えた。命令に従わない地方支部を解散させることもできたし、実際、そのようにした。事務局長のイゾルダ・コヴァルスカ＝キリルクは慈善活動や愛国主義の言葉でなく、政治的、イデオロギー的な言語を用いて連盟の主要な任務を説明した。「われわれは組織的作業を深め、活動的な女性でつくる広範なグループを動員し、彼らを教育するとともに、自覚ある社会活動家として育成していかなければならない。われわれは日々、女性の社会意識の水準を高め、人民ポーランドを社会主義ポーランドに変える社会再建という壮大な任務に参画していかなければならない」。

婦人同盟は一九五一年大会のときのように、全国大会も開催した。当時の副議長ゾフィア・ヴァシルコフスカは公然と政治目標を打ち出した。「連盟の担う主要な、かつ制度的な形態とは教育的、啓蒙的な活動である。……すなわち、女性の意識を比較にならないくらい高度なレベルに押し上げ、六カ年計画の目標を最も完璧な形で実現させることに女性を動員するのだ[2]」。

言い換えれば、ポーランド婦人同盟は一九五〇年までに、実質的にポーランド共産党の女性部門になったのである。同盟はこの資格により、女性たちに対し政治や国際関係の問題に関しては党の路線に従うよう促したほか、メーデー行進への参加や西側帝国主義を非難する請願書への署名を働きかけた。また、教宣活動家たちのチームをいくつも抱えた。彼らは教習に出席し、党のメッセージをさらに広める方法を学んだ。このうちどれかに反対する者は――例えば、メーデー行進とか、スターリン生誕式典への参加を拒否でもすれば――婦人同盟から追放されることになりかねなかったし、一部メンバーは確かに組織を追われた。ほかには脱退組もいた。組織に留まったメンバーはもはやボランティアではなく、国家と共産党のために尽くす官僚であった。

五年が経過したのである。この五年間にポーランド婦人同盟、および無数の類似団体は全面的な組織替えを強いられた。一体、何が起きたのか？　変転を引き起こしたのは誰なのか？　だれもがそうした事態に同調したのはなぜなのか？　こうした問いに答えることが本書のテーマである。

「全体主義」（totalitarismo）という言葉はナチス・ドイツやスターリンのソ連を説明する際によく使われてきたが、イタリアのファシズムとの関連において用いられたのが最初であった。この用語はベニート・ムッソリーニに対する批判者の一人が生み出したが、ムッソリーニ自身が熱狂的に取り入れた。ある演説で彼が示した説明は今日でも最も適切な定義となっている。「いっさいは国家の中に。国家を外れては何もなし。国家に敵対しては何もなし」[3]。厳密に定義すれば、全体主義体制とはこの体制が公式に認めたもの以外、すべての組織を禁じる体制である。こうして全体主義体制はひとつの政党、ひとつの教育制度、ひとつの芸術的教義、ひとつの中央計画経済、ひとつの統一されたメディア、ひとつの道徳規範を備えることになる。全体主義国家においては、独立した学校も、私企業も、草の根組織も、批判的思想もいっさい存在しない。ムッソリーニはかつてお気に入りの哲学者ジョヴァンニ・ジェンティーレとともに「国家の概念」に関する著作をものにし、「国家とはすべてを包摂するものである。すなわち、国家の外にいかなる人間的、精神的価値観も存在し得ない。まして値打ちもあり得ない」とした[4]。

「全体主義」という言葉はイタリア語から欧州、および世界のあらゆる言語に広まった。ムッソリーニの失脚後、この考え方を公然と擁護するものはほとんどいなくなったものの、言葉そのものは批判者たちによって最終的に定義されるようになる。二十世紀最大の思想家たちはそうした批判者の中に多く見いだせる[5]。フリードリヒ・ハイエクの『隷従への道』は全体主義の挑戦に対し哲学的な回答を示したものだ。カール・ポパーの『開かれた社会とその敵』もしかり。ジョージ・オーウェルの『一九八四年』は全体主義体制によって完全に支配された世界の反ユートピア像である。

全体主義政治に取り組んだ最も偉大な学究と言えば、おそらくハンナ・アーレントであろう。彼女は一九四九年の著作『全体主義の起源』で、全体主義を近代化の始まりによって可能となった「新規の統治形態」と定義した。伝統的社会と生活様式の破壊が「全体主義的人格」、すなわちよりどころを完全に国家に依拠する男女が進化する諸条件を創出したと彼女は主張する。よく知られているように、アーレントはナチス・ドイツとソ連がともに全体主義体制であり、従って相違よりも類似性が多いと論じたのである[6]。カール・J・フリードリヒとズビグニュー・ブレジンスキーは一九五六年出版の『全体主義独裁と専制』でそうした議論をさらに推し進め、適用可能な領域を広げた定義を追求した。二人は力説する。あらゆる全体主義体制には少なくとも五つの共通点がある。支配的イデオロギー、単一の政党、テロ行使も辞さない秘密警察力、情報の独占、計画経済がそれであると。これらの基準に従えば、ソ連とナチス・ドイツだけが全体主義国家というわけではない。ほかにも——例えば、毛沢東の中国——該当するところがある。[7]

しかし、一九四〇年代末から五〇年代初めにかけて、「全体主義」は単なる理論にとどまらなくなる。冷戦初期の時代を通じ、この用語は具体的な政治組織をも獲得する。米大統領ハリー・トルーマンは一九四七年の画期的な演説の中で、米国民は「自由な人々が自由な組織と全体主義を押し付けようとする強引な動きに対し、自由な制度と国家としての保全を図れるように、米国民は進んで支援」しなければならないと言明した。[8] この構想は「トルーマン・ドクトリン」として知られるようになる。大統領ドワイト・アイゼンハワーも一九五二年の大統領選遊説でこの言葉を使い、韓国に赴き朝鮮戦争を終結させる意向を明らかにした。「わたしにはこの全体主義的思考について何がしかの知識はある。第二次世界大戦の歳月を通じ、当時のわれわれ全体を脅かした専制に対し自由世界の十字軍として決断する重責を担ったからである」[9]。

米国の冷戦戦士は公然と自らを全体主義への対抗者と位置付けた。それゆえ、冷戦への懐疑論者がこの用語に疑問を抱き始め、その意味するところを尋ねたのは当然であった。全体主義とは真の脅威なのか、それとも誇張にすぎないのか、すなわち、上院議員ジョセフ・マッカーシーの造語であるブギーマン〔子供を脅すのに使うお化け〕でしかないのだろうか？　一九七〇年代、および一九八〇年代を通して、ソ連の歴史修正主義者はスターリンのソ連でさえ実際は決して全体主義ではなかったと論じた。彼らの言い分はこうだ。実のところ、ソ連における決定がすべてモスクワでなされたわけではない、地方警察が最高指導部とまさしく同じようにテロルに着手したこともあり得る、経済統制を試みた中央の経済立案者が必ずしもうまくいったわけではない、大規模なテロルは結果的に社会の多くの人々に「機会」をもたらした、というのである。[10] これに対し「全体主義」なる用語は粗雑にして曖昧であり、あまりにもイデオロギー的だと受け止める向きもあった。

事実、全体主義に関する大勢の「正統派」理論家が同じ点を多々指摘した。全体主義が機能したとする論者はほとんどいない。むしろ逆に、「全体主義体制は不可能を追い求め、個人や運命を意のままにしたいと望むがゆえに、中途半端な形でしか実現し得ない」とフリードリヒは指摘する。「全体主義の権力要求がもたらす結果が危険極まりなく、抑圧的であるのはまさしく、このためである。その帰結は捉えどころがなく、計り知れないものであり、提示しがたいからである。……この歪みは権力願望が達成不可能なことに由来する。それがこうした体制下の営みを特徴付け、部外者すべての理解を極めて困難なものにしているのだ[11]」。

政治理論家たちは近年、修正主義の議論をさらに推し進めた。一部は「全体主義」という用語が真に有用なのは理論上にすぎないと論じる。自由民主主義者が自分たちを定義することのできる負のテンプレートとして、である。[12] 他方、この言葉は全く意味を持たないとする論者もおり、「西側社会に対する理論上のアンチテーゼ」でしかない、さもなければ単に「われわれの嫌いな人間」にすぎないと説明する。もっと意地悪い解釈では「全体主義」という言葉は独善的であるとする。われわれがそれを使うのは西側民主主義の正統性を高めるためにほかならないというのである。[13]

一般の人々が語る場合、「全体主義」は独善的というよりは、むしろ使い古された言葉だ。民主的に選出された政治家は全体主義的と言い表すのである（例えば、「リック・サントラムの全体主義的本能」）。政府あるいは会社ですらもがそう言われるのと同様である（「米国の全体主義への行進」に関する記事を読むこともできるし、アップル社が「アプリ・ストアに全体主義的アプローチ」をしていることを知ることもできる(14)。アイン・ランド以後の自由至上主義者《リバタリアン》は進歩的リベラル派を評してこの言葉を用いてきた。進歩的リベラル派（まさに保守主義者）はアイン・ランドのことを説明するためにこの言葉を使ってきた(15)。この言葉は今日ではあまりに多くの人々と組織に適用されているため、無意味に思えることもありそうだ。

とはいえ、「全面的支配」という考えそのものは今や滑稽でばかげたものであり、大袈裟な、あるいはくだらないものに思えるかもしれないし、その言葉自体、衝撃をもたらす力は失ったのかもしれない。けれども、「全体主義」とは訳のわからぬ侮辱どころではない。そのことを思い起こすのが重要である。歴史的に見て、全面的支配を目指す体制が多々あった。そうしたもろもろの体制を把握するのであれば――われわれが二十世紀の歴史を理解するのであれば――全体主義が理論と実践においていかに機能したのか理解する必要がある。全面的支配という概念が完全に時代遅れとなったわけではないのである。スターリンの路線に沿って発足した北朝鮮は七十年間、ほとんど変わっていない。新しいテクノロジーが今や全面的支配という概念を目指すのはもちろん、達成するのもますます困難にしているようにみえる。けれども、われわれは携帯電話やインターネット、衛星写真が最終的には、「包括的統制」を狙う体制の手中に収まり支配の道具と化すことはあるまいと確信できないでいる(16)。「全体主義」とは依然として有益かつ必要な実証的説明なのである。使い古されて久しい言葉がよみがえっているわけだ。

とりわけ、ある体制が全体主義的統制の手立てと技法をよく理解し、輸出することに成功する。すなわち、赤軍のベルリン進撃と第二次世界大戦の終結を受けてソ連指導部は自国とは非常に異なる欧州諸国に全体主義的な統治システムを押し付けることに躍起となった。既にソ連内部の多くのさまざまな地域に強要したのとまったく同じようにして。その努力は生死を賭けた懸命なものだった。スターリンも配下の赤軍将校や秘密警察――一九三四年から四六年までは内務人民委員部（Narodnyi Komissariat Vnutrenikh Del, 略称ＮＫＶＤ）、のちの国家保安委員会（ＫＧＢ）――も東欧に全体主義国家を樹立する際にはアイン・ランドや進歩的なリベラル派のことは眼中になかった。ムッソリーニの言葉を借りれば、彼らはすべてが国家の内部にあり、国家の外にいっさい存在せず、国家に対立するものは何もないという社会を創出したいと切に願った――そして迅速にそれをやってのけようと望んだのだ。

まさしく、一九四五年に赤軍が全体であれ、一部であれ占領した欧州八カ国は相当に異なった文化、政治的伝統、経済構造を持っていた。新たな領土には君主制国家、専制国家、半ば封建的な国家と並んで、かつての民主国家チェコスロヴァキア、元ファシスト国家ドイツが含まれた。この地域の住民はカトリック教徒、正教徒、プロテスタント、ユダヤ教徒、イスラム教徒だ。彼らはスラヴ語、ロマンス語、フィン・ウゴル語、ドイツ語を話す。ロシアびいきもいれば、ロシア嫌いもいる。工業化されたボヘミア地域もあれば、農村的なアルバニアもある。コスモポリタン都市ベルリンがある一方で、カルパティア山脈のちいさな木造家屋の村落もある。かつてはロシア帝国、あるいはオーストリア・ハンガリー二重帝国、プロイセン帝国、オスマン・トルコ帝国だった地域がそこにあった。

とはいえ、米国人や西欧人が当時その地域を訪れると、共産主義勢力が支配的ではあっても非ソ連の欧州諸国――ポーランド、ハンガリー、チェコスロヴァキア、東ドイツ、ルーマニア、ブルガリア、アルバニアおよびユーゴスラヴィア――であった。そこは「ブロック」としてはやがて「東欧」として知られるようになる。これは政治的、歴史的用語であって、地理的なものではない。共産主義国家だったことのないギリシアのような「東部」諸国は含まれていないのである。バルト諸国やモルドヴァも対象外だ。歴史的、文化的には東欧と似ているものの、この時点では実際にソ連に併合されていたからだ。特に、バルト諸国とポーランドの経験には類似性がある。しかし、重要な相違点もある。ソヴィエト化とはバルト諸国にとっては名目上の主権ですら失われたことを意味したのである。

スターリン死後の時代に――とりわけ一九八九年以降――、東欧八ヵ国は極めて異なった道をたどる。第一段階では実際には各国に共通性もあまりないことが通例となる。たしかに、その通りなのだ。一九四五年以前にいかなる形であれ一体だったためしはないのだ。現在では共産主義を経験した共通の記憶を別とすれば、驚くほど共通点はないに等しい。けれども、一九四五年から八九年にかけての時代、東欧八ヵ国がともにしたことは少なくない。そこでわたしは分かりやすさと知名度に配慮し歴史的な正確さを期すため、これらの国々を描く際に「東欧」という用語を本書で使うことにする。[17]

端的に言って一九四五年から五三年までの間は、ソ連が多岐にわたって異なる東欧諸国をイデオロギー的かつ政治的に均質な地域につくりかえることに成功するかに見えた。ヒトラーの敵対国からその同盟国に至るまで、これら諸国はこの時期、表向き同一の政党による集合体を創設した。[18]一九五〇年代初頭までに、この地域のくすんだ、戦禍に見舞われた「古代国家」の首都は、チャーチルの言葉によれば、にこりともしない同じ類いの警察官がパトロールし、社会主義リアリズムの建設者たちによって計画され、同じ類いのプパガンダ・ポスターで覆われた。ソ連ではスターリンが「来るべき共産主義勝利の象徴」としてあがめられたが、同じ指導者への崇拝はこの地域一帯でも見受けられた。それと同時に現地の党指導者に対しても非常に似通った崇拝がなされた。[19]数百万の民衆が国家肝いりのパレードや共産主義政権をたたえる祝賀行事に参加した。それと同時に、「鉄のカーテン」という言葉は比喩にとどまらない様相に見えた。壁、フェンス、有刺鉄線は文字通り東欧を西側から切り離した。ベルリンの壁が建設された年の一九六一年に至る時点で、こうした障壁は永遠に続くかに見えていた。

この体制転換が起きた速さは、振り返ってみれば、驚嘆するほかはない。ソ連自体、全体主義国家へと変貌を遂げるには二十年を要した。しかも、断続的に進んだ。ボリシェヴィキたちは青写真を持って着手したのではなかった。ロシア革命を受けて彼らはジグザグ・コースをたどり、過酷に過ぎることもあれば、より進歩的なこともあった。次々に打ち出す政策が公約した経済的成果を生み出すことができなかったのである。集団的な「戦時共産主義」とロシア内戦期の「赤色テロル」政策の後、レーニンのよりリベラルな新経済政策が続き、私営の企業活動や交易を一部認めた。その後、新経済政策は一九二八年に廃止され、五カ年計画および、やがてスターリン主義として知られる一連の新たな政策に取って代わられた。それは急速な工業化の推進、強制集団化、中央計画経済であり、言論、文学、報道、芸術に対する厳格な規制、そして大規模な強制労働収容所システムであるグラーグの拡大であった。「スターリン主義」と「全体主義」という用語はしばしば置き換え可能な形で使われたが、それも当然であった。

しかし、一九三〇年代末になるとスターリン主義も危機に瀕する。生活水準は党が約束したほど急速には改善しなかった。お粗末な計画による投資にツケが回ってきたのだ。一九三〇年代初頭に襲ったウクライナやロシア南部の大飢饉は体制側に一定の政治的効用はあったものの、称賛よりは恐怖を生み出した。一九三七年、ソ連秘密警察が逮捕、投獄、処刑といった公然たる活動に乗り出す。当初は妨害工作員、スパイ、社会の進歩を阻むとされた「破壊者」を狙いとしていたが、最終的にはソ連共産党の最上層を含むまでに拡大した。大粛清はソ連における逮捕事件としては第一波でもなければ、最大規模でもない――それ以前の段階に荒れ狂ったテロルは主に農民やさまざまな少数民族、とりわけソ連国境近くに住むこれら民族を標的としていた。しかし、それが頂点に立つ党指導部を対象とするのは初めてのことだった。この事態は国内にとどまらず国外の共産主義者に心底動揺を引き起こす。大粛清はいずれ本当の幻滅をもらしかねない恐れがあった。ところが、スターリン主義――そしてスターリン本人――は思いがけず第二次世界大戦に救われる。混乱や誤り、さらには大量死とおびただしい破壊に見舞われたにもかかわらず、戦勝が体制とその指導者の正当性を高め、その価値を「立証」したのである。勝利を受けて疑似宗教的なスターリン崇拝は頂点に達する。プロパガンダはソ連指導者を、「彼ら自身の英雄主義、愛国心、社会主義の祖国への献身そのものを表す化身」であると表現した。[20]

同時に、戦争はスターリンに、隣接諸国に対して共産主義社会に関する彼独自の構想を押し付けるまたとない機会を与えた。その最初の機会は一九三九年にまず訪れた。ソ連とナチス・ドイツがモロトフ＝リッベントロップ協定に調印し、ポーランド、ルーマニア、フィンランドおよびバルト諸国を分割して双方の勢力圏に組み込むことで合意した後のことである。九月一日、ヒトラーは西からポーランドに侵攻。九月十七日、スターリンは東からポーランドに侵攻した。数ヶ月後、ソ連軍部隊はバルト諸国、ルーマニアの一部、フィンランド東部をも占領した。ナチス占領下の欧州は最終的に解放されたが、スターリンは戦争の第一段階で占領した領土を決して手放さなかった。ポーランド東部、フィンランド東部、バルト諸国、ブコヴィナ、現在はモルドヴァと呼ばれるベッサラビアはソ連に編入された。ポーランド東部の領土は今日、ウクライナの一部、ベラルーシとなっている。

赤軍将校とNKVD将校は占領地隊で直ちにソ連型システムの押し付けに着手した。一九三九年以降、彼らは現地の協力者、国際共産主義運動のメンバーを動員、大規模な暴力、そして強制収容所グラーグへの大量連行により現地住民の「ソヴィエト化」を行った。スターリンはこのときの経験から有益な教訓を学び、貴重な同盟諸国を獲得する。すなわち、一九三九年のポーランド東部およびバルト諸国へのソ連侵攻が、この再現に備えも意欲もあるNKVD将校の幹部集団を作り上げたのだ。ソ連当局は直ちに、東欧を同じように再編する地固めに取りかかる。一九四一年にナチス・ドイツがソ連に侵攻する以前の段階にして既に着手したわけである。

この最後の点は論議を呼ぶところだ。というのも、一般的な歴史叙述では、この地域の戦後史は通常、いくつかの段階に分けられるからだ。[21]最初は、一九四四年から四五年にかけて真の民主主義が存在した。次いで、ヒュー・シートン＝ワトソンがかつて書いたように、いかさま民主主義となり、その後、一九四七年から四八年にかけて突然の政策転換と本格的な政権奪取に突き進む。すなわち、政治的テロルが激化、メディアは封じ込まれ、選挙は操作される。見せ掛けの民族自治はいっさい取りやめとなったのである。

一部歴史家や政治学者は以後、こうした政治的空気の変化を時期的に一致する冷戦幕開けのせいにしてきた。時には、東欧におけるスターリン主義の始まりが西側に冷戦戦士の責任にさえされている。その攻撃的な言辞がソ連指導者による東欧支配の強化を「強制」したというのである。一九五九年、この概して「修正主義」的な議論はウィリアム・アップルマン・ウィリアムズにより古典的な形態を付与された。冷戦を引き起こしたのは共産主義の拡大ではなく、開かれた国際市場を目指す米国の攻勢にあると論じた。ごく最近では、ある著名なドイツの学者が、ドイツ分割はソ連が一九四五年以後、東部ドイツに全体主義的政策を追求したためではなく、西側列強がスターリンの平和提案を生かすことができなかったためであるとの説を唱えた。[22]

一九四四年から四七年にかけて、この地域一帯の現地で起きた出来事をいかなる形であれ子細に検証してみれば、これらの議論に大きな欠陥のあることが明らかになる――そして、ソ連および東欧の公文書が閲覧可能になったおかげで、現在では綿密な調査が可能なのである。[23] 新たな出典によって、この初期の「リベラル」時代というものは、振り返ってみると一見そのように見えることが時にあっても、実際はさほどリベラルではなかったのである。新たな出典は、そうしたことを歴史家たちが理解する一助となってきた。事実、赤軍が国境を越えた途端にソ連型政治システムの要素がすべて移入されたわけではなかった。実際、スターリンが素早く共産主義「ブロック」を樹立するつもりだったという証拠はないのである。一九四四年、外相イワン・マイスキーは欧州諸国が最終的にすべて共産主義国家になると見込んだメモを遺しているが、それは三十年、ないしはおそらく四十年を経たのちのことだろうとしている。(彼は将来の欧州には唯一の大陸国家ソ連とひとつの海洋大国英国が君臨するはずだとも予測している。)一方、マイスキーはソ連としては東欧に「プロレタリア革命」を扇動しようと画策してはならず、むしろ西側民主主義諸国との良好な関係維持を図るべきだと考えた。[24]

この長期的な見通しはスターリンが理解した通り、たしかにマルクス・レーニン主義のイデオロギーに合致したものであった。スターリンは資本主義者たちがいつまでも協力し合うことはできないと考えた。早晩、貪欲な帝国主義は資本主義者を対立に向かわせ、ソ連が恩恵を受けるはずなのだ。「英国と米国との諸矛盾がいまだに感じ取れる」。戦争が終わって数ヶ月後に、同志たちに語っている。「米国では社会対立が顕在化する一方である。英国労働党は労働者に社会主義に関して多大な約束を振りまいてきたため、引っ込みが付かなくなる。間もなく国内のブルジョア階級とだけでなく、米国の帝国主義勢力とも衝突するであろう[25]」。

もしソ連が性急に事を進めなければ、東欧の共産主義指導者もそうはしなかった。直ちに権力奪取ができると予期したものはまずいなかったのである。一九三〇年代は中道や社会主義の諸政党と組んだ連合体「国民戦線」に多数が加わった――あるいは多くの国々で、とりわけスペインやフランスで国民戦線型連合が成功を収めているのを見ていた。歴史家トニー・ジャットはスペインが「一九四五年以後の東欧で権力奪取を図るためのリハーサル」になったとさえ指摘している。[26] 国民戦線という連合体が結成されたのはそもそもヒトラーに対抗するためだった。戦後は多くの国々が西側の資本主義に対抗するため、この連合体の再建を図った。スターリンは長期的な見通しを立てた。プロレタリア革命はやがて起こる。しかし、それが勃発する前に、この地域はまずブルジョア革命を経験しなければならない。ソ連の図式的な歴史解釈に従えば、先決とすべきブルジョア革命はまだ起きていなかった。

とはいえ、本書が前半で説明するように、ソ連は赤軍が占領した国のひとつひとつにソ連システムの重要な要素を真っ先に持ち込んだ。なによりもまず、ソ連の内務人民委員部(ＮＫＶＤ)は現地の共産党と連携し、自分のイメージ通りの秘密警察を直ちに創設、既にモスクワで訓練済みの人物をしばしば投入した。赤軍が進撃した至るところで――ソ連部隊が最終的に撤退したチェコスロヴァキアにおいてすら――新たに養成された秘密警察要員たちが選別的な暴力行使に着手、かねて作成済みの名簿と基準に従って政敵どもに慎重に狙いを定めていった。ある場合には、敵対的な民族集団を攻撃目標とすることもあった。ＮＫＶＤは現地の内務省のほか、場合によっては国防省までも掌握し、迅速に国土の没収と再分配に当たる作業に加わった。

第二に、占領した各国でソ連当局は信用の置ける地元共産主義者を当時のマスメディアとしては最も影響力のある形態、すなわちラジオの担当に据えた。大半の東欧諸国においては、戦後数ヶ月は非共産党の新聞、雑誌を出版することも可能であったし、非共産党員がほかの国家独占機関を取り仕切ることも許されていたものの、文字の読めない農民から教養ある知識人に至るまで、だれでも聴取可能な国営ラジオ放送局はしっかり共産党による統制下に置かれた。当局は長期的にほかの宣伝機関や教育制度改革と並んで、ラジオが大量の人民を共産党陣営に糾合することに寄与することを期待したのである。

第三に、赤軍が進駐した至るところでソ連および地元共産主義者は、今日では市民社会と呼べる多くの独立系組織に対し迫害、訴追を加え、最終的には活動禁止とした。ポーランド婦人同盟、ドイツの「反ファシスト」諸団体、教会グループ、学校がその対象である。とりわけ、当局はそもそもの占領当初から、若き社民党員、カトリックあるいはプロテスタントの青年組織、ボーイスカウト、ガールスカウトといった青年団体にこだわりを見せた。成人を対象とする独立系諸政党が非合法化される以前ですら、当局はさまざまな青年組織を可能な限り厳格な監視を行い、締め付けを加えた。

最後に、ソ連当局は可能とあれば国を問わず、またもや地元共産党と連携を組み、大規模な民族浄化を遂行、数百万に上るドイツ人、ポーランド人、ウクライナ人、ハンガリー人らを数世紀にわたって居住してきた都市や村落から追放した。トラックや列車がこれらの人々をわずかな手荷物とともに難民キャンプや新たな新居へと搬送する。移住先は生まれ故郷から数百キロも離れている。ろくに見当もつかないところに追われた難民たちは、それ以前と比べればいとも容易く操り、支配できる相手であった。米国と英国は一定程度、この政策に加担——ドイツ人に対する民族浄化はポツダム条約に盛り込まれることになる——したが、ソ連による民族浄化がどれほど広範にわたり凶暴なものになるのか、当時理解できた人間は西側では皆無に等しかった。

資本主義、さらには自由主義でさえ、ほかの要素がしばらく変わらずに残った。個人農、私企業、民間交易は一九四五年と四六年まで、場合によってはもっと長く存続していたのである。いくつかの独立系の新聞、雑誌は発行を続け、一部教会は開いている。地域によっては複数の非共産党も選り抜きの非共産党員の政治家とともに活動を許されている。しかし、これはソ連共産党および東欧同盟諸国が自由主義志向の民主主義者だったためではない。こうした案件は短期的に見れば、秘密警察、ラジオ放送、民族浄化、青年団体などの市民組織に対する支配と比べて重要度が低いとみなしたためである。意欲的な青年共産党員たちがこれら分野のどれかひとつに参画し活動したのは偶然ではない。共産党員作家ヴィクトル・ヴォロシルスキは一九四五年に入党する際、三つの選択肢を提示される。共産主義青年運動、秘密警察、あるいはマスメディアを扱うプロパガンダ部門であった。[27]

一九四五年と四六の両年に一部諸国で行われた自由選挙は共産党の寛容さを示すものではなかった。ソ連および東欧の共産党がこうした選挙の実施を許容したのは、秘密警察とラジオを掌握し青年組織に強い影響力を保持すれば勝てると考えたからだ。共産党はおしなべて、自ら振りまくプロパガンダの持つ力を信じた。戦後間もない数年間は、そうした信念を持つのも故ないことではなかった。絶望し、途方に暮れたためであれ、実利主義、冷笑的な態度あるいはイデオロギーが動機であれ、人々は実際、大戦が終わると共産党に加わったのである。それは東欧に限らず、フランス、イタリア、英国でもそうであった。ユーゴスラヴィアでは、チトー率いる共産党がレジスタンス運動に役割を発揮したおかげて、正真正銘の人気を集めた。チェコスロヴァキア——西側の宥和政策により一九三八年、ヒトラーに占領された——では、まずもってソ連に真の希望を託した。ソ連こそより共感の持てる大国になるはずだとチェコスロヴァキア国民は期待したのである。ソ連の動機については疑念の強い国々、すなわちポーランドやドイツでさえ、多くの人々が考え方を定める際には戦争による心理的影響も働いた。一九三〇年代、資本主義および自由民主主義は見るも無残に破たんした。いまや、従来とは違うことを試してみるときだと考える人たちが多数いた。

ときにわれわれには理解しがたいことではあるが、共産主義者たちも自らの教義を信じていた。

翻って今日では共産主義イデオロギーが間違っていたように見えるというだけで、それが当時、燃えたぎる思いを鼓舞しなかったことにはならない。東欧における大半の共産党指導者——および多くの支持者たち——は労働者階級の大多数が早晩、階級意識を身に付け、その歴史的運命を理解し、共産主義体制への支持票を投じるはずだと、ほんとうに思っていたのだ。

彼らは間違っていた。脅しをかける一方、プロパガンダに物を言わせたにもかかわらず、さらには戦争で打ちひしがれた一定の人々には共産主義が備える真の魅力さえあったにもかかわらず、共産党はドイツ、オーストリア、ハンガリーで早々に行われた選挙で圧倒的な差をつけられて敗れた。ポーランドでは共産主義者がまず国民投票を試みた。それがうまくいかないとなると、指導者たちは自由選挙ともども断念した。チェコスロヴァキアでは一九四六年、手始めに行った一連の選挙で上々の成果を上げ、三分の一の得票を収めた。しかし、一九四八年、これに続く選挙ではかなりの不振に見舞われることがはっきりすると、党指導者たちはクーデターを起こす。それゆえ、一九四七年から四八年にかけて東側ブロックに押し付けられた一段と過酷な政策とは、冷戦への単なる対応ではなかったし、唯一の対応というわけでもなかった。それは失政への対応策でもあった。ソ連と現地の同盟諸国は平和的な権力の獲得に失敗したのだ。絶対的あるいは治めるに十分な支配さえも達成できなかったわけである。ラジオや秘密警察への影響力を持っているにもかかわらず、当局は人気が得られず、あまねく称賛を浴びたわけでもない。支持者の数は急速に先細りとなる。当初、一部に紛れもなく支持を集めたチェコスロヴァキアやブルガリアといった国々でさえ、そうだった。[28]

その結果、地元共産主義者はソ連同盟国の助言を受け、ソ連で以前から——しかも首尾よく——使われていたもっと過酷な戦術に訴えた。本書の第2部はそうした手法について詳述する。すなわち、ほぼ新たな逮捕攻勢、労働収容所の拡大、メディアや知識人、芸術への一段と厳格な統制がそれだ。ほぼ至るところで一定のパターンが繰り返された。まず「右派」あるいは反共政党を排除し、次いで非共産党左翼を解体、しかるのちに共産党自体の内部にいる反対勢力を抹殺するのだ。一部の国々では共産党当局がソ連路線にぴったり歩調を合わせ見せしめ裁判さえ行った。この地域の共産党はゆくゆくは残余の独立系組織をすべて消し去ろうと画策することになる。代わりに同調者を国家主導の大衆組織に送り込む、教育に対しより厳格な統制を敷く、カトリックおよびプロテスタントの教会を宗旨変えする、ということだ。当局は新規の、ありとあらゆる形態の教育プロパガンダを生みだし、大衆パレードや講演会を後援、横断幕やポスターを掲げ、嘆願署名のキャンペーンやスポーツ行事を組織した。

しかし、当局はまたもや失敗する。一九五三年のスターリンの死後、この地域一帯で大小さまざまな反乱が相次いで発生したのだ。この年、東ベルリン市民は抗議に繰り出し、ソ連戦車が鎮圧する。一九五六年には大規模な暴動が二件、ポーランドとハンガリーで続いた。これらの暴動を受けて、東欧の共産党政権はその戦術をいま一度緩和する。失策は当局が一九八九年、軒並み権力を放棄するまで、その後も続く――そして戦術変更を繰り返す――ことになる。

一九四五年から五三年にかけて、ソ連はバルト地域からアドリア海沿岸地域に至るまで、欧州大陸の中心部から南方、東方の周縁部に及ぶ一帯を抜本的に再編する。しかし、わたしは本書で中部欧州に焦点を当てる。チェコスロヴァキア、ルーマニア、そしてユーゴスラヴィアと並んでブルガリアにも言及するものの、わたしとしては特にハンガリー、ポーランドおよび東ドイツに着目する。これら三国を選んだのはそれぞれが似ているためではなく、いずれも極めて異質なためである。

何よりも、三国は戦争体験に違いがある。ドイツは言うまでもなく主たる侵略者であり、最大の敗者だった。ポーランドは連合国の一員でドイツによる占領に激しく戦ったが、戦勝の分け前にあずかることはなかった。ハンガリーはどこかその中間の役回りを演じ、権威主義的体制を試み、対独協力を推進、のちに寝返ったが手遅れとなる。三国は歴史的にも非常に異なる経験をたどった。ドイツは数十年にわたり、中欧で支配的な政治、経済大国であった。ポーランドは十七世紀には欧州有数の王国であったが、十八世紀にほかの三帝国に分割され一七九五年に主権を喪失、これを取り戻すのはようやく一九一八年になってからだ。一方、ハンガリーの支配権や影響力は二十世紀初頭に頂点に達する。第一次世界大戦後、ハンガリーは国土の三分の二を失う。これはあまりにも深くトラウマを植え付ける経験だったため、今日に至るもハンガリー政治にその残響が消えていない。

三国はいずれも厳密に言えば大戦直前の時期には民主的ではなかった。しかし、どこも政治的リベラリズム、立憲主義の政府、選挙の経験はあった。株式市場、外国からの投資環境、株式会社、法的に保護された所有権を備えていた。三国には長い伝統を持つ報道、印刷、出版と並んで、数百年の歴史を持つ市民的機関――教会、青年組織、事業者団体――が存在した。ポーランド初の新聞は一六六一年に登場した。ドイツ人は一九三三年にヒトラーが政権の座に就く以前に膨大な量の競合メディアを生み出した。すべて西ヨーロッパとは緻密な経済的、文化的な結び付きを持ち、それはロシアとのつながりと比べはるかに強いものであった。その歴史あるいは文化を見れば全体主義的独裁体制になるよう必然的に運命づけるものは全くなかったのである。西ドイツは、東ドイツと文化的に同一だったにもかかわらず、リベラルな民主国家となる。チェコスロヴァキアやハンガリーとともに長い間ハプスブルク帝国の一部であったオーストリアと同様である。

歴史は振り返ってみると、避けようがなかったように時として見えることがある。共産主義が押し付けられてから数十年後に、東欧の共産主義体制に事後的な理由付けを試みる者もいた。大陸の東半分は西半分に比べて貧しいと言われた（もちろん、ドイツがそうではなかったことを除いて）。東欧諸国は発展段階が低い（ギリシア、スペイン、ポルトガルと比較すると、ハンガリーやポーランドはそうではなかったことを除く）、あるいは工業化が劣る（チェコの地が欧州でも有数の工業化地域だったことを除く）と言われた。しかし、一九四五年の時点で見ると、将来を見据える者でも西側のドイツ語圏と歴史的に長い絆を持つハンガリーや、激しい反ボリシェヴィキの伝統を持つポーランド、あるいはナチスの過去を引きずる東部ドイツが、ほぼ半世紀にわたりソ連の支持支配下にとどめ置かれるとは誰一人予測できなかった。

これら諸国がソ連の政治支配下に入った際、いかなる事態がなぜ起きたのか理解した人は東欧以外では皆無に近い。現在ですら、多くの人々が冷戦のプリズムを通してしか東欧を見ていないし、それは変わらない。一部の例外はあっても、戦後の東欧に関する西側の書物は往々にして東西間の紛争に焦点を当ててきた。すなわちドイツ分割（「ドイツ問題」）であり、北大西洋条約機構（NATO）とワルシャワ条約機構の創設についてである[29]。ハンナ・アーレント自身、東欧の戦後史を興味がないと切り捨てた。「それはあたかもロシアの支配者たちが、十月革命の全段階から全体主義的独裁体制の登場に至るまで、大急ぎで繰り返したかのようである。それゆえ、その物語は筆舌に尽くしがたいほど悲惨なものではあっても、それ自体の大いなる面白味を欠き、ほとんど異なることがない[30]」。

しかし、アーレントは間違っている。「ロシアの支配者たち」は東欧で十月革命の複雑な諸段階に倣ったわけではない。彼らは成功の可能性があると判断した統治技法だけを適用し、取り壊すことが絶対に必要だと考えた制度だけを破壊したのである。そうした物語が面白味に満ちあふれているのはそのためだ。全体主義的な考え方、ソ連にとっての優先順位、ソ連型思考について、いかなるソ連史研究がそれ自体で伝えようとも、それ以上にわれわれに語ってくれるのがこの物語なのである。さらに重要なものは、全体主義の押し付けに対して人間がどう反応するのか、その仕方についてどんなひとつの国の研究がそれ自体で伝えるよりも、この地域の研究のほうがわれわれに多くを説明してくれるのである。

この点は、ごく最近になって幅広い学者たちが認め始めたところである。共産主義が崩壊し、中部欧州やドイツ、ロシアの一帯で保管文書が公開されてから二十年、膨大な量の学術研究が東欧に取り組んできた。とりわけ英語圏でよく取り上げられるのは第二次世界大戦による物的、人的な影響――ヤン・グロス、ティモシー・スナイダー、ブラッドリー・エイブラムズの仕事に顕著である――や、この地域における民族浄化の歴史である[31]。東欧に関する国際政治学への理解はますます良くなっている。さまざまな研究所全体が今では冷戦の起源や米ソ対立の研究に力を注いでいる[32]。わたしはこれらの主題を論じる際、主に第二次資料をよりどころとした。

東欧の政治史についても同じことが言える。地域の言語で書かれた保管文書の資料を駆使して優れた叙述がなされている。わたしはポーランド共産党指導部や秘密警察を扱った記述が今も抹消されないまま残る、アンジェイ・パチコフスキやクリスティナ・ケルステンら卓越した歴史家の仕事をなぞらえようとはしなかった。ソ連による東ドイツ占領に関する著作が英語では最も信頼の置けるノーマン・マイマーク。ハンガリーにおける政治的謀略について見事な記録をまとめたペテル・ケネズ、ラースロー・ボルヒ。チェコスロヴァキアのあの時代を叙述したブラッドリー・エイブラムズ、メアリー・ハイマン、カレル・カプランについても、そうである[33]。より明確に定義された特定の問題も優れた記事や大部の書物が焦点を当ててきた。そうした中でわたしが最良のものとして挙げたいのは、またも英語となるが、東欧の諸大学に関わるスターリン化を扱ったジョン・コネリー、共産主義者と左翼知識人を取り上げたキャサリン・エプステインとマルシ・ショア、見せしめ裁判についてはマーリア・シュミット、ハンガリー民族としての象徴性についてはマーティン・メヴィウス、非スターリン化と一九五六年事件を考察したマーク・クレイマーの仕事である。[34]

それと比べて東欧全体の通史は、資料確保の難しさに由来するだけだとしても、滅多にお目にかからない。東欧地域の言語のうち、三、四カ国語に通じた歴史家を見つけるのは容易ではない。まして九カ国語、十カ国語となると、なおさらだ。選集はしばしばその妙案となる。ごく最新のものでは少なくとも二点ある。ウラジーミル・ティスマノー編の『スターリン主義再訪——東中欧における共産主義体制の確立とソ連圏の動態』とノーマン・ナイマークとレオニード・ギビャンスキー編の『東欧における共産主義体制の形成——一九四四—一九四九』である。両書とも優れた論考を収録しているが、選集は必ずしも類型を求めていないし、比較もしていない。これこそ、わたしがまさに行いたかったことである。このため、本書に取り組む際に二人の卓越したリサーチャー兼翻訳者の助けを借りた。いずれもれっきとした作家であるベルリンのレギーネ・ヴォスニツァとブダペストのアッティラ・モングである。わたしは自分が知るポーランド語とロシア語の知識に頼った。

この地域については既に多くのことが書かれているものの、語られざる物語は今なお膨大にある。本書執筆の準備をしながら、わたしはかつての秘密警察の保管文書——ワルシャワのPN（国民記憶院）、ハンガリーのÁBITL（国家保安歴史文書）、ベルリンのBStU（東ドイツ秘密警察《シュタージ》文書）——で調べたほか、数例を挙げれば、各国政府省庁やドイツ芸術アカデミー、ハンガリー映画研究所、東ドイツとポーランドの放送局の保管文書にも当たった。この時代に関する新しい、あるいは比較的新しいソ連文書集もいくつか利用した。そこに含まれるのは『ロシア保管記録の文書における東欧——一九四四—一九五三』全二巻、『東欧におけるソ連要因——一九四四—一九五三』全二巻、および東ドイツにおけるソ連占領政策に関する三巻本で、いずれもロシアの編集者によりモスクワで出版された。さらに同じテーマでロシア国立公文書館が出版した七巻本もある。(35) ポーランドとウクライナの歴史家による合同委員会は相互の歴史に関する堂々たる文書シリーズをようやくまとめ上げた。加えて、ワルシャワのポーランド軍事公文書館には一九九〇年代初頭にロシアの公文書館からコピーを取った膨大な収集文書がある。中欧大学出版局も一九五三年のドイツ蜂起と五六年のハンガリー蜂起に関する優れた文書集を二冊出版した。広範にわたる諸文書がポーランド語、ハンガリー語、ドイツ語でも出版されているのだ。

文書を読み解く一方、わたしはポーランド、ハンガリー、ドイツで一連の聞き取りを行った。この時代を実際に生き延びた人々から学ぶため、また当時の出来事と気持ちを自らの言語で語るのを聞くためである。わたしはこのような企画を進めるにはこれが最後の機会だったのかしれないと強く意識している。本書を執筆している過程で、わたしが早い段階で会った聞き取り相手の数人が他界した。わたしは、存命中のその段階で集中的な質問をするのを認めてくれたことに対し、彼らとその家族に心から感謝している。

この研究の目標はさまざまに変わった。あの時代に関する諸文書の中で、わたしは市民社会と小規模経営に対する一方的破壊の証拠を探した。さらに、社会の現実主義と共産主義教育に関わる諸現象を調べ、東欧における秘密警察の発足と初期の展開に関する情報を可能な限りたくさん収集した。わたしは普通の人々がいかに新体制と折り合いを付けていく術を習得したのか理解に努めた。すなわち、いかに進んで、あるいはしぶしぶ体制に協力したのか、どのようにして、なぜ党やほかの国家機関に加わったのか、積極的に、あるいは受身の形でいかに抵抗したのか、西側に住むわれわれの大半が今日では決して直面することもない忌まわしい選択を彼らがいかにして下すに至ったのか、ということである。何よりも、わたしは真の全体主義——理論上の全体主義ではなく、実際面の全体主義——

と、それが二十世紀の欧州人数百万の人生をいかに形作ったのかについて理解を得ようと努めたのである。

第1部

偽りの夜明け

第1章 ゼロ・アワー

正気の沙汰とは思えぬおぞましいばかりの廃墟、絡み合う電線、ねじれ曲がる亡骸、累々たる馬の死体、爆破されて倒壊した橋の一部、馬体から引きちぎられた血だらけの蹄、形を成さない銃器、散乱する弾薬、室内用便器、さび付いた洗面器、血の混じった泥の水溜りに浮かぶ麦わら片と馬の臓物、いくつものカメラ、大破した車両と戦車の部品。すべてが都市のすさまじい災禍を証言している……

タマーシュ・ロションツィ、ブダペスト、一九四五年(1)

ほとんど原形をとどめないほどに破壊された偉大な首都の光景を
忠実かつ正確に伝える言葉はどうしたら見つけ出せるだろうか。
かつて全能を誇りながら消滅した国家の首都、耐え難いほどに傲慢で、
支配人種としての使命を何ら疑うことなく確信した征服民族の首都の現実を。
……いま目の当たりにするのは、意志も目的も行く当てもなく、廃墟のまわりをさ迷う彼らの姿だ。
打ちひしがれ、放心状態で身を震わせ、腹をすかせた人間である。

ウィリアム・シャイラー、ベルリン、一九四五年(2)

わたしは遺体を踏みつけて歩いているように思えた。今にも血の海に足を踏み入れそうな気がした。

ヤニーナ・ゴディツカ＝チヴィルコ、ワルシャワ、一九四五年(3)

爆発音が一晩中、響き渡る。砲撃は終日聞こえるほどだ。降り注ぐ爆弾、けたたましい機関銃、轟音をたてて走る戦車、激しく回転するエンジン、炎上する建物。東欧一帯で、そうした騒音が赤軍の

接近を告げた。前線が迫るにつれて大地が揺れ、壁が震える。子供たちが泣き叫ぶ。やがて前線が止まる。

戦争の終結はそれが訪れた場所や時間を問わず、不意に不気味な静寂をもたらした。「その晩はおそろしく静まり返っていた」。ある無名の記録者はベルリンでの終戦をそうつづった[4]。この女性は一九四五年四月二十七日の朝、玄関から外に出ると、人っ子一人いないのを目にする。「誰ひとりとして民間人の姿が見えない。通りと言う通りは完全にロシア人たちの天下だ。しかし、屋内ではどこも民衆が何ごとかつぶやき、震えている。こんな世界をいったい誰が想像できるだろうか。大都市のど真ん中にあって、ここに身を潜め、かくも恐怖におののいているのだ」。

街の包囲が終わった一九四五年二月十二日朝のことである。ハンガリーのある公務員はブダペストの街路でやはり同じ静寂を聞いた。「城塞地区に行ってみた。どこも人の姿が見えなかった。ヴェルベチ通りを歩いた。散乱する遺体と瓦礫、手押しの荷車、荷馬車のほかはなにもない……。センーロムシャーグ広場に出向いた。評議会にはだれかいるだろうと思って中をのぞいてみることにした。もぬけの殻だった。なにもかもがひっくり返ってしまい、誰一人いない……[5]」。

戦争が終わるころには既に破壊されていた街、ワルシャワでさえ——ナチスの占領軍が〔前年〕秋の蜂起を受けて跡形もなく破壊した——ドイツ軍が一九四五年一月十六日、ついに撤退すると、物音が消えた。廃墟と化した街に潜伏していたほんの一握りの市民のひとり、ウワディスワフ・シュピルマンはその変化を聞き取った。「静寂が支配した」と彼は回想記『ピアニスト』〔邦訳『戦場のピアニスト』〕に書いた。「この三ヶ月間、死んだ街となっていたワルシャワですら、いままで知らなかったような静寂だ。建物の外からは衛兵たちの足音さえ聞こえてこない。わたしにはそれが理解できなかった」。翌朝、その静寂は「けたたましく鳴り渡る騒音、これだけは聞きたくなかった響き」によって

破られる。赤軍が到着したのだ。拡声器がポーランド語で、ワルシャワ解放のニュースを伝えていた。(6)

これが時にゼロ・アワー、「シュトゥンデ・ヌル」と呼ばれる瞬間だった。戦争の終結、ドイツの撤退、ソ連の到来、戦闘が止み、再び生活が始まった節目である。共産主義の東欧支配に関する史書の大半はまさしくこの時点から始まる。論理的には、その通りだ。(7) この政権交代を体験した人々にとって、ゼロ・アワーは転換点のように感じられた。確かな存在としてあったのが終焉を迎え、まったく新しいなにかが始まったのだ。これ以後は、なにもかもが別物になるのだ。多くの人々はそう自分に言い聞かせた。実際、別物であった。

とはいえ、東欧における共産主義の政権奪取をめぐる歴史は、戦争の終結をもって始まりとするのが論理的ではあるが、いくつかの点で重大な誤解を招く恐れがある。この地域の人々は一九四四年あるいは四五年に白紙状態と向き合っていたわけではない。彼ら自身、ゼロから始めたのではない。これまでの経験を持ち合わせることなく、新規まき直しに掛かろうと、どこからともなく現れ出たのでもない。そうではなく、彼らは破壊されたわが家の地下室からはい上がってきたのであり、あるいはパルチザンとして根城にしていた森の中から姿を現したのだ。あるいは、体力が十分であればとらわれの身だった労働キャンプからこっそり抜け出し、祖国に戻る厄介な長旅を始めたのだ。ドイツ軍が投降した際、彼らが全員戦闘を止めたわけではなかったのである。

彼らが廃虚からはい出してきたとき、目にしたのは処女地ではなく、壊滅の跡だった。「戦争は通路がトンネルを抜け出て途切れるようにして終わった」と回想記を著したチェコの作者ヘダ・コヴァーリが書いている。「遠く離れたところからは前方に明かりが見える。その光にたどり着く時間が長ければ長いほど、トンネルの暗闇に押し込まれていた身には、次第に大きくなる閃光とその輝きがますますまばゆく見えてくるのだ。しかし、列車がさんぜんたる陽光の下に飛び出した途端、目の当たりにするのは雑草と石ころだらけの荒れ地、がらくたの山でしかないというわけだ[8]」。

当時、東欧一帯で撮影された写真が示しているのは、黙示録の光景だ。壊滅的な破壊を受けた都市、がれきに埋まった広漠たる大地、焼き払われた村落、立ちこめる硝煙、かつて家並みのあったところに広がる黒焦げの廃虚。こんがらがった鉄条網、強制収容所、労働キャンプ、捕虜収容所の跡地が見える。戦車のわだちが点在する荒れ地。そこには農耕、畜産の気配もいっさいなく、言い換えればいかなる類いの暮らしの痕跡もない。破壊されて間もない都市では、大気に遺体の匂いが充満している。「わたしが読んだいろいろな記述は決まって『ほのかに甘い匂い』という文言を使っている。しかし、それでは漠然としすぎるし、まったくもって不十分である」と生き延びたドイツ人が書いている。「あの嫌な臭気は匂いというよりは、むしろなにかしっかりしたもの、どこか濃厚なものだ。顔と鼻孔の前に集まるどんよりとした蒸気なのだ。鼻にツンと来て、臭いがきついので息もできない。あたかも拳骨を食らったように、身をのけぞらせるのだ[9]」。

仮の埋葬地は至るところにあった。人々はまるで墓地を横切るようにして、おそるおそる街頭を通り抜けていく。やがて発掘が始まり、遺体は中庭や都市の公園から集団墓地に移される[10]。葬儀や再度の埋葬式は頻繁に執り行われたが、ワルシャワでは一度中断したことがあり、有名になった。一九四五年夏のことである。葬列がワルシャワ市内を通ってゆっくり進んでいくと、喪服姿の参列者はただ事ではない光景を目撃する。「赤い車体のワルシャワの市電が運行しているのだ」。戦争が終わって以来、市内を走るのは初めてだった。「歩道を行く人々は立ち止まった。拍手を送り大声で歓声を上げながら市電のそばを走る市民もいた。極めて異例なことだが、葬列も止まったのだ。死者に付き添う参列者たちはその場の雰囲気に心を奪われて市電の方を向き、一緒に拍手を送り始めた[11]」。

これもまた、よくあることである。時には奇妙な高揚感が生存者をとらえたようだ。生還できて安堵したのだ。悲嘆は喜びと混じり合う。商い、取引、復興が直ちに、誰からともなく始まった。一九四五年夏のワルシャワは活気あふれる営みの中心地だったとステファン・キシェレフスキが書いている。「廃墟と化した街頭にはかつてないほどの賑わいがあった。売り買いは活況を呈し、仕事はにわか景気にわく。随所にユーモアが飛び交う。生気に満ちた民衆が通りになだれ込む。彼らすべてがとてつもない災難を被った人々であり、大惨事からかろうじて生還し、過酷な極限状況に生きているとは誰ひとり思いもよらないだろう[12]」。シャーンドル・マーライは同じ時期に書いた小説のひとつの中でブダペストを活写している。

街や社会にまだ残っていたものは何であれ、そうした情熱、執念、純然たる意志の力によって、かくも強靱な体力、気力、抜け目なさを発揮し、息を吹き返した。まるで何ごとも起こらなかったかのようである。……大通りに出ると、突如として軒先に露店が建ち並び、あらゆる類いの素敵な食べ物や贅沢品を売っている。衣類に靴、思い浮かぶものは何でも揃っている。ナポレオン金貨、モルヒネ、ラードについては言うまでもない。生き残ったユダヤ人たちは黄色い星の付いた家々からよろめきながら出てきた。それが一、二週間もすると、それまで人や馬の遺体に取り囲まれていたように人だかりの中にあって、値切り交渉をする姿を目にすることができるのだ。……民衆はがれきに並ぶ英国の暖かい衣類やフランスの香水、スイスの時計を見つけては値段のやり取りを交わしていた……[13]。

こうした労働と復興への情熱は長年にわたり持続することになる。英国の社会学者アーサー・マーウィックはかつて、国家破たんの経験が西ドイツ人に国民としての自尊心を建て直し、取り戻す意欲を与えたのではないかと推測した。彼は国家崩壊の規模そのものが戦後の発展への献身的取り組みに役立ったのかもしれないと論じる。ドイツ人は経済的、個人的な大惨事を経験したことから、自ら進んで復興に身を投じたというのである。(14) しかし、国土回復を図り再び「正常」になることを目指す意気込みという点では、東であれ西であれドイツに限ったことではない。ポーランド人やハンガリー人が戦後の時代について回想録や会話の中で繰り返し語っているのは、教育や普通の仕事、絶え間ない暴力や破壊のない暮らしをどれほど必死に求めていたかということだ。各国共産党としては完璧を期してこうした平和への切望を巧みに生かす構えだったのである。

いずれにしても、財産に対する損害は東欧の人的損害に比べれば修復が容易だ。東欧における暴力の規模は大陸の西半分で知られるいかなるものよりも大きい。東欧は大戦中にスターリンとヒトラーによる最悪のイデオロギー的狂気を経験した。西のポズナニから東のスモレンスクに至る領土の大半は一九四五年までに一度ならず二度も、あるいは三度にもわたり占領を受けた。一九三九年のモロトフ＝リッベントロップ協定に伴い、ヒトラーは西からこの地域に侵攻、ポーランド西部を占領した。スターリンは東から侵攻、ポーランド東部やバルト諸国、ベッサラビアを占領した。ヒトラーは一九四一年、西からまたもや同じ領土に侵攻する。一九四三年、潮の流れがまた変わり、赤軍が東から進撃、同じ地域にまたも舞い戻ってきた。

言い換えれば、一九四五年までに一つではなく、二つの全体主義国家の、殺傷力を持つ軍隊と悪意に満ちた秘密警察がこの地域を行き来し、そのたびに重大な民族的、政治的変化を引き起こしたのだ。一例を挙げれば、ルヴフ（ポーランド語表記：Lwów）市は赤軍に二度、ドイツ軍に一度、占領された。戦争が終わると、市はルヴフではなくリヴィウ（ウクライナ語：Львів, ローマ字表記：

L'viv）と呼ばれた。位置がもはやポーランド東部ではなくなり、ソヴィエト・ウクライナの西部になったのだ。戦前からのポーランド人、ユダヤ人居住者は殺害されるか、追放され、周辺の農村地帯から民族的にウクライナ人の住民が移り住んだ。

東欧はウクライナやバルト諸国と並んで、政治的動機による殺人が欧州で最も多かったところでもある。「ヒトラーとスターリンはベルリンとモスクワで権力を握った」。ティモシー・スナイダーはこの時代の大量殺害に関する歴史の決定版である『流血地帯』〔邦訳『ブラッドランド――ヒトラーとスターリン 大虐殺の真実』〕(15)の中でこう指摘する。「しかし、二人の改造計画はなによりも、双方の中間地帯に関わるものであった」。スターリンとヒトラーは東欧のいかなる国にも国家主権という概念自体を軽視する態度を共有し、一致して現地支配階層の抹殺に努めた。ドイツ人はスラヴ人をユダヤ人と大差ない劣等人種とみなし、ザクセンハウゼンとバービー・ヤールとの中間地帯では恣意的な街頭殺人、大量の公開処刑を命じ、あるいはナチスが一人殺された報復として村を丸ごと焼き討ちにするなど、何とも思わなかったのである。一方のソ連は西の隣接諸国を、その存在自体が自国への挑戦となる、資本主義の反ソ拠点とみなした。赤軍と内務人民委員部（ＮＫＶＤ）は一九三九年、新たに征服した領土でナチスや協力者だけでなく、理論的にソ連支配に反対するおそれのあるいかなる人物をも逮捕していく。さらに四四年と四五年にも。その対象は社会民主主義者、反ファシスト活動家、実業家、銀行家、商人たちだ――ナチスが標的にしたのと同じ人々であることも珍しくない。西欧にも民間人犠牲者がいたし、米軍や英軍が犯した窃盗、不正行為、虐待の事件もあった。けれども、たいていはアングロサクソンの部隊が殺そうとした相手はナチスであって、解放された国々の将来的指導者ではない。しかもレジスタンス運動の指導者に対しては尊敬の念を持って接し、疑念の目を向けることはなかった。

東欧はナチスが最も精力的にホロコーストを遂行したところであり、ゲットー、強制収容所、虐殺部隊の大部分をここに設置した。スナイダーの指摘によれば、ヒトラーが一九三三年に権力を握った際、ユダヤ人はドイツ人口の一パーセント以下に過ぎず、その大半は何とか脱出した。ヒトラーの掲げた「ユダヤ人のいない」欧州建設構想はドイツ国防軍がポーランド、チェコスロヴァキア、ベラルーシ、ウクライナ、バルト諸国、さらにハンガリーとバルカン地域に侵攻して初めて可能になる。欧州のユダヤ人の大半は実際、この一帯に住んでいたのだ。ホロコーストで命を失ったユダヤ人五百四十万人のうち、圧倒的多数は東欧出身である。その他のユダヤ人の多くは、この地域に送り込まれ殺害された。ナチスが東欧の市民全体に抱いた蔑視感情は、欧州全域のユダヤ人を東欧に処刑のために連行する決定と密接に関係しているのだ。劣等人種の地であればこそ、この東欧で非人間的な所業が可能となったのである。(16)

もとより東欧はナチズムとソ連共産主義が激突したところだ。双方は同盟国として戦争を始めたが、ヒトラーは常にソ連に対する破壊戦争を仕掛ける気でいた。ヒトラーの侵攻を受けてスターリンも同じことを誓う。赤軍とドイツ軍との戦いはそれゆえ、さらに西方で起きた戦争と比べ一段と熾烈、凄惨であった。ドイツ兵はボリシェヴィキの「大群」を心底恐れた。この大群については幾多の恐ろしい話を前から聞かされていたのだ。戦争終結に向かうころの彼らの戦いはとりわけ死に物狂いであった。ドイツ兵の民間人蔑視は特に根深く、現地の文化やインフラへの敬意の念は全くない。あるドイツ将校はヒトラーの命令に背き、パリに寄せる心情的な敬意からこの都市に手を付けなかった。だが、ほかのドイツ将校たちはそんな思いは一切なく、ワルシャワを焦土と化し、ブダペストの大部分を破壊した。西側の空軍もこの地域にある昔からの建造物にさしたる関心はなかった。連合国軍の爆撃機もベルリンやドレスデンに限らず、ほかの多くの都市の中でもダンツィヒとケーニヒスベルク——今日のグダニスクとカリーニングラード——に空爆を実施し、犠牲者や破壊件数を増やす一因となった。

東部戦線がドイツ自体の領内に移ると、戦闘は激化の一途をたどる。赤軍は強迫観念にも似た思いに駆られ進撃の照準をベルリンに定める。戦争の早い段階で、ソ連兵は互いに別れの挨拶を交わした。「ベルリンで会おう」という掛け声とともに。スターリンは連合国軍が到達する前にベルリンの一番乗りを果たそうと必死だった。配下の司令官たちはこのことを理解したし、それは米軍も分かっていた。ドイツ側がベルリンで死ぬまで戦う覚悟でいることを熟知するアイゼンハワー将軍は米兵の命を救いたいと考え、スターリンにベルリンを占領させると決める。この政策に異議を唱えたのはチャーチルだ。「もし彼ら［ロシア人］が……ベルリンを制圧すれば、われわれ共通の勝利に圧倒的に貢献したのは自分たちだという印象を、理不尽にもロシア人の心に植えつけることにならないだろうか、さらに、このことが将来、重大かつ厄介な諸困難を引き起こすことになりかねないのではないか？」[17]。しかし、アイゼンハワー将軍の慎重な態度が押し切り、米英部隊は東方進撃の速度を落とした――ジョージ・C・マーシャル将軍はかつて「政治目的のためだけに米兵の命を危険にさらすのは気が進まない」との意向を表明。サー・アラン・ブルック野戦元帥は「ドイツへの進撃は実際のところ、われわれの最終的境界となる地点とある程度合致させなければならない」と論じた[18]。一方、赤軍はまっすぐドイツの首都に向けて攻撃を加え、その後に破壊の痕跡を残していった。

さまざまな数字をまとめると、結果ははっきりする。英国では戦争に奪われた命は三十六万人、フランスでは五十九万人に達した。恐るべき犠牲者数である。しかし、それでもその数はそれぞれ人口の一・五パーセントにも満たない。これに対し、ポーランド国民記憶院の推定によれば、国内の戦時中の死者は五百五十万人に上り、このうち約三百万人はユダヤ人が占めた。全体でポーランド人口のほぼ二〇パーセント、五人に一人が生き残れなかったのである。戦闘がここより激しくはなかった国々でさえ、犠牲者の占める割合は西側に比べるとまだ高い。ユーゴスラヴィアは百五十万人を失ったが、これは人口の一〇パーセントに当たる。ハンガリーはほぼ六・二パーセント、チェコも戦前人口の三・七パーセントが死亡した。[19] ドイツ自体の犠牲者は六百万人から九百万人とされ——国境がすべて変わったことにより、誰を「ドイツ人」とみなすかの判断で数字が変わる——、最大で人口の一〇パーセントに当たる。[20] 一九四五年の東欧で、重大な喪失を一人も出さなかった家族をひとつでも探し出すのは困難だったはずだ。

混乱が収まると、死を免れた人でも往々にしてどこか別の場所に住んでいることも明らかになった。この地域の多くの国々では一九四五年の人口動態、人口分布、民族構成は一九三九年当時と比べ、実はかなり異なる。西側では今もってよく理解されていないところだが、ナチスの東欧占領は波状的な追放と再定住に伴い、大規模な人口移動をもたらした。特定の地方の民族構成を変える意図的な目的があって、ドイツ人「入植者」が占領地のポーランドやチェコスロヴァキアに送り込まれ、その一方で地元住民は追放されるか虐殺されたのである。早くも一九三九年十二月、ポーランド人やユダヤ人がウッチの恵まれた地区にある住居から強制退去させられる。ドイツ人行政官たちに明け渡すためだ。その後数年間にポーランド人約二十万人が同市から追放され、ドイツで強制労働に駆り立てられた。一方、ユダヤ人はウッチのゲットーに連行され、そこで多くが命を落とした。[21] ドイツ占領当局は代りにドイツ人を住まわせた。その中にはバルト諸国やルーマニア出身のドイツ系住民も含まれ、彼らの一部は遺棄ないしは放置された資産の支給を受けていると思い込んでいた。[22]

こうした入れ替えの多くは戦後期に揺れ戻しや仕返しに遭う。一九四五年、四六年、さらに四七年は難民の年であった。ドイツ人は西に移動し、ポーランド人やチェコ人はドイツでの強制労働や収容所から帰還。追放されていた人々はソ連から戻り、あらゆる種類の兵士は別の戦場から復員、逃亡者は英国、フランス、モロッコの亡命先から帰還した。難民の中には祖国に帰還したものの、そこはかつての姿とは様変わりしているのを知って、新天地へ旅立つ者もいた。ヤン・グロスは一九三九年から四三年の間に約三千万人の欧州人が離散、移住、ないしは追放されたとみている。四三年から四八年の間にさらに二千万人がやはり移住を余儀なくされた。[23] クリスティナ・ケルステンは三九年から五〇年までにポーランド人の四人に一人が居住地を変えたと指摘している。[24]

これら住民の大多数は着の身着のままで祖国にたどり着く。彼らはどのような形態であれ一刻も早く他者から――教会、慈善団体、あるいは国家から――支援を仰がざるを得ない。戦前は自給自足ができた家族も戸建てかアパートの割り当てを受けようと全員が政府の役所に行列を作る。かつては一人前の仕事を持ち俸給を得た男たちは配給券を求め、国家機関に職を得たいと願う。強制的に故郷を追われた難民の精神構造は、富を求めて出国する移民のそれとは異なる。そうした境遇そのものが以前なら経験することもなかったはずの依存心と無力感を培ったのである。

さらに悪いことに、尋常ではない東欧の物的破壊はこれまた桁違いの経済的破たんとも一体となっていたことだ。それも同じように理解を超える規模である。東欧各国がどこも富裕だったわけではない。かといって、一九三九年の時点でみても、四五年までの時期をとっても、東欧が西欧に比し大きく立ち遅れていたわけでもない。いくつかの産業部門は大戦中、銃器や戦車の需要から利益を上げた――何人かの経済史家がこの時代の、とりわけボヘミアやモラヴィアにおける産業労働者階級の拡大について解説している――が、戦争後半はほぼ例外なく誰にとっても大惨事であった。[25] 一九四五年、四六年の両年はハンガリーの国民総生産（ＧＮＰ）が三九年の半分にすぎない。ある計算によれば、大戦末期数ヶ月でこの国の経済インフラはほぼ四〇パーセントが破壊された。[26] 首都ブダペストは建造物の四分の三が打撃を受けた。このうち四パーセントが全壊、二二パーセントが居住不能となった。

人口は三分の一も減少した[27]。ドイツ軍はハンガリーから撤収する際、同国鉄道の全車両のうち大半を持ち去った。ソ連軍は賠償金名目で残りの大部分を持ち出すことになる[28]。

ポーランドでは、全般的な被害推定として四〇パーセント近い数字も使われる。しかし、一定の地域ではこれをさらに上回る壊滅的な打撃を受けた。国内の輸送インフラは特に甚大な被害に見舞われた。全土の橋の半分以上が港湾や運送施設とともに跡形もなくなり、鉄道の三分の二が消滅した。ポーランドの主要都市の多くが深刻な打撃を受けた。これはアパートや住宅、歴史的な建造物、芸術作品、大学、学校を失ったことを意味する。ワルシャワ市中心部は退却するドイツ軍が組織的に爆破したため、建物の九〇パーセントが半壊ないしは全壊した[29]。

ドイツの諸都市も凄まじい破壊に遭った。ひとつには連合国軍の爆撃によるためで、大規模な空襲火災を引き起こした。いまひとつはヒトラーが最後の最後まで市街戦を戦えと兵士に命じたためである。チェコスロヴァキアやブルガリア、ルーマニアはそこまで広範な荒廃には至らず、空爆も受けなかったが、それでも打撃は深刻だった。たとえば、ルーマニアは一九三八年以前に国民所得の三分の一を占めた油田を失った[30]。

戦争は東欧経済をも変えてしまう。数値化するのが難しい別の手法によって、である。ヤン・グロスとブラッドリー・エイブラムズが、戦争の社会的影響に関し定評のあるふたつの論考で指摘するのは、この地域の多くで――まさにハンガリーやチェコスロヴァキア、ポーランド、ルーマニア、それとドイツ自体で――行われた大規模な民間資産の没収は、実はナチスとファシスト体制下にある戦時の最中に始まったのであり、その後の共産主義の下ではないということである。国家またはドイツ人占領者による中部欧州でのユダヤ人資産・企業の大量没収により、その後数年に及ぶ占領下で広範なドイツ化が進む。資産没収がひそかに行われることもあった。チェコの国土ではドイツの銀行がチェコの銀行を支配、「チェコの銀行や企業が立ち行くのかどうか決めてしまう」ことが頻繁に起きた。「破産とされれば、ドイツの銀行、企業が救済措置に着手、これによって支配権を得たのである」[31]。あからさまに支配を押し付ける事例もめずらしくない。ポーランドがそうだ。法律上はまだポーランド人に帰属する工場、企業の経営がわけもなくドイツの経営者や企業幹部に委ねられることが往々にしてあった。

占領は地域経済の再配置にも及ぶ。ドイツへの輸出は一九三九年から四五年までの間に倍増、さらに三倍に増えたのだ。ドイツの地方産業向け投資も同様だ。一九三〇年代初頭から、ドイツの経済学者たちは東欧における経済植民地の建設を唱えてきた。ドイツ企業は占領中に、ユダヤ人あるいは非ユダヤ人のものまで含め工場や企業を私物化する形で、植民地づくりに着手した[32]。東欧は過去に一度もなかった自立的で閉鎖的な市場となった[33]。これはドイツが崩壊すると、地域の持つ対外貿易のつながりまで機能不全に陥ることを意味する――こうした事情はソ連がやがてドイツの後釜に座るのをさらに容易にするのに一役買った。

同様の理由でドイツ崩壊は所有権危機をも引き起こす。大戦終結の際、ドイツの企業家、経営者、投資家は逃亡するか殺害された。多くの工場はそのまま置き去りにされ、所有者不在となった。労働者評議会が引き継いだところもあれば、地元当局が支配権を握ったところもある。遺棄された資産の多くは最終的に国有化され――「ドイツ人の」あらゆる資産は合法的な戦時賠償とみなすソ連が、こうした資産を荷造りして根こそぎ持ち去ってしまわない限りではあるが――驚くことに、これといった反対にも遭わなかった[34]。支配当局が一切の補償もなく個人資産を簡単に没収できる。東欧では一九四五年までに、そうした考え方が確立した原則となったのである。さらに大規模な国営化が始まろうと、誰も一向に驚かなかった。

第二次世界大戦がもたらした様々なあらゆる被害の中で、数値化が難しい最大の問題は心理的、情緒的な打撃である。第一次世界大戦はファシスト指導者、理想主義の知識人、表現主義の芸術家といった一世代を生み出した。芸術家たちは方向感覚の喪失を表すため人間的な形を歪め非人間的な姿や色彩に変えた。しかし、第二次世界大戦は占領や追放、大規模な民間人の強制退去、戦闘を伴ったため、さらに奥深く日常生活に入り込んだ。絶え間ない日々の暴力は無数のやり方で人間の精神を形作ったが、そのすべてを事もなく明確に言い表せるわけではない。

これもまた、西側、とりわけアングロサクソン諸国で起きたこととは異なる点だ。ポーランドの詩人、チェスワフ・ミウォシュは戦後の欧州と米国の精神面の違いについて説明を試み、戦争が物事の道理に関わる人間の感覚をいかに打ち壊したかについて記した。「以前の人間なら、通りで遺体に出くわせば、警察を呼んだはずだ。群衆が集まり、あれこれとうわさを口にし、意見を述べ合ったことだろう。今や、側溝にころがる得体の知れない死体は避けて通り、不要な質問は控えなければならないことをわきまえている」。

ドイツ占領下でまともな市民たちは、集団略奪が少なくとも地下活動のためなら、犯罪とはみなさなくなった、とミウォシュは書いている。法律はしっかり守る立派な中産階級出身の年若い子弟が常習犯罪者になった。「彼らにとって人殺しは何ら重大な道徳的問題とはならない」。占領中は名前や職業を変え、偽造文書で旅行し、捏造の履歴を頭に入れ、手持ちの金が一晩でいっさい価値を失い、民衆が家畜のように街頭で一斉検挙に遭うのを目にするのも当たり前になった[35]。

財産をめぐる禁制は打ち破られ、盗みが常態化、それも愛国的とさえなる。窃盗を働くのは、自分の属するパルチザン部隊を生かすため、あるいはレジスタンス運動に、それとも自分の子供たちに食料を届けるためだった。ある者は、ナチス、犯罪者、パルチザンが盗むのを、腹立たしい思いで見ていた。戦争が終わりに近づくと、窃盗の蔓延はさらにひどくなった。シャーンドル・マーライの小説『ある結婚の肖像』の中で、登場人物の一人は爆撃を受けて廃墟となった建物を物色する窃盗団の手際よい仕事ぶりに驚嘆する。「彼らは事を急げば、ナチスや地元ファシスト勢力、ロシア人、あるいは外国からなんとか祖国にたどり着いたような共産主義者にまだ盗み出されていないものなら、何でも救える時間が十分あると思ったのだ。まだ手に入れることができるなら何でも取得しておくのは愛国的な義務だと考えている。そこで、彼らは『救出』作業に取り掛かったわけだ[36]」。

ポーランドでは、マルチン・ザレンバが書いたように、ナチスの占領者が退却し赤軍が到達までの合間を特徴付けたのは、ルブリン、ラドム、クラクフ、ジェシュフと相次いで襲った略奪であった。ポーランド人がもぬけの殻となったドイツ人の住居や商店に押し入ったのだ。ある人物の説明によれば、それは「何かを探すとか入手するのが目的どころか、ドイツ人自体から強奪する、彼らがわれわれから一切合財を奪い取ったからにはこんどはドイツ人の財産をせしめるため」なのだった[37]。

戦争が終結して数ヶ月もすると、さらに組織的な波状的略奪が旧ドイツ領を襲う。そこは現在ポーランド領となっているシレジアや東プロイセンだ。乗用車、トラック、その他の車両で乗り付けた略奪グループが半ば無人化した町中を走り、家具や衣類、機械類、ほかの貴重品を探し回った。略奪の「専門家」はワルシャワのレストランやカフェのために、ヴロツワフやグダニスクでエスプレッソ・マシン、調理設備を探した。「当初、略奪者は稀覯本に詳しい知識は持ち合わせていなかった」とある回想記の作者は振り返る。「しかし、その分野の専門家がすぐに現れた」。ユダヤ人のものだった財産も全土で略奪に遭った。ユダヤ人の埋葬地も狙われた。農民たちの目当ては「埋蔵された財宝」、すなわち金歯だった。とはいえ、略奪者の大部分は狙う相手が誰であろうとまったく目もくれず、ユダヤ人、非ユダヤ人を問わずその資産を襲撃した。ワルシャワ蜂起に伴い木っ端微塵に粉砕された首都に略奪が発生、ポーランドのレジスタンス運動による悲劇的な最後の決起を受けて、半壊した住居棟や人気のない商店にだれもが――「隣人、通行人、兵士」――押し入った。トレブリンカ周辺の原野は一九四六年、宝探したちによって掘り返された。さらに同じ年の九月にはウッチ近郊で起きた列車衝突の犠牲者に通行人が襲い掛かった。救出のためではなく、貴重品を探し当てるためだった。[38]

ポーランドやほかの地域でも略奪熱はやがて治まったものの、この現象はその後の時代にごく当たり前となった、腐敗や公共財の詐取を大目に見る空気の醸成に一役買ったとも言えそうだ。暴力もまた、ありふれたこととなり、それはその後も変わらなかった。数ヶ月前には広範な怒りを引き起こしたはずの出来事も、誰もまったく気に留めなくなった。それから七十年以上を経て、あるハンガリー人が筆者に語った。ブダペストの通りで見た恐ろしい光景は今でもはっきり覚えていると。ある男が連れ歩いていた二人の幼児からいきなり引き離され、突然逮捕されたのだ。「父親が小さな手押し車に子供たちを乗せて通りを歩いていた。ソ連兵たちはそんなことには構わず父親を連行、子供たちを通りのど真ん中に置き去りにした」。通りを行く歩行者は誰一人、この出来事を奇異とも感じなかった。[39] 公には敵対行為が停止したあとにさらなる暴力――ドイツ人らの乱暴な追放、生還したユダヤ人への攻撃、ヒトラーに対する戦いを担ってきた男性、女性の逮捕、ポーランドやバルト諸国でなお続くパルチザン戦争――が起きたが、これらの事態についても誰も異様とは思わなかった。

暴力のすべてが民族的、政治的なわけではない。「村落での活動は戦闘を抜きにしては終わらない」と農村部のポーランド人教師が回想する。[40] 武器はまだ流れている。殺人率は高い。東欧の多くの地域では武装集団が村落をうろつき、レジスタンス組織とは何のつながりもなく、窃盗と殺人を生業としているのに、自分たちをレジスタンス戦士と称することもある。目的を失った元兵士らのギャング集団が東欧のあらゆる都市で活動、犯罪的暴力が政治的暴力に発展した。そうした状況にあるため、公的な記録も暴力の性格がどちらなのか必ずしも明確にしていない。一九四五年晩夏の二週間で、あるポーランド郡部の一箇所だけで殺人二十件、強盗八十六件、不法侵入千八十四件、「政治的犯罪」（定義はない）四百四十件、「当局への抵抗」事犯百二十五件、当局に対する「その他」の犯罪二十九件、放火九十二件、性犯罪四十五件を記録した。「民衆にとって最大の問題は治安だ」と警察の報告書は説明し、「この地に襲撃も泥棒もなく、平穏であれば、状況は改善する」と指摘した。[41]

制度的な崩壊はモラルの崩壊を伴った。ポーランドの政治的、社会的組織は一九三九年に機能停止した。ハンガリーの機能停止は四四年、ドイツは四五年である。この惨事は民衆に生まれ育った社会や教え込まれた価値観に根底から疑いの目を向けさせる結果となった。それも驚くに値しない。そうした社会は弱体化し、従来の価値観がいとも簡単にひっくり返ったからだ。国家的敗北の経験は――ナチスの侵攻と占領を通してなのか、連合国軍の侵攻と占領を通してなのかを問わず、あるいは両方の場合であろうと――その時代を生き抜いてきた人々にとっては並外れて耐え難いものだった。

それ以来、多くの人々は自分の属した文明全体の瓦解に耐え、自分の子供時代の建物や風景の崩壊を見つめ、両親や教師の精神世界がもはや存在せず、自分の尊敬する国家指導者が破たんしたのを理解することはどのような感覚なのか、その気持ちを言い表そうと試みてきた。しかし、そうした経験を持たなかった人が理解するのはなかなか容易ではない。「真空状態」とか「空虚」といった言葉も、外国による占領など国家的惨事に用いる場合は全く不十分だ。戦線、戦中の指導者、破たんした政治体制、自らの「無邪気な」愛国主義、両親や教師の希望的観測に対して民衆が感じる怒りを伝えることができないからだ。広範に及ぶ破壊――故郷、家族、学校の喪失――は数百万に上る民衆をある種、極端な孤独に追いやった。東欧は様々なところで時期は異なってもこの崩壊を経験した。その経験はどこも同一ということではない。しかし、それがいつ、いかなる形で巡ってこようとも、国家的破局は特に若者たちに奥深い影響を及ぼした。彼らの多くは、かつて真実と考えたものは何もかも偽りだったと端的に結論付けた。このほか、彼らを社会的ネットワークもなく、よりどころとする背景も持たない状態にしたのも戦争である。多くがまさにハンナ・アーレントの言う「全体主義的人格」に似ているのだ。家族、友人、同志、あるいはちょっとした知人とさえほかのいっさいの社会的つながりを持たず、世界の中に居場所があるという感覚を、運動体への帰属関係、党員証からしか得られない、完全に孤立した人間なのである。(42)

戦争をパルチザンとして過ごしたポーランドの小説家、タデウシ・コンヴィツキに起きたことがまさにこれだ。当時はポーランド東部にあったヴィリニュスの愛国的な家庭に育ったコンヴィツキは大戦中、レジスタンスの軍事部門である国内軍に進んで参加。最初はナチスと戦い、その後、彼の部隊は一時、赤軍と戦った。ある時点で彼らの戦いは悪いことに武装強盗やいわれなき暴力に転化して、コンヴィツキはいまだに戦っているのはなぜなのか考えている自分に気づく。やがて彼は森を離れ、ポーランドに移った。新たな国境にもはや家族のいる故郷は含まれていない国家である。たどり着くと、無一文であることに気づいた。十九歳の彼が所持しているのはコート一着、小さなリュックサック、それと一握りの偽造文書だ。家族も友人もなく、高等教育も受けていない。この経験はごくありふれたものだ。ビャウィストク近郊で戦う国内軍の若きパルチザン、ルチアン・グラボフスキは同じころ、武器を引き渡す。そこで彼もまた、何も持ち合わせていないことを悟る。「私には服が一着もなかった。戦前から持っていたものは小さすぎたのだ。……財布は空っぽだった。誰かから手に入れたドル紙幣がたった一枚、父親が隣人から借りた数千ズウォティはあった。四年にわたる占領者との戦いを証明するものはこれしかなかった(43)」。

コンヴィツキは過去に真実だと信じていたことにもあらかた信念を失う。「戦争中は」と彼は筆者に切り出した。「あまりにたくさんの虐殺を目にした。いろいろな思想、ヒューマニズム、道徳規範から成る世界全体が崩壊するのをこの目で見た。廃墟と化したこの国でわたしは一人ぼっちだった。何をなすべきか？　どの道を行くべきか？」[44]。コンヴィツキは何ヶ月もさすらい、西側への逃亡を考えた。労働者として働くことで自分の「プロレタリア」としてのルーツを再発見しようとも試みた。最終的に彼がのめり込んだのはほとんど偶然なことだったが、共産主義文学の世界だった。共産党にも加わった――一九三九年以前ならこんなことになるとは思いもよらなかったに違いない。彼はほんの一時期、「スターリン主義」作家にまでなり、党の指示する文体や手法を身につけた。

コンヴィツキの場合は劇的な運命をたどったが、異常なことではない。ポーランドの社会学者、ハンナ・シヴィダ＝ジェンバも彼女の世代――一九二〇年代末期から三〇年代初頭にかけて生まれた人々――が持っていた戦前の道徳規範を再構築しようと努め、極めて似通った説明をしている。彼女の世代はポーランド国家に心底から寄せる忠誠、その特別のさだめに対する確信とともに成長した。彼女は、「ポーランド」という概念そのものが彼女の世代には極めて重要だったと書いている。近代ポーランド国家は一九一八年になってようやく誕生、この世代はそこで教育を受けた最初の児童グループだったからだ。児童たちはこの国家を対象化し、国に「奉仕」することを熱望し、信奉や裏切りといった別の区分を用いて国と関係付けることを学んだ。その国家が崩壊すると、わが身からいっさいが消えてしまう[45]。多くの人々は自分たちの失望をもっぱら戦前の政治家に、権威主義的な右派に、無残なまでにポーランドの戦争準備に失敗した将軍たちに振り向けた。もう一人のポーランド人作家タデウシュ・ボロフスキは戦前の政治家の感傷的な愛国主義を揶揄した。「あなたの祖国――片隅にある平和、そして火中にあっておとなしく燃える丸太。わたしの祖国――丸焼けの家屋、そしてNK

VDの出頭命令」[46]。

年若いナチスにとって破局の経験はさらに終末論的な様相を帯びた。彼らは愛国主義だけでなく、ドイツの肉体的、精神的優位への信念を教え込まれてきたためだ。ハンス・モドロウ——後の指導的な東ドイツ共産主義者——は一九四六年の時点ではコンヴィツキとほぼ同じ年頃で、やはり方向を見失っていた。ヒトラー・ユーゲントの忠実なメンバーとして既にに加わっていた。戦争の最終局面で赤軍に最後の抵抗に打って出た「人民警察」だ。当時のモドロウは、ボリシェヴィキを肉体的にも精神的にもドイツ人に及ばない劣等人種とみなし、激しい敵意を抱いていた。しかし、一九四五年五月、赤軍に拘束されると、たちまち底深い幻滅の瞬間に直面する。彼はほかのドイツ人捕虜の一団とともにトラックに乗せられ、農場の作業に送られた。

わたしは若かった。手助けをしたかったのだ。わたしはトラックに立ち、ほかの捕虜のリュックサックを荷台から手渡してやった。それから自分でトラックから飛び降りることができるように、私のリュックは他のだれかに預けた。地面に降り立つと、リュックは盗まれていた。盗んだのはソ連兵ではない。われわれドイツ人の中の一人がやった仕業だった。翌日を待たず、赤軍はわれわれ全員を平等にした。全員からリュックを取り上げ——一つ残らずに——、食事用のスプーンとカップが一つずつ配られたのだ。こうした逸話があったため、わたしはドイツ人の、いわゆる友愛について、いままでとは違った形で考え始めた[47]。

数日後、モドロウはソ連軍大尉付きの運転手に指名される。その大尉がドイツの詩人、ハインリヒ・ハイネについて尋ねた。モドロウはハイネのことは一度も聞いたことがない。「劣等人種」だと思っていた人間のほうが自分よりドイツ文化に詳しそうなことに困惑を覚えた。モドロウはやがてモスクワ近郊の捕虜収容所に移送され、そこで選抜されて「反ファシスト」学校に出席し、マルクス・レーニン主義の研修を受けることになる。そのころまでに、彼は以前にも増してその体得に意欲的だった。ドイツの破局は相当深く身にこたえたため、彼は幼年時代を通じ唾棄すべきものと教え込まれたイデオロギーを、たちまち我が物とするようになる。時の経過とともに、彼は感謝の念のようなものまで感じ始めた。共産党は過去の過ち――ドイツと自分自身の過ち――を償う機会を与えた。彼が熱烈なナチスの一員だったことに抱いていた恥辱感はようやく消し去ることができるのだ。

とはいえ、戦争の記憶は消し去ることができるはずもない。同じレベルの破壊を経験したこともなく、人間が互いの苦難に示した無関心を目撃したこともない外部の人々に、過去を簡単に説明することもできない。「東の人間としては米国人、あるいはほかの西側の人々をまじめに受け取ることはできない」とミウォシュは書いている。彼らはこうした経験を経たことがないため、「結果として生まれる想像力の欠如は驚くばかりである」[48]。ミウォシュはその逆も真なりと付け加えるのを忘れている。東欧の人々は過大なほどに非現実的な期待を西側の隣人たちに寄せたのだ。

戦前も戦後も、西欧人や米国人がソ連共産主義に無関心だったことは一度もない。一九四五年よりずっと前から、ボリシェヴィキ新政権の本質や共産主義全般に関する熾烈な議論が西側の多くの首都で巻き起こっていた。米国の様々な新聞は早くも一九一八年に「赤禍」論を生々しく取り上げている。一九二〇年代、三〇年代を通じ、ワシントンやロンドン、パリでは自由民主主義に対する共産主義の脅威をテーマとする議論が盛んに行われていた。

戦時中、スターリンと同盟関係にあったときですら、ロシアと直接折衝した英米政治家の大多数は戦後に向けた彼の意図に疑念を抱き、スターリン体制の本質については極めて明確に把握していた。「遺憾ながら、ドイツの暴露は本物かもしれない」。ウィンストン・チャーチルはポーランドの亡命政権指導者にそう伝えた。ナチスがカティンの森に埋められた数千人に上るポーランド人将校の遺体を偶然発見した後の言葉である。将校たちはソ連秘密警察に虐殺されていたのだ。「ボリシェヴィキは残虐極まりない存在になりかねない」[49]。戦後の対ソ政策を立案することになる米国の外交官、ジョージ・ケナンは大戦中、モスクワに駐在し、そこから「悪の共産主義に関する数々の分析を送ってワシントン官僚機構の実務レベルを攻め立てた」[50]。当時の国務次官補、ディーン・アチソンは一九四四年夏にソ連代表団と行った交渉を「旧式のスロットマシンへの対処」にたとえた。「……時にはマシンを揺さぶって展開を早めることもできるだろう。しかし、そのマシンに話しかけることをしても無駄なことだ」[51]。

実際に問題なのはそのことではない。アチソンは自身の回想記の中で一連の交渉を通じての観察を総括し、「しかしながら、粛々と臨むわれわれにしてみれば、こうした苛立たしいロシアの幕間劇は差し迫ったもっと大きな出来事の中で、すぐにも忘れ去られたのである」と述べている[52]。事実、戦時下のワシントンとロンドンは、少なくとも一九四五年までは憂慮すべき「大きな出来事」をほぼ恒常的に抱えていた。戦争が終結するまで、東欧におけるロシアの振る舞いはいつも二義的な関心事だったのだ。

この点については、一九四三年十一月のテヘラン会談、四五年二月のヤルタ会談に関する公式、非公式の文書ほどはっきりと示すものはない。これらの会談でスターリン、ローズヴェルト、チャーチルは驚くべき無頓着さをもって欧州全領域の運命を決めた。テヘランで行われた初の三巨頭会談でポーランド国境の問題が取り上げられた際、チャーチルはスターリンにこう告げる。一九三九年にスターリンが飲み込んだポーランド東部の領土はそのまま確保できる、さらにその代償として、ポーランドは「兵士が二歩左側に近づけるようにして、西方に移動」してもよいのではないか、と。それから、「三巨頭会談の場を借りてポーランド西方移動に関する彼〔チャーチル〕の考え方を提示した」。議事録によれば、この構想は「スターリン元帥を満足させた」[53]。ヤルタでは、ローズヴェルトがポーランド東部国境はルヴフ市と周辺の油田を含むように拡大することもできようと提案する。ふとした思い付きのような口ぶりである。スターリンは修正可能な態度に見えた。しかし、誰もスターリンに決断を迫らない。提案は取り下げとなった。こうして数十万人に及ぶ人々の民族的アイデンティティが決せられたのである。

　これが東欧地域への悪意を反映したものかというと、全くそうではない。優先度の違いを反映しているに過ぎない。ヤルタでのローズヴェルトの主たる関心事は新しい国際連合の形態だ。将来、戦争防止に当たる機関として構想しているのだ。彼はこの新規国際制度を立ち上げるためソ連の協力を必要としていた。極東におけるロシア基地の使用とともに満州侵攻へのソ連の助力も求めている。ローズヴェルトにとって、こうした関心事はポーランドやチェコスロヴァキアの運命よりも重要だっただけだ。それに、イタリア王国の将来から中東の石油に至るまで、重要案件はほかにもあった。東欧はスターリンの戦後計画では中心的な関心事だが、米国の大統領にしてみれば取るに足りない権益でしかなかった[54]。

　一方、チャーチルは英国の弱さを痛感していた。ひとたび赤軍が実際にポーランド、ハンガリー、あるいはチェコスロヴァキアに入ったとなれば、そこから撤退を迫る能力が英国にあるのか何ら幻想は持っていないのである。チャーチルは回顧録の中で、ヤルタ会談の直前にローズヴェルトに対し、「われわれはオーストリアを可能な限り幅広く占領すべきだ。西欧が必要以上にロシア人に占領されるのは望ましくないからだ」と伝えたことを思い起こしている。オーストリアがその当時、ハンガリーやチェコスロヴァキアに比べてより重要な「西欧」の一部である、というのはいかなる基準によるものなのか。それは明らかでない。しかし、チャーチルの運命論ははっきり伝わってくる。赤軍が定位置に就いた以上、動こうとはしない、ということだ。(55)

両指導者は戦争が終わると、選挙民が夫や兄弟、息子の本国帰還を切望することも分かっている。ソ連との新たな紛争を「売り込む」のは極めて難しいことになるはずだ。戦時中のプロパガンダはスターリンを陽気な「アンクル・ジョー〔ジョーおじさん〕」、労働者の無骨な友として描いた。チャーチルもローズヴェルトもそれぞれの公的な声明でスターリンを称賛している。ロンドンではソ連支持者たちが支援金集めのコンサートを何度も開催。ボリシェヴィキ指導者レーニンがかつてロンドンに滞在した際の屋根裏部屋の一つがある建物前に、彼の彫像を建立した。(56)米国では実業界がソ連との新たな友好から利益が得られることに早くも期待を示している。「戦争が終われば、ロシアはわれわれにとって最大の、とは言えないまでも、少なくとも最大級の有望顧客になるだろう」。米国商業会議所の会頭はそう明言した。(57)厭戦気分の英米市民に対し手のひらを返して、欧州にとどまりソ連と戦わなければならないと呼び掛けるのは不可能ではないが、政治的に至難の業だったに違いない。

兵站面の問題はさらに困難を極めた。ロシアのベルリン占領を決して快く思わなかったチャーチルは一九四五年春、配下の軍事作戦立案部局に対し、できればポーランド部隊、さらにはドイツ部隊まで動員し、連合国軍が中部欧州のソ連部隊に攻撃を仕掛ける可能性を探るよう実際に命じた。「想定外作戦」に向けた計画は結果的に、実行不可能として直ちに撤回された。立案部局は首相チャーチルに警告した。現地の赤軍は三対一の比率で英国部隊をしのいでおり、実行に移せば「長期に及ぶ手痛い」軍事作戦となり、「全面戦争」に発展する恐れもあると。チャーチル自身、起草文書の余白に赤軍に対する攻撃は「まずあり得ない」と書いている——とはいえ、想定外作戦では、一部部隊がソ連の英国攻撃といった可能性に備える計画の一端を担っていた[58]。

ミウォシュが苦言を呈したように、西側には無邪気という要因もあった。ローズヴェルトは特に最晩年を迎えるころ、スターリンの善意への信頼をしばしば口にした。「心配することはない」。彼は一九四四年、ポーランドの亡命政権指導者スタニスワフ・ミコワイチクにそう語った。「スターリンにはポーランドから自由を奪うつもりはない。米国がしっかりあなた方の味方についているのを知っているから、あえてそんなことはしないはずだ[59]」。それから一年あまり経ち、米英の交渉担当者はソ連にブダペストの連合国調整委員会——ハンガリーの戦後統治に当たるため設立された機関——の指揮権を与えることに同意した。その際、ソ連がハンガリー政府に何らかの指示を出す場合は事前に連合国各国と協議するという厳格な条件を付けた。ソ連はこれに該当する場合も、一度として協議のそぶりすら見せなかった[60]。

米政府内の共産主義シンパやワシントンの「親ソ分子」も米国の戦後政策に影響を及ぼしたと、後に主張した人々もいる[61]。おそらく最も悪名高いソ連エージェント、アルジャー・ヒスが米交渉団の一員としてヤルタに滞在していたにせよ、彼の影響力——仮にそれがあったとしても——は必要なかったはずだ。会談の議事録がはっきりと示しているのは、チャーチルとローズヴェルトには極めて具体的な関心事があり、ソ連を東欧から締め出すことがその一つではなかったということである[62]。会談の出席者たちは現実主義者《プラグマティスト》であった。「ヤルタが行ったことはすべて厳然たる事実をあるがままに、もたらされた通りに認めることだった」と米国のある将軍は回想している。「わたしには、ほかに選択の余地はなかったのだ[63]」。

混乱させてしまうかもしれないが、冷戦時代を通じ実はずっとこういうことだったのである。西側の言葉遣いが激烈な反ソ攻撃を強めているときでさえ、欧州に新たな紛争を引き起こすことがないよう常に多大な配慮がなされた。米国も英国もソ連との戦争は望んでいない。それは当時も、その後も変わらなかった。スターリン死後の一九五三年、東ベルリンでストライキと暴動が勃発した際、西ベルリンの連合国当局は極めて抑制的な態度に終始し、西ドイツ市民にストライキ支援の越境はしないよう警告したほどだ。[64] 一九五六年のハンガリー動乱が起きたときは、米国務長官ジョン・フォスター・ダレスもことさらに米国の関与はいっさいないと否定、ソ連に対し「われわれはこれら諸国を潜在的な軍事同盟国とはみていない」と伝えた。[65]

本当のところを言えば、東欧諸国こそ西側の同盟諸国よりも無邪気なことが往々にしてあった。ハンガリーでは親英政治家の面々が、自分たちの国は英国に解放されるはずだという考えにとらわれていた。歴史家ラースロー・ボルヒの言葉を借りれば、「ハンガリーのいわゆる地政学的な意義を信じる無茶な考えに勢いづいた」市民は少なくない。[66] 彼らは一九四四年に至ってもなお英国のバルカン侵攻に期待を寄せていた。自分たちの国はかつてオスマン帝国と戦い、西側のキリスト教社会を守る砦だったゆえ、二十世紀もこの役割を引き続き果たそうと考えたのだ。ハンガリーのある外交官は確信を込めて言った。「西側列強としては［ハンガリーの］地政学的に重要な地域をロシアが支配するのを許すわけにはいかないのだ」と。ポーランドの政治的将来は実際、連合国指導者間で激しい議論のテーマとなっていたが、当のポーランド人も同様に確信していた。そもそもわが国の名において英国がドイツに宣戦布告した以上、自分たちを見捨てるはずがない。米国もそうだ。見捨てるようなことは在米のポーランド系ロビー団体が許さないからだ。早晩、第三次世界大戦が起きるに違いない。しばらくして、東ドイツ人は西側が両独国境の要塞化に同意するとは信じがたいと思い知る。西側はドイツ分断を許さないはずではなかったか？

しかし、西側はドイツ分断を許し、それを受け入れたのだ。欧州分断も受け入れるようになったのとまったく同じように。赤軍が占領した個々の国にもたらす物質的、精神的、政治的変化の規模を予測した者は、西側では——ワシントン、ロンドン、あるいはパリでも——誰もいない。ただ、そうした変化が起きるのを食い止めようと努めた形跡もなきに等しかったのである。

第2章　勝者たち

ナチス体制下の最後の数ヶ月は、われわれのほぼ全員が親ロシアであった。
東から光がさすのを待ち望んでいたのだ。
しかし、その光はあまりに多くのものを焼き尽くした。
理解に苦しむ出来事があまりに多かった。
暗闇の街路には夜毎、呻吟する女たちの耳をつんざく叫び声が響き渡った。
ルート・アンドレアス＝フリードリヒ[1]

ロシア人たちは……アジア人襲来の時代以来、比べ物がないやり方で現地住民を一掃した。
ジョージ・ケナン[2]

ジョン・ルカーチはブダペストで、「緑灰色をまとったロシア人の大群が東方から一斉に押し寄せてくる」のを目撃する。[3] ルッツ・ラッコウがベルリン東部の郊外で目の当たりにしたのは「戦車、戦車、戦車」である。さらに、戦車と並んで歩く兵士たち、そこに混じって「ブロンドの髪を編んだ屈強な女性アマゾネス」がいる。[4] これが赤軍であった。腹をすかせ、怒りっぽく、疲れ切った百戦錬磨の男女たち。中には二年前に、スターリングラードやクルスクで着こんでいたのと同じ軍服を身につけている者もいる。彼らは全員が暴虐の記憶を引きずっている。今、凶暴化しているのは、かつては彼らが目撃し、伝え聞き、被ったことがあるためだ。

一九四五年一月、ソ連による最後の攻勢が始まる。赤軍がポーランドの中央を流れるヴィスワ川を渡ったのだ。荒廃したポーランド西部やバルト諸国を破竹の勢いで突き抜けた「イワンたち」は、二月半ばまでに激烈な包囲戦の後、ブダペストを制圧、三月にはシレジアを制覇した。東プロイセンのケーニッヒスベルクへの攻撃は四月に終わる。そのころには二つの巨大な軍集団である第一白ロシア戦線と第一ウクライナ戦線とがベルリン近郊に到達、最後の攻撃を掛ける態勢にあった。ヒトラーは四月三十日、自決する。一週間後の五月七日、アルフレート・ヨードル将軍はドイツ国防軍最高司令部の名のもとに連合国に対し無条件降伏した。

戦争が最終段階を迎えた五ヶ月間にわたる東欧での出来事を評価するのは、今なお容易なことではない。流血の続くこの時期の出来事について、だれもが同じように記憶しているわけではないからだ。ソ連史観においては、戦争の最終局面が一連の解放戦として明確に描かれるのが常である。その標準的な叙述によれば、ワルシャワやブダペスト、プラハ、ウィーン、ベルリンは、ナチス・ドイツのくびきから解放されたのである。勝利に次ぐ勝利でファシスト体制は粉砕される、住民は歓喜し、自由を取り戻した、ということになる。

これとは異なる物語を語る人々もいる。数十年にわたり、ドイツ人たち、とりわけベルリン市民が一九四五年およびその後の出来事について口にすることは滅多になかった。ところが現在はどうか。彼らは当時の略奪、恣意的な暴力、とりわけソ連侵攻後の集団レイプを鮮明に記憶しているのだ。東欧一帯では、ドイツ軍と戦った非共産主義者の地元パルチザンに対し赤軍が攻撃し、その後も無差別に、また標的として波状的に暴力を加えたことも忘れ去られてはいない。ポーランド、ハンガリー、ドイツ、チェコスロヴァキア、ルーマニア、ブルガリアでは、赤軍の到達が純然たる解放と記憶されているのは稀なことでしかない。むしろ、新たな占領を記す残酷な幕開けとして記憶されているのだ。

とはいえ、多くの人々にとって、これら相対立する見方はいずれも完全な物語を提示するものではない。というのも、赤軍の到着は実際、数百万の人々に自由の到来を告げたからだ。アウシュヴィッツ＝ビルケナウ、マイダネク、シュトゥットホフ、ザクセンハウゼン、ラーフェンスブリュックの門を開けたのはソ連兵士だった。彼らはゲシュタポの監獄を解放した。ユダヤ人が物置や地下室の隠れ場所から離れ、ゆっくりとではあるが普通の暮らしに近い形に戻ることを可能にしたのも彼らだ。捕らわれの身だったユダヤ人、ゲニア・ツォンアーベントはドイツ東部の小規模な労働収容所から抜け出し、最初に見つけた何軒かのドイツ人家屋で食べ物を乞うた。彼女は断られた――だが、通りかかったロシア人が彼女の話を聞き、食べ物と、彼女の記憶によれば、「体を洗うお湯までも」ありつけるように取り計らってくれたのだ。[5]

ソ連の援助はユダヤ人だけに向けられたわけではない。赤軍の到着はポーランド西部のポーランド人がポーランド語で話すことも可能にした。公の場で話すことが禁じられて以来、数年ぶりのことである。ドイツ語名に改称されていたポーランド諸都市の商店や路面電車、レストランから「ドイツ人限定」（Nur für Deutsche）の表示が消えた。ドイツ自体では、反ヒトラー勢力が、数百万のチェコ人、ハンガリー人と同様に、ソ連兵がやって来ると歓喜した。「わたしは中庭に飛び出して、出会った最初のソ連兵に抱きついた」。あるハンガリー人女性は筆者にそう語った。彼女だけではない。[6]ハンガリーの別の男性は、赤軍の到着が彼とその妻にどのような意味を持ったのか書いている。

わたしたちは解放されたと感じた。これが月並みな言い方であることは分かっている。こうした言葉はもはや、本来の意味を持ち合わせていない。しかし、どんなに真剣に考えても、解放されたという以外に、あの時の感情をうまく言い表すことができない。地下室に座り込んで泣き、互いの手を取り合って、そのように感じたのはわたしたち夫婦だけではない。あそこに居合わせたものは誰しも同じ気持ちを抱いたのだ。世界はようやくこれまでとは違ったものに変わるのだ。世界は確かに、わたしたちが生を享けるに値するものだったのだ、という感情だ。(7)

あるポーランド人は筆者に同じことを言った。「わたしたちにはロシア人に対する複雑な感情はまったくなかった」と。(8)とはいえ、声を限りに歓呼した人々ですら、赤軍が途方もない荒廃をもたらしたことを否定しない。多くの人々は実際の出来事に触れる際に、排外主義を帯びた言葉遣いで「新たなモンゴル襲来」について語る。前例のない規模の暴力を呼び起こすためだ。ジョージ・ケナンは「アジア人襲来」を想起した。(9)シャーンドル・マーライはロシア人たちを、「あの反射神経と返答がこちらにはさっぱり分からず、全く異質の人種のようだった」と振り返る。(10)ジョン・ルカーチは「切れ目で、好奇心も持たず敵愾心むき出しの、浅黒くて丸いモンゴル人の顔」を思い出す。(11)

ソ連兵が東欧の人々に異質に見えたのは、一つには彼らが東欧市民をかなり訝しげに思っていたためだ。東欧の物質的な豊かさに心底衝撃を受けたらしい。そうした事情も背景にある。革命期以来、ロシア人が教え込まれてきたのは資本主義の貧困、失業、悲惨さであり、ロシア独自の体制が優位に立っているということであった。ところが、当時、欧州でも最貧地域のひとつだったポーランド東部に入った途端、ソ連兵は普通の農民がニワトリ数羽、乳牛二、三頭のほか、着替えも一着以上持っているのを知る。行く先々で見た小さな田舎町には石造りの教会がいくつもあり、街路は石畳で、住民が自転車に乗っている。当時のロシアではまだほとんど知られていない乗り物だった。農場はしっかりした造りの納屋を備え、穀物は整然と並んで植えてある。これらはロシア農村部の絶望的な貧しさ、ぬかるみ道、ちっぽけな木造の小屋と比べると、恵まれた光景であった。

ケーニッヒスベルクの教会、ブダペストのアパート群、アンティーク家具にあふれたベルリンの住居、彼らの見方では想像を絶する豪華さの中で暮らす「ファシスト」女性、神秘的な水洗トイレと電化製品。ソ連兵がこうしたものに出くわし、本当にショックを受けたのだ。「わが兵士たちは電気、ガス、浴室、きれいに手入れされた庭園を備えた二階建ての郊外型住宅を見てきた。ベルリンにある裕福なブルジョア階級の邸宅、信じ難いほど豪華な城郭や邸宅、マンションを目の当たりにしたのだ。そして、数千人の兵士たちはドイツでこれらの建物を見て回り、繰り返し怒りの問いを発した。『それにしても、どうして奴らはわが方に攻め込んできたのだろうか？　いったい、何が目当てだったのか？』」と。(12)

　彼らは説明を求める。ある政治将校はモスクワに手紙を書き、「これは労働搾取に基づく富農《クラーク》の農業である。すべてが立派でぜいたくなのは、そのためである。ちなみに、わが赤軍兵士、とりわけ、ちっぽけなブルジョア的私的所有の考えを持った政治感覚の未熟な兵士は、何の気なしに集団農場とドイツの農場とを比較し、ドイツ農場を絶賛している。われわれの中には、ドイツ製品をほめちぎる将校が何人かいる……(13)」。あるいは、いっさいが盗み出されたのだ。「ヒトラーは血まみれのドイツ兵《フリッツ》を喜ばせるためにヨーロッパ中から略奪したのだ。われわれが目にしたいっさいのことから、それは明白だ」とある兵士は故郷に書き送った。「彼らの飼っているヒツジは最高のロシア産メリノ種だ。どの店もヨーロッパの商店や工場から残らず運び込んだ品物が山と積まれている。近いうちに、これらの品物はわれわれの戦利品としてロシアの店に出回るだろう(14)」。

　そうした次第で、ロシア兵たちは略奪し持ち帰った。酒類、女性用の下着、家具、陶器、自転車、リネンは、ポーランド、ハンガリー、チェコスロヴァキア、バルト諸国、バルカン諸国のほか、ドイツから持ち去られた。腕時計はロシア兵にとってはほとんど神話的な意味を持っていたらしい。彼らは手にさえ入れば一度に半ダースも身に付けて歩き回るのだ。ベルリンの国会議事堂のてっぺんにソ連国旗を立てたソ連兵の伝説的な写真は、修正を施さなければならなかった。この若き英雄の両腕から幾つもの腕時計を取り除くためだった。[15] ブダペストでは、ソ連兵に対する強迫観念が現地に語り継がれる伝承の一部として残り、これが赤軍にまつわる地元の見方を形づくるのに一役買ったようだ。戦後数ヶ月してブダペストの映画館がヤルタ会談のニュース映像を上映した。ローズヴェルト大統領がスターリンに語り掛ける際、腕を上げると観客の中の何人かが「腕時計に気を付けて！」と叫んだ。[16] ポーランドでも同じだった。何年にもわたり、子供たちがソ連兵を「演じ」、「ダヴァイ・チャスイ」――時計を寄こせ――と叫ぶのだ。[17] 一九六〇年代末に放送されたポーランドの子供向け人気番組のシリーズには大戦中、ロシアとポーランドの兵士たちが盗み取った時計の膨大なコレクシンをため込み、人気《ひとけ》の消えたドイツの建物に野営するシーンが出てくる。[18]

多くの人々にとってこうした盗みは、ソ連軍の到着をしきりに待ち望んでいた住民が味わうことになる苦々しい幻滅の前触れであった。マーライは「立派な家父長タイプ」の年配の男のことを伝えている。彼は初めて接したソ連訪問客を厳粛に出迎え、うやうやしく自分はユダヤ人だと身元を明かした。

そのロシア兵はにっこり笑い、首から短機関銃を外すと老人の方に歩み寄り、ロシアの習慣に従い両頬に――右から左へ――そっと唇を当てた。兵士はわたしもユダヤ人だと言った。しばらくじっと押し黙って、心を込めて老人の片手を握った。

それから、兵士は再び短機関銃を首にかけ、老紳士に家族全員とともに部屋の隅に立ち、壁に向けて両手を挙げるよう命じた……。その後、ロシア人は少しも慌てず、おもむろに彼らから

〔金品を〕奪い取った。[19]

この問題は実に憂慮すべきことだと考えるロシア兵もいた。数年後、作家ワシーリー・グロスマンは自分の娘に伝えた。赤軍はソ連国境を越えた途端、「ますますたちが悪くなった」と。グロスマンの回想によれば、ある晩、ソ連兵数人とともにドイツ人の家屋で寝ていた。その中に、疲れ切って今にも倒れ込みそうな「善良なロシア人の顔」をした「威厳のある」大佐がいた。「疲れた大佐の居室から一晩中、物音が聞こえる。大佐は別れも告げずに翌朝、出て行く。われわれが大佐の部屋に行くと、そこはめちゃくちゃである。大佐は本物の略奪者のごとく、戸棚という戸棚を空っぽにしてしまったのだ[20]」。

赤軍は、略奪しなかったものについては、往々にして破壊した。ベルリンやブダペストの市街戦は今日では巻き添えとでも呼べそうな被害をもたらしたが、赤軍は理由もなく破壊の限りを尽くした。どう見ても自分のためとしか思えない。ポーランドにおけるキリスト教揺籃の地、グニェズノでは、ソ連戦車が軍事的な意味はまったくない千年の歴史を誇る大聖堂を意図的に破壊した。当時撮影された（その後七十年間も秘匿された）写真を見ると、町の広場に戦車数台以外にはなく、それが古色蒼然たる建築物に向けてみだりに発砲しているのが写っている。[21] ソ連兵はブレスラウの町を占領した後、歴史ある中心部の建築群に火を放ち、大学図書館にある非常に貴重な蔵書や市立博物館、数カ所の教会もろとも灰燼に帰した。[22]

略奪、破壊は何ヶ月も続く。それは時の経過とともに一段と巧妙になり、最終的には公式に「賠償」のかたちを取る。しかし、私的な略奪も何ヶ月にもわたって横行した。東ドイツ当局者は一九四六年になった段階でようやく不満をもらしている。ザクセンのソ連将校たちが民間アパートで自活を始め、ザクセン州所蔵の調度品、絵画、陶磁器を州内数ヵ所の城から調達し、彼らの元へ送り届けるよう命じていると。「ひとたび引き払うとなれば、それらの品々は彼らが持ち去っていく」。ライヒェンバッハに近いフリーゼン城の所有者は四千ライヒスマルク（戦前の通貨）相当のテーブル一台、一万千五百ライヒスマルク相当のカーペット三枚、一万八千ライヒスマルク相当のロココ調整理箪笥一台、五千ライヒスマルク相当のマホガニー製机一台を失ったと訴えている。このうち、どれひとつとして返還された記録はない。[23]

それ以上におぞましいことがある。究極的にはもっと深刻な政治的意味合いを帯びてくるのだが、それは赤軍のベルリン到達のずっと前に始まった民間人への暴力的な攻撃だ。そうした攻撃は赤軍がポーランドを通過する際に始まり、ハンガリーで激化する。ソ連部隊がドイツ領内に攻め込んだときは驚くべきレベルに達した。赤軍と出くわした人々には、凶暴化した怒りの兵士たちが復讐欲に駆られているように見えた。友人、連れ合い、子供たちの死に怒り狂い、ドイツ人がロシアに残した焼き尽くされ村々や大量の墓に憤怒をたぎらせたのである。グロスマンはあるとき、ドイツ人捕虜を置き去りにして東に向かって道を進むソ連の子供たち数百人の行列を見た。ソ連の兵士、将校は厳粛な面持ちで道沿いに立ち、「食い入るようにして子供たちの顔を見詰めた」。男たちは、ドイツに連れ去られ行方の分からなくなった息子や娘を探す父親であった。「ひとりの大佐が数時間も立ち尽くしていた。直立不動のまま毅然とし、憂鬱な暗い表情を浮かべて。彼は夕闇が迫ると車に戻った。自分の息子は見つからなかった」。[24]

赤軍は自らの司令官たちや冷酷な戦術、脅迫と政治スパイの恒常的使用、さらには自軍の犠牲に激怒していたのかもしれない。数百人に上る退役軍人の聞き取り調査を行った歴史家キャサリン・メリデールは、彼らがしょっちゅう政治性を帯びた憤懣を口にしていたと考えている。「意識的になのかどうかは別にして…赤軍兵士は積年にわたる国家の抑圧、この地特有の暴力により鬱積した怒りを程なくぶちまけることだろう[25]」。

新たな占領地の女性たちはこの怒りの矢面に立たされる。彼らは年齢を問わず集団レイプにさらされ、その後殺害されることもあった。強制収容所《グラーグ》の記録者としてはもっと有名だが、ロシア作家アレクサンドル・ソルジェニーツィンも一九四五年、赤軍とともに東プロイセンに入る。そこで戦慄の光景を目の当たりにし、後に詩——ロバート・コンクエストの翻訳による——に書きとどめた。

半ば押し殺したようなうめき声
母親は傷つきながら、命は取り留めた
幼い娘はマットレスに沈む
息絶えて。どれほどの数がその上にいたのか
一個小隊か、おそらく一個中隊だろうか？
少女は大人の女に変えられた
女は死体に変えられた
とどのつまりは単純な言葉に行き着くのだ
忘れるな！　許すな！
血には血を！　歯には歯を！[26]

こうした復讐行為の数々は往々にして非政治的なものでなる。必ずしもドイツ人やナチス同調者に向けられたものですらない。グロスマンが指摘するように、「収容所から解放されたソ連の乙女たち

は今、多大な苦難を味わっている。今夜はそのうちの何人かがわれわれの特派員部屋に身を隠している。一晩中、われわれは金切り声で起こされる。特派員の一人は誘惑に抗することができなかった」。当時、赤軍の政治将校だったレフ・コペレフは回想録の中で、あるロシア人女性の運命を詳細に述べている。彼女はドイツで強制労働に徴用されていたが、敵の一人と間違われたという。「美人で若々しく、気立ても良い。黄金のような髪の毛が背中に垂れている――見たところ酔った兵士が何人か通りを歩いていて、彼女を見かけたのだ――「おい、ドイツ女め、こら、くそばばあ！」――そして、彼女の背中越しに軽機関銃で銃弾を浴びせた。女は一時間も持たなかった。「どうしてなの？」と叫び続けた。これから故郷に戻ると母親に手紙を書いたばかりだった」[27]。

ポーランド人の強制労働従事者が犠牲になったこともある。運悪く、赤軍と出くわしたのだ。「ちょうどその時、殺気立った悲鳴が聞こえ、女性が一人、納屋に駆け込んだ。お下げの長い金髪が乱れ、着衣は胸から引き裂かれた。耳をつんざくような叫び声が上がった。『わたしはポーランド人よ！　イエスよ、マリアよ、〔お願いですの意〕わたしはポーランド人なのよ！』[28]。戦車部隊の兵士二人が彼女を追った。二人とも黒のヘルメットをかぶり、一人はひどく酔っていた」。コペレフが割って入ろうとすると――基本的にレイプは即刻処刑の処罰対象ではあったが――同僚たちが彼を咎め、文句を付けた。「『司令官たちがいるではないか。……ドイツ人のあばずれ女については上官が自らの部下を銃殺することになっている』と言ったのだ」。コペレフは、自軍兵士数人が意識も弱々しい老齢の婦人を「スパイ」として射殺した際、異議を唱えたとして、やはり叱責を受けた。「貴様は味方の人間に背を向け、ろくでもないドイツ人ばばあを庇おうとするのか？」と[29]。

レイプも暴行も地元共産主義者を震え上がらせた。どのような政治的影響が及ぶのか、たちどころに理解したのである。表向き、レイプは「ソ連の制服を着た破壊活動の輩」による仕業とされた。非公式な場では、地元共産主義者は当局に対し統制を加えるのに一役買ってほしいと嘆願した。あるポーランド人将校は一九四五年二月、ポーランド軍の宣伝担当局長に手紙を送り、赤軍部隊の「ポーランド人に対する振る舞いというのは、ポーランドとソ連との友好を損ない、ポズナニ市民が解放者に抱いた感謝の念を削いでしまう態度である。……女性へのレイプは珍しくない。両親や夫の目の前で襲うこともある。それ以上に横行している状況がある。兵士たち、それもたいていは年若い将校たちが女性を宿舎に強制的に連れ込み（時には傷病者の介助をしてもらうと見せ掛けて）、そこで襲いかかるのである」[30]。

他方、実際の出来事を打ち消そうとする人々もいる。当時、共産主義者だった若いハンガリー人はレイプについてはいっさい知らなかったと説明する。「わたしたちの身内では、『それはナチスの愚劣な行い』だと言い切ったはずだ。……当時、わたしたちは依然として、彼ら［ソ連人］がこれまでにない類いの人間だと確信していたからだ」。しかし、時の経過とともに、「新種の人間」はまったく期待にそぐわないことが判明する。ある時、このハンガリー人は若いロシア人グループの世話をする担当となった。「夜ともなると、彼らは決まって窓から飛び出して、どこかに飲みに出る。あるいは売春婦目当てか、いずれにせよ外出する。これには非常に困惑した。彼らには実に閉口した。責め立てはしなかったが、あのことは知っていたのだ……」[31]。

一部は個人的に衝撃の体験をする。当時はドイツの都市だったブレスラウで共産主義の地下組織に加わっていた数少ない活動家の一人、ロベルト・ビャレクが町を占領したソ連部隊の司令官たちに初めて会って祝意を伝え――共産主義者として手助けをしたいと申し出た――家に戻ってみると、妻がレイプに遭っていた。これは彼にとっては終わりの始まりだった。「粗暴なロシア兵二人による肉欲の本能が、私の身の回りの世界をたたき壊してしまった。ナチスの拷問も陰険極まる集団でさえも、ここまで手を下すことはなかったからだ」。彼の回想によれば、「できることなら、実に多くの友人たちがたどったのと同じように、町の瓦礫の下に埋もれてしまいたい」と願った。[32]

こうした性的暴力の横行は計画的なものではなかった。それはドイツやほかの至るところで頻繁に、かつ正確に見受けられたことだ。この種の攻撃を「命令」した文書はいっさいない。[33]とはいえ、コペレフやソルジェニーツィンのような将官が、直属の上官たちに暴行を止めさせることにさほどの関心もなく、少なくとも占領当初の数週間はレイプや無差別殺人も明らかに黙認されていたのを目にしたことも事実だ。さまざまな決定は現地司令官に委ねられているが、この黙認はおそらく最高レベルの指示によるものだろう。ユーゴスラヴィアの共産主義者ミロヴァン・ジラスが赤軍の振る舞いについてスターリンに苦言を呈したところ、ソ連指導者は忌まわしくも作家ジラスに迫った。「流血、戦火、死滅の中を数千キロもくぐり抜けてきた兵士が女性と戯れ、あるいはささいな悶着を起こしたら、どうなるか理解」できないのはどうしたわけか、と。[34]

この種の「理解」は、ドイツ人およびドイツに関するソ連のプロパガンダが促したもので、その宣伝もベルリンへの最終攻撃の際は、ドイツ人に辱めを加えたい欲求からとりわけ殺気立ってくる。「日数を数えるな、距離を数えるな。諸君が殺したドイツ人の数のみを数えよ」。一九四五年二月以降、しばしば読み返され、増刷もされた記事の中で、ある戦場特派員はそう書いている。「ドイツ人を殺せ——これぞ、汝らの母の祈りだ。ドイツ人を殺せ——これぞ、汝らのロシアの大地の叫びだ」。[35]

略奪、暴行、レイプが政治計画に組み込まれたわけではなかったとしても、実際は赤軍占領地の全域に、永続的な根深い影響を及ぼした。一方で、暴力は民衆にソ連支配に疑いの目を向けさせ、共産主義宣伝とマルクス主義のイデオロギーに深い疑念を抱かせた。同時に、暴力、とりわけ性的暴行は男女を問わず心底恐怖心を植え付けた。赤軍は残虐であり、強大だ。歯止めをかけることはできない。男たちは女を守れない。女は自分自身を守れない。男女とも子供たちや財産を守れない。呼び起こされた恐怖を公然と語ることもできない。公式の反応はほとんどの場合、あいまいなものだ。ハンガリーでは、ブダペスト国民委員会が一九四五年二月、理由をきちんと説明しないまま、中絶禁止を一時的に取り止めた。一九四六年一月、ハンガリーの社会厚生大臣が歯切れの悪い政令を出した。「戦線とそれに伴う混乱の結果、家族が面倒を見ることを望まない新生児が多数いる。……当職はここに児童養護施設局に対し要請する……出生日が解放後九ヶ月から十八ヶ月の新生児はすべて捨て子として扱うように[36]」。

個々の反応ですら往々にして無表情で投げやりだった。それはその後も変わらず残る。口外すべきことがあっただろうか？　何年もしてから、ソ連侵攻時に子供だった東ドイツの牧師は、普段なら能弁なのに、あのことについて思い浮かべることを話そうとすると、依然として言いよどみ、口ごもってしまうのだった。「ロシア人たちがやって来た。それからレイプが起きた。信じ難いことだった。これは忘れようにもできないことだ。わたしは十五歳だった。……何人かの女性は身を隠した。彼らはほかの女性たちを捕まえた。わたしの母を。とても辛いことだった。……身の毛もよだつことだった。同時に安堵感があった。自分は逃れて助かったという安堵感が。わたしの中には奇妙な葛藤があった[37]」。

ソ連占領下のヨーロッパで、集団レイプが明確かつ公然と議論されたことが一度だけあった。一九四八年十一月のことである。東ドイツ当局はベルリンの「ソ連文化会館」でこの問題に関する公開討論会を開いた。集会開催のきっかけをつくったのはジャーナリストのルドルフ・ヘルンシュタット――当時はベルリン市の新聞『ベルリナー・ツァイトゥング』の編集長。その後に党機関誌『ノイエス・ドイッチュラント』の編集長――で、「ロシア人について、われわれについて」と題した挑発的な記事を発表していた。討論会はたいへんな数の聴衆を集め、『ノイエス・ドイッチュラント』が後日、会場が「小さすぎてこの話題を真剣に話し合うことはできなかった」と不満をもらすほどの盛況ぶりだった。

ヘルンシュタット自らが議論の口火を切り、数日前に『ノイエス・ドイッチュラント』掲載の記事で展開した持論を挑発的に繰り返した。彼は、ソヴィエト社会主義共和国連邦の惜しみない支援なしてドイツが目下の諸困難を克服することはできないと力説し、赤軍に対する庶民の怒りや反感をはねつけた。また、「道路脇に立っていて自転車を盗まれたが、一貫して共産主義者に投票してきたという義理の兄弟」について語った参加者をけなした。その男が共産主義者だと、どうしてソ連軍には分かるはずなのか？　この男はなぜ、ナチスに対抗して赤軍とともに戦わなかったのか？　全ドイツの勤労階級はなぜ道路脇に突っ立ち、言うなれば、救われるのを待っていたのか？

議論は四時間続き、翌日夜も続行となる。しかし、夜が更けるにつれて、論点は自転車盗難から次第に離れていく。決定的なタイミングである女性が立ち上がり、「わたしたちはさまざまなことを経験してきました。それがソ連軍の兵員と会う際のこちらの反応を形づくっているのです」と訴えた。彼女は今なお遠回しの表現を使いながらも、「ある特定の制服を身に着けた人には誰であれ近づく際に抱くあの恐怖とこの不信感」に言及した。この議論の記録を読んでいると、不思議とはっきりしてくることがある。身近なほんとうの議題は、略奪ではなく、レイプであることを一人残らず直ちに理解したのだ。

次々と、ソ連の振る舞いを正当化する言葉が繰り出される。ドイツ人は感情を克服するため理性を用いることを学ばなければならない。ドイツ人は階級闘争を遂行しなければならない。ドイツ人こそは戦争を始めたのである。ドイツの残虐行為がロシア人に無慈悲になることを教えたのである。それでも、反論が二、三出た――数人の女性が反発し、ほかの参加者はロシア人女性が国内でどう扱われているのか知りたがった――が、最後は二日目の夜、ロシア人将校が立ち上がり、事実上議論を締めくくった。彼は「われわれほど苦難を体験したものはいない。七百万人が死亡し、家を失ったものは二千五百万人に達する」と力説した。「一九四五年、ベルリンにやって来たのはいかなる兵士だろうか？　彼は観光客か？　彼は招きを受けて来たのだろうか？　冗談ではない。数千キロに及ぶ焦土と化したソ連領土をたどって来た兵士なのだ。……おそらく彼は連れ去られた自分の花嫁をこの地で探し当てたのだろう。彼女は奴隷労働のため連行されていたのだ……」。

こうした介入があった後、公開討論は事実上終わる。将校の論拠に対し実質的な反論は全く提起しようもなかった。将校の語った言葉は会場にいた一人ひとりに対し、戦争に対するドイツの責任や赤軍が心の奥底に抱く復讐願望を想起させただけでなく、その願望について語ることも、何か行動を起こすことも無意味であることを思い知らせた(38)。

その後は公式の沈黙が続く。しかしドイツ、ハンガリー、ポーランド、その他至るところで、集団レイプや略奪、暴力にまつわる記憶が消えることはなかった。そうした記憶はベルリンの討論会で女性が口にした、「ある特定の制服を身に着けた人には誰であれ近づく際に抱くあの恐怖とこの不信感」にひとつ付け加えたにすぎない――それは暴力が止んだ後も末永く残る怯えである(39)。さまざまな感情――恐怖、恥辱、怒り、沈黙――をひっくるめた妙に強力な組み合わせが、新たな体制導入への心理的な素地を据えるのに一役買った。それは時の経過とともに、明らかになる。

暴力は反感を買う唯一の原因ではなかった。戦争が終結して数年と経たないうちに、ソ連は東欧の急速な工業化に拍車を掛ける――しかし、スターリンが当面求めたのは賠償だ。実際問題として、これが地域一帯で文字通りの工業解体を引き起こす。時には非常に長期にわたる影響をもたらすこともあった。集団レイプと同様、ドイツ工場の大量略奪はとにかく復讐として行われたように見えることが頻繁にあった。ソ連でなにか役に立ったようにも思えない設備や物品、不ぞろいな配管や壊れた機械のくずが美術品や民家の家財とともに運ばれていった。古代から近代に至る膨大な古文書(リヒテンシュタイン大公、ロスチャイルド家、オランダ・フリーメーソンの古文書)さえも一緒に持ち去られた。ソ連の学者には限定的な役にしかならないものだ。こうした輸送目的のため通りで手当たり次第に男たちがかき集められ、特別の扱いを必要とする工業設備の梱包作業を強制された。その結果、さまざまな物品が損傷を受けたのは確かだ。

腕時計や自転車の略奪とは異なり、大規模な賠償は前もって極めて慎重に計画され、早くも一九四三年には着手していた。ただ、ソ連当局はそうした措置がいかなる反発を引き起こすかしっかり認識していた。戦争の潮目が変わろうとするまさにその時点で、ソ連の世界経済国際関係研究所所長エゥゲニー・ヴァルガス(ハンガリー系のソ連経済学者で、ハンガリー名イェネー・ヴァルガとしても知られる)は大規模な賠償を予期し、適切に行われなければドイツはじめ各地の「労働者階級を遠ざける」ことになりかねないと論じる論文を書いた。ヴァルガスは物納のほうが現金払いより望ましいと考えた。後者は銀行家や資本主義を巻き込む恐れがあるためだ。ヴァルガスは、いかなる旧枢軸国でもソ連型共産主義を採用した国については、賠償金の支払いをいっさい免除すべきであるとも考えた[40]。ヴァルガスとソ連外相ヴャチェスラフ・モロトフは複合型の賠償を提示することで結論に達した。すなわち、ドイツ領外におけるドイツ資産の没収、ドイツ領内における抜本的な農業改革、ドイツ企業およびその従業員の解体・整理(従業員はソ連に連行し強制労働に当たらせる)、ドイツの生活水準をソ連レベルに引き下げ、という内容だ。これらの政策は後に、おおむねヴァルガスが述べた通り、ドイツのソ連占領地域で実施された。[41]

ほかの連合国はいずれもソ連の計画を知っていた。スターリンはテヘラン会談の場でこれらの計画について初めて口にした。ヤルタ会談ではソ連代表団が、ドイツの工業設備の四分の三を解体し、うち八〇パーセントはソ連に移転することと並んで、ドイツ分割――ラインラントとバイエルンは分離した国家とする――すら提案した。数字は適当にはじき出した――百億ドル――もので、スターリンはソ連に対する「負債」だと述べた。いくぶん穏やかな反論が出た。チャーチルは第一次世界大戦後にドイツに課した過酷な制裁が必ずしもヨーロッパに平和をもたらさなかったと指摘したのだ。しかし、ローズヴェルトは議論に立ち入らない態度だ。政権内の財務長官ヘンリー・モーゲンソーもドイツ分割を強く推し、併せて産業解体を要求した。これによって純粋な農業社会に生まれ変わると考えたのだ。[42]この案件はポツダム会談でも決着が付かず、賠償をめぐる議論は一九四七年を通して続行となる。ソヴィエト側はナチスがソ連にもたらした破壊総額――正確には千二百八十億ドル――に対する請求書を提出したものの、この趣旨に沿った条約はついに結ばれなかった。

結局のところ、賠償はたいした問題にはならなかった。赤軍がこの件に関しドイツ占領地域などで行っていることに対して、ほかの連合国が影響力を行使できなかったからだ。ソ連委員会は一九四五年三月までにドイツ資産のリストを作成、その年の夏までに約七万人のソ連「専門家」が資産移転の監督業務に着手した。[43]ノーマン・ナイマークが入手したソ連外務省のデータによると、ドイツ侵攻時から八月初めまでの間に「資材」百二十八万トンと「設備」三百六十万トンが東部ドイツから運び出された。[44]それらの数字はスターリンが挙げた千二百八十万ドルという数字とまったく同様に、適当な出任せだったのかもしれない。ただ、信頼の置けるものとして知られているのは、ソ連占領地域でソヴィエト側が中規模、大規模と認定した工場一万七千二十四件のうち、四千五百件以上が撤去、解体されたということである。このほか五十ないし六十件の大企業は無傷で残ったが、ソ連企業となった。ドイツ東部における工業力の三分の一か二分の一は一九四五年から四七年の間に失われた。[45]まさしく真の意味で、これがドイツ分割の始まりであった。ほかの連合国がドイツの科学者や別の専門家を「採用」したのは確かだが、ソ連に匹敵するような移転作業はドイツの西部地域ではいっさい行われなかった。ソ連による賠償措置を受けて、二つに分かれたドイツ双方の経済力はたちまち別方向に分岐し始めた。

これらの数字ですら全体像を伝えていない。工場は数えることも可能だ。しかし、東部地域から持ち去られた通貨、金、あるいは食料品の数量は追跡のしようがない。ソ連地域のドイツ官僚は追跡を続けようと試みた。賠償局のファイルには六十五枚ほどのカードがあり、その一枚ごとに記載された約二、三十項目とともに部分的な記録を成している。そこには「六十八バーレルもの塗料」から測量機器、ツァイス・イエナ眼鏡工場製のレンズに至るまで何でも含まれている。これらの記録によると、赤軍は一九四五年十月、ライプツィヒ動物園から動物用の餌まで押収した。数週間後、赤軍は動物も差し押さえ、ロシアに連れ去ったもようだ。[46]

一部企業は資産の引き渡しにとどまらず、運送費の支払いまで強いられた。ほかには物資を価格以下で売り渡すよう迫られた企業もある。バベルスベルクにあるカーペット企業の社主は、赤軍向けに価格引き下げを要求されたと憤然と不満を訴えた。農民たちもロシア人に市場価格以下で物資を売るよう要請を受けたり、送り届けても代金を受け取れなかったと苦情を述べた。[47]工場解体が労働者の連行を伴うことさえ時にはあった。労働者はそのまま列車に乗せられ、ソ連に到着した際に新たな雇用契約を交わせると告げられたのだ。[48]工場の所有者たちは（ライプツィヒ動物園の園長とともに）ベルリンから持ち出された物資への補償を要求したが、無駄だった。聴取者たちがラジオ局ドイッチェ・

ルントフンク――当時としては数少ない目に見えるドイツ当局のひとつ――に手紙を書き、同じ質問をぶつけた。ロシア人に奪われた物資の代金をドイツ行政府はどのように支払ってくれるのか？　ロシア人のために働いた人たちはいつ手当ての支給を受けられるのか？[49]

私有財産も消えた。ときには、ナチス所有だったとの理由で。実際はどうだったのかに関わりなく、である。ロシア人はタウンハウス、別荘、アパート、城を差し押さえる――これに倣ってドイツ人共産主義者も同じことをした。「党本部」や休暇施設、新任幹部用の住居が必要だったのだ。[50]どんな私有車も安全ではなかった。家具もそうである。ジューコフ元帥自身はモスクワのアパート数軒に戦勝記念品とともに立派な家具を備え付けたといわれる。

ドイツ人労働者は自分たちの工場を救うため、ときには懸命に闘った。ロシア人と掛け合ってくれるものと期待し共産党に訴えることもしばしばあった。ザクセンの党指導者たちは一九四五年、党本部に書簡を送り、地元産業向けに工業用ガラスを供給できる唯一の企業は解体とならないよう守ってほしいと要請した。「もし解体となれば」と彼らは力説する。「多くのほかの企業に影響を及ぼすことになる」。この企業は現地駐留のソ連司令官にも、地元の、さらに州の党幹部にも訴えたが、効果はなかった。そこで、ついにベルリンの共産党に介入を願って直訴する。党中央委員会経済部は一九四五年、四六年の両年に、この種の手紙を数十通受け取った。多くの場合、党は無力だった。[51]

ドイツにおいては支払いの規模が最大だったとはいえ、賠償の取り立てはこの国に限ったことではない。ナチスの同盟国だったハンガリー、ルーマニア、フィンランドも石油、艦船、工業設備、食糧、燃料の形でばく大な賠償金を支払わなければならなかった。[52]ハンガリーの分担については絶えず再検討を余儀なくされた。というのは、ハンガリーのインフレ高進により物品の価格算定が困難となったからだ。最新の推定によると、ソ連向けの支払い額は三億ドル（一九三八年の米ドル換算による)、ユーゴスラヴィア向け七千万ドル、チェコスロヴァキア向け三千万ドルとなっている。見方を変えると、賠償による持ち出しは一九四五―四六年のハンガリー国内総生産(GDP)のほぼ一七パーセント、四六―四七年はさらに一〇パーセントが流出したことになる。この後、賠償金の支払いは毎年GDPのほぼ七パーセントを占め、一九五二年に賠償物資の搬出が終わるまで続いた[53]。

ソ連による占領には別のコストもかかった。ハンガリー人にとって自前で赤軍に食糧と住宅をあてがうのはばく大な負担となり、一九四五年夏までに不平を漏らしている。その費用が既に政府予算の一〇パーセントに達し、「食料品店を完全に空にする」事態に発展したというのだ。ハンガリー人は非軍事部門の連合国当局者――ソ・英・米・仏――千六百人ほどの住宅、食糧の面倒も見ており、その費用もばかにならなかった。英国と米国の当局者が子細にまとめホスト国ハンガリーに提出した出費には、「車、馬、クラブ、休暇、別荘、ゴルフ、テニスコート」の請求書が含まれていた。束になった花屋の請求書は一九四六年、大スキャンダルを引き起こす。出費明細が共産党機関紙『サバト・ネープ』(自由人民)に掲載されたのだ。英米代表団のメンバーたちはおびただしい量の花を新たに出会ったハンガリーの女友達に送り、その代金はハンガリー政府が支払ってくれるものと期待したわけだ[54]。

似たような醜聞がソ連を悩ますことはまったくない。ソ連当局者は請求書を提出しなかったからだ。その代わり、彼らは周りの物をことごとく戦利品として扱い、食料や衣類、教会の財宝、博物館の展示品を没収した。彼らは日常的に事務所の金庫や鍵のかかった収納ボックスをこじ開け、もはや価値のなくなったハンガリー通貨ペンゲの札束を持ち出した。有名になった事例としては、英米出資の電球工場が、ハンガリー側の抗議にもかかわらずソ連将校により解体され、製品がソ連行きとなったことが挙げられる。このほか百件ほどの工場も、無茶苦茶な賠償取り立てが行われたこの時期に持ち去られた。

それ以上に未だに厄介なのはハンガリーにおけるドイツ資産の問題だ。ポツダム条約によれば、ソ連に譲渡されることになっていた。当初のリストは作成された——まず大工場二十件と鉱山、その後はさらに企業五十社——ものの、ハンガーでは何が「ドイツ」で、何がそうでないのか定義するのは容易ではなかった。実際にはオーストリアとチェコの企業が接収された。必ずしも多数派ではなくとも、ある程度はドイツ人株主がいる会社も一緒だ。これまでドイツに接収されていたユダヤ人の資産は、今度はロシア人が差し押さえた。ロシア人は、「これらの企業がドイツの軍事機構に所属し、ソ連を破壊しようとするドイツの目的に奉仕した」以上、その資産には道義的権利があると論じた[55]。インフレ抑制が利かず、ハンガリーの経済安定が危ぶまれるようになったのに伴い、一九四六年になってはじめて同国での賠償要求は抑え気味となり、最終的に影を潜めた。

しかし、占領への高い対価を支払ったのは枢軸国側だけではなかった。当時、そのことを知るものはほとんどいなかったが、国際的な取り決めを無視してポーランドもまた賠償の支払いをさせられていた。ソ連の軍事文書にはポズナニ近郊にあるトラクター工場、ビドゴシチの金属加工工場、トルニの印刷所の物品などについて解体、運搬した記録が含まれている。これらの施設はすべて戦前にはドイツ領ではなかったポーランド地域に位置していたのである。こうした接収の正当化——これは「ドイツ」の資産だったというものだ——は極めて疑わしい。というのは、ポーランドにおける「ドイツ」資産の多くは「ハンガリーにおいてと同様」、さかのぼればポーランド人かユダヤ人から接収されていたからだ[56]。

最近、新たな文書が明るみに出たおかげで、いまでは明確になったことがある。それはソ連も上シレジアから「ドイツ」資産の解体、撤去を慎重に計画していたということだ。この地は戦前からポーランドの一部であった（下シレジアは紛らわしいことに北側に位置するが、戦前のドイツ帝国領内にあった）。一九四五年二月、スターリンは特別委員会に対し戦争中に「獲得」した資産を調査し、すべて網羅した一覧表を作成するよう命じる。ソ連に運び出すのが目的だ。この委員会は既に三月までに、製鋼所と鋼管を製造する工場の設備、および戦前ポーランド領だったグリヴィツェ市内と近郊にある別の工場の溶鉱炉と工作機械を解体、運送するよう命じている。ウクライナにたった一つある鉄鋼工場は列車運行三十二回——千五百九十一両——分の設備を受け取った。

それから数ヶ月後、赤軍はドイツ国境からはるか離れたポーランド南東端のジェシュフで工場の接収作業を開始する。数カ所の発電所が解体され、ほとんどの場合ポーランド当局は事前に知らされていなかった。当時の工業省次官ヘンリク・ルジャンスキは後に、ロシア人がポーランドの列車とともに線路まで奪ったと振り返る。「あそこでは一種のゲームが始まった。列車に書き付けた記号を塗りつぶしたり、これをまた塗り替えたりするのだ——ゲームはポーランドとロシアの鉄道労働者の深刻な対立に発展した」。あるとき、ルジャンスキがカトヴィツェに出向くと、地元市民が訴えてきた。赤軍が酸化亜鉛の製造工場の設備を撤去しているというのだ。彼が抜き打ちで現場に行くと、機械や溶鉱炉は既に雪の中に放り出されている。

彼は現地のソ連当局に抗議した。どうあろうと、これはポーランドの工場だ。戦前からポーランド領内にあった。ドイツ人が所有者だったことはない。いかなる賠償条約にも断じて含まれてはいない、と。しかし、ロシア人は聞き入れなかった。ポーランドは連合国の一員だったかもしれない。それでも、この国はソ連から見れば、依然として敵国だったのである。[57]

赤軍が一九四四年から四五年にかけて東欧に入ったのは慎重に計画されたものではなかったし、その後の出来事——暴力、略奪、賠償、レイプ——のどれ一つとっても長期計画に盛り込まれたものではない。ソ連の東欧プレゼンスはヒトラーのソ連侵攻、スターリングラードやクルスクでの赤軍の勝利、好機がありながら迅速かつ奥深く東方に進出しようとしなかった西側連合国の決定に伴う思いがけない結果であることは確かだ。しかし、ソ連指導部がこの地域に軍事進攻をもくろんだことはない、あるいはその機会にも無関心であった、とみなすのは正しくない。それどころか、彼らは一度ならず、東欧における政治秩序を転覆させようと図ってきたのだ。

赤軍兵士が相対的に豊かな東欧に衝撃を受けたとしても、ソ連の創設者たちの場合は何ら驚くことはなかったであろう。というのは、この地域についてはことのほか熟知していたからである。レーニンはクラクフとポーランドの田園地帯に住み、数ヶ月間を過ごした。(58) トロツキーは何年もウィーンに滞在した。彼らはいずれもドイツの政治を注視した。ドイツと東欧の政治は彼らの国内政治にとって決定的に重要だとみなしたのだ。

そのわけを理解するためには、一定の歴史と哲学を知ることが一助となる。ボリシェヴィキはレーニンやマルクスの著作を今日のように大学課程の教材として、あるいは数ある歴史理論のひとつとして読むのではなく、科学的真理として読んだのである。レーニンの著作に盛り込まれている（そしてトロツキーが補強）のは、非常に明確かつ「科学的な」国際関係論であった。それは次のようなものである。ロシア革命は多くの共産主義革命の先駆けであった。ほかの革命が間もなく東欧、ドイツ、西欧で後に続く。それはやがて世界中に広がる。ひとたび全世界が共産主義体制の治世となれば、共産主義のユートピアが成就できよう。

このバラ色の未来を信じ、レーニンは来るべき蜂起について確信をもって、さらには一種の無謀とも言える無頓着さで語っている。「ジノヴィエフ、ブハーリン、それとわたしはともども、イタリアの革命に直ちに弾みをつけるべきだと考える」と。彼は一九二〇年七月、スターリンに覚書を書く。「わたしの個人的な意見はこうだ。この目的のため、ハンガリーはソヴィエト化すべきである。おそらく、チェコとルーマニアも。この件について、われわれは慎重に考えてみなければならない」と。[59]その彼は、一年前には、「ブルジョワ民主主義とブルジョワ議会主義の世界規模の崩壊」があたかも差し迫っているかのように語っていたのである。[60]

ボリシェヴィキにはこれらの革命拡大を座して待つつもりはない。革命の前衛として、彼らはプロパガンダを流し、また策を弄し、さらには戦争に訴えてでも、動乱の発生を手助けしたいと望むのである。[61]一九一九年の春、彼らは一般的にはコミンテルンとして知られる共産主義インターナショナルを設立する。『何をなすべきか?』(一九〇二年に出版された社会民主主義と左翼複数主義に対するレーニンの激烈な非難)などの著作で打ち出したレーニン主義の青写真に従って、公式に資本主義体制転覆に取り組む組織である。[62]リチャード・パイプスが書いているように、コミンテルンは「すべての現存の政府に対し宣戦布告」を実際に行ったのである。[63]

第一次世界大戦に伴う欧州の混乱が続く中で、現行政府がすべて崩壊する可能性はまったく突飛な考えではないように見えた。当初の不安定な数年が経過すると、マルクスの予言がまず彼の故国で実現するのではないかとさえ思えた。ヴェルサイユ条約と懲罰的な制裁はドイツでたちまち不満を引き起こす。当時、世界最大で最も洗練された共産党だったドイツの同志たちは直ちにこの状況を利用しようと図る。一九一九年、ドイツ共産主義者はベルリンで一連の蜂起を決行する。数週間後、ロシア革命の古参闘士二人がミュンヘン反乱の指導に一役買う。この反乱は短期間に終わったが、現実にはあり得ないと思えるようなバイエルン社会主義共和国を宣言した。レーニンはこうした事態を熱狂的に歓迎した。公式のソ連使節団がバイエルン労働者ソヴィエトに派遣された。これが瓦解する直前のことだった。

　ドイツの一連の反乱は偶発的に起きたものではなかった。ハンガリーでは第一次世界大戦が同じように混乱状態の中で終結したことから、同じように短命の共産主義体制が登場した。この国も戦後処理で厳しい処罰を受け、最終的に国土の三分の二を失う。ドイツの蜂起と同じく、つかの間に終わったハンガリーのマルクス主義革命もソ連と深いつながりを持っていた。その指導者ベラ・クーンはロシア革命に積極的に加わり、ソ連共産党内に初の外国代表部を設置、レーニンとその家族と親交さえ結んだ。クーンは一九一九年、モスクワの要請でブダペストに向かう。彼の率いた反乱は短命だったが、とりわけ血塗られたもので、多くの点でボリシェヴィキ革命に倣っていた。なかでも、百三十三日間続いたハンガリー・ソヴィエト共和国を特徴付けたのは「レーニン少年団」と称する革ジャケット姿の悪党どもであった。また、警察を「赤衛隊」に再編、学校や工場を国有化した。しかし、クーンはずさんな陰謀家であったのと同じようにいい加減な政治指導者であった（彼はかつてウィーンのタクシーに党の秘密文書を詰め込んだ鞄を置き忘れたことがある）。ハンガリー・ソヴィエト共和国はルーマニアの侵攻とミクローシュ・ホルティを首班とする権威主義的体制の創設により、不名誉な形で崩壊した[64]。

　モスクワではボリシェヴィキたちが、こうした後退は一時的なものだと受け止めた。もちろん、増大化する労働者階級の権力に直面して、反動勢力はさらに強大になると論じた。帝国主義者や資本主義者は自らを死滅から救うため、なりふり構わず闘いを挑むだろうと。驚くほど柔軟なマルクス・レーニン主義理論によれば、反革命の高まりは革命的潮流の力の反映にすぎない。敵が強大になればなるほど、資本主義がついに瓦解する可能性が高まるのだ。それは必至である。マルクスはかつてそう述べた。コミンテルンの初代指導者ジノヴィエフは反革命の波がいまにも勃発すると確信するあまり、一九一九年にはこう予測した。「われわれは一年もすれば、欧州が共産主義のために戦争をしなければならなかったことなど忘れるであろう。一年後には欧州がすべて共産化するからである」と。[65]レーニンも確信していた。一九二〇年一月、まさにロシア内戦が終わろうとするころだ。彼は「ブルジョア的」にして「資本主義体制」のポーランドを攻撃する計画を承認する。紛争には政治的、歴史的、属国支配の理由があった——ポーランドとロシアとの新たな国境はかつてのロシア帝国の版図をポーランド国家に引き渡していた。ポーランド部隊はウクライナ領土をさらに獲得しようと既に戦闘中だった——が、本当の開戦原因はイデオロギーであった。レーニンはこの戦争がポーランドを共産主義革命に導き、最終的にはドイツ、イタリアなど各地に共産主義革命をもたらすと考えたのである。そこで彼はポーランド革命委員会（PolRevKom）の設置を命じた。これがソヴィエト・ポーランドでの権力奪取への準備に着手する。その年の夏、モスクワで開催された第二回コミンテルン大会の代議員たちは、毎日伝えられるボリシェヴィキ勝利の報に歓喜する。勝利の印は打倒したロマノフ朝の玉座の脇の壁に取り付けてあった地図に書き込まれた。[66]ロンドンでは当時閣外相だったウィンストン・チャーチルが憂鬱そうに、「ポーランド国家はソヴィエト権力にとって共産主義の別館になるだろう」と予測した。[67]

だれしも腰を抜かすほど驚いたことに、この戦争はボリシェヴィキの決定的な敗北で終わる。その転換点は一九二〇年八月に訪れる。ポーランド人が今なお「ヴィスワの奇跡」として記憶するワルシャワの戦いであった。ポーランド側が赤軍を追い払っただけではない。九万五千人もの赤軍兵士を捕虜にしたのである。残る兵士は東方に逃走、たちまち全面的敗走の様相を呈した。若きスターリンは敗れたこの戦いにちょっとした役割を果たした。ポーランドが逆攻勢に出た際に、南西戦線をあずかる政治コミサールとして連絡をしくじったのである。だれの話から判断しても、彼は赤軍にこうした打撃を加えた「ポーランドの主たち」や「白い貴族ども」を終生恨み続けた[68]。

恥ずべき敗退を受けてボリシェヴィキたちはようやく、革命の時期がまだ十分に熟していないと結論付ける。レーニンは苦々しい思いで事態を観察した。ポーランドの労働者、農民は搾取者に対する決起に失敗した。それどころか、彼らは「わが果敢な赤軍兵士を飢えに追い込み、待ち伏せ攻撃を掛け、なぶり殺したのだ」と[69]。マルクス主義理論を新たに解釈することでこの敗北を説明するのはレーニン後継のスターリンに委ねられた。一九二四年、スターリンは大々的に、いまや「一国社会主義」の達成が可能となったと宣言する。現代のわれわれには何の変哲もなく聞こえるが、当時は革命思想の画期的な転換であった——そして、スターリンが国際主義者である最大の政敵レオン・トロツキーを排除する始まりとなった。

これはソ連が対外世界との関係に転換をもたらす始まりともなった。スターリンの発表を受けて西側諸国はモスクワとの関係拡大に乗り出す。英国は一九二四年、ソ連に外交承認を与える。九年後、米国の新大統領フランクリン・ローズヴェルトもソ連と外交関係を樹立する。ローズヴェルトは過去にもその働き掛けを受けていた。熱狂的な親ソ派のウォルター・デュランティも説得した一人だ。前年のウクライナ大飢饉についてまったく報じなかったことで悪名高い（それゆえ著名な）モスクワ特派員である。デュランティはローズヴェルトに対し、『ニューヨーク・タイムズ』に執筆したように「当地では『ボリシェヴィキ』という言葉からはかつての謎や恐怖がほとんど消えた」と言い切った[70]。ソ連は「正常」になりつつある。正確を期せば、国境の中に収まったように思われる、というわけだ。

その後明らかになったように、国際革命は放棄されてはいなかった。単に延期しただけのことである。一九四四年までにソ連はその再開に備えていたのである。

第3章 共産主義者たち

あなたの名誉を傷つけ、われわれを、党を、労働者階級を中傷したいと目論む者はだれであれ……

愚かにもこのことが分からず、目を閉ざす輩は敵の餌食となるであろう……

あなたはわが党の頂点にそびえ立つ。

ヴァルター・ウルブリヒトを称えて書かれた詩[1]

かつて、彼らの名前が赤の横断幕に登場し、肖像画が行進に掲げられた。いかなる政府庁舎も壁に掛けた彼らの写真がなければ完璧ではなかった。国民的行事もそれを欠いては成り立たなかった。そうした写真こそは畏怖と恐れをかき立てるものだった。最も親密な友人ですら、入室する際には慎重に言葉を選んだ。ところが、それぞれの国のどこを見ても、時に「小スターリン」として知られた男たち――東ドイツのヴァルター・ウルブリヒト、ポーランドのボレスワフ・ビエルート、ハンガリーのマーチャーシュ・ラーコシ――は今では全く見向きもされていない。彼らが君臨した権力の絶頂期でさえ、完全な権力まで掌握した者は誰一人いないのだ。彼らの周りに築かれた崇拝とはスターリン自身の周辺に生まれた崇拝の単なる影の姿にすぎない。その取り巻きたちはスターリンを「偉大なる天才、レーニンの掲げた不滅の大義の継承者」[2]とさかんに称えたが、東欧のスターリン模倣者たちにそれがそのまま当てはまるわけでは決してない。同時に、戦後東欧のいかなる物語も、かつてそれぞれの国の通りの至るところに名前や肖像が現れた指導者たちを手短に検証することなく、完結させることはできない。

先に挙げた三人のうち、ヴァルター・ウルブリヒトは青年時代、おそらく最も将来性に恵まれない男だった。貧しい仕立て屋の息子、ウルブリヒトは早くに学業から離れ、家具職人となる。青年労働者教育協会にも加わった。飲酒やカード遊びを戒め、その代わり真摯な議論や日曜毎の田園地帯への遠足を奨励する社会主義団体である。会員はステッキに赤いハンカチを結び、小道を散策しながらマルクス主義の歌を口ずさむ。こうした初期の経験が、将来の共産党書記長に狂信的なまでに厳格な性道徳と重厚長大な書物への深い敬意とを植えつけたようだ(3)。

ウルブリヒトは一九一五年、ほかの同世代の人々と同様、ドイツ軍に徴兵される。しかし、一九一八年に脱走――彼は軍をひどく嫌った――、その年にライプツィヒで目の当たりにしたつかの間の労働者革命に心底感銘を受ける。ほぼ同じころ、マルクス主義を発見する。伝記作家の一人が書いているところでは、「ここにこそ彼が学び、人から聞き、実際に目にしたすべての物事を自ら分類し説明付けることのできる単純で納得できそうな定式があった。ここに『真理』があった――すなわち、支配階級が抑圧し、人民から引き離そうと躍起になっている真理である(4)」。

ウルブリヒトはその生涯を通じ、そうした極めて単純、明快な信念を貫く。一九三〇年代末にモスクワの見せしめ裁判が始まると、彼は「ナチスのファシズムと通じたトロツキー派スパイ」に対してスターリンが行った処刑を熱心に支持した。数多くのドイツ人同志たちが強制収容所《グラーグ》送りになろうとも一向に気にしなかった。おそらく、それも偶然ではない。ウルブリヒトは数十人に上る指導的共産主義者――より良い教育を受け、経験も豊富な男たち――の逮捕から直接の恩恵を受けていた。彼らが消えたことで権力の座に上り詰める道が開けたからである。とりわけ凶暴な逮捕劇が相次いだ後の一九三八年、彼はコミンテルンのドイツ共産党代表となり、モスクワに異動した。

一九三九年、ヒトラーとスターリンが条約に調印した後でさえ、ウルブリヒトのスターリン支持は揺るがなかった。この局面がドイツ共産党員に重大な危機を引き起こす。その多くは正真正銘の熱心な反ナチス活動家だったからだ。スターリンがヒトラーの要請により数百人ものドイツ共産党員をナチスの強制収容所に送り返した後ですら、ウルブリヒトは「幼稚な」反ファシズムに対抗するアジ演説をぶち続けた。ファシストと条約を交わすといった微妙な意味合いを許容しない反ファシズムを指したものだ。彼がソ連独裁者の信頼を勝ち得たのはおそらく、このときだろう。

ウルブリヒトを権力の座につけたのは彼のカリスマでなかったのは確かだ。ソ連の収容所で彼と出会ったナチス将校は、「将校が居合わせてもかなりうまく対処できる共産主義者がいる。……硬直した『弁証法的』長広舌をふるうウルブリヒトのような党幹部は我慢がならないだけだ」と振り返る。(5)エルフリーデ・ブリューニングは戦前、両親が自分の店の裏部屋を会場として開いた党集会で、ウルブリヒトと会った。「彼はいつも急いでいて、私たちと個人的な言葉を交わしたことは一度もなかった」。彼女は回想記にそう書いている。彼女の母親は「あの人を見るだけで本当に寒気がするのよ」と言った。(6)ウルブリヒトはちょっとした会話もできない男だった。それが、後年、長々と独演をぶつようになる。その演題は「青年の幸福」といったものだ(「機械・トラクター基地担当の政治部門の任務」とか「民主的な経済建設における労働組合員の課題」といったことをテーマに、延々と続く彼の有名な演説は後に何巻もの書物として出版されるが、それと比べれば、多少は楽しい話だったかもしれない)。(7)とはいえ、ウルブリヒトはドイツに送り込まれたソ連の人間という暗黙の了解があったため、彼の権力はスターリンが死去するまでは安泰であった。

ウルブリヒトは長年にわたり、ソ連指導部が彼に寄せる信頼に応えていく。ソ連がドイツを占領した当初の時期、彼は赤軍によるレイプや略奪に関する議論をいっさい許さない態度を取る。彼の同僚の一人によれば、「ウルブリヒトの仕事量は彼の政敵まで驚かせた。われわれは自問し続けた。ウルブリヒトは一体、どこまで頑張れるのか、と――一日十二時間、あるいは十四時間、場合によっては十六時間も……」。しかしながら、同僚たちは次第に、こうした執務もそれほど感動することもないと気づき始める。というのも、ソ連から全般的な指示を受けているように思われるからだ。すなわち、彼の手腕とは受け取った指示を個々の分野に当てはめることにあるわけだ(8)。晩年にかけて、彼の個人的な政治手法はスターリンのスタイルまでまねるようになる。誕生日の祝賀会は盛大に催され、数々の詩が彼の栄光に捧げられた。模倣というものが最も誠実な追従《ついしょう》の形態であるならば、ウルブリヒトこそはまさしく偉大な追従者であった。

ウルブリヒトと比べ、ボレスワフ・ビエルートははるかに怪しげな人物だ――出生地でさえ議論があるほど疑わしいのである。おそらくポーランド東部の出身であろう。一九一七年までロシア帝国の版図だった地域である。彼はロシア語学校に通ったらしい。スターリンの両親と同様、ビエルートの両親は息子が聖職者になることを望んだ。しかし、一九〇五年、ロシア帝国一帯で発生したストライキに参加したため、学校を追われ、働かざるを得なくなる。彼がフリーメイソンに加わった可能性を唱える識者もいるが、これには反論もある。全員が一致するのは、彼が非常に早い段階で入党して活動、一九二〇年代にモスクワのコミンテルン国際レーニン学校に出席したことだ。戦前はポーランド共産党で高い役職に就かず、祖国では無名に近い存在だった。ところが、ウルブリヒトと同じく、コミンテルンの信任厚い工作員となり、ソ連共産党の名代としてオーストリア、チェコスロヴァキア、ブルガリアを歴訪する。ある時期はブルガリア共産党の指導的メンバーにまでなる。ソフィアにおける彼の任務は、ほかのどこでも同じことだが、地元共産党指導部がスターリン路線に従っているか確認することだったと思われる。ビエルートがソ連の影響力を背景とした有給の工作員だったことは疑いない。[9]

しかし、ビエルートに関する紛れもない謎は第二次世界大戦中の活動をめぐるものだ。一九三九年はワルシャワにおり、ドイツ軍による侵攻を受けてソ連に逃れ、一九四一年五月までキエフに居住したことは知られている。ポーランドの一共産主義者がこの時期、居合わせた場所としては尋常ではない。共産党員の大半は新たにソヴィエト化された西部ウクライナや西部ベラルーシに向かい、そこで重要な政治的あるいは文化的任務を与えられた。ソ連のほかの地域に移った党員もいた。一九四一年以後になると、状況はさらに不鮮明になる。ソ連共産党国際部が一九四四年にまとめたビエルートの極秘履歴は、ヒトラーがソ連に侵攻した時点から「ビエルートに関する情報が欠落している」としている。[10] 戦時下のワルシャワで彼と会ったあるポーランド共産主義者は、「わたしは彼の過去についてはいっさい知らない。彼は突如、出現したのだ」とも回想している。[11]

ビエルートは一九四一年六月、ヒトラーのソ連侵攻が始まった際にはビアウィストクにいたらしい。そこからミンスクへと移動したようだ。だが、そこで足取りはつかめなくなる。彼は多くの革命家たちが常としていたように、だいぶ前に最初の夫人と子供たちを後に残し、ミンスクに愛人と子供が一人いた。ナチスのミンスク行政府での仕事に通った。必ずしもそうとは言い切れないが、おそらくそこでソ連の工作員を務めたらしい。ビエルートがゲシュタポと協力していたとか、さらには戦争の一時期をベルリンで過ごしたといったうわさはかなり以前から流れていた。[12] 彼の活動歴の最初から最後に至るまで、ソ連の秘密警察である内務人民委員部（ＮＫＶＤ）直属の雇員であったとする説まである。[13]

いずれも真実の可能性はある。ビエルートは何度か寝返っただけなのかもしれない。スターリンは何らかの深刻な人格的欠陥あるいは秘密を抱えた人物を好んで登用したことで有名だ。部下を統御するために特別の手段を持ちたかったためだと思われる。スターリンは概してポーランド共産主義者をほとんど信用していなかったことから、ウルブリヒトのような根っからの信奉者よりはビエルートのような協力者になり得る人物のほうを好んだのもうなずける。共産主義に信用を失うことはだれにでもあり得る。しかし、脅迫は永遠に付きまとう。

理由がどうであれ、ビエルートはソ連指導部と通常ではあり得ない良好な接触を保っていた。必ずしもオープンでない、つまり他者には見えない通信回線にしてもそうである。彼はソ連から見て一貫して信頼の置ける従順な男でもあったのだ。英国の政治家アンソニー・イーデンはビエルートとスターリンとの接触を目撃し、このポーランド人共産主義者のことを「卑屈」と表現した。ウワディスワフ・ゴムウカ——党内ではビエルートの最大の政敵であり、このため完全に信頼に足る証人とは言えない——は、スターリンがビエルートに向かって、「君らは何たるろくでなしの共産主義者なのか」と怒鳴りつけた、あるいはそうした趣旨の言葉を叫んだのを見たと主張している。一九四四年十月のことである。そのときビエルートは、ポーランドの反ナチス地下組織に全面的攻撃を仕掛けても望ましい政策にならない可能性があるとあえて切り出したもようだ。一部のポーランド共産主義者は国内の非共産主義パルチザンと手を携え協力したいとさえ考えていたのだ。だが、スターリンはそうした構想を全く受け入れようとはしなかった——このためビエルートもこれに同調、戦時下の地下組織の解体を迫るスターリンの要求に応じたのである。それと並んで、一九四九年における党内粛清、ポーランド将校部隊の解体、ポーランド芸術家、建築家への社会主義リアリズムの押し付けといったスターリンの要求にも従った。結局のところ、ビエルートが一度たりとも何らかの問題でスターリンに楯突いたという記録は全くないのである。

三人目の「小スターリン」であるマーチャーシュ・ラーコシの出自は先の二人とはかなり異なる。ウルブリヒトは労働者、ビエルートは（おそらく）農民であった。これに対し、ラーコシはちいさなユダヤ人商人の息子である。比較的教育にも恵まれている。自伝によれば、現在はセルビア領内にあるハンガリー語話者の居住地域で、十二人兄弟の四番目として生まれた。彼が六歳のときに父は破産、その後一家は住まいを転々とした。級友たちから貧しさをからかわれた幼いラーコシは、子供時代から急進的左翼に惹かれる。彼が十代のときに校長は政治演説を禁じた。自らは「とんでもない無作法」を誇らしくも感じていた。意図的に乱暴な演説をぶつのはとりわけ、相手が上流階級の人間と思った場合がそうで、人々の気持ちを傷つけるためだった。[14]

ロシアでしばらく兵役に就き、さらに政治犯として数年間過ごした後、ラーコシは一九一八年、ハンガリー共産党の設立に一役買う。一九一九年には短命に終わったハンガリー・ソヴィエト共和国の指導部に加わった。三ヶ月ともたなかったその体制で、彼はどういうわけか何かの手を使って赤衛隊司令官、生産担当人民委員、商業担当人民委員次席に上り詰めてしまう。ハンガリー・ソヴィエト共和国が崩壊すると、オーストリアの刑務所暮らしを経てモスクワに向かい、そこで一九二一年、レーニンと短時間会談した。[15]この出来事は時の経過とともにレーニンの「友人にして協力者」というラーコシの神話に転化していく。

ビエルートやウルブリヒトと同様、ラーコシは一九二〇年代を通してコミンテルンと密接な関わりを持ち、その名代として、またソ連秘密警察の代表としてヨーロッパ各地を歴訪。一九二四年になって――他ではめったに見せたことのないユーモア感覚を披瀝し――ヴェニスの商人に扮してブダペストに帰還する。そこでは、一九一九年の破滅的な政権時代を経て非合法化された共産党の再建に助力する。一九二五年に逮捕された後は、称賛され大々的に報じられた裁判で焦点の人となる。釈放を求める国際的なキャンペーンにもかかわらず、ラーコシは以後十五年間服役し、獄中でロシア語を学ぶ傍らほかの囚人にマルクス主義を教える。

ラーコシは一九四〇年、ようやくソ連への旅を許される。ヒトラーとスターリンとの条約締結を受けて、ハンガリーの権威主義的体制が獄中の共産主義者多数のソ連行きを許可したのだ。彼はモスクワ入りすると、英雄としての歓迎を受け、その年の大十月革命の式典ではスターリンと並んだほどだ。彼は直ちに、ハンガリー向けソ連プロパガンダの放送に当たっていた「コシュート・ラジオ」指導部の一員となる。コミンテルン指導者たちとの緊密な関係も再開した。[16] もっぱらソ連国内にとどまっていたこの時期、ソ連検察官と結婚することまでやってのけた。相手はヤクート人の女性で、最初の夫は赤軍将校だった。[17]

ハンガリーの「小スターリン」としてのラーコシの経歴は、別の点でも東ドイツやポーランドの独裁者に倣っている。先頭に立ち、トップの座にとどまる唯一の方法はスターリンの指示に卑屈なまでに付き従うことだ。そのことに早くから気づいていたのだ。ラーコシが臆することなく認めたように、戦後の時代を通してハンガリー共産党がソ連の承認を得ることなく重要決定を下したことは皆無なのだ。彼は回想録の中で率直に書いている。たとえば、こうだ。一九四五年に戦後初の政府を発足させる交渉の際、スターリンはラーコシに席を外すよう求めた。彼が一九一九年の政権にあまりにも密接に結びついていたという理由からだ――言い換えれば、共産主義者で「ありすぎた」のである。それに、彼がユダヤ人でもあるからだ。そのことが政治的反対派から不利な材料として使わる恐れがあったのだ。ラーコシはどちらの理由にも異議を唱えなかった。[18]

これら三人の指導者が性格や人柄に大きな違いがあるのは疑いない。ラーコシは饒舌で話好き。自国では長年必ずしも敬愛される著名人ではなかったにせよ、よく知られた存在ではあった。ビエルートは多くの共産主義者も含め大半のポーランド人には全く無名の人物だ。ウルブリヒトはドイツ共産党内で馴染みのある人物ではあっても取り立てて人気のある活動家ではなく、まして党外ではさほど知られてもいなかった。

とはいえ、それぞれの略歴が明らかにするように、三人にはある程度共通項がある。すべてコミンテルンと密接に活動してことである。三人ともモスクワに逃れるか、モスクワの助けを得ることで戦争を生き延びたのである。後にお馴染みになった表現によれば、三人とも「モスクワ派共産主義者」であった――自国にとどまって経歴を重ねた共産主義者、あるいは大戦中は西欧ないしは北米に滞在した共産主義者とは対照的に、ソ連で教育を受けた共産主義者のことである。ソ連の観点からすれば、後者の二つのグループは信頼度が劣る。ソ連以外の地域で過ごした時代に懐疑的な見方を身に付けたり、怪しげな接触を続けたりしていた可能性も十分に考えられるからだ。

「モスクワ派共産主義者」は欧州全域で戦後初の政権を樹立する際に重要な役割を果たすことになる。チェコスロヴァキアの「小スターリン」、クレメント・ゴットヴァルトは、ユーゴスラヴィアの「小スターリン」、チトーと同じく、コミンテルン議長を務めた。ブルガリアの「小」独裁者となったパルチザン指導者、ゲオルギ・ディミトロフはほぼ十年にわたり、事実上コミンテルンのボスとして活動した。戦中、戦後のフランス共産党指導者モーリス・トレーズと、イタリアで同じ役割を果たしたパルミロ・トリアッティもともに「モスクワ派共産主義者」だ。両者ともコミンテルン問題に深く関わり、組織を代表することもあったことから、スターリン直々の指名を受けた西欧の操り人形だったに違いない。一、二の例外はある――戦後のルーマニア共産党は「土着共産主義者」のゲオルゲ・ゲオルギュ＝デジが率いた――が、デジにしても可能な限り、スターリンへの忠誠をことさらに示してみせたのである。

小スターリンたちは当時のプラカードやポスターに名前、顔が最も目立つ形で登場してはいても、自分たちの見解を強硬に主張、モスクワの代わりに指導者の監視役まで務めるほかのモスクワ派共産主義者にも囲まれていた。ビエルートに仕える二人の重要な側近、ヤクブ・ベルマンとヒラリー・ミンツ――前者はイデオロギーとプロパガンダの担当、後者は経済を統括――はやがて指導者と歩調を合わせ、ゴムウカのような「ワルシャワ派」すなわち「国内派」共産主義者と対抗するようになる。ハンガリーではラーコシもモスクワ派共産主義者によるトロイカ体制を率いた。ほかの二人とはヨージェフ・レーヴァイとエルネー・ゲレーで、ここでもそれぞれイデオロギーと経済を担当した。一九四八年から五三年まで国防相を務めたミハーイ・ファルカシュはもう一人の重要側近だ。彼らも全員、次第に「ブダペスト派共産主義者」に矛先を向けていく。

ドイツではウルブリヒトの一番の盟友、ヴィルヘルム・ピークがコミンテルンとは長い歴史があり、一九三八年から四三年まで組織の書記長を務めた。モスクワからの直行便で、あるいは赤軍部隊に同行していち早くベルリンに戻ったドイツ共産主義者たちは全員、ソ連占領時代の当初から一貫して要職に就いた。避難先としてフランス（多くがフランス当局による迫害にさらされた）、モロッコ（映画『カサブランカ』の背景に潜んでいる）、スウェーデン（ブレヒトが一時期暮らした）、メキシコ（当時は共産主義者に極めて友好的だった）および米国を選んだドイツ人共産主義者もいたが、それに比べてモスクワ派の地位は高かったのだ。ソ連指導部は、ドイツにとどまりナチスと闘ったドイツ人共産主義者よりもモスクワ派のほうが信頼できるとさえ考えた。ヒトラー体制下の収容所で政治犯として苦難を味わったドイツ人共産主義者でさえ、ソ連占領当局の信頼は決して得られなかった。

ソ連の目からすると、あたかもナチス・ドイツの下で活動したこと自体が自らの汚点となったかのようであった。

東欧一帯でモスクワ派共産主義者を結びつけたのは共通のイデオロギーだけではない。世界規模の革命とそれに続く国際的なプロレタリア独裁というコミンテルンの長期目標に向けた共通の取り組みもあった。スターリンの「一国社会主義」宣言はソ連と西欧諸国との公然たる戦争状態に終止符を打ったものの、スターリンと配下の秘密警察が赤軍の代わりにスパイとまやかしを駆使しているとはいえ、暴力的変革を企てることは防げなかった。事実、一九三〇年代――〔英国詩人〕W・H・オーデンの言う「陰鬱な欺瞞の十年」――はソ連の外交政策にとっては並外れた創造的陰謀の時代であった。ソ連工作員たちは英国でガイ・バージェス、キム・フィルビー、ドナルド・マクリーン、アンソニー・ブラント、そして（おそらく）ジョン・ケアンクロスを協力者として引き抜いた。悪名高い「ケンブリッジ五人組」である。米国ではアルジャー・ヒス、ハリー・デクスター・ホワイト、ウィッタカー・チェンバーズを抱き込んだ。

英米工作員たちには少なくとも一点、東欧のモスクワ派共産主義者と共通性がある。いずれもNKVDと緊密な活動を行うことに乗り気だったし熱心だったことだ。当時は欧州の共産主義者も多くがそうだった。この点で彼らは例外ではなかったのである。ソ連秘密警察とのそうしたつながりは振り返ってみれば、欧米共産党の汚点だったと感じられるが、その時代は各国の党指導者を悩ますこともなかった。総じて言えば、世界革命が望ましいと考える西側の人々も、この革命はソ連共産党が指導してしかるべきであり、従ってソ連秘密警察が促進役になると思っていた。米国共産党ですらソ連から資金援助を受け、コミンテルン経由で受け取ることもあった。[19] その時代は多くの左派知識人が当然のことながら、それと知りつつNKVD工作員たちと定期的に接触した。[20]「モスクワの金品」を受け取ることに何ら恥ずべきことはないのである。それは後の時代でも同様だ。後年、KGB（国家保安委員会）として知られるNKVDの偽装した現地工作員にいくばくかの便宜を図っても、不名誉なことはいっさいないのだ。心底信奉している者にとってはソ連の掲げる目標であれ、コミンテルン、ソ連スパイ、自国共産党それぞれの目標であれ、完全に置き換え可能に思えたのである。

しかし、東欧の戦後指導者となる人物を性別問わず結び付けたのは国際共産主義運動のイデオロギーだけではなく、その特異な文化、堅固な構造でもあった。欧州共産党の大半は、一九四〇年代までにどの国であろうとボリシェヴィキの厳格な階層組織と特権階層《ノーメンクラトゥーラ》を模倣した。どの党もすべて、書記長と「政治局」、すなわちポリトビューローと呼ばれる支配グループが率いるのだ。政治局は次に中央委員会を統制する。党幹部たちの拡大組織で、その多くはやがて個々の問題を専門的に担当することになる。中央委員会は地方委員会を統括し、地方委は地域の下部組織を監督する。下部の一人ひとりは上部に報告し、上部の誰もが理論上は下部で起きていることを掌握するわけだ。

ソ連で暮らした人々はこの階層による支配にとりわけ敏感だった。支持する者にとって、見返りは絶大だ。一九二〇年代、三〇年代の政治的亡命者《エミグレ》――ボリシェヴィキの俗語でポリト・エミグラント――は「特権階層」であった。

> われわれは固有の世界に生きた。国家における国家の臣下として、である。無料のホテルをあてがわれ、毎月たっぷり手当てを受け取る。衣類はただだ。工場のクラブや学校の集会で発言し、それが終わると宴会のもてなしを受ける。観劇会や娯楽もある。ファシストや資本主義体制の牢獄で苦難に耐えた結果、病に倒れたポリト・エミグラントたちは黒海沿岸の専用病院やサナトリウムに送られる。ここでもまた、特別な、特権的地位ゆえに、ロシアの女性たちが物品によ

る対価を求めてポリト・エミグラントに群がった。(21)

外国人共産主義者の最高幹部——コミンテルン首脳や各国共産党指導者——はクレムリンからさほど遠くない、設備の整ったホテル・ルクスを住まいとした。子弟が通うのは特別の学校だ。後に最も名の知られた東ドイツ諜報機関の親玉となるマルクス・ヴォルフも、後の亡命者としては最も位の高い人物となるヴォルフガング・レオンハルトもドイツ人共産主義者の子弟向けにつくられたモスクワの同じ高等学校に通った。幾分ランクの低い共産主義者たちは外国語の新聞や、西側諸国の監獄に捕われた共産主義者に代って宣伝活動を担う国際革命戦士支援機関に職を得た。ソ連全土に散らばる産業プラントや工場で働く者もいた。

とはいえ、最高レベルの地位にあろうとも、また厚遇を受ける身であろうとも、こうした特権的な外国人はソ連の受け入れ主の善意に、とりわけスターリンの気まぐれに命運を握られていた。ブルガリア人のコミンテルン指導者、ディミトロフの日記はこうした極端な依存状態を滑稽なまでに繰り返し綴った。彼は十年以上にもわたり、スターリンとの会談や交わした会話をもったいぶって事細かに記録し、そこにはスターリンを訪ねた時、この大元帥はディミトロフの声に気づくと受話器を置いたということまで書き記している。(22)

ディミトロフは他の指導者たちと同様、自分の特権的な地位がずっと続くことはあるまいと自覚していた。実際、そうなった者もいる。スターリンがソ連共産党幹部の粛清に焦点を移した一九三〇年代末、モスクワの「国際派」共産主義者も苦難に遭った。ＮＫＶＤの妄想が頂点に達した際、ソ連在住の外国人は直接の標的となる。ポーランド共産党はスターリンが実際、端から信用しておらずほぼ完璧に壊滅させられた。ポーランド党の中央委員三十七人のうち少なくとも三十人がモスクワで逮捕され、大部分が射殺されるか強制収容所《グラーグ》で死亡したのだ。党そのものはスパイや扇動者が「蔓延した」との理由で解体処分となった。[23]

多くの著名な外国人共産主義者もモスクワで逮捕され、その中にはレオンハルトの母親もいた。だれもが次は自分の番かと恐れた。マルクス・ヴォルフですら、慎重に編んだ自伝の中で、両親が一連の逮捕に「苦悶」したと書いている。「ある晩、玄関のベルが不意に鳴ると、普段は冷静な父親が飛び上がり、乱暴な罵り言葉を発した。来訪者が何か物を借りることしか頭にない隣人だと分かると、とっさに機転を利かせた応対を取り戻した。しかし、その両手は優に三十分も震えていた」[24]。外国人が居住するホテルや宿舎では波状的に逮捕劇が襲う――「ポーランドの夜」、「ドイツの夜」、「イタリアの夜」などといった具合に。そうした出来事の後はホテル・ルクスの廊下という廊下はドイツ人共産主義者マルガレーテ・ブーバー＝ノイマンによれば、「息詰まるような」雰囲気に包まれた。「かつて政治的に結ばれた友人たちがあえて互いに行き来することはもうなくなった。ルクスに出入りする者は一人としていない。そうした人物は一人残らず名前や特徴が注意深く書きとめられた。ホテル内の電話はことごとく中央交換台［の秘密警察］によって盗聴された。盗聴器のスイッチが入ると、カチッという音が定期的に聞こえた……」。ブーバー＝ノイマン自身は一九三八年、逮捕され、強制収容所に送られた。[25] 彼女の夫が逮捕、処刑されて一年後のことだ。

ソ連内部におかれた彼らの命が危ういとしても、一九三〇年代においては、それぞれの自国内にとどまる熱心な共産主義者が、必ずしもソ連より安全というわけではなかった。戦前の時期を通じて欧州の共産主義者は自国当局により、よその大国と直接つながる工作員とみなさることがしょっちゅうだった（言うまでもなく、そのうちの一部はその通りだった）。一九二〇年、ボリシェヴィキ政権がポーランドに侵攻したのに伴い、ポーランド共産党は活動を禁止され、多くのポーランド人共産主義者が国内で長期間獄中生活を送った――彼らは当時知る由もなかったが、幸運にもその間はスターリンからは安全でいられたのだ。ハンガリーでも同じことが言える。ミクローシュ・ホルティ提督が率いる戦間期の権威主義体制は共産党を迫害した。ソ連工作員との結びつきがあったためだ。一九一八年の共産党によるクーデター失敗の記憶、さらに、短命に終わったベーラ・クン独裁体制による破滅的な政策が消え去らなかったためでもある。ハンガリーの共産主義者は非合法の地下活動を展開、司法当局から身を隠し、ある古参活動家の言葉によれば「厳格で情け容赦もない階層組織」を確立した。組織内の民主制や異論の容認は無きに等しい組織である。それに加えて、「こうした組織運営の手法が理想化され、称賛されたのである[26]」。

それとは対照的に、ドイツ共産党は一九一八年以後、国内では強力な合法的勢力であった。影響力が頂点に達した時期、全土の得票率はほぼ一〇パーセントを誇った。一九三三年、ヒトラーが政権の座に就くと、ドイツの共産主義者は所かまわず逮捕されたうえ、金品も没収され、迫害にさらされた。多くは戦争の時代を強制収容所で送り、生還することもなかった。党のカリスマ的指導者エルンスト・テールマンは一九三三年に逮捕され、一九四四年八月、ブーヘンヴァルト収容所で銃殺された。仮に生き延びたとしても、その処遇に当たっては「モスクワ派共産主義者」からも疑惑の目を向けられたのは間違いない。スターリンは一九四一年、ディミトロフに対し、テールマンを「あらゆる側面から調べているところだ……。彼の手紙はファシスト・イデオロギーの影響を示している」と伝えた[27]――この判断も、テールマンが戦後の時代に東ドイツの英雄・殉教者の一人とする妨げとはならなかった。

このような障害があったものの、一九三〇年代の国際共産主義運動は欧州の大部分で勢力を拡大する。東欧の知識人たちがさらに大挙して入党し始めるのはこの時期だ。主としてほかに選択肢がないのも同然だったためだ。東欧に身を置く者ならだれにとっても、大陸の西半分は魅力的に見えるはずもない。知識人たちはヒトラーやムッソリーニの台頭に怯え、そのどちらともまともに対決できない自国指導者の非力に恐れをなした。英国やフランスの脆弱ぶりや卑劣さには嫌悪感を覚えた。両国とも経済的には不況にあえぎ、双方とも当時はファシズムへの宥和を支持する人物が指導者となっていた。一九三三年以後は、コミンテルンも合法的共産党に「人民戦線」への参加を促していた。共産主義者や社会民主主義者に加え、さらにほかの左翼をも結集し、欧州一帯で当時権力を握りつつあった右派勢力に対抗する運動である。これは上手くいったように見える。一九三六年から三八年にかけてフランスを支配したのは人民戦線の連立だ。別の人民戦線がスペインで一九三六年選挙に挑んだ。どちらの連立も東欧の人民戦線と同様、ソ連の支援を受けた。

同時に、多くの人々が自国の政治、国民的伝統、国民文学に幻滅を覚えるようになっていた。歴史家マルシ・ショアは多数のポーランド詩人が芸術的前衛から政治的左翼に——あるいは、むしろ「神は死んだ」とか「リアリズムは終わった」とかいう考え方から、その結果生じる喪失感を埋めるのはソヴィエト共産主義であるという信念に——転化していく過程をたどった。一九二九年、詩人のユリアン・トゥヴィムは——かつては愛国的中道左派のメンバーだったが——支配エリートが愛国主義を都合よく利用する手法に深く幻滅するようになる。彼は同胞たちに強く呼び掛ける。

君の機関銃は舗道に打ち捨てよ
石油は彼らのもの、血潮は君のものだ
だから、資本から資本へ、というわけだ
声高に叫ぶのだ……

「貴族階級の紳士諸君、われわれを弄ぶな」と

これはマルクス主義者が発した心の叫びではない——トゥヴィムは自分の詩を平和主義の表明と位置付けていた。ところが、詩作はあちらの方向に向かっていく。このことは、トゥヴィムが戦後の共産主義体制と一定程度、協力していく理由を説明する手がかりとなる。[28]戦時中におけるポーランド共産主義者幹部の一人、ワンダ・ワシレフスカはやはりそのころ、同様の変容を経験する。彼女の父親は戦間期のポーランド歴代政権のひとつで実際に閣僚を務めた。彼女はうら若き女性として社会主義の主流派グループで積極的に活動する。ポーランドの不安定な民主主義体制が崩壊し、三流の独裁体制が登場する。彼女が本当に急進的になるのは、それから後のことである。中道勢力による民主政治の破たんに失望した彼女は、教員ストライキに熱心に参加して失職、そこで共産主義運動に身を投じる。[29]

こうした時代環境に関するショアの叙述はポーランドに焦点を当てているが、同じ展開は東西を問わず多くの欧州諸国で見受けられる。一九三〇年代においては、資本主義と民主主義の破たんに対する失望があまたの欧州人を極左に追いやったのである。選択肢は一方のヒトラーか、他方のマルクス主義しかない。そう感じるようになった人々が大勢いた——双方の信奉者がそうしたとらえ方を推し進め、なおかつ焚き付けた対立の構図だ。共産主義は虚無主義者や実存主義者、言い換えれば、ほかの点では対立しあっていた知識人たちから前衛としてのお墨付きさえ得たのだ。この時代の傑出した知識人、ジャン＝ポール・サルトルは熱心な共産党シンパだった。しかも、その彼ですらソヴィエト体制の残虐さに強いて深く考察をめぐらせ、思い悩むこともなかった。「あなたと同様、これらの収容所は容認しがたいと考えている」。サルトルはソ連の強制収容所《グラーグ》について触れた際、アルベール・

カミュにそう語った。「しかし、わたしはブルジョア新聞で毎日行われている収容所の取り上げ方についても、同じように容認しがたいと思っているのだ」と。(30)

漠然とした左翼で熱心な反ファシスト勢力がおしなべて、この問題を真剣に考えることなくソ連を支持することは可能だった。それも一九三九年までである。というのも、その年、ソ連の外交政策がまたもや——劇的に——変わり、思慮を欠いた共産党シンパのままでいることは一段と難しくなってきたからだ。スターリンは八月、ヒトラーと不可侵条約を交わす。序章に記したように、その条約に付属する秘密議定書は二人の独裁者間で東欧を分割した。スターリンはバルト諸国、ポーランド東部、およびルーマニア北部（ベッサラビアとブコヴィナ）を獲得する。ヒトラーはポーランド西部をせしめ、ソ連の反対に遭うこともなくハンガリー、ルーマニア、およびオーストリアに影響力を行使することが認められた。この条約に伴い、ヒトラーは一九三九年九月一日、ポーランドに侵攻、これを受けて英国とフランスがドイツに宣戦布告する。それから三週間もしないうちに、スターリンも九月十七日、ポーランドに侵攻する。ドイツ国防軍《ヴェアマハト》と赤軍は双方の新たな国境で出会い、握手を交わして平和的共存で合意する。一夜にして世界中の共産主義諸党はファシズム批判を抑えるよう指示された。ヒトラーは正確に言えば同盟相手ではない。しかし、敵というわけでもなくなった。同志たちは代わりに、この戦争を「帝国主義的利益のために戦争を遂行」している「二つの資本主義諸国グループ間」のそれと表現することになる。「資本主義体制下で奴隷の境遇を緩和することに尽くしてきただけ」の人民戦線は結局見捨てられることになった。

この戦術的変更は共産主義者の連帯には重大な打撃であった。ドイツ共産党は激烈な反ファシズムの立場である。党員の多くはいかなる形であれヒトラーと折り合いをつけるなどという発想はまったく受け入れがたいものだった。ポーランド共産党はソ連のポーランド侵攻を歓迎――大多数にとっては雇用と機会を創出する変化なのだ――する勢力と、国土が消滅した現実に震え上がった勢力とに二分された。ほかの欧州地域では多数の共産主義者が、こうした事態に対応して採用することになる聞き慣れない言語にひどく混乱した。コミンテルン自体、態度表明に迷い、頻繁に新規の「テーゼ」を起草しては作り直すため、ある政治局員が辛辣な言葉で「この間に同志スターリンが本を一冊書き上げていたのではないか」と不満を漏らしたほどだ[31]。モスクワでは士気の維持に全力が注ぎこまれた。ウルブリヒトは一九四一年二月、モスクワのホテル・ルクスでドイツ共産党の会合を開き、戦争はレーニン主義革命の高まりとともに終結するなどと予言、党員たちを鼓舞した。彼の言葉によれば、モスクワにおけるドイツ共産党員の任務とはそうした可能性に備えることであった[32]。

それはさておき、ソ連とナチス・ドイツは二十二ヶ月もの間は本物の同盟国であった。ソ連は石油と穀物をドイツに輸出し、ドイツはソ連に武器を売却した。ソ連はドイツにムルマンスクでの潜水艦基地の使用を認めた。ヒトラーとスターリンの同盟は捕虜交換まで実現させる。一九四〇年、ドイツ共産党員数百人が拘束されていた強制収容所《グラーグ》から移動、国境まで連行された。その中に、マルガレーテ・ブーバー＝ノイマンがいた。彼女の手記によると、国境では顔をこわばらせたドイツ共産党員が宿敵どものご機嫌を取ろうと努めた。「SSやゲシュタポ要員がヒトラー式の敬礼で手を上方に突き出し、「ドイッチェラント、ドイッチェラント、ユーバー・アレス」（世界に冠たるわがドイツ）を歌い始めた。仲間たちはためらいがちに後に続いた。腕も上げず、歌に加わろうともしない者はほとんどいなかった。同調しなかった者の中にハンガリー出身のユダヤ人が一人いた」[33]。筋金入りの共産党員たちは大半がナチスの牢獄や収容所に送り込まれた。ブーバー＝ノイマン自身は国境から直接、ラーフェンスブリュック強制収容所に送られ、大戦中はそこで過ごした。こうして彼女はソ連の強制収容所のほか、ナチスの収容所にも放り込まれ、二重の被害者となった。こうした物語は、「戦争」があくまでドイツを敵としたものだった西欧ではたちまち忘れ去られていく。だが、東欧ではすべてが極めて鮮明に記憶されたのである。

逆説的なことに、ヒトラーによる一九四一年六月のソ連侵攻により、国際共産主義運動は活気を取り戻す。今度はスターリンがヒトラーにとって不倶戴天の敵となったことで、東欧(および西欧)の共産主義諸党はもう一度ソ連と共通の大義を分かち合う。ソ連では外国人共産主義者に寄せる熱い期待も復活し——いまや彼らはナチス占領下の欧州で手の組めそうな同盟相手であり、第五列になり得る存在だ——、新たな状況に適合させるためスターリンの戦術が変わる。国際共産主義運動はヒトラー打倒の「人民戦線」を樹立するため、またも社民勢力や中道派と、さらにはブルジョア資本主義者たちとも団結するよう指示を受けた。

忠実な共産主義者を出身国へと送り込む計画が策定された。もっとも、当初の努力がすべて多大な成果に結びついたわけではなかった。一九四一年末、赤軍の支援を得て「モスクワ派共産主義者」の第一陣がナチス占領下のポーランドに潜入、一九四二年一月、NKVDが供与した無線設備や連絡網を用いて新たなポーランド労働者党(Polska Partia Robotnicza, 略称PPR)を設立した。[34] 彼らはたちまち内輪もめを始め、ほかのレジスタンス組織ともいさかいを引き起こす。そして、ポーランド地下抵抗組織の軍事部門である国内軍に対する作戦で、少なくとも一回はドイツの秘密警察と協力したようだ。彼らの一人はのちに悪名高い複雑怪奇な事件で別のメンバーを殺害する。彼らは最終的にモスクワとの無線連絡が取れなくなる。[35] 無線が途絶えている間に、独自の新指導者としてウワディスワフ・ゴムウカを選出した。ゴムウカはモスクワの信任を得ていなかった。当時もその後もである。事態を憂慮したソ連は別の指導者を送り込んだ。彼は落下傘でポーランドに降り立つ際に負傷し、自らを撃ち抜く羽目になった。ゴムウカはこうしてポーランド労働者党の、事実上の戦時指導者にとどまる。少なくとも、ビエルートが一九四三年末に帰還を果たすことができるまでの間は。

ソ連が新たな幹部養成に急を要することから、コミンテルンは突如として、再び重要な機関となる。安全上の理由により、その本部は遠隔の地である中央アジア・バシコルトスタンの都ウファに移転した。爆撃や攻撃の恐れもなく新世代のコミンテルン要員を養成することができるようにするためだ。前線からはるか離れたところでソ連は戦後の世界に向けた人材育成に着手したのだ。コミンテルンがこうした任務を担うのはこれが初めてではない。スターリンを含む政治局の特別委員会は一九二五年、モスクワにつくった初のコミンテルン訓練センターという組織を監督したことがあるからだ。最初の参加者には高い基準が設定された。英語とともにドイツ語かフランス語の知識が必要だった。マルクス、エンゲルス、プレハーノフの最も重要な著作を読破していることも求められた。さらに、徹底的な背景調査と並んでコミンテルンが実施するテストも合格しなければならなかった。「これは非常に重要なことだ」と当時のコンテルン当局者は指摘している。「適材を選抜しないことには、大学の価値が丸ごと失われることになるためだ[36]」。

養成課程はそもそもの始めからマルクス主義——弁証法的唯物論、政治経済学、ロシア共産党史——に重きが置かれたが、「実際的」訓練も含めようとしたこともあり、それが滑稽な結果に終わったことも時にはあった。学生たちにソヴィエトのさまざまな工場について教えようとした試み(「内部からのプロレタリア独裁について学べるように」)は無残な結末になった。指定された工場が冶金専門だったため、未熟練で大半がロシア語を解さない学生に仕事を用意することができなかったのだ。その結果、学生たちは「お笑い種」となる。労働者にとっては娯楽の対象と化したのだ[37]。さらにまずいことに、各国の共産党はほぼ例外なく内部分裂や対立を抱えていた。このため、個々の国の現地情勢からソヴィエト路線に付き従うのは無理だとする声が常にあった。一九三〇年代のコミンテルン内部の記録を見ると、告発と逆告発にあふれている。学生の中には「その過去に隠された側面」、あるいはブルジョア的来歴があるため、「労働者運動を率いるには不適切の人物」とされる者もいた。模範的な革命家と思える学生は皆無に近く、絶望的な状況であった[38]。

コミンテルンは一九四一年までに、さらに経験を重ねた組織になる。ドイツによる侵攻の余波を受けて新たな学生採用はいくつかの明確な傾向をたどった。モスクワに滞在する外国の党指導者たちは直ちに厄介な手立てに着手する。戦争から逃れていた潜伏地や難民収容所、牢獄から、さらにソ連の収容所や監獄から同志たちを探し出したのである。逮捕されていたか、あるいは強制収容所《グラーグ》に何年もとらわれていた者は、生存していることさえ分かれば、尋問もいっさいなく即刻名誉回復となる扱いをしばしば受けた。

ドイツの指導者ウルブリヒトとピークはとりわけ粘り強く、ソ連全土の収容所内外に散らばった昔の同志たちを探し出した。こうして突き止めた同志の中には、若きウォルフガング・レオンハルトがいた。彼は戦争が始まるとモスクワの住人だったほかのドイツ人多数とともにカザフスタンのカラガンダに追放されていた。見つかったときは衰弱し半ば飢餓状態だった。一九四一年七月、不意に彼宛の手紙が届き、何の説明もなくウファに呼び出した。それ以降、彼が大戦中のコミンテルンと初めて接触した状況がどうだったのかは、どこから見てもほとんど深い謎に包まれている。本部への入り口は両側を大人数の隊列で固めているが、ドアに表札はなく、「これがコミンテルン本部の置かれている建物であることうかがわせるものはいっさいなかった」。中に入ると、直ちに食事が出され——ここにたどり着いた同志たちの多くは何日間も食事にありついていないようだった——、彼は黙って貪り食った。その後、幹部要員の責任者と短時間会ったが、この責任者は依然として何の説明も加えず、さらに遠くへ移動することになると伝えた。「君の行先は追って知らせる」と。

それから数日間は昔の友人たち多数と会った。大半は彼自身と同じくドイツ共産主義者の子弟たちで、モスクワの学校では何年も顔を合わせていたし、共産党の青年部門であるコムソモール（共産主義青年同盟）の会合でも会っていた。彼らは誰一人最近のことや将来の計画を語ろうとせず、それぞれの本名は彼が知っているのに名乗ろうともしなかった。「ここでは異なる基準が支配しているのだ。わたしは次第にそのことが分かった。語らない物事がますます広がる領域を覆っているのは明らかだった」。彼は数日後にまたしても、出発の時間だといきなり告げられた。未だに一言の説明もないまま、彼はボートに乗せられて川をさかのぼり、トラックで運ばれた。それから、ようやく下りろと言われ、歩き続けると、やっと農場の古びた建物に到着。これこそが、ついにたどり着いたコミンテルン学校なのだと知る。完璧を期した秘密主義の中で、彼は研修を始めた[39]。

それから数ヶ月にわたり、レオンハルトや同期の学生たちは正規の講義を受けた――マルクス主義と史的唯物論に関するものだ――が、そこでは彼らの出身国の共産党史、コミンテルンの歴史に力点が置かれていた。学生たちはソ連の人々の目には触れない秘密の報告や文書を読むこともできた。将来担う使命が高い地位であるため、学生たちはこれまで見たり聞いたりしたこともない類のナチスやファシストの文献も受け取った。レオンハルトが回想しているように、これにより彼らは敵をより適切に把握することが可能となるわけだ。「よくあったことだが、学生たちの一人が指名されてグループの前でナチス思想のさまざまな教義を説明、残りがナチスの論拠を攻撃し反駁を加える役目を務めたものだ。ナチスの論拠を解説する側に回った学生はできるだけ上手く、分かりやすく説得力をもってその内容を提示するよう求められた。ナチスの見解を見事に体現できれば、かえってその分だけ出来栄えに高い評価が与えられたのだ[40]」。

ナチス文献を読むことは学生たちに許されていたものの、反体制あるいは反スターリン主義の立場をとる共産主義者の著作に接することはできなかった。「ほかのゼミの議論ではおおむね妥当な水準に達したのに比べ、トロツキー主義に関するゼミは激烈な党派性むき出しの糾弾だけに終わってしまうのだった[41]」。

こうした戦時下の学校はいくつか存在し、共産主義者専用にとどまらず、赤軍の中でポーランド人が編成する「コシチューシコ師団」に組み込まれたポーランド人将校向けや、捕虜となって「再教育」を受けるドイツ人将校向けのものもあった。のちに戦後の共産主義諸国で目覚ましい働きをすることになる特筆すべき多数の政治家たちは、これらの施設で学んだのである――あるいは、その子弟が教育を受けるために送り込まれた。例えば、チトーの息子ジャルコはレオンハルトと同期だ。スペイン内戦時の傑出した雄弁家の一人でラ・パショナリアの名でよく知られたスペイン共産党員ドロレス・イバルリの娘アマヤ・イバルリもそうだった。

学校の教師にも生徒の前で同じように輝かしい経歴を誇る人物が何人かいる。のちにポーランドで治安、イデオロギー、プロパガンダ部門の責任者となるヤクプ・ベルマンは一九四二年以降、ウファで同朋の共産主義者を相手に教鞭をとった。当時のベルマンは後年と同様、必死になって党路線に従おうと努めた。中でも、このころはゾフィア・ジェルジンスカヤと緊密な連絡を取っていた。ポーランド人の彼女は、悪評の高い秘密警察の創設者であるフェリクス・ジェルジンスキー（彼もポーランド人だ）の妻で、ソ連在住のポーランド人共産主義者に対しては一種の代理母としての役割を果たした。ベルマンは慎重を期して彼女に宛てた手紙の写しを取っておいた。ぎごちない書き方で特段の内容はないが、戦時下のウファにおける暮らしがどのようなものだったか一定の示唆を与えてくれる。

ベルマンはドイツのピーク、イタリアのトリアッティ、スペインのラ・パショナリアの話も含め、ほかの講義をしょっちゅう聞きに行っているとジェルジンスカヤに伝えている。彼はワルシャワの出来事を注意深く追っていた（「われわれは祖国の英雄的な戦いに関するニュースに全神経を集中して耳を傾けている」）。ソ連邦創設二十五周年の際、彼はジェルジンスカヤに、ソ連こそ「将来、わが祖国に同種の生活を築く上で最良の手本」になると厳かに伝えた(42)。

ベルマンはジェルジンスカヤにこうも言った。ポーランドの若き共産主義者に現代政治を講じているほか、「ポーランド史やポーランド労働運動の歴史」について教えていると。こうした講義は生易しいものではなかった。というのも、スターリンが一九三八年にポーランド共産党を解体し、指導的立場にある多数を殺害していたからだ（のちに公式の党史が、ポーランド共産党は「マルクス＝レーニン主義に基づいて設立されたが、分派的傾向を払しょくすることができなかった」と説明することになる(43)）。置き換わった党、すなわちゴムウカ率いるポーランド労働者党は一九四二年に発足したばかりだったため、まだ小政党にとどまっていた。ベルマンはレオン・カスマンに何度も送った別の書簡の中で、こうした史実がポーランド共産主義の歴史を講じようとする者に付きまとった「困難」についてもっと率直に語っている。一九三〇年代の出来事が議論されているときのことだ。慎重に足を踏み外さないようにしなければならないのは言うまでもない。党の解体に際してスターリンが果たした役割に言及することはできなかったためだ。まして、ポーランドに対するスターリンの反感に触れることなどもってのほかだった(44)。

そうした事情はあろうと、なにひとつベルマンの妨げとはならなかった。彼は最善を尽くして若きポーランド人に共産主義思想を吹き込み、そしていかにソ連を防衛するか教えようと試みたのだ。あるときは、反ナチスで反共を掲げるポーランド抵抗運動を担う国内軍の放送に耳を傾けるよう受講生に求めたことまで、ジェルジンスカヤに伝えた。彼らの議論に「立ち向かう」ことができるようにするためだ、というのである。ヴォルフやレオンハルトといったドイツの共産主義者がナチスのプロパガンダに対抗する術について受講している。その一方でポーランドの共産主義者はこうして、ポーランド人レジスタンスの主流派指導者たちに対してやがて挑むイデオロギー闘争に備えていたのである。ベルマンはジェルジンスカヤに宛てたある短信の中で、農民指導者やさらには極右の国民民主党員の中から「健全な分子」――つまりは、将来の協力者――を見つけ出すことがはたして可能なのか自問している。「こうした理由から」と彼はジェルジンスカヤに説明した。「統一戦線の戦術を継続することが絶対に必要であるとわたしは考えます」と。ポーランド共産党は拙速に本当の姿をさらしてはならないのである。先ずは同盟相手や協力者を見つけることだ。ソヴィエト型改革の推進はそのあとでも可能なのだ。

このような路線に従って計画づくりに当たったのはベルマンに限らない。ほぼ同じころ、ソ連指導部もあらためて「統一戦線」、すなわち東欧全域で解放後直ちに統治に当たることのできる連立政権を促進していこうと準備に入っていた。ソ連外相イワン・マイスキーはモロトフに宛てた一九四四年の長文の覚書で、プロレタリア革命は実現するとしても三十年か四十年先のことになるとの見通しを示している。しかし、彼はその一方で、ポーランドとハンガリーを弱体化させておき、たぶんドイツは分割すること――「そのほうが長期的にはドイツの弱体化に寄与するであろう」――、さらに最後に重要なことだが、現地共産主義者がほかの諸組織と連携して事に当たることを支持していた。戦後の政権が「国民戦線構想の精神にかんがみ、広範な民主主義という原則を基盤とすること」。「それこそがソ連の利益にかなう」と彼は結論付けた。[45]

「民主主義」という言葉はここでは当然、大粒の塩と合わせて受け止めなければならない。というのも、マイスキーは「国民戦線の精神にかんがみ」、発足する各政権は社会主義に敵対する諸政党の存在を決して容認できないことも明確にしているからである。実際面では、このことは一部諸国（彼はドイツ、ハンガリー、ポーランドを指している）では、これらの政党による権力の獲得を阻むため外部からの影響力を駆使した、「さまざまな手法」を投入しなければならなくなることを意味する。この手法とはいかなるものなのか、マイスキーは説明していない。

東西欧州で迫害に遭ったあらゆる潮流の共産主義者は、陰謀と秘密、排他性の文化に生きるようになる。彼らはそれぞれ出身国の党細胞で活動し、互いに偽名で知り合い、合言葉や秘密の受け渡し場所で連絡を取り合った。ソ連にいるときは自分の考えを他言せず、党批判を控えた。宿舎では秘密のマイクが隠されていないか捜索した。(46) どこにいても、「厳しい作法」を守った。その作法については作家アーサー・ケストラーが小説と回想記の中で見事に描いている。フィクション、ノンフィクションの双方で共産主義との関係に多くを割いたケストラー自身、一九三〇年代にドイツ共産党に引き込まれる。とりわけ、自分でも秘密や謀略、駆け引きに心惹かれていたからだ。「無邪気な門外漢には表面的な接触だけでも、党員たちが社会とは一線を画し、謎や危険、耐えざる犠牲が付きまとう生活を送っていると感じさせる。この秘密の世界に触れているというゾクゾクした感覚は大人の、さもなければ夢のない考え方をする人間にまで圧倒的に迫るのだ。それにも増して絶大なのは、ある程度は信頼に値すると分かってもらえたことを喜びとし、こうした恒常的な危険の中で暮らす受難の人々のために行うささやかな支援活動が許されていることを、うれしく思う効果である」(47)。

特権にありつき部外秘情報に接する権利を備えたエリート階層の存在。その誘惑こそは数十年にわたり共産主義の魅力を支える重要な部分となっていた。ウォルフガング・レオンハルトは自分の通うコミンテルン特別学校で党幹部用に配るのと同じ機密電信を初めて読み、大衆向けに流す宣伝をはるかにしのぐ内容が含まれていることに気づく。「秘密通報の一つを初めて自分の両手で握ったときの気持ちをとてもよく覚えている。自分に信頼が置かれていることへの感謝の念、それと、異なる見解を知り得ても信用されるに足る政治的に十分に成熟した当局者の一員であるという自尊心があった」[48]。

恐怖政治《テロル》——急激な戦術転換を伴った大量の逮捕、粛清——の経験は東欧の共産主義者に重大な影響を及ぼした。ウファにあるコミンテルン学校でのことである。レオンハルトは人前で愚にも付かない自己批判を強要され、屈辱的な扱いを受ける。その時の体験と、何人かの同志の独善的な振る舞い——とりわけ、後にマルクス・ヴォルフの夫人となるエンミという名のドイツ人女性——を振り返り、彼はふと思った。「学校でのわれわれの関係は全体として党員間のあるべき姿なのだろうか？別の批判的な考えが再び思い浮かんだ。それは以前、粛清の時代に抱いていたものだ。批判的な会話がよみがえった。われながら身震いする。そうした会話のような批判的見解を既に表明していたとすると、その結末はどのようなものになるのか？　今後は自分の発言にはもっと慎重を期し、発言は必要最小限にとどめようと心に決めた[49]」。

やがてレオンハルトはこのような体験から確信する。東ドイツから脱出し、あわせて党にも最終的に見切りをつけるべきだと。しかし、ほかの幹部は同じようなやり方で屈辱を受けながら逃亡も脱出もしなかった。それぞれトラウマに苛まれる経験をしたことで一段と柔軟になることも、思いやりを深めることもない。党内にとどまる共産主義者たちはヒトラーの収容所であれ西側の監獄であれ、戦時下に味わった苦難を踏まえて謙虚になるどころか、往々にして大義への忠誠をさらに強め、その逆ではなかった。

ソ連での粛清を肉体的に生き延びた——そして知的にも政策転換に耐え抜いた——人々の多くは戦

争を経て立ち現れる。部族的忠誠心を一段と高めただけでなく、ソ連への依存心をも一層強めて。そして、相次ぐ逮捕や出し抜けの戦術転換、一九三〇年代の混乱をかいくぐり一貫して忠実な党員であり続けた人々は、ほとんどが決まって本物の狂信的活動家として登場したのである。スターリンには全面的に忠誠を誓い、いかなる方向にもソ連の指導に進んで追随、与えられた命令にはすべて従った。そうすることが大義にかなうのであれば。[50]

第4章 警察官

国家保安省の職員には多少なりとも次のような態度が芽生えた。われわれはくまなく身元調査を受けた身だ。われわれはとりわけ優秀な同志だ。われわれはいわばファースト・クラスの同志なのだ。

ヴィルヘルム・ツァイサー、ドイツ民主共和国（ＧＤＲ）国家保安省(1)

戦争が血みどろの終結に近づくころ、スターリンはようやく東欧の子飼いたちに力量を示すチャンスを与えた。彼らの祖国が解放されるごとに、一人ひとりモスクワ派共産主義者を赤軍とともに故郷に送り返した。彼らはだれもが数の上では弱小であることを完全に自覚している。ほかの非共産主義諸党との連立政権を樹立するか、そこに加わる意向をいずれも公にしている。ボレスワフ・ビエルートは一九四三年十二月、ワルシャワに到着する。新たに発足した全国国民評議会（Krajowa Rada Narodowa、略称ＫＲＮ）の議長に指名されるのにちょうど間に合う時期だ。人民戦線を創設しようとするこの初の試みは、ウワディスワフ・ゴムウカ率いるポーランド労働者党と対独レジスタンスの主流に加わらなかった反主流派の社会民主党を除けば、人気獲得に失敗する。しかし、数ヶ月後、全国国民評議会はさらに規模の大きな組織、ポーランド国民解放委員会（Polski Komitet Wywolenia Narodowego、略称ＰＫＷＮ）の結成に一役買う。スターリンが承認した新組織の呼称は、ドゴールのフランス国民解放委員会を意図的になぞらえたものだ。[2] ルブリンに本拠を置き、本物の非共産党系政治家はわずかしかいない。けれども、だれがポーランド国民解放委員会を後押ししているのかはあまり問題視されなかった。七月二十二日採択の綱領は非常にリベラルな姿勢をうかがわせ、「人種、宗教、国籍に関わりなく、全市民にあらゆる民主的自由を回復する。復権する自由とは政治的、職業的分野での自発的結社の自由、報道と情報の自由、良心の自由である」と約束していた。[3] しかし、この文書が公布された場所はポーランドではなく、モスクワである。ソ連のラジオ放送は直ちに報じた。

国民解放委員会の創設は、大戦中に国外でポーランドを代表し、国内軍やポーランドの抵抗組織主流派と緊密な関係をなお維持しているロンドン亡命政権にとって、抜き差しならないジレンマとなった。亡命政権は国際舞台でポーランドの発言役にとどまるべく大いに奮闘したものの、その戦いに敗れたのだ。やがて、委員会は国民統一暫定政府（「ルブリン・ポーランド人」として知られるようになるグループ）へと衣替えする。連合国に加わるすべての国々が最終的にロンドン亡命政権（「ロンドン・ポーランド人」）に代えて、こちらをポーランドの合法的統治者として承認することになる。暫定政府は一九四五年の初めからこの国を支配し、恒久的な政府を選ぶ選挙を組織する手はずだ。スターリンがその正統性を強化することに熱心だったため、厳密に言えば社会党員であって共産党員ではないエドワルド・オスプカ＝モラフスキを暫定政権の、戦後初の首相に据えることに同意する（ビエルートが正式に政府の役職に就くのは一九四七年になってからだ）。それ以上に重要なのは、スターリンが亡命政権の首相スタニスワフ・ミコワイチクの祖国帰還と副首相兼農業相として暫定政権入りするのを認めたことだ。短期間ではあったが、ミコワイチクのポーランド農民党（Polskie Stronnictwo Ludowe, 略称ＰＳＬ）は真の反共野党としての活動を許容される。公式にはソ連も連合国もポーランドでの合法的な権限はない。実際は、ＮＫＶＤの将軍イワン・セーロフが暫定政府と新設のポーランド治安部隊に対するソ連上級顧問を務めた。彼の影響力は実に広範に及ぶことが間もなく明らかになる。(4)

ビエルートのポーランド帰還からほどなくして、事態は迅速に動き始め、ハンガリーでも新たな権力が樹立された。一九四四年十一月初め、ミハーイ・ファルカシュ、エルネー・ゲレー、イムレ・ナジの主導的な「モスクワ派共産主義者」三人がソ連機に乗り込み、解放された東部の町セゲトに送り込まれた。彼らは直ちにボリシェヴィキ革命の記念日を祝う大集会を招集、その際にゲレーは「ハンガリーの再生」を呼び掛けた。(5) マーチャーシュ・ラーコシは翌年一月、デブレツェンが解放されると、やはりソ連機に乗ってモスクワから現地入りした。彼の受けた命令は現地にハンガリー暫定政府を樹立し、赤軍のブダペスト制圧に備えることである。彼は、潜伏先から姿を現すか国外から戻ったほかのハンガリー人政治家たちと連携して命令を遂行する。彼らは一致結束して暫定国民議会の創設をめぐって協議、議会は暫定国民政府を選出した。ポーランドにおけるのと同様、この政府が選挙実施までの間、ハンガリーを統治することになる。

初のハンガリー臨時国民政府もポーランドと同様、連立であった。ここには合法政党四党、すなわち共産党（Magyar Kommunista Párt, 略称ＭＫＰ）、社会民主党（Szociáldemokrata Párt, 略称ＳＺＤＰ）、農民党、および小地主党が加わった。最後の党は小規模の企業経営者や農場主から成る戦前からの政党で、急速に反共野党に転じ、たちまち広範な支持を集めた。それでも新設の暫定国民議会や新たに発足した暫定政府で優位に立つことはなかった。ハンガリー共産党には当時、党員が数百人しかいなかったにもかかわらず、暫定国民議会では議席の三分の一以上を獲得したほか、重要な閣僚ポストをいくつか押さえた。実際問題として、内務省を含めている。ゲレーですら、この不釣り合いを認めたほどだ。「共産党員の比率がやや大き過ぎた。拙速だったためでもあり、地方の同志たちが熱心過ぎたためでもある」[6]。一九四五年一月、モスクワで調印したハンガリー休戦協定の取り決めにより、この暫定期間におけるハンガリー政府は連合国管理理事会の管理下にも入った。理事会は正確には米国や英国の代表も含む機関ではあるが、実際はクリメント・ヴォロシーロフ元帥が取り仕切っていた。元帥は赤軍の上級司令官で、ほかの連合国参加諸国には日ごろから何事も相談することはなかった[7]。

一九四五年四月二十七日、赤軍はようやく「ウルブリヒト・グループ」――ウルブリヒト指導部傘下の共産主義者数十人――を派遣、ベルリン郊外の第一白ロシア戦線に合流させる。ヴォルフガング・レオンハルトも同行した。数日後、さらに共産主義者数十人を加えた「アッカーマン・グループ」が第一ウクライナ戦線とともにベルリン南方から市内に突入する態勢を取る。ポーランドやハンガリーの場合とは異なり、ドイツ東部においては暫定的、あるいは臨時の政府というものはなかった。その代わり、ソ連軍政当局が一九四九年にドイツ民主共和国が成立するまで、その占領地域を管轄する。しかし、ソ連軍政当局はドイツ官僚制を徐々に作り上げ、ソ連の傘の下での統治に役立てた[8]。一九四七年六月、その時点まではソ連当局の統制下にある影の政府だったこの官僚制は、さりげなくドイツ経済委員会（Deutsche Wirtschftskommission）と命名される。ドイツ共産主義者の多くが、とりわけ「モスクワ派共産主義者」がそこで果たすべき主要な役割を授かった。ドイツ民主共和国が一九四九年に樹立されると、最終的にこの経済委員会は東ドイツ政府の基盤となるのである。

ソ連はドイツ各地の都市や地方の選挙でも監督に当たる。ソ連はドイツの占領地域で積極的に社会民主党、キリスト教民主同盟、自由民主党の再建を働き掛けたものの、依然として労働組合や文化団体、その他の新設機関の重要な役職には共産党員を据えた[9]。可能なところには非共産党員に公的な役割が与えられた。それでも共産主義者は舞台裏の重要なポストを握ったのだ。ほかにも至るところで、政治的、もしくは半ば政治的な団体の再編が行われた。そこには、ポーランドやハンガリーにおけるシオニストや共産主義者同盟《ブント》の諸団体も含まれる。そうした団体の一部は当初、本物の独立をある程度確保しているように見えた。

これとは別に、この地域の共産党はすべてソヴィエト・モデルに従いつつ、独自の国内構造を維持した。各党ともソヴィエト型の階層制は保った。すなわちトップに政治局を置き、次に規模の大きな中央委員会をその下に据え、さらに地方、自治体単位の組織を従える。これらの組織は政府機構とは並列しながら別個に活動、一九八九年まで存続する。政治局員が政府閣僚を兼ねることもあれば、そうでないときもある。中央委員会のメンバーが国家機関の役職に就くこともあれば、そうでない場合もある。何らかの問題で最終的な決定権を持つのは党なのか政府なのかは、権力を持つ立場の人ですら必ずしも明確ではなかった。

ありとあらゆることが分かりにくいと思われるとすれば、それは本来なるべくしてなったからだ。ソ連が占領した欧州での政治は意図的にあいまいにされた。戦争が終結すると、東欧の共産党がこの地域で最も影響力のある政治結社であったことは明らかだ。党勢のためではない。NKVDや赤軍に所属するソ連「顧問団」がいたためである。同時に、各党はソ連傘下にあることを隠すか否定し、普通の民主主義政党として振る舞い、連立を樹立し、非共産主義諸党の中から受け入れ可能な連携相手を見出すように厳しい指示を受けていた。ソ連占領当局が直ちに統括したドイツを例外として、ソ連の影響力はこうして慎重にカモフラージュされたのである。

一九四五年から四六年にかけて、東欧の連立型臨時政府はそれゆえ、ほかの政治家たちと組んで多少なりとも経済政策の立案を試みることになる。教会、一部独立系紙、一部私企業についても多少は容認する。そのいずれもが当面は自発的で個々の実情に応じた展開を許された。しかし、この寛容策にひとつだけ際立った例外があった。赤軍が進出したところでは必ずソ連が設立するのだ。形態と特徴ともソヴィエト型に倣った新しい機関である。端的に言って、新たな秘密警察の仕組みについては決して運頼みの成り行きまかせにはしなかったし、現地の警察官に委ねることもしなかったのだ。時期や手法に若干の違いはあるものの、新たな秘密警察の創設は東欧一帯で著しく似たパターンをたどる。その組織や行動様式、物のとらえ方を見ると、東欧の秘密警察、ポーランドの秘密警察（Służba Bezpieczeństwa, 略称ＳＢ）、ハンガリーの国家保衛部（Államvédelmi Osztály, 略称ÁＶＯ）、そして東ドイツの国家保安省（Ministerium für Staatssicherheit, のちのシュタージ：Stasi, 今日最もよく知られる名称）はすべて開祖ソ連の正確な引き写しであった。[10]チェコスロヴァキアの国家治安局（Státní bezpečnost, 略称ＳｔＢ）もそうである。この機関はチェコスロヴァキア共産党の指導者クレメント・ゴットヴァルトの言葉によれば、「ソ連の経験を最大限生かすようにして」組織された。東欧各国の秘密警察はどれをとっても同じことが言えよう。[11]

東欧の共産党がたどった歴史と同様、東欧の「小ＫＧＢ」の歴史は大戦終結のかなり前から始まる。ポーランドの秘密警察が組織され始めるのは、ソ連がポーランド東部に侵攻した一九三九年のことである。今日のウクライナ西部、ベラルーシ西部に当たる領土に侵攻するに当たって、この地域を平定させる作戦遂行を任務としたソ連将校は、当てにできる地元の協力者探しに難航する。より専門知識を備え、より頼れる連携相手が必要なことに気付いたＮＫＶＤは一九四〇年秋、スモレンスク近郊に特別訓練センターを創設する。新たな占領地からポーランド人、ウクライナ人、ベラルーシ人約二百人が参加要請を受けた。これら第一期の研修生は一九四一年三月、所定の訓練を修了、その後、採用者の一部はさらに研修を重ねるためゴーリキーに送られた。第一世代の卒業生には、一九五〇年代から六〇年代を通じポーランドの治安機関で影響力のある指導者にとどまった少なくとも三人――コンラド・シヴィエトリク、ユゼフ・チャプリツキ、ミエチスワフ・モチャル――が含まれている[12]。

一九四一年六月の独ソ戦勃発に伴い、研修計画はいきなり中断となった。しかし、数ヶ月後、ソ連がナチス侵攻の衝撃からいくぶん立ち直ると、研修は再開する。戦争に突如勝利の機運が見えてきたスターリングラード攻防戦を受けて、採用工作が強化された。採用候補はまずポーランド語を話す赤軍の「コシチューシコ師団」――大半は以前、ポーランド東部に居住していた人々――から選抜された。対象者にとっては不可解な作業に思える選抜だった。「一九四四年一月の凍てつく昼下がりのある日」、ユゼフ・ロバチュークに部隊長が接触し、ある書式に書きこむため部隊本部に来るよう通告する。説明はいっさいなかった。一ヶ月後、彼は「固形食料の配給二週間分」を受け取って、前線からたいぶ後背地にあるロシアの町クイブイシェフの特別訓練センターに出頭するよう指示された。またも説明は何もなかった[13]。

クイブイシェフに着いて初めてロバチュークは知った。NKVD将校の養成学校に送り込まれたのだ。彼は小躍りした。何年かしてポーランド秘密警察所属の歴史家たちに自分の経験を語った。忘れられないのは「だれかの家に招かれた客人のような」扱いを受けたことだと。前線の過酷な状況をくぐり抜けてきた身である。学校はぜいたくに思えた。「研修生」は週末には外出を許され、警備当番をさせられることもない。食べ物はふんだんにある。彼らは丁重に扱われた。食堂では「まるでレストランにいるかのように」給仕が食事を出し、本物の深皿からおたまでスープをよそったりすることまでしてくれた[14]。

実際の講義はすぐには始まらなかった。情報の伝授に先立ち、新規採用組はNKVD将校の委員会から数日間にわたり事情聴取を受けた。質問されたのは経歴や家族の出自、政治的見解についてである。彼らは一度ならず身の上話を繰り返すよう求められた。口頭試問に合格せず、部隊に送り返される者もいたが、理由は分からずじまいだった。結局、二百人余りが残った。これがソ連で教えを受けたポーランド秘密警察将校の第一期生、クイブイシェヴィアツィ――ゆくゆくはクイブイシェフ組として知られるようになる――である。彼らはＮＫＶＤ直々の監督の下、「作戦業務」の準備に着手する。

戦争のこの時点――一九四四年春――では、ロンドン亡命政権とこれに連なる地下「国家」を除けば、ポーランド政府はまだできていない。依然ナチス占領下のポーランドでは地上に公然活動のポーランド行政府は存在しない。戦後ポーランドの性格に関してはいかなる国際的な合意も成立していなかった。テヘラン会談はポーランド国境について最終決着を見なかったし、ヤルタ会談ではローズヴェルトとチャーチルが事実上、ソ連によるポーランド支配で譲歩することになるが、それは何ヶ月も先のことだ。しかし、ＮＫＶＤは既にクイブイシェフでポーランド人将校たちに対し、ソヴィエト式の色分けで物事を考えるよう教え込んでいる。その時が来たら、彼らがソ連の命令に従って行動するようにするためだ。

こうして始まった教程第一期は徹底を極めた。教科の扱う題目には理論もある――マルクス・レーニン主義、ボリシェヴィキ党の歴史、ポーランド「労働者」運動史だ。諜報および防諜の技術、刑事捜査、尋問といった実技も含まれる。天気が良いときはヴォルガ川流域の射撃訓練場に車で出向く。研修はすべてロシア語で行われた――ポーランド語を話す講師は一人しかいない――ため、これが問題だった。研修生のほとんどが初歩的な教育しか受けていなかったからだ。研修に教科書はない。このため、研修生は講義が終わると頻繁に会ってノートを見比べた。可能な場合は、ロシア語を解する研修生がそうでない受講者に教材を翻訳してやった。講義はゼミも含め一日十時間、土曜日は六時間だった。

研修生には新しく詰め込んだ知識についてじっくり考えるゆとりはない。第一期は一九四四年七月、突然終わりを迎える。赤軍がポーランドの新たな東部国境であるブク川を越えたのだ。新米の治安将校たちは直ちに配置に就く。二百人のうち大半はまずルブリンに送り込まれた。ここにはポーランド国民解放委員会が既に設立されており、臨時政府も間もなく発足するところだ。現地はひどい状況だった——男たちは床で睡眠を取り、背嚢《はいのう》を枕にした——が、温かく迎えられた。ポーランドの初代保安相スタニスワフ・ラトキェヴィチはソ連の顧問とともに、一行のために晩餐会を催した。二人は新人将校たちに制服に縫い付ける階級章の星を手渡した。

赤軍が進撃すると——まずジェシュフ、ビャウィストクに、その後にクラクフとワルシャワに——、常にソ連顧問団を伴ったクイブイシェフ組が後に続いた。展開する場所によっては赤軍とともにパルチザンとして緒戦を戦った。戦時中のこの時点では、ポーランド東部とソ連西部に数十に上るさまざまなパルチザン・グループが活動、一部はポーランド国内軍に、一部はウクライナ独立運動にそれぞれ所属していた。ホロコーストを免れたユダヤ人から成るグループや犯罪集団が加わる組織もあった。[15]しかし、クイブイシェフ組は国籍を問わずソ連のために戦った。新たに解放された県に到着すると、常にあらかじめ決めた計画に従った。地方レベル、市町村レベルで警察の組織化に着手、敵を見分けては、NKVDに情報を提供、協力者を引き入れた。「われわれクイブイシェフ組は新しい機関の屋台骨となり、将来の幹部要員の教師を務めることになっていた」。あるメンバーは誇らしげにそう振り返った。[16]

全員が皆、立身出世を遂げたわけではない。盗みを働いたり、能力不足のため活動から外れる者も出てくる。何人かはソ連に戻された。おそらくベラルーシかウクライナで同じような仕事に就くためだろう。この地域の出身者が多いのだ。しかし、残りの多くは治安業務で高い地位に就くはずだ。ほかにも新世代の幹部を養成する任に当たる者がいる。

ロバチュークはしばらく戦後の「悪党との闘い」に加わる。これは国内軍の残存分子に対する組織的な軍事行動に参加したことを意味する遠回しの言い方だ。ウクライナのパルチザンだけでなく、国内軍の一部は今なおルブリン周辺の森林の中で持ちこたえているのだ。一九四五年四月、彼はウッチに派遣され、そこでポーランド治安警察将校向けの学校で指導教官を務めるよう指示された。またしても寝耳に水である。彼はこの任務のために選り抜かれたほかのクイブイシェフ出身者とともに手分けして、だれがどの課目を一番よく覚えているかに応じて講義を受け持った。彼らはソ連を去るに当たってクイブイシェフ時代に書き取った講義録を返却させられたが、記憶を頼りに再現。最終的に、NKVDから学び取った記憶に基づき一冊の教科書にまとめた。この教科書はその後数年間にわたって使用される。[17] こうして、ポーランド秘密警察の全世代がソヴィエト・メソッドに従って養成されることになるのだ。

その後数ヶ月から数年にかけて、この機関は飛躍的に拡大する。一九四四年十二月の時点では、治安要員は二千五百人ほどだった。それが一九四五年十一月までに既に二万三千七百人を数え、一九五三年になると三万三千二百人に達する。[18] その後の共産主義ポーランドで典型的なSB要員、すなわち血も涙もない悪人として徹底的に叩き込まれた狂信的な人物で、教育程度が高く、おそらくはユダヤ系、といった固定観念に合致する者は、新規採用組の中にはまずいない。現実はこうである。大戦終結直後のSBは、民族的には圧倒的にポーランド人で、ほぼ全員がカトリック教徒だった。一九四七年までは、SBの九九・五パーセントがカトリック教徒のポーランド人であった。ユダヤ人は実際のところ、全体の一パーセント以下にすぎず、民族としてのベラルーシ人よりも下回っていた。[19] ルブリン地区秘密警察の設立メンバー十八人のうちユダヤ人はわずか一人だ。残りはポーランド人、ウクライナ人、ベラルーシ人であった。[20]

これらの新規採用組は冷酷に動けるよう鍛え上げられたどころか、圧倒的多数が教育も満足に受けていなかった。一九四五年の時点では、初等教育以上の教育を受けた者は二〇パーセントに満たない。一九五三年になった時点でさえ、六年生相当の水準に合格できたのはわずか半数にとどまる。この期間を通じ、新規採用組の大多数はポーランドの労働者、農民の子弟たちだ。家族が「ブルジョア」とされた者はほんの一握りにすぎない。知識人と言える部類は皆無に近い。[21] その多くは一九四七年までに共産党に入党していたが、これまでに政治的に関わった活動歴を持つ者はいないも同然だった。

彼らの動機付けとなったのはイデオロギーではなく、とんとん拍子に出世できる可能性のほうにあった。ポーランドの最も悪名高い秘密警察要員の一人であるチェスワフ・キシチャクの証言が見事に裏付けている通りだ。時代が下って、キシチャクはポーランド内相になる――彼は一九八一年の戒厳令施行に当たった――が、ポーランド南部の困窮地域の出身で、一九二五年、貧しい家庭に生まれた。工場労働者の父親は一九三〇年代を通じて失業者だった。ナチス占領下のポーランドで十代の少年だった彼は連行されて労働収容所に送られる。その後、さまざまな危機をくぐり抜けオーストリアで奴隷労働に従事。彼の証言によると、一九四三年から四五年までの間、ウィーンの労働者施設で過ごした。そこにはクロアチア人やセルビア人らが収容されており、ポーランド人は彼だけだった。労働者の多くは共産主義者だった。彼はソ連がウィーン東部地区を解放した一九四五年四月七日までオーストリアの鉄道網で働き、その後まもなく、彼の話によれば、「赤軍がわたしを抱え上げ戦車に乗せた。わたしはウィーン中を案内した。通りを知っていたからだ」。ロシア語もドイツ語も操れたので、通訳を務めた。初等教育しか受けていないものの、二十歳の彼はこうして赤軍のある種のマスコットになり、ソ連戦車に乗って制圧された都市ウィーンを走り回った。[22]

キシチャクはオーストリア共産党の一員だったことを示す文書をしっかり握りしめ、最終的にポーランドに戻る。直ちにポーランド共産党に入党すると、今度はウッチの秘密警察養成学校に送り込まれた。彼の発言に従えば、それからさらなる研修を受けるためワルシャワに連れていかれ、そこでまず新規のポーランド軍に入隊、次いでポーランド軍事諜報機関に加わった。この機関は当初、ロシア人が全面的に取り仕切っていたが、その後ポーランド人数人が登用された。キシチャク自身は口にしていないものの、大方の見方では、彼はここでソ連軍諜報局とも何らかの関係を築いた。

それからほどなくしてキシチャクは一九四六年、ロンドンに派遣される。これもまた、まだ二十一歳になったばかりの青年とっては思いもよらぬ機会となる。このときの体験を物語る彼の証言に悪意は感じられない。「われわれは当時亡命中だったポーランド軍の残存勢力が武器や兵士とともにポーランドに帰還することを望んでいた。帰還すれば共産主義ポーランドへの善意のジェスチャーになるだろう。……当初は結束の精神にあふれていた。政府は聖職者を支持し、聖職者は政府を支持した。……ポーランドは分け隔てなくだれにも友好的であるように思えた。農民には土地を与え、高度な教育や学校開設を約束したのだ」。彼の話によると、このほかロンドンでの仕事には「通常の諜報業務」も含まれ、英国陸軍やロンドンのポーランド人、とりわけ大戦中に英国空軍やほかの英国軍部隊とともに戦った数千人に上るポーランド人兵士に関する情報収集に当たった。こうした伝記風の情報の多くは裏付け不可能だ。おそらくキシチャクが内相時代に公文書をくまなく精査して自らに関係した文書を探し出し、それらを削除、廃棄したためである。とはいえ、一、二の文書は見つかった。そこには一九四七年七月に彼がロンドンから本国に送った報告の要旨が含まれている。これはだれか別の人物のファイルにしまい込んでいた。報告は文法的にはあやしいポーランド語で、祖国帰還への希望を表明した英国軍所属のポーランド人を、大使館がいかに登録し監視しているか述べている。その多くは一九三九年以来、戦ってきた人々だが、報告は彼らに対するキシチャクの軽蔑がにじみ出ている。彼がそうした感情を持つよう教え込まれていたのは明らかだ。

登録は縦約四メートル、横三メートルの小さな部屋で行われる。そこにはテーブル五卓、椅子五脚、領事館の書類を収納したキャビネット二台がある。登録は十時か十一時に始まり、時には二時半開始の場合もある。英国人がわれわれに特別な難題を吹っ掛けてくるためだ。そうした時は複数の兵士をわざとぎりぎり遅い時間に登録に差し向けるのだ。……やって来る人々は大多数が言われた通りのことを何でもする。だれかがポーランドで立派な生活水準を保証してやりさえすれば、彼らは何ごとにも同意するのだ。帰還せずに物欲的な理由から英国にとどまる人々は、おそらく金銭目的で何らかの労役に服するのだろう。彼らは「戦前の」ポーランドの典型的な産物である。深い思いやりもなく、野心や名誉とは無縁の人間なのだ……。(23)

報告のほかの部分では、今は二十二歳となったキシチャクが、大使館の年配の外交官や防諜情報の収集にあまり関心がなさそうな武官、彼やほかの人間の士気をくじこうとする大佐を軽蔑している。廃棄を免れたもうひとつの報告では、彼の仲間たちについて歯に衣着せず簡潔に伝えている。ある領事館職員が「出所不明の筋」から得たポーランドの政治混乱に関する情報について四六時中話している。その一方で、ほかの職員たちは激烈な政策論争を展開、互いにいがみ合っている、と。

青年にとっては心躍る仕事ではあった。しかし、キシチャクはその後間もなく英国を去る。それは孤独を感じホームシックにかかったためだ。彼はあるインタビューでそう語っている。「英国のソーセージは食べられたものではない」。あるいは、声が掛かったのかもしれない。正確に言えば、祖国にはもっと恵まれた機会があると。彼はその話に乗ることにしたのだ。戦後のポーランドが混乱と貧困にあえぐ中、秘密警察要員は出自こそ地味であれ、通常よりは大きな富と権力を手にしたのである。たとえ、その権力を乱用したとしても、彼らを逮捕できる国家機関はほかにはなかった。

東欧で秘密警察要員になろうという野心を持つ者ならだれもが始めから分かっていたことがある。影響力を行使する道はソ連との人脈を経由するところにあるということだ。しかし、ソ連人脈といってもどれが正しいものなのか簡単につかめるとは限らない。ハンガリーでは、最終的に国家治安局となる組織には前身が一つでなく、二つあった。いずれもソ連の友人と庇護者を取り込んだ独自の人脈を持つハンガリー人が率いた。

一九四四年十二月、デブレツェンに臨時国民政府とともに、上部からの指示で支部が設置された。理論上、臨時国民政府は多党間の連立である。しかし、新任の内相フェレンツ・エルディは厳密には共産主義者ではなかったが、党には密かに忠誠を誓った。彼が初めて記録に残した新設の秘密警察に関する言葉は、風向きを把握していたことを示唆している。彼はハンガリーにおけるソ連軍事諜報部代表のF・I・クズネツォフ将軍と会合を持つ。その時の「生産的な」会談に関して同僚たちに伝えた報告の中で、エルディは十二月二十八日、治安については心配する必要はない、「われわれが正規の制服を着用した信頼されるに足る警察官を確保するまで、ロシアの護衛がわれわれを助けてくれるからだ」と述べた。(24) とはいえ彼は、解放された国内半分の地域で急増する犯罪や破壊行為を抑えることに、クズネツォフ将軍が十分な関心を払っていないのではないかと懸念していた。「われわれは政治警察について突っ込んだ協議を行った。これについて将軍は、かなり一般的な助言や多くの提案をしてくれた」とエルデイは語っている(25)。

そうした提案を受けて一つ実現したのは、アンドラーシュ・テンペが新たな職務に任命されたことである。テンペはスペイン内戦に参加した退役軍人で、国際共産主義運動とも多年にわたるつながりがあり、ハンガリー秘密警察の初代長官に就く権利があるのは自分だけだと深く確信していた。彼は新設された警察の組織化に直ちに着手、赤軍に要請して直接武器を受け取った。こうして準備を整えたうえで、デブレツェンからブダペストに向けて出発、一月二十八日に首都の東部地区に到着する。西部郊外ではまだ戦闘が続いている頃だ。

テンペにとって不運だったのは、彼には既にライバルがいたことだ。数日前にハンガリー共産党ブダペスト支部も政治警察の部局を発足させていたのだ。その指導者は一九三一年以来、非合法のハンガリー共産党員であり、この間頻繁にモスクワを行き来しているガーボル・ペーテルだった。一九三〇年代を通じ、ペーテルはモスクワでベーラ・クンや一九一九年革命に加わったほかの闘士たちと緊密な接触を重ねていた。ラーコシとも連絡は取っている。ペーテルの夫人ヨラーン・シモンはやがてラーコシの個人秘書となる。

ペーテルはNKVDとも長年のつながりがある。彼は戦前、地下組織で後方支援を担当、とりわけウィーンとブダペストの双方で投獄された共産主義者とその家族との連絡役を務めた。彼自身のやや大見得を切った証言によれば、ペーテルはかねて戦後の政治警察を主導する計画を練っており、その職責が期待されて当然だとはっきり意識していた。彼がそう考えるのは相応の理由があったのかもしれない。というのも、テンペがデブレツェンに拠点を置くソ連軍事諜報機関の支持を得ていたとみられるのに対し、ペーテルは政治指導者の支援を取り付けていたらしい。一月半ばの時点で――テンペがデブレツェンに到着する前であり、ブダペスト包囲戦が終結する前でもある——ペーテルがブダペスト東部近郊のソ連軍本部に赴き、旧交を温めたのは紛れもない事実である。[26] 彼は二月、ハンガリー党幹部部に対して行った演説で、自らが既にかなりの程度、事態を掌握しているとの印象を与えようと努める。彼は部下九十八人（「労働者八十七人と知識人十一人」）について語り、「ファシスト分子」多数を逮捕済みであると早くも息巻いたのである。ハンガリー共産党の公文書には、この報告のロシア語版が原本に添付されている。[27] ペーテルがロシア語を解する読み手の目にも留まるのを見込んでいたことを示しているように思われる。

戦争終結から数週間後に、テンペとペーテルは衝突する。テンペはペーテルにはイデオロギー的素養が十分に備わっていないと不信の目を向ける。ペーテルは執務室の調度品が完備されていないとテンペを非難する。テンペは報道機関が参加する行事に招かれていないと腹を立てる。[28] その後は双方とも、アンドラーシュ通り六十番地の陰鬱な建物に本部を置いたのは自分が先だと主張する。この建物は戦争の後半にハンガリー・ファシスト政権下の警察が本部を構えた場所だ。そこに秘密警察の本部を置く決定はハンガリー共産党をまたも悩ませることになる。それにもかかわらず、こうした先陣争いが起きたのだ（ファシスト、共産党の双方とも警察が本部地下室の物置を監獄に使ったという事実は、ナチスとソ連体制との連続性を示す不愉快な印象をもたらした）。[29] 二年後に、喜劇的なこの論争はペーテルに軍配が上がって決着する。一九四五年十一月の選挙を経て、内務省は正式に共産党の統制下に置かれ、中立的な秘密警察という見せ掛けは引っ込む。[30] 一九四六年、テンペは「引退」し、外交畑に転出。外交官としての大半をラテン・アメリカで過ごした。

この論争は今から見れば些細なことのように思えるが、ペーテルが権力闘争に勝ったということは、ハンガリーの政治的複数主義からすると早くも訪れた重大な敗北であった。ひとつには、新たに発足する警察の本質に関する重要な議論がもっぱら共産党の枠内で行われ、ブダペスト駐在のソ連当局者による強い影響を受けていたことがある。当時も、その後も非共産党の政治家たちが、あの頃は合法的な活動ができたにせよ、秘密警察内部の仕組みに影響を及ぼすことは全くなかった。抗争勝利派――ペーテルと配下の「ブダペスト警察」――の本質もまた大きな意味を持つ。ブダペスト警察は司法省にも政府にも統制されない、事実上、司法機関を超越した存在であり、臨時連立政府を大胆にも無視した、党指導部直属の政治警察だったからだ。

秘密警察の特別な地位はその要員にとっては言わずもがなだ。ペーテルには社会民主党と小地主党出身の副官がいたものの、彼が副官たちの助言を聞き入れるそぶりも見せなかったし、部内で副官の存在に惑わされる者は一人としていなかった。ある下級士官はのちに、非共産党の副官たちが「完全に孤立」していたと回想している。「彼らの部屋が盗聴されているのは周知の事実だった。そのため、彼らと接触しているときは自分の発言に非常に気を使わなければならなかった[31]」。ミハーイの息子であるウラジーミル・ファルカシュが一九四六年、ÁVOに着任すると、非共産党員であるペーテルの副官二人に口をきいてはならないと明確な指示を受けた。「自分の仕事に関するいかなる情報も彼らに与えることは許されなかった。たとえ副官のどちらか一人から直接命令を受けたとしても、だ[32]」

非共産党の政治家たちが警察の振る舞いに苦情を述べても、警察は耳を貸さなかった。一九四五年八月、司法省次官が内務省宛てに書簡を送り、政治警察が「わたしから事前承認を得ることなく検察官や裁判官を逮捕している……前述したやり方は司法制度の権威を著しく傷つけるものだ」と不満を訴えた。ÁVOは返事を寄こさなかった。一年後、国会議員の一人が同様の不満を申し立てたが、その書簡が国会の場で取り上げられる前に、議員は国外に脱出してしまう。一九四六年までに、そもそもこうした批判を加えること自体もはや安全とはみなされなくなる。[33] ポーランドと同様、ハンガリーの政治警察は自分たち自身を除き、誰にも責任を負わないのだ。これもポーランドと同じだが、ハンガリーの組織は急速に増大する。一九四六年二月、ブダペストにおけるペーテルの組織は八百四十八人を擁する規模になる。一九五三年までに、またも改称された国家保衛庁（Államvédelmi Hatóság, 略称ÁVH）は本部要員が五千七百五十一人に膨らんだ。さらにこれをしのぐ数の密告者もいた。[34]

この組織には当初からいたるところでソ連顧問団が駐在した。あるハンガリー内務省当局者が「文民を装った」NKVD将校と形容した「オルロフ参事官」が、一九四五年二月、アンドラーシュ通り六十番地に陣取る。ほかに武装警官三人――いずれもNKVDの正装だ――が補佐に当たった。[35] 三月までに指揮系統が全面的に張り巡らされた。頂点に立つのはフョードル・ビェルキン将軍だ。公式には連合国管理理事会のメンバーだが、実際はNKVD東欧諜報司令部の司令官だ。その本部はウィーン近郊のバーデンにある。これに加えてNKVDは一九四七年以降、ブダペストに常駐代表――クレムノフ中尉ともカメノヴィチ中尉とも呼ばれる――を置き、その兄弟国支援はのちにハンガリーにおける一連の政治的見せしめ裁判を行う上で不可欠になる。彼らの下に半ば常駐体制の顧問が大勢いた。一九五二年十一月の時点でさえ、ソ連秘密警察の将校三十三人のほか彼の家族十三人がÁVHにより公式に雇われていた。彼らには比較的高い給与のほか、家具付きの住宅をあてがい、旅行経費も支給。水泳プール、チェス、ドミノ、卓球台を含むスポーツ施設も無料で提供し、家事係も付けた。彼らは週末には狩りに出掛ける。ある内相経験者によると、これらソ連「顧問団」は毎日、諜報報告を受け取り、ハンガリー側要員と頻繁に会合を重ねた。（顧問団の助言は受け入れられた。しかし、彼らは奉仕先に選んだ国家の忠誠心については一度たりとも確信を持てなかったようだ。一九五六年十月二十九日夜――ハンガリー革命がソ連の撤退で束の間、収束するかに見えたときのことである

——彼らは全員、暴徒による復讐を恐れて飛行機に乗り込み、モスクワに舞い戻った。[36])

ハンガリー秘密警察のボスたちはソ連側の庇護者と緊密な連絡を取り合った。ファルカシュによれば、ペーテルは日常的にオルロフと接触した。[37] しかし、ロシア人のほうはブダペストで影響力のある別の筋とも関係を保った。小規模でほとんど表には出ないが無視できない力を持つソヴィエト系の、すなわちソヴィエト化したハンガリー人社会を通じた筋である。彼らはソ連で生まれたか、人生の大半をそこで過ごした人々だ。その一人であるハンガリー系のNKVD大佐ヤーノシュ・コヴァーチは一九四五年一月から四八年に死去するまでペーテルの副官を務めた。これよりさらに重要な役割を果たしたのはルドルフ・ガラシンである。その公式の経歴を見ると、その後の影響力を正当に評価しているとはとても思えない人物だ——そして、その人生の軌跡はハンガリー人が秘密警察の権力を手にするには隠された道もあることを示している。

ガラシンはハンガリー生まれだが、十代だった第一次世界大戦後にロシアの政治犯になる。こうした経験から考え方が急進化した彼はボリシェヴィキに加わり、赤軍に入隊。ロシア革命およびその後のロア内戦に積極的に参加した。その後、ハンガリーには戻らず——ベーラ・クンの革命は既に短命に終わっていた——、ソ連に住みついた。[38] 彼自身の証言によれば、ソ連でのその後の経歴は精彩を欠く。ハンガリーの党史編纂者に宛てて書いた手記によると、彼はソ連におけるハンガリー人亡命社会で活動、工学を学んでからソ連軽工業省に勤務した。大戦中は将校として赤軍に再び入隊するが、負傷したため、前線から外れ後方任務に就く。彼が書いているところでは、一九四四年春に突然モスクワに呼び戻され、赤軍の政治将校との面談に連れて行かれた。「お茶を飲んでいると、青い帽子をかぶった内務省中尉が現れた。一言も口を利かず、わたしを伴って車のところへ行くとマルクス・エンゲルス広場まで連れて行かれた。そこには別の中尉が待ち受け、ドアまで案内した。わたしが中に入ると、彼はそのまま出て行った。ロビーには誰もいない」。ようやく二人の人物が暗がりから現れた。謎が解けた。ラーコシとミハーイ・ファルカシュが腕を広げ彼を迎えた。

ガラシンはそのときのエピソードを詳しく述べている。それによると、同志ラーコシは長い間姿を見せなかったなと陽気な調子で同志ガラシンを叱りつけ（「わたしを見つけ出すのに半年もかかった」）、それから頼みごとがあると持ちかけた。ソ連にいくつか置かれた「反ファシスト学校」の一つから志願兵を選抜してほしいと。クイブイシェフ組が赤軍とともにポーランドに入ったのと同様に、赤軍と行動をともにしてハンガリーに入国するパルチザン部隊を結成するためである。「反ファシスト学校」とは持って回った言い方だ。実際は捕虜を再教育する施設で、そこには捕われたハンガリー人将校や兵士が共産主義者になるために学んでいた。ガラシンは言い付け通りに行動する。彼は「第一〇一学校」のハンガリー人たちに引き合わされた。ここはコミンテルン時代の本部を改称した施設だ。やがて彼はクラスノゴルスクの「反ファシスト学校」を訪れ、志願兵候補の熱意に感銘を受ける。彼の記録によれば、大半がハンガリーに戻って、ドイツと同盟を組んだ者たちと戦うことを熱望し、ためらうことなく志願したのだ。ガラシンは学校の「教師陣」とも会った。その多くがのちにハンガリー共産政権の幹部になっていく。

ガラシンはパルチザン部隊の編成に取り掛かるが、遅々として進まない。一九四四年夏の時点では、ハンガリーやハンガリー人パルチザンのことは赤軍の優先課題ではなかったためだ。志願兵たちが前線のすぐ後背地に当たるウクライナにたどり着くのも難航する。そこでは訓練が始まることになっていた。部隊の列車は出発が遅れる。衣服や装備は寄せ集めだ。ウクライナの地元司令官たちは部隊到着の備えができていない。しかし、ようやく部隊は訓練を開始し、爆発物の扱い方を学び、模擬戦で互いに競い合った。

上層部のだれかが部隊の進捗状況に関心を持っているという知らせが届くこともたまにあった。ある日、志願兵たちは、ソ連機が一機上空を旋回し、着陸しようとしているのを発見する。彼らは障害物のない滑走路をしつらえようと何頭かの乳牛を追い払う。機体のエンジンが轟音を立てると、ハンガリー共産党の著名な理論家の一人であるゾルターン・ヴァシュが操縦席から現れたが、あっという間にもみくちゃにされて眼鏡を失くした。それはともかく、ヴァシュは極めて詳細にわたる長々とした講演を行い、前線における有利な状況を説明、志願兵たちに奮闘を促した。ヴァシュがモスクワに引き返すため飛び立つ際に、ガラシンは彼に冗談を飛ばした。今度来るときは前もって部隊に知らせておくほうがよいと。「われわれが飛行機を狙い撃ちする訓練ができるように！」。ウクライナの前線ではこれがユーモアと受け取られたようだ。

パルチザンは前線が移動するたびに何度も宿営地を変えた。さまざまな冒険譚が付いて回る。ガラシンは未公刊の回想記の中で、アンナという女性と関係があったと告白している。食料供給には常に悩まされ、部隊が苦もなく地元の製粉所を乗っ取り、生産物を没収、それで空腹をしのいだことも彼の記憶にある。地元農民たちから激しい不興を買ったのは言うまでもない。最悪の経験はほかにもある。ラーコシが会談中、「純粋にユダヤ人だけの部隊」を結成したとガラシンを攻撃したのである。ガラシンは「衝撃のあまり、その場に立ち尽くした。訳が分からなかったのだ」。彼はこの奇妙な怒りの爆発についてじっくりと考えてみた。そして、その後はラーコシ――先に述べたように、ユダヤ人である――にあなたは相当思い違いをしていたとあえて伝えることにした。彼が数えてみると、ユダヤ人は部隊に六人しかいなかったのだ。

ついに解放の瞬間が訪れた。一九四五年二月のことである。ガラシンは自ら率いる部隊とともにカルパチア山脈を越え、三十年ぶりにハンガリーに入った。二月十二日までに、一行は臨時首都となっていた東部の都市デブレッツェンに到達した。それは冒険の終わりであった。ソヴィエト市民ガラシンは直ちに連合国管理理事会で働く任務に就く。パルチザンたちとの接触を失い、教宣、出版の仕事に場を変えた。この間の出来事を記した公式記録によると、彼はその後ソ連に引き返した。[39]

ガラシンの生涯の物語は無意識のうちに、ハンガリーの共産主義パルチザンに関する機知に富んだ真実味あふれる姿を描き出している。彼らはのちに将来の共産党指導者から戦争の英雄と賞賛されることになる。しかし、当時の赤軍は明らかにパルチザンを後知恵の産物と扱っていた。ガラシンの話は触れていない事柄がある点でも重要だ。事実、彼が一九二〇年代、三〇年代に何をしていたのか、大戦直後の時期にはどこにいたのか、実際のところわれわれには分からない。[40]実はソ連NKVDの上級将校として勤務していたのではないかと多くの人々が長い間疑っていた。のちにガラシンはソ連の強制収容所《グラーグ》のテクニックを「輸入」した人物として知られるようになる。

ガラシンの体験談は東欧全般で、とりわけハンガリーで秘密警察当局者が果たした重要な役割についても説明している。彼らは地元の協力者、あるいはクイブイシェフ組の大半がそうだったように組織に採用された人々だけではなく、そもそもの発端からソヴィエト市民、そしておそらくはソ連秘密警察要員だった人々でもあったのだ。ガラシンは生まれこそハンガリー人ではあるが、彼自身の証言によれば、ソヴィエト生活に完全に同化していたのだ。彼にはロシア人の妻がいたし、ロシアの教育を受けた。一九一五年から四五年までロシアで暮らした。ガラシンは単にソヴィエト連邦に好意的な気持ちを抱いていただけではない。彼自身がソヴィエト人だったのだ。彼が一九五〇年代初頭、ハンガリーの労働収容所を担当した際、極めて意図的にソ連路線に沿ってその組織化に当たったが、それもほとんど驚くに当たらないのである。[41]

われわれがこれまで見てきたように、ＮＫＶＤはベルリンに進駐する前の段階からして既に、ドイツ人共産主義者の中で信頼に足る幹部の養成に当たっていた。ＮＫＶＤはまた、彼らを指導するため、最も経験のある身内の将校を早くも選び抜いていた。一九四五年四月、セーロフ将軍はワルシャワに別れを告げ、ドイツへと旅立つ。将軍は直ちにベルリンとソ連占領下の諸都市を分割し、「作戦区域」にした。しかし、ドイツ警察官にはいかなる実権もすぐには与えなかった。ソ連将校は、ドイツ人には――ドイツ共産主義者に対してすら――ほかの東欧市民よりもはるかに多くの点で監督する必要があるとみなした。通常のドイツ警察官は一九四六年一月まで武器携行を許されなかった。ドイツ当局が文民警察を掌握した後でさえ、人事面の決定はすべて依然としてソ連軍政当局の承認を得なければならなかった[42]。東部領域をあずかるソ連内務省のボスが、だれを逮捕する方針かドイツ共産党指導部に通報することに同意したのは、一九四八年三月になってからのことだった。

ソ連軍政当局は一九四七年、ドイツ政治警察の設立に着手するが、慎重を期してまず手始めに小規模な形で行った。そのときでさえ、だれもがこの構想を承認したわけではなかった。モスクワでは、ソ連内相ヴィクトル・アバクーモフが新たな警察力は西側プロパガンダの標的になり、「新生ゲシュタポ」とみなされる危険があると論じた。それ以上に重要なことは、アバクーモフがいまだにドイツ人に不信感を抱いていたことだ。「全面的なチェックが済んだドイツ人幹部が十分そろっていない」と不満を述べたのである。こうした反対論にもかかわらず、新規採用が始まった。おそらく、ノーマン・ナイマークが推測するように、ＮＫＶＤは身内の将校たちのドイツ語理解が乏しく、ドイツの反感が広範に及んでいることにようやく気が付いたためだろう。たとえそうであっても、新たな部局――「Ｋ５」、あるいは時にはＫ局と呼ばれた――が実権を持つにはある程度の時間を要した。元々、警察自体を監視する目的で設置されたため、Ｋ５要員はソ連内務省当局者から直接命令を受け、発足間もない地方、中央の政府機関を迂回した。[43] その時代から生き延びた数少ない文書の一つ（多くの文書は一九八九年に、あるいはそれ以前にKGBにより撤去されるか、おそらく破棄された）は、養成のため部内で開いた会合に触れ、そこには出席者名簿も含まれている。名簿の冒頭にはソ連顧問団が記載されている。[44]

ある意味で、K5はほかの東欧諸国の政治警察と共通点があるのは確かだ。ハンガリー、ポーランド、さらにはソ連そのものと同じように、この政治警察は当初から政府を超越した機関で、通常の法の支配の枠外で活動した。新発足の東ドイツ政府が国家保安省を創設する「国家保安省設立に関する法律」を成立させたのは、一九五〇年になってからのことである。[45] 当時ですら、シュタージを監督するソ連の主たちは慎重だった。彼らは組織の初代ボスだったエーリヒ・ミールケを外し――彼は大戦中の一時期、フランスで過ごしたため、経歴に一部疑わしい欠陥があった――、彼ら自身が選んだ候補ヴィルヘルム・ツァイサーを新機関の担当に据えたのである。[46]

ポーランドのSB、あるいはハンガリーのÁVOと同様、シュタージは綿密にNKVDに倣ってつくられた（NKVDも戦後に名を変え、ゆくゆくはKGBとして知られるようになる）。その部局の仕組みは三つの機関ともすべてKGBのそれを真似たものである。しかし、シュタージの場合は異常なまでにKGBを引き写しにしている。ドイツ秘密警察要員は一九五四年に至るまでソ連方式の暗号化や記号化を用いた。彼らはロシアのKGB職員がモスクワで行うのと同じように、警察ファイルを束ねて糸で綴じるやり方まで学んだ。[47] ソ連の同志たちはあぶり出しインクやマイクロ写真のことなどさまざまな問題について相談を受けた。[48] さらに重要なのは、シュタージ将校が、一九一八年に設立されたた最も古いボリシェヴィキの秘密警察に倣って自らを「チェッキスト」と呼んだことだ。彼らはKGBのシンボルである剣と盾に全くそっくりのシンボルまで使い、自分たちの文書の中でもソ連の

「レーニンの歴史について述べた内部の手引きは、「レーニンとソ連共産党の指導の下でソヴィエトのチェッキストは社会主義国家の治安機関に対する基礎的な規範を創出した」と説明している。手引きは続ける。すべての東ドイツ人は「ソ連から学ぶこととは、いかにして勝利を収めるか学ぶことを意味する」ということを理解した、と。これに加えて、治安機関要員たちは「ソヴィエトのチェッキストから学ぶこととは、最も巧妙な敵すらも武装解除させることを学ぶことだ」と肝に銘じた。[50]

初めのうちは、シュタージはK5の現行職員および共産党幹部からのみ採用した。それでも、当初の応募者のうち八八パーセントは拒否された。西側に親類がいる、外国での滞在経験がある、あるいはあれこれの類の受け入れがたい政治的経歴の持ち主であるといった理由からだ。陣営内のどこでもそうだったように、ソ連の助言で動く採用担当者は戦前の経験を備えた年配の共産主義者よりも、若くて教育を受けていない未経験者を好んだ。[51] ソ連の捕虜収容所に設けられた訓練・洗脳課程の「卒業生」も一部にはいたが、新規採用の第一期生の多くは戦争終結を十代で迎えた若者で、経験は皆無だった。シュタージ発足の初期に採用されたある人物は同僚たち――「わが世代」――を「第三帝国に関わりを持たなかったが、戦争によって形成された人々」と表現した。[52] 恵まれない、「プロレタリア」の生活環境の出身者が多数を占めた。彼らが仮にも何らかの訓練を受けたとすれば、それは圧倒的にイデオロギー的なものである。一九五三年、九二パーセントは東ドイツ共産党のメンバーだった。実際面ではソ連の教練者と管理者を多年にわたり必要とするのだ。[53]

一九五一年、シュタージで働くようになった若き法科の学徒、ウォルフガング・シュワニッツはこの意味で典型的な新人だった。五十年以上も経ったあと、彼は回想している。「治安機関については全く知らなかったし、聞いたり読んだりしたこともなかった。どのようなことがわたしに期待されているのか興味があった……わたしは原罪を犯す前の乙女のようだった」と。「ドイツ民主共和国を守る必要がある」と確信し、その仕事をやってみることに同意する。[54] それから数ヶ月間、シュワニッツは集中的な訓練を受けた。ほぼ例外なく、教育係はソ連の秘密警察要員だった。「彼らは実際に手を取って教えてくれた。日中は、その日学び取るべきことを顧問が実地にやって見せるわけだ。それから、夕方になると、わたしのやったことに耳を傾け、まずかったこと、そして時にはよかったことを説明してくれる」。新人たちはマルクス・レーニン主義理論や共産党史のほか、実技――情報提供者の引き込み方、隠れ家の設営方法、容疑者の観察法、取り調べの仕方――を教え込まれた。十分な訓練もままならない部類もいた。設立当初に入った別の新人は「仕事に放り込まれた」ことを覚えている。ほかの二、三人と一緒に一部屋に詰め込まれ――オートバイ一台を十五人で共有し――、いろいろな都市でシュタージの下部組織を立ち上げてこいと指示された。後になってみると、下部組織はどれも「新人たちと瓜二つ」になっていた。[55]

シュワニッツは多くの同僚たちと同様、こうした集中的な取り組みがお褒めにあずかった。若い警察官ギュンター・チルシュヴィッツは戦後シレジアを離れた家族の出身で、一九五一年に面接のため「ベルリンに来い」とだけ通告を受ける。わずか二十一歳のときで、出向いた面接相手がシュタージ将校であることを知る。採用担当官は年配で戦前からの共産主義者だった。彼は筆者の聞き取りに対し、「彼らは反ファシスト運動に関わった昔の話を語って聞かせた」と述べた。この彼も自分が所属する党の地方支部から推薦される光栄にあずかる。彼は支部による承認状を数十年も保管していた。その文書に言及された青年は確かに前途有望に思える。「彼の政治的知識は平均を上回るものである。余暇の時間も刻苦勉励し知識を広めることに必死に努めている。ドイツ共産党について勤勉に学び、階級意識を備えた人物である。ソ連やドイツ民主共和国に対する態度は常に好意的である。彼は党第五支部執行委員会のメンバーで、党活動に積極的に貢献し、壁新聞に寄稿している」[56]。

推薦の言葉はさらに続けて彼を「信頼に足る」し「同志的」であると形容している。最終的に彼は受け入れられた。彼自身の証言によると、一時、取調官の口も検討されたが、結局のところ、警護官を務めることになった。秘密警察の中ではいちばん罪作りではない仕事かもしれない。この抜擢はうれしかったと本人は述べている。「内勤仕事は御免こうむりたかったからだ」。

数年経っても、東ドイツの成立に際してシュタージが果たした役割についてのチルシュヴィッツの理解はさほど深まらなかった。ソ連から受けた訓練に対する好意的な気持ちが変わることはなかった。治安機関での勤務時代について長時間話した中で、彼が最も懐かしく思い浮かべたのは旅のことだった。プラハでは素晴らしいボヘミア料理にありついた。ウィーンでは二百シリングの小遣いが支給された。ブダペストではハンガリーの警護官たちが温かくもてなしてくれた。彼は懐かしい思い出を語って聞かせる。一九四九年以降、東ドイツ首相だったオットー・グローテヴォールやヴィルヘルム・ピーク〔東ドイツ初代大統領〕とともに列車でモスクワに行った時のこと。一九七〇年代にボンに赴いた際は西ドイツの警護官たちと組んだ見事な協力についても。シュタージでの彼の経歴は社会的昇進とある程度の物質的充足をもたらし、教育を授けた——すべてはソ連から派遣された兄弟的同志のおかげである[57]。

東欧の秘密警察業務への新規採用者はスパイ技術、闘技、監視方法をＮＫＶＤから、後年はＫＧＢから学んだ。ロシアの指導者からはソ連の秘密警察要員のように考える術も習得した。人っ子一人いないところでさえ、敵どもを特定すること学び取った。ソ連の秘密警察要員は敵側がよく身を隠す手法を知っていたからだ。自らを政治的中立と位置付ける個人・団体の独立には疑ってかかることを身に着けた。ソ連秘密警察要員は中立を信じなかったからだ。

新規採用者は長期的に考え、実際の体制反対派と並んで潜在的な敵を見破る訓練も受けた。これは極めてボリシェヴィキ的な強迫観念である。一九二二年三月、レーニンが自ら「われわれが処刑に成功する反動的聖職者や反動的ブジョワ階級の数が多ければ多いほど、……望ましいのである。われわれはこうした輩に対しては直ちに教訓を授けなければならない。彼らが数十年にわたり抵抗することなどゆめゆめ考えないようにするためである」(58)。シュタージ所属の歴史家の一人は将来の幹部向けに書かれたエッセーの中で、この組織が「そもそも敵の攻撃からの防御に限定することはありえない。社会主義の敵に対する攻撃的な闘いにはあらゆる手段を行使する機関であったし、いまもそうである」と説明した(59)。

同時に東欧の秘密警察要員は、ソ連に刃向かう者に対してこの国が抱く軽蔑と敵意とを感じ取ることも教え込まれた。一九三〇年代末以降、スターリンはある歴史家が「生物学的・衛生的用語」と呼んだ言い回しで公然とソ連の敵対勢力に言及し始めていた。彼らを「毒草」(60)と同じく「目下進行中の浄化の対象」とすべき害虫として、汚染として、不潔なものとして糾弾した。そうした毒のいくらかは先に引用した青年チェスワフ・キシチャクのロンドン報告に反映されている。「まだ戻らず、物質的理由から英国に滞在中の人々はおそらく金稼ぎのため労務を提供しているのであろう。彼らは典型的な「戦前の」ポーランドの産物であり、深く物事を考えもせず、野心も誇りも持たない民衆だからである」(61)。

最後に、ソヴィエトの同志は愛弟子たちに、共産主義者でない者には外国のスパイとして疑いを掛けることを教えた。平和愛好の東側が好戦的な西側と絶えず戦う図式を描く二項対立のプロパガンダに支えられて、冷戦が本格的に進行すると、この信念は東欧各地で非常に強いものとなる。しかし、東ドイツではこれがたちまち強迫観念になる。そこでは、西ドイツが近接していることと一九四〇年代および五〇年代のベルリンが比較的開放的だったことも相まって、新生東ドイツ国家は数に勝る西側市民に実際に取り囲まれ、こっそり潜り込まれていることを意味したのである。シュタージによる物の見方はこの時代の経験によってたえず形成されてきたもので、その要員たちがのちにスパイと通常の異論派とを見分けるのが困難になったほどだ。シュタージ部内のある歴史家は戦後期を、西ドイツ諸政党および「いわゆる自由法律家委員会」、非人道性に反対する戦闘集団（**Kampfgruppe gegen Unmenschlichkeit**, 略称KGU）、それと当時西ベルリンで活動していたほかの人権団体との闘いの時代だったとしている。シュタージの集団的記憶の中では、これらの団体は自由な言論や民主主義の促進を図るのが目的ではない。それどころか、「国際的にドイツ民主共和国を孤立」させ、この国家の弱体化を意図したものであり、「ドイツ民主共和国に強固な社会的基盤」を持っているのは、ひとえに資本主義的生産形態とファシスト的思考様式が存続しているおかげなのである。このため、かかる諸団体とその「中傷的な文書」に対しては多大な労力をかけて闘わなければならなかったのだ。[62]

強力で周到に偽装した正体不明の、諸外国の代理人たちとの闘いはさまざまな形を取る。外国人や国外の親族と接触のある者、あるいは過去に国外旅行をした者であれば、だれでもぴったり張り付いて監視することが必要なのは確かだ。東ドイツは西側報道機関、特に米軍占領当局の後援により放送を行う米国地区放送（**Rundfunk im amerikanischen Sektor**, 略称ＲＩＡＳ）と接触する人物のリストを保管した。この放送局に内部通報者やスパイを張り付けるため格別の取り組みもなされた。[63]

ハンガリーでも事情は同じだ。外国と接触するハンガリー人はすべてスパイとみなされた。ハンガリー生まれのイロナ・マートン、エンデレ・マートンの二人は、一九四八年、米国の通信社、ＡＰ通信とユナイテッド・プレス通信の特派員に任命されたが、彼らの娘カティ・マートンがそれ以来記録していたところによると、二人は日夜警察官や密告者の尾行を受けた。カフェに出向く、同僚と戯れる、午後スキーに興じる――こうした行動のいっさいがハンガリー秘密警察の国家保衛部（ÁVO）によって記録され、そのファイルは一九五〇年までに千六百ページに達した。二人はスパイではなかった――それどころか、一部米国外交官は彼らのことを非常に警戒していた――が、マートン夫妻が一九五五年、ついに逮捕された際、「マートン夫人への尋問計画」には、「彼女が一九四五年以降会った人々、および彼女が彼らと築いた人脈がいかなるものだったか」に関する議論と併せ、「彼女の米国人とのつながりやスパイ行為」、「西側生活様式に対する彼女の偏愛」といったものが含まれていた。[64]

敵対勢力との闘いには友人や密告者を開拓する繊細な手法を習得するため、当初から新たな治安警察を必要とした。敵は潜伏している。それゆえ、身内の側と敵側陣営の双方に置く秘密の同盟者と仕組んだもっともらしい口実と慎重な連携を通じてはじめて敵を摘発できるのだ。シュタージが発足当初に使った訓練用の文書は、この種の人材登用がいかに重要であるかをものの見事に示している。

> 謀略の手口を用いてあらゆる分野で敵を暴き、これを殲滅することは「国家保安省」固有の任務ゆえ、わが共和国市民と敵対陣営における愛国者双方との非公式な協力は不可欠である。この種の協力に従事する市民たちはMｆＳ〔シュタージ〕に対し格別に高度な信頼を表明している。この協力形態はわれわれの作業には肝要であるため、MｆＳのメンバー全員はこの重要な任務を愛し、目に見えない前線に展開する闘士と愛国者に敬意を払い、感謝するよう訓練を受けなければならない。[65]

実際面では、このことは秘密警察要員が説得、賄賂、脅迫、威嚇の手法に習熟しなければならないことを意味する。彼らは、妻たちには夫に探りを入れ、子供たちには両親に関する情報提供をするよう言い聞かせなければならなかった。彼らは例えば、ブルーノ・クンケルのような人々をいかに見抜き、監視したらよいか学ばなければならなかった。この人物はまたの名をマックス・クンツといい、一九五〇年にひそかにシュタージのために働き始めるが、完全な形で残った彼に関するファイルが示しているのは、秘密警察が極力知ろうとしたことが何かと言えば、最も身近なところにいる内通者、すなわち諜報員の資格で協力した人々についてであった。クンケルのファイルは彼の政治面、職業上の所属先（共産主義青年団体、車整備士になるための研修）とともに家族構成、家族の職業、政治面の所属関係をすべて網羅している。[66]同僚や上司が彼をどう見ていたかを記した心理学的な人物像も含まれているが、甘い言葉ばかりではない（「Kは意志が弱い。軽薄で中身がない……階級意識は軟弱なままだ。しかし、ソ連やその反ファシスト的民主主義体制には友好的である」）。彼が採用されるまでに、すっかり調べ尽くされていたが、それでも大仰な宣誓をさせられた。

わたし、ブルーノ・クンケルはドイツ民主共和国の国家保安機関のために働く義務を負うことを明確に宣言する。わたしはドイツ民主共和国ないしはソ連に敵対する活動をする人々を見つけ出し、これを直ちに報告する義務を負う。わたしは上司が下す命令を的確に遂行することを誓う。国家保安機関に対するわたしの義務は秘密にし、自分の家族も含め他人に漏らしてはならないとの説明を受けた。前述のすべてを秘密にしておくため、わたしは暗号名クンツの名で作成する報告に署名する。わたしが自ら署名したこの宣言を流布すれば、厳しい処罰を受ける覚悟である。[67]

彼は「ブルーノ・クンケル」、「マックス・クンツ」の両方で署名、忠実な秘密要員だったようだ。というのは、その後間もなく諜報活動を止め、シュタージの常勤になったからだ。

今後数年の間に東欧一帯では、ほかにも数万人が同じような書式の文書に署名するよう説得を受ける羽目になる。ひとたび署名すると、注意深く監視を受ける身にならざるを得なかった。本当に秘密を守っているのか、報告してくる情報が信頼できるのかを確かめるためだ。密告者は民衆に眼を光らせる。しかし、秘密警察は密告者に眼を光らせることを学ばなければならなかった。ゆくゆくは東欧の秘密警察要員は未知の、特定できないことの多い敵に対する警戒心をとてもあり得ない水準に維持することを目指すようになる。国の内外で、党の内外で、自らの組織の内外で。それは民主的な協力につながる思考方式ではなかった。

第5章 暴力

それは極めて明白なことである――見た目には民主的にしなければならない、しかし、われわれはすべてを支配下に置かなければならない。

ヴァルター・ウルブリヒト、一九四五年(1)

そもそもの始めから、ソ連と東欧の共産党は暴力を用いてその目標を追求した。党は各国で内務、国防の「権力省」を支配し、警察部隊と発足間もない軍は党自らが利用するために配置した。戦争が終結したあとは、ベルリン進撃の際に赤軍が遂行したような大規模で無差別の暴力ではなくなった。むしろ、より選別的な、慎重に的を絞った政治的暴力の形態を取る。すなわち、逮捕、虐待、処刑、そして強制収容所である。党はこのすべてをソ連と共産党に対する比較的少数の敵に、それも本物ばかりか、疑惑の持たれる、仮想の、さらに将来に関わるものまで含めた敵に向けたのである。党には敵を物理的に殲滅するだけでなく、いかなる武装抵抗の企ても無駄であるという意識を植え付ける狙いもあった。(2)

もちろん、これは党が公言したものではない。少なくとも当初は、ＮＫＶＤと新設の秘密警察隊がファシズムの残存勢力に対する戦争を声高に宣言、その一方でソ連当局と各国共産党とがナチス協力者と売国奴に向けて熾烈なプロパガンダを浴びせた。この点ではフランス、オランダをはじめナチスの占領下にあった欧州諸国で復活した国民政府との違いはない。(3) しかし、赤軍に占領された各国では

「ファシスト」の定義がやがて対象を広げ、ナチス協力者にとどまらず、占領国ソ連と配下の同盟諸国が嫌う人物をも含むように拡大する。やがて、「ファシスト」という言葉はまさしくオーウェル流に、反共主義者でもある反ファシストを指して使われていくのだ。

「ファシスト」の一部はあらかじめ特定されていた。歴史家アミル・ヴァイナーはNKVDが長年にわたり東欧――とりわけポーランドとバルト諸国――で潜在「敵」のリスト収集に当たっていたと指摘する（もっとも、ヴァイナーはポーランドに関するNKVDの優れた「知識」と文化、歴史面での乏しい「理解」とを区別している）[4]。NKVDは新聞やスパイ、外交官を通して名前を収集した。一九四一年五月、スターリン自らが新たに占領したポーランド東部向けにこうしたリストを用意した。「ポーランドにおける反革命組織のメンバー」だけでなく、その家族や元ポーランド国軍将校、元警察官、元公務員の家族も含めて逮捕、追放を要求したのだ[5]。

逮捕がすべて直ちに行われたわけではない。多くの場合、スターリンは新しい社会秩序を打ち立てながら、慎重に事を運ぶよう東欧共産主義者に命じた。当時は微々たる組織だったポーランド共産党は一九四四年春、その指導部に対しあらゆる民主的勢力と協調し、さらに「反動的な」他党派の「平党員」に宣伝攻勢を掛けるよう命じたモスクワからのメッセージを受け取る[6]。スターリンがとった当初の政策は、連合国を動転させないため穏便な方針で臨み、説得と内密の工作で民心を掌握することだった。ハンガリーで選挙が行われたのも、一部の独立政党が各国で容認されたのも、一九四八年になってようやくスターリンが東ドイツ共産党に対し「日和見主義的政策」に従うよう通告したのも、そのためだ。この政策は直接的にではなく、ジグザグをたどり回り道をして「社会主義に向かう」ことを求めている。スターリンは旧ナチス党員の入党を認めることも検討してよいのではないかとまで提案し、東ドイツ共産党員たちは血の気が引く思いだった[7]。「国民戦線」モデルは、モスクワから空路で、あるいは赤軍とともに歩いて現地入りした地元共産党員たち全員に叩き込まれた。共産主義のスローガンは使うな、プロレタリア独裁について語るな、連立、合従連衡、民主主義を語れ、と。

こうした穏健な態度にもかかわらず、暴力は必ずしも意図的ではなかったものの、急速に激しさを増す。時間をかけて進めという命令は往々にして守られなかった。ソ連の兵士や当局者がこうした政策のもたらす結果には、知的にも、心理的にも備えができていなかったためである。ボリシェヴィキの学校で教育を受け、赤軍あるいはNKVDで訓練されたソ連将校にとって、共産党以外のいかなる政治団体に身を置く活動的な参加者は当然のことながら不審な人物であり、おそらく破壊工作員かスパイにちがいないと思えるのだ。モスクワの政治局員は理論上、「社会民主主義国家」の樹立を語ることはできても、現実に対処するソ連行政官たちはややもすると全体主義国家のほかはいっさい容認できないのである。新たに解放された市民は新体制が表向き公約した言論、出版、結社の自由を行使し始める。すると、行政官たちは本能的な恐怖心で反発した。

着任間もないソ連軍の行政官、各国共産党の双方とも期待がどんどん先走るあまり、暴力も勢いを増した。赤軍が欧州席巻の凱旋行進とみなした事態を受けて、現地共産主義者は労働者階級が革命に参加すると期待した。ところが、そうとはならなかった。ワルシャワのある党職員が述べたように、共産主義者は自国民の「理解しがたい抵抗の精神と完全な無視」に対し、しょっちゅう怒りを爆発させた。(8) 彼らの不満はソ連と東欧の重大な文化的な衝突と相まって、政治的暴力にはけ口を直接求めたのだ。

一部の国では、占領の初期時点に「自由」はなかった。ポーランドでは、ソ連が大戦終結のずっと前からポーランド国内軍に、とりわけ、東半分に展開するそのパルチザン部隊に激しい敵意を抱いていた。一九三九年における第一次ソ連侵攻と占領は、ポーランドの商人、政治家、公務員、聖職者の大量逮捕と追放を伴った。その暴力はロシア西部の森で少なくと二万人のポーランド将校が犠牲になる悪名高き大量殺害で頂点に達する。最初の大量埋葬地が発見された村にちなんでカティンの虐殺として知られる悲劇である。カティンの犠牲者には平時の市民生活では医師、弁護士、大学教員として働いていた予備役将校が多数含まれていた——またしても、ポーランドの愛国的、知的エリートである。ポーランド国内軍、亡命者、地下組織指導部はこの事件を当然知っていた。一九四一年、大量埋葬地のひとつがナチスによって発見されると、ポーランド亡命政府とソ連との全面的な外交関係断絶に発展した。

一九四四年には第二次ソ連侵攻があったが、それでも国内軍は基本的には反共組織ではなかった。定義上、国内軍は反ナチス、反ファシストであり、ポーランドのレジスタンス運動の本流を成す、ポーランド地下共和国の軍事部門として一九四二年に結成されていた。反ファシズムはその兵士を団結させるほとんど唯一の政治心情であった。事実、兵士の中には社会党、社会民主党、民族主義政党、農民党といった党員がいた。最盛期の国内軍は三十万人もの武装パルチザンを擁した。これは欧州ではユーゴスラヴィアのパルチザンに次いで二番目に大きな規模を誇るレジスタンス運動である。少なくとも、フランスのレジスタンス組織がDデイを受けて拡大するまでは、そうだった。国内軍は法的にはポーランドの合法的なロンドン亡命政府に属し、この政府が国内軍に正統性と戦前のポーランドとの連続性を担保した。国内にある小規模なレジスタンス組織では唱えることのできない地位であった。(9)

国内軍そのものはフランスのシャルル・ドゴール支持者たちと全く同様、指導部が戦後の臨時政府づくりに大きな役割を果たすという前提で活動した。その兵士たちは正当にも自らを英国、フランスおよびソ連と並ぶ連合国と位置付けた。赤軍の到着が差し迫る事態に直面、このため国内軍は退却するドイツ軍への反撃に結集し、赤軍とは戦術的協力を組むことを決める。国内軍の部隊は一九四三年十月以降、ソ連軍と戦闘を交えてはならないとの直接命令を受けていた。国内軍司令官がこの時、ロンドン亡命政府に対し、この問題に関する「歴史的に見て透徹した」決定を下すよう要請したのだ[10]。国内軍のパルチザン指導部は赤軍部隊に自ら名乗り出て、ドイツ軍との戦闘に際しては極力ソ連兵士の支援に当たるよう指示されている[11]。諸都市解放にも全力を注ぐ手はずだ。その後を踏まえて政治的に有利な状況を及ぼすにはそのほうがよい[12]。

当初の接触では円滑に進んだケースもあった。一九四四年三月、赤軍の先頭に立つ斥候隊が国内軍の第二七ヴォルイニ歩兵師団の先遣隊と会い、戦前のポーランド領で今日ではウクライナ西部の一角にあるコヴェルの解放に協力することで合意する。ポーランド側は、戦闘中はソ連の作戦指揮に従うことに同意、ソ連側は彼らに武器を貸与し、政治的独立を認めることに同意する。ポーランド、ソ連の兵士は三週間にわたってともに戦い、いくつかの村落を制圧、多大な犠牲者を出した[13]。

仮にソ連の政治目標が別だったとすれば、これは将来の協力に向けたモデルになったかもしれない。ところが、まずい結果となる。七月、ポーランド師団長は赤軍との協力を継続する意向を再確認したものの、ルブリンで発足した共産主義者主導のポーランド国民解放委員会と協力するつもりはないと言明したのだ。協力は終わった。師団はたちまちソ連軍部隊に包囲され、武装解除された。一部兵士は労働キャンプに送られ、ほかは逮捕された[14]。協力、裏切り、武装解除、逮捕。その後の赤軍と国内軍との接触は大部分が全く同じ経緯をたどった[15]。

赤軍の第二次ポーランド侵攻が一九四四年春から夏にかけて行われる中、ソ連指導部にとって国内軍との絡みは極めて強い関心事であった。残虐にして狡猾なＮＫＶＤのボス、ラヴレンティ・ベリヤはポーランド情勢に関する詳細な日報をスターリンに提出する。その際、ソ連指導者に警戒心を呼び起こそうと巧みに練ったと思われる言葉を用いた。例えば、一九四四年六月二十九日、ベリヤは「西白ロシア」（旧ポーランド東部に位置し、一九三九年以降、ソ連占領下にあった領土）で当時、戦闘準備に入った「複数のポーランド人徒党集団」（「一味」という言葉は漠然と犯罪的なものを匂わす）のリストをスターリンに提出した。彼はこう書いている。これら徒党集団は「戦前のポーランド（資本主義的かつ「貴族的」で、ソ連に敵対的だった戦前のポーランド）と同じ諸原則に従って組織されている」と。彼は秘密めかして、徒党集団が「英国におけるポーランド政府の軍事サークルと直接連絡」を取っていると書き、その後の覚書では彼らがロンドンから派遣された特使と時折会談さえしている（それはすなわち、彼らが西側の影響を及ぼす手先に違いないことを意味する）と指摘した。ベリヤはあの地域には一万から二万人の武装勢力がいると数字を挙げ、全員に強い疑惑の目を向けた[16]。

ベリヤは「徒党集団」がドイツ軍に対する大攻勢を準備しているもようだとも指摘したが、これは本当だった。六月末、旧ポーランド領内に展開する国内軍兵士は「テンペスト作戦」を実際、準備していたのだ。赤軍が到達する前にナチス占領からポーランド諸都市を解放することを目的とした一連の蜂起である。このうち最も有名なのはワルシャワ蜂起であった。しかし、これよりは規模が劣るが、ヴィリニュスやリヴィウ（ポーランド人がなお使っていた呼称に従えば、ヴィルノとルヴフ）でも計画されていた。国内軍の指導部はロンドンと連絡を取り合っている、とベリヤがにらんだことも正しかった。外の世界との連絡は一昔前のやり方で、しかも不定期だったが、東方の森に潜むパルチザン部隊は自分たちがポーランドのロンドン亡命政府による指揮の下で活動する正規軍の一員であるとみなした。大戦が終結すれば、一九三九年にソ連が占領したポーランド領土はポーランドの主権に戻り、戦前の国境が復活するはずだとも考えた。

最終的にベリヤのコミュニケがさらに踏み込んで言う。彼は国内軍が貴族的資本主義の一部隊であると漠然とほのめかしただけでなく、その指導者たちはドイツと協力しているとも匂わせたのである。諜報活動の言葉を借りてスターリン宛てに書いている。ワルシャワとヴィリニュスに置かれた国内軍の「主軸」は挙げて、「ドイツに仕えて活動し、［ドイツの］費用で武装し、ボリシェヴィキや［共産主義］パルチザン、コルホーズ員に敵対する扇動を行い、白ロシア西部領土に取り残された共産主義者を殺害している」と。(17) ベリヤはポーランド東部の現地司令官、アレクサンデル・クシジャノフスキ将軍――当時もその後もヴィルク（「オオカミ」）の偽名でよく知られていた――の動機に心底疑念を抱いていた。ベリヤは七月、ヴィルク将軍について、ドイツ占領期にワルシャワから「不法に」この地方にやって来た不審な人物であると書いている。さらにまずいことに、ヴィルクの部下の一人が赤軍に名乗り出たうえ、ソ連側の複数の司令官に対し、ヴィリニュス解放に際しての協力を要請したのである。ベリヤはこの要請を言語道断だとみなし――「ポーランド人は自分たちにヴィリニュス占拠の権利があると思っているのか！」――、「このポーランド軍では住民を混乱させる」と不満をぶちまけた。彼は説明を加える。この地域の住民には、解放はポーランドでなく、ソ連のおかげであるという印象を持たせるべきである、と。(18)

ヴィルク将軍に対するベリヤの暴言は一部の要素に限れば正しいと思われる。白ロシア西部およびウクライナ西部と並んでヴィリニュス周辺地域におけるポーランド・パルチザン・グループの多くは、本能的に共産主義者を疑わしく思っており、それには正当な理由があった。この地域一帯はソ連が既に一九三九年から四一年にかけて占領、恐怖に陥れたところで、五十万人ものポーランド人がこの地からソ連の流刑地や強制収容所に追放された。生き延びた者たちは怒りに震えた。カティンの虐殺は知っている。彼らがヴィリニュスを奪い返す権利があると考えたのは確かだ。何世紀にもわたってポーランドの都市だったこともあるし、その当時は民族的に多数派のポーランド人が支配していた。もし、赤軍がやってくる前に祖国解放を果たすうえで一役買うことができるのであれば、退却したドイツ軍が残していった武器貯蔵庫も使うことに何ら恥じるところはないと彼らは考えたのである。

しかも、国内軍大隊を「ドイツ人のために」活動したとするのは笑止千万である。一九三九年以来、ドイツ軍と戦ってきたヴィルク将軍について言えば、ファシスト的な要素は微塵もない。赤軍に抵抗せよとの命令を下したものは、彼もほかのだれも、上層部にはいない。当時も、その後も、である。ベリヤがヴィルクのような人物を嫌ったのはイデオロギー的なものだ。おそらく、ベリヤの傲慢にもよる。彼は一部の鼻持ちならない非共産主義者のポーランド人がソ連将校に楯突くかもしれないという考え方を憎悪したのだ。

こうした態度は指揮系統の末端に至るまで反映されていた。第一白ロシア戦線のソ連軍司令官は七月の本部宛て報告で、一人のポーランド「パルチザン」兵――ベリヤと同様、この表現を引用符付きで記している――と会ったことを伝えている。司令官が驚いたことに、この兵士は相手と対等の人間として振る舞った。司令官はこのポーランド人が「師団長を務める大佐」と名乗り、武器供給と支援を要請したと述べている。数日後、戦場から届いた新たな報告は、撃墜された米国人パイロット数人を見つけた別のポーランド・パルチザン部隊と遭遇したと書いている。ポーランド人たちはパイロットを赤軍に引き渡すよう命じられたが、これを拒否した。「ここにいるパイロットはパルチザンではない」(19)と野戦大佐は訴えた。「彼らはロンドンのポーランド政府傘下にあるポーランド師団の一員なのだ！」。実際はどちらでもあった。ただ、大佐の頭の中ではソ連パルチザンではないパルチザンを広くとらえることまでは考えが及ばなかったようだ。

その夏の半ばまでに、見せ掛けの協力はいっさいかなぐり捨てられた。そしてソ連は国内軍をあからさまに敵対勢力として扱い始める。ベリヤは一九四四年七月中旬、スターリンに対し、「必要なチェッキスト的措置を取る」――すなわち、秘密警察の手法を用いる――ためNKVD部隊一万二千人を既に派遣、森林地帯から国内軍パルチザンの残存勢力を根絶し、彼らに食料を与え住処を提供していた住民を「平定」する旨報告した。[20] 先に触れたように、ベリヤは部隊指揮のためイワン・セーロフ将軍も送り込んだ。セーロフは一九三九年から四一年にわたり、ポーランド東部やバルト諸国から「危険分子」を追放する措置を監督してきたほか、一九四四年にはクリミアからタタール人住民を根こそぎにする残忍な追放に当たった。小国の「平定」は彼のお手の物だった。[21]

セーロフの行動は素早い。七月十七日、赤軍司令官たちは彼の命令に従ってヴィルク将軍を会談に招く。ヴィルクがやって来ると、たちまち武装解除され、逮捕された。それから二日間、彼の配下にある兵員多数も呼び出されたうえ、武装解除、逮捕となった。七月二十日までに、赤軍は国内軍パルチザン六千人を逮捕、武装解除する。このうち六百五十人は将校だった。[22] 上等な武器と支援を提供するという約束におびき出され、ほぼ全員が不意打ちを食らった。例えば七月十四日、若きパルチザン戦士ヘンリク・サヴァラは彼の所属する部隊が新たなポーランド・ソ連合同師団に加わることになると知らされた。彼の司令官は部隊が六週間の訓練を受けると説明した。その訓練を経て、部隊はソ連の砲撃、戦車の支援を受けながら赤軍とともに進撃を続けるというのだ。こうした見通しに心を躍らせたサヴァラは七月十八日、ソ連将校たちのところに出頭する。彼らが新しい師団を率いるのだと思っていた。彼は即刻、逮捕された。

「われわれは［NKVD］兵士五十人の一団に迎えられ、武装解除された」と彼はのちに回想している。パルチザン仲間の何人かは逮捕に抵抗、「名誉ある死」を望んだ。しかし、相手側が圧倒的に数で勝っているのを知って、多くが不必要な大量死を思いとどまり、直ちに武器を置いた。それから、サヴァラも含めて全員が武装衛兵による監視を受けながら、食事もいっさい与えられず、ヴィリニュスから四十キロ離れた臨時収容所まで歩かされた。西方では戦闘が激化する中、これら練達のパルチザンは――退却するドイツ軍と戦うのは望むところだったはずだが――数日間、狭い場所に押し込められた状況で無為のまま座していることを強いられた。「われわれは互いに寄り添い缶詰のイワシのようになって寝た」[23]。彼はそう振り返った。「パンとニシン以外は何も口にしなかった」。

ようやく彼らは集会に呼び出され、食事にありついた。ポーランド軍の制服を着た一人の兵士が――サヴァラが記憶しているのは、この男は「話が分かりにくかったことだ。というのは、ポーランド語よりロシア語の単語をたくさん使ったからだ」――赤軍のポーランド師団に加わり、「裏切り」のロンドン政府を拒否するよう熱心に勧めた。ポーランドの共産主義作家イェジー・プトラメントが立ち上がり、同じメッセージを繰り返す。反応は前向きではなかった。パルチザンたちはプトラメントの顔に泥を投げつけ、自分たちの司令官を返せと要求する。すると、ひどいポーランド語をしゃべった扇動者が丁寧な物腰をかなぐり捨て、赤軍に今すぐ加わらなければどこかで「粉砕」されて一巻の終わりだぞと怒鳴りたてた。怒り狂ったパルチザンたちは大多数が脅しをはねつけた。彼らは当然のことながらさらに東方に追われ、捕虜収容の労働キャンプに送られる。サヴァラ自身が行き着いた先はモスクワ南西のカルーガ収容所だった[24]。国内軍への攻撃には、家族も含め誰彼となく国内軍の苦境に共感を寄せる可能性のある人を狙った暴力が加わる。ＮＫＶＤは全体として、一九四四年から四七年にかけて、旧ポーランド東部地域で三万五千人から四万五千人の住民を逮捕した[25]。

ソ連司令官たちは、ソ連でさえポーランド領と認める地域に進撃した際、国内軍を警戒視することも、その指導者たちに疑いの目を向けることも従来と変わらなかった。それどころか、ポーランド領の奥深く踏み入れるにつれ、ロシア人たちは一段と残虐になる。従来にも増して決然たる態度を取り、さらに手際のよさを発揮するようになったのだ。ポーランド西部のポズナニに到達するころまでに、かれらはわずか一週間で国内軍のメンバー数十人を逮捕、投獄し、容赦のない取り調べと拷問にかけた。それが終わると、ＮＫＶＤは市郊外の森で数千人に上る人々の集団処刑を行った。(26) これと同時に、国内軍は進撃途上の赤軍を政治的同盟の相手として扱うのを取りやめ、国内軍パルチザンは新たな侵略者に名乗り出るのを打ち切った。一部は武器を捨て、一般民衆の中に溶け込んだ。そのほかは森にとどまり、次の展開を見守るため身をかがめた。

ポーランド東部での出来事に関する話はたちまちワルシャワに伝わった。ポーランドの首都における国内軍指導部はロンドンとは時折しか連絡を取っておらず、ほかの地域の戦況はほとんど知らなかったもの、赤軍が仲間たちを逮捕し、武装解除を進めていることははっきりと知った。混乱とパニックが渦巻く雰囲気の中で、八月一日、彼らは勇敢な、だが破滅的なワルシャワ蜂起に打って出る。赤軍が市中心部に入ってくる前にナチスを打倒、ワルシャワを解放するためだ。ドイツ軍は容赦なく反撃する。主にポーランドと南アフリカのパイロットが乗り込んだ英軍機と米軍機が果敢にも蜂起軍に食料と弾薬を投下する。しかし、形勢を変えるには十分ではなかった。そのころまでにヴィスワ川対岸に迫った赤軍は市東部の郊外にとどまり、いっさい動かなかった。スターリンは蜂起軍に支援物資を運ぶ連合国軍機に対しソ連領内への着陸許可を与えなかった。(27)

スターリンはその後、蜂起についいては何も知らないふりをする。とはいえ、赤軍のスパイたちはワルシャワの戦闘を非常に注意深く見守り、市民のムードも克明に追い続けた。反乱が悲劇的な、恐るべき結末に向かう十月初め、赤軍大佐はモスクワ宛てに極めて詳細な報告を送るが、その一つの中で現地の状況を説明した。数十万人の民衆が既に死に絶え、街は実際のところ消滅した——蜂起が終わると、ドイツ軍はまだ残っていた建物に組織的にダイナマイトを仕掛けるとともに、生存者を全員労働キャンプに強制連行した――にもかかわらず、彼の主たる関心事は国内軍の残存勢力とそれと比べて大部規模の劣る共産党の武装部門、人民警備隊（Gwardia Ludowa）との関係であった。前者は後者と武器を共有していないと彼は不満を語る。さらにまずいことに、国内軍指導部はソ連に対する否定的なプロパガンダを流していた。

彼らは公報の中で、反乱勢力がソ連機からの投下により受け取った支援が取るに足りないものだと強調し、同時に英米側の努力を称えている。従って、この組織は赤軍への敵対行動に備えているのは明らかである。……ポーランド軍「ソ連指揮下のポーランド人部隊」はポーランドの国益とは無縁のソ連のスパイであるとの流言も広まっている。[28]

蜂起が終わった後――ワルシャワが焦土と化した後、ポーランド地下国家の指導者たちは既に命を落としていたか、あるいはドイツの収容所に送られた。また、二十万人余りが犠牲となった――、野戦大佐の本部宛て報告やベリヤのスターリン宛て報告の口調は一段と苛酷さを極めていく。十一月一日、ベリヤはスターリンに報告を上げ、「白色・ポーランド・民族主義的徒党集団の革命組織」について説明した。この表現は国内軍指導部を指している。[29] 十一月後半には、ソ連軍野戦司令官たちが国内軍の武装メンバー全員に対する「抑圧措置の強化」を勧告する。赤軍部隊が前線から連れ戻され、NKVDの増強部隊が動員される。ついには新たなポーランド秘密警察部隊が送り込まれる。まさに、ポーランド人レジスタンスと戦うためだ。[30] とりわけNKVDの増強部隊のおかげで、一九四四年十一月の第三週までに国内軍のメンバー三千六百九十二人が逮捕され、十二月一日までに、その数は五千六十九人に達した。[31]

首都における熾烈な戦闘はポーランド民衆を先鋭化させた。夢見るような、輝かしい勝利の戦争終結を期待していた人々の多くは今や虚無主義に陥った。後年、ワルシャワ蜂起はポーランド独立に賭けた英雄的な最後の戦いとして、しばしば記憶されることになる。その指導者たちは、まずは反共産主義地下運動の、のちには脱共産主義国家の、英雄となる。現代のワルシャワは蜂起の記念碑があふれ、ワルシャワの通りや広場は当然のごとくその指導者や戦士にちなんで名づけられている。しかし、ワルシャワが破壊された現実がひしひしと身に沁み、赤軍の暴虐が激化する一九四四年から四五年にかけての冬の時期においては、蜂起は恐ろしい、破滅的な誤りだったと広く受け止められた。心底愛国的な音楽家で作曲家でもあるアンジェイ・パヌフニクは戦闘をしり目に市外に滞在、病気の母親を看病していた。彼の父親がようやく街から戻り、「男女や子供たちの勇気ある自己犠牲」について語り始めた。パヌフニクは言う。「蜂起はロシア人が救いにやって来るという誤った希望に基づく恐るべき過ちであったと確信するに至った」[32]。赤軍のポーランド人師団であるコシチューシコ師団で軍務に就いたポーランド人、シモン・ボイコは蜂起が終わる数日前に到着、川の対岸からワルシャワが炎上するのを見守った。「わたしは自分の中でとんでもない惨事が起きた気分になった」と彼はのちに振り返った。「政治的なことでは全くない。ただ予感がしたのだ」[33]。歴史家アンジェイ・フリシュケの言葉を借りれば、蜂起の失敗は底深い憂鬱、西側への信頼の危機、さらに、祖国がロシアに支配されているという、突き刺さるような現実認識をもたらした。[34]

憂鬱は数ヶ月後、さらに深まっていく。ヤルタ協定のニュースがポーランドに知れ渡ったのだ。ポーランド人は条約のあいまいな言葉遣い、とりわけ監視も強制もできない「自由で束縛のない選挙」を呼び掛けたくだりを注意深く読んだ。ヤルタとは、当時もその後も、西側の裏切りと理解された。

ついにその現実が浸透する。西側同盟諸国はポーランドに支援の手を差し伸べようとはしない。赤軍は権力を握ったまま東方に居座る。(35)

ヤルタ以後は、国内軍指導部がかつてと同じ権威を持つことは二度となかった。蜂起を経て、組織はレオポルド・オクリツキ将軍率いる指導部の下で態勢を立て直す。しかし、西側同盟国もなく、ワルシャワで死に絶えた数万人の若き戦闘員を欠く状況では、多くのポーランド人はソ連と戦う自らの能力に信頼を失った。正統性が失われたことを自覚したオクリツキは一月、正式に国内軍を解散した。彼は心から感情をこめた最後の演説を行い、兵士たちに信念を持ち続けるよう訴えた。

国民の導き手、独立ポーランド国家の創造者たらんと努めよ。この活動においてはわれわれの各々が自らの司令官でなければならない。諸君がこの命令に従い、引き続きポーランドにのみ忠誠を誓うことを確信し、同時に諸君の将来の仕事が容易に運ぶようにするために、ポーランド共和国大統領による承認を得て、わたしは諸君を誓約から解き、国内軍の隊列を解散する。(36)

同胞に抵抗運動の一員であることを放棄させる呼び掛けを行ったあと、オクリツキ本人は奥深く舞台裏に身を潜め策略に備える。残る国内軍指導者たちも身分を隠し、好機到来を待ち受けた。しかし、その未来が訪れることは決してなかった。二月末、ＮＫＶＤはオクリツキや配下の司令官たちと接触、ワルシャワ郊外でセーロフ将軍との会談に招く。彼らの身許はソ連秘密警察には知られていることは承知のうえで、ヤルタ条約が依然としてソ連に対し、ポーランド新政府に一部非共産主義者の参画を義務付けていると信じて行動し、より好ましい結果が生まれることを期待し、彼らは出掛けた。誰も戻ってこなかった。彼らの前にヴィルク将軍が経験したのと同様に、十六人の男たちは逮捕され、モスクワに送られたうえ、ルビャンカ〔ソ連の最も悪名高い監獄〕に投獄され、「ドイツ人と共謀しソ連に対する武装蜂起を準備」していたとして、ソ連の法律により起訴された。彼らは換言すれば「ファシスト」への共感が問われたのだ。大半が刑期の長い収容所送りの判決を受けた。オクリツキを含む三人は最終的には獄中で死を迎える。

逮捕にはポーランドの地下組織に対する教訓とし、外部世界にはソ連の意図を知らしめるという二つの狙いがあった。ソ連当局はポーランドの共産主義者たちにもメッセージを放った。少なくとも、その一部は正統性の面で国内軍支持者を陵駕できると期待していた。ヤクブ・ベルマンは後年まとめた手記の中で、逮捕劇は彼の同志たちに「衝撃を与え懸念を呼び起こした」と書いている。これら同志たちは「分断して統治せよ」の政策を通じ、国内軍指導部を弱体化に追い込む計画を練っていた。内部抗争を仕向け、ゆくゆくはオクリツキら指導部が人気を失っていくようにするためだ。ところが、十六人の逮捕は社会の大半を反共産主義で結束させたのである。(37)

ポーランド地下組織指導部に対する突然の拉致は、ソ連とアングロ・サクソン大国との同盟にも最初の重大な決裂を引き起こした。チャーチルはローズヴェルト宛書簡の中で、今回の逮捕劇を転換点だと述べている。「これは民主主義、主権、独立、代議政治、自由かつ束縛のない選挙といった用語に付与される意味をめぐる、われわれとソ連とのテスト・ケースである」と。(38)その後の出来事が示すように、チャーチルはヤルタ協定に盛り込んだ文言に関するロシアの解釈に疑問を投げ掛けたのは正しかった。その文言はまたたく間に、曖昧というよりもむしろ無意味に見えてきたのである。

国内軍指導部が逮捕された後、ポーランド国民の一部はソヴィエト型体制の下で生きる以外になすすべはないと決意する。しかし、残りは逆の結論を導き出し、闘う以外に道はないと決心した。一九四五年春までに、反ナチスと反共を掲げるパルチザンの大所帯で、地下組織本流の政治的右派に連なる民族主義団体である国民軍（Narodowe Siły Zbrojne, 略称ＮＳＺ）はこの道を選ぶ。国内軍の戦闘終結命令には従わず、この組織の指導部は闘争継続をを決めた。赤軍の大部分がドイツに向けて西進する中、彼らはポーランド東部、なかでもルブリンやジェシュフ周辺の森に再度結集し、新たな闘争を誓った。[39] ポーランド秘密警察のある文書が一点の間違いもなく記しているように、彼らの目標は、「音もなく失踪」（溺死、誘拐、拷問）させるか、公然と射殺するか、いずれかの手段を用いて「公安部要員の一掃」を図ることにあった。[40]

国内軍解体によって生まれた空白に、新たな組織が登場し始めた。最も有名なのは、『自由と独立』（Wolność i Niepodległość）で、通常はＷｉＮの略称で知られる。その指導者ヤン・ジェペツキは国内軍の将校だった。国内軍本流とは異なり、彼は仲間とともにワルシャワ蜂起の失敗後も地下活動にとどまることを決断した。彼らは身許を隠し、密謀のルールを守り続け、暗号と合言葉で連絡を取り合った。文民機関として存続することが彼らの意図するところであった。けれども、あらゆる種類の武装パルチザンとは関係を保った。また一九四六年十月まで新聞『独立ポーランド』（Polska Niezawisła）の発行を支援、その編集長は現状を「ソヴィエト型恐怖政治」と位置付け、ポーランド人としては誘惑に屈してこれを受け入れてはならないと論じた。[41] それから間もない一九四五年十一月、ＮＫＶＤはジェペツキを突き止めて逮捕する。彼は取り調べを受け、強制された挙句、あるいは意を決し、仲間たちの名前を吐く。彼はほかの地下組織を訪問することを条件に釈放された。彼らの身許を割り出すためだった。その一部は把握されてしまう。

出発点に立ち返り、ＷｉＮは今一度組織を立て直す。一九四五年十二月、第二執行部が発足し、謎めいた文書を何週間にもわたって互いに受け渡す連絡員や使者の長い連絡網を通じて、外の世界と一定の連絡を取りつつ、ほぼ一年間存続した。ついに、WiNのために活動する女性が国境で捕まり、暗号化されたメッセージを携行しているのが見つかる。組織系統は解体され、首謀者たちがまたも拘束され、拷問の末、さまざまな名前を吐いてしまう。結局、第三、第四の執行部が設立されるが、そのどちらにも立ち上げた時点からポーランド秘密警察が潜入する。おそらくソヴィエト式計画に従ってのことと思われる（ボリシェヴィキ党は一九二〇年代の一時期、見せ掛けのロシア「野党」をこしらえた。外国スパイをも引き付けるためだった）。第四執行部が解体となった後、秘密警察は自前で偽のWiNを創設、事情に疎い外国人や、愚かにも「非合法組織」が警察の作戦であることも知らないポーランド人と接触を続けた。WiNはこうした惨めな状態で一九五二年まで存続した。けれども、かつてのメンバーの中では数人が長期に及ぶ潜伏生活を貫き通した。

戦争終結直後の時期にあって、WiNにまつわる話は反共レジスタンスの無意味さを示す例証としてしばしば取り上げられる。当時、そのように受け取られたのは確かだ。しかし、WiNの悲惨な歴史はポーランドのレジスタンス願望の証左として見ることもできる。組織のメンバー約一万人が逮捕されて拷問に遭い、投獄された。処刑されたのは数百人に上る。組織に対するこれほどの規模の圧力にもかかわらず、メンバーを追い詰めた当局の執念にもかかわらず、最盛期のWiNは二万から三万人のメンバーを擁したのである。(42)

戦後ポーランドのレジスタンス組織の中でWiNは規模の点でも、また旧国内軍の指揮系統と理論上のつながりを維持した点でも、異例である。ほかにもこうした集団はあるが、大半は成員が若者だけでという場合が多い。彼らは国内軍の理念をモデルとしてはいるが、参加するのは年齢的に無理だったり、自らを「NSZ」と名乗りはしても組織実態や名称の由来を知らずにいたりする若者だった。例えば、「国内軍青年」と称する十三人のパルチザン・グループは、一九四五年後にクラクフ南方の森で武器を収集し始め、ひそかに実射演習をしたが、一九五〇年、全員が逮捕された。[43]

ソ連部隊がベルリンへの最後の攻勢に向けて西方に移動する中、状況は一段と複雑になってくる。赤軍がある地域を後にすると、あらゆる政治潮流のパルチザン・グループが舞い戻ってくるということが頻繁に起きたのだ。NSZグループ、元国内軍兵士、ウクライナ独立を目指して戦うウクライナ人パルチザンだ。彼らはすべて赤軍およびそのポーランド側同盟組織と戦うことに懸命だったが、時として互いに戦闘を交えることもあった。混乱状況にもかかわらず、かつての地下組織が掲げた理想に忠実な組織もあった。その一方で、生きていくため盗みに頼るようになり、半ば犯罪集団に堕していった組織もある。彼ら同士で、とりわけポーランド人とウクライナ人との間で、敵意に満ちた戦闘がたびたび勃発した。

ソ連は一九四四年夏にポーランド東部を「平定」したものの、翌年春までに東部はこのように、正確には内戦と表現すべき状況により激しく揺れ動いていた。共産主義者やその同盟相手にとっては、ルブリン市周辺の村落や森は安全ではなくなった。一時は市そのものも危険地帯だった。一九四五年五月作成のある報告によれば、この地域では「党と政府機関のすべて」の作業がストップした。四地区では警察がパルチザンによって武装解除されるか、即刻殺害され、もはや存在しなかった。[44]その直後、まだドイツ降伏を祝っていたスターリンは、最も警戒心を呼び起こす言葉を用いた連絡を受ける。「ポーランドにおいては至るところで、反国家的な地下組織が引き続き活発に動いている」というのだ。[45]新たにNKVDの五連隊と機械化大隊に当然のことながら招集がかかる。不運なポーランド秘密警察に再度、てこ入れするためだ。[46]

一九四五年八月、公安相スタニスワフ・ラトキェヴィチはルブリンで公安省の地域会合に出席し、厳しい現実を耳にする。ある地元将校の計算によれば、彼の管轄する群落では新体制を支持する住民は二〇パーセントにすぎないというのだ。別の将校は「住民が協力に応じないため」、反共武装パルチザンには一人も工作員を潜入させることができないと説明した。ほかの出席者は、パルチザンの中には食料をしょっちゅう盗む者もいて、農民たちが彼らにはうんざりしているため、状況は好転すると考えた。しかし、出席者全員が一致したのは「徒党集団」が依然として大問題だということだ。一部は森に潜み、そのほかは日中、自分たちの農地で作業し、「申し合わせた合図があれば結集し、犯罪的襲撃を掛ける」のだ。[47] 彼らは秘密警察要員や共産党当局者、さらにこれら当局者と協力関係にある人物に襲撃を繰り返していた。

ただ、武装レジスタンスが戦いを続けても悲劇的な立場は既に分かっていたように見える。メンバーたちはドイツ軍との長期の戦いに疲れ切っていた。森の中で五、六年は過ごしてきた戦士は大勢いる。往々にして年の行かない若者たちだ。授業も数ヶ月、ないしは数年とご無沙汰である。投降とは国家独立の夢を断つことを意味する。それは彼らも分かっていた。しかし、同時に、今戦っている相手は新しい、一層とらえ難い敵だ。任務を遂行していく中で彼らに求められたのはドイツ人占領者ではなく、ポーランドの共産主義者、ポーランドの警察官を殺害することなのだ。こうした任務は兄弟殺しではないか、願い下げだと考えたメンバーもいた。ほかにも、祖国を捨てた人々を快く思わない者がいた。一九四六年には、ある武装集団が国内軍戦士だった教師二人を襲撃した。二人が通常の暮らしに戻ったのは「対敵協力」だというのが理由だった。[48] 最終的には数万人が一連の「恩赦」のひとつを受け入れて武器を放棄、市民生活に加わった。

こうした経験に内心忸怩たる思いの人々は少なくなかった。ビャウィストク地方出身の若者ルチアン・グラボフスキはずっと国内軍の部隊にとどまっていたが、それもメンバーの一人を反逆罪で殺害するよう命令を受けた時点までだ。殺害対象の人物は無実だと考えた彼は命令遂行を拒否したのだ。

「あのころは恐ろしい時代だった。どんな理由をつけてでも同胞同士が殺し合っていた」。ようやく、「わたしは、それまで関心を払ったこともなく、深く考えることもなかったいくつかの事実を意識し始めた。たくさんの友人、かつてのパルチザンが西側に出て行った。ほかには大学での受講をスタートさせるか、高校を修了して働き始める人もいる。わたしはまだ戦っている。もう五年目になっていた」。グラボフスキは武器を引き渡す。ほかの四十人とともに。大多数はWiNに所属していた。一人残らず目に涙を浮かべていた。「われわれは武器を持たずに秘密警察の建物を出た。もはや、数時間前までの人間とは同じではなくなっていた[49]」。

　戦いを続行するメンバーもいた。ほんのわずかな人数――十人か二十人程度の規模だ――がその後何年間も森の中にとどまった。NSZパルチザンの小集団はビエルートが死去した後の一九五六年に投降する。一匹狼の作戦要員ミハウ・クルパは一九五九年、ついに足取りが割れ、逮捕されるまで潜伏を続けた[50]。しかし、戦闘継続派の多くは全く望みがないことを知りつつ、抵抗を止めなかったのだ。

　その中には、「メヴァ」の偽名で知られる地下組織の指導者がいた。彼の動きを追っていたポーランド治安警察によれば、戦争中に国内軍とともに戦ったメヴァは一九四五年、絶望と幻滅から武装闘争に復帰する。自暴自棄になっていたのだ。彼に関する心理学的な人物評は「彼には自殺願望がある」と分析した。彼が率いる組織のメンバー三百人――一部は元国内軍、一部は赤軍ポーランド師団からの脱走者――の多くは同じ思いだった。大多数がポーランド南東部の出身で、士気は低い。一九四五年五月、彼らは野外ミサを行い、ロンドンのポーランド亡命政府――出席者全員が十二分に理解していたように、もはや同盟国からも、ほかの誰からも正統性を認められていない政府――に忠誠を誓った。

それ以降、メヴァのグループは次第に先細っていく。その後数ヶ月の間に、メヴァに従ってきたメンバーの多くが家族の農場に戻るか、その地を離れ、新しい生活を始めるため今日のポーランド西部に当たる旧ドイツ領へと向かった。組織にとどまったメンバーの一部は、当時のポーランド南東部で住民の大きな割合を占めていたウクライナ人社会から物を盗み始める。ウクライナ人の村落を焼き払ったことも一度ならずあった。そうした所業に関する文書記録は彼らの絶望ぶりについて多くを語っている。一九四五年一月、工場長一人、ポーランド共産主義者一人を襲撃。ポーランド通貨で百ズロチを盗む。四月、馬二頭を盗む。七月、ウクライナ人農民一人を殺害。遺体を川に投げ込む。一九四五年末までに、地元警察はメヴァ・グループを解散に追い込むため奮闘するが、あまり成果は上がらなかった。警察は工作員二人を組織に潜り込ませたが、一人は引き返してしまい、もう一人は正体がばれて殺害された。彼の遺体も川に放り込まれた。このグループは活動していた一年半の間に二百五回も襲撃を繰り返し、地方の共産党当局者を多数殺害した――それも一九四七年七月までだ。ついにメヴァが捕まった。本人が当然、予想していた通り、彼は死刑判決を受けた(51)。

十年後、当時の両義性が『灰とダイヤモンド』で完璧に活写される。この時代を描いたアンジェイ・ワイダの古典的な映画である。映画はジレンマを抱えるパルチザンの話を扱う。彼は出逢ったばかりの女か、実行命令を受けた政治暗殺か、どちらかを選ばなければならない。彼は暗殺を選ぶ。しかし、それを実行した途端、自らが撃たれてしまう。最後のシーンで、彼は走り、よろめく。ついにはごみの散乱する原っぱで死んでいく。これが暗喩するところはポーランドの観衆には明白だ。レジスタンスに加わった若者たちの命が歴史の塵芥集積場に投げ捨てられたのだ。

正確な数字を挙げるのは難しいが、NKVD自体は一九四五年一月から四月までの間だけで二十一万五千五百四十人余りをポーランドで逮捕したとしている。このうち、十三万八千人はドイツ人、すなわちフォルクスドイッチェ――ドイツ系を自称する現地住民――だった。ポーランド人もこの四ヶ月間で三万八千人が逮捕された。全員がソ連の収容所に送られた。約五千人が「作戦および捜査の過程で」死亡した[52]。この中には、敗北すると知りながら最後まで戦ったメヴァのグループ数千人も含まれていたに違いない。

戦争が終結すると、ドイツ東部のソ連占領に対する執拗な、あるいは武装した抵抗は全くなかった。ヒトラーはそうした抵抗を望んでいた。彼は自殺する前、ドイツ人に死ぬまで戦い、全土を焦土と化し、最後の武装闘争に至るまでいっさいを犠牲にするよう説いた。国防軍《ヴェアマハト》に向けても、自らの死後も赤軍に対するパルチザン闘争を展開する青年大隊を創設するよう命じた。

この青年大隊は「ヴェアヴォルフ」(人狼)と呼ばれた。ナチスや連合国の宣伝戦では大々的に取り上げられたが、実際はその命名が示唆するように、あらゆる点で神話的な存在であった。ヒトラーが自決しドイツが敗北したのに伴い、この組織はあっけなく消えうせる。呪文が切れたのだ。のちに著名な東ドイツ作家となるエーリヒ・レストはヴェアヴォルフの運動に最初に採用された当時、二十五歳のヒトラー・ユーゲント隊長で、国防軍の青年将校でもあった。彼は戦争が終わるまで数週間に迫った段階で、新たな役割について説明を聞き、ロシアによる占領に備えパルチザンとしての一定の訓練を受ける。とはいえ、ロシア人が実際にザクセン州の彼の故郷ミットヴァイダに進軍してきても、地下闘争のことは彼の念頭にまったくなかった。赤軍に抗戦するどころか、彼の家族はさらに西方にある叔母の農場に逃れるよう手配する。彼が米国側に無事投降できるようにするためだ。

レストは戦争が終わって数年間は、ヴェアヴォルフで受けた訓練については決して口にせず――彼は「わたしはバカではない」と筆者に語った――、逮捕されることもなかった。それほど幸運だったわけではない人々はほかにいた。戦争の最後の日々、SSはミットヴァイダに住む十代の若者全員にヴェアヴォルフの講演に出席するよう命じた。訓練はいっさいなく、宣誓も行われなかった。しかし、出席者名簿が回された。ソ連当局は戦後、この名簿を見つける。「この講演のこと以外には、何も起こらなかった。しかし、出席者全員が逮捕された。逮捕は一年に及んだ」。レストはそう説明した。[53]

逮捕の法的根拠となったのは、ソ連軍政当局が一九四五年四月十八日に出した命令〇〇三一五号である。この布告は、「非合法」の印刷物や放送機器を所持する人物、武器携行の人物、ドイツ民政部門の元職員と並んで、「スパイ、妨害工作者、テロリスト、ナチス党の活動家」に対しては、予備尋問をすることなく即刻拘禁することを求めている。この命令は、「活動的な」ナチス党員も広範囲に取り調べていたほかの連合国の占領地区に施行された規制と似ている。[54]ソ連地区と他の地区との違いは程度の差にある。ソ連の命令は実際面で、男女を問わずナチス党員であったかどうかに関わりなく、権限を持つ何らかの立場にあった者であればほとんど誰でも逮捕することが可能だった。警察官や町長、実業界の人物、裕福な農民はすべて逮捕の要件を満たす。対ナチス協力をしていなければこれほどの上首尾はありえないとの理由からだ。

八月初めのポツダム会議までに、だれが拘禁対象者になりうるのかという定義はますます広がっていく。緑の公園に囲まれた古びたホーエンツォレルン家宮殿で連合国——スターリンおよび（ローズヴェルトの死とチャーチルの選挙敗北に伴い）今ではハリー・トルーマンとクレメント・アトリー——は新たな宣言を発表、「ナチス指導者、影響力のあるナチス支持者、ナチスの諸団体・機関の高官、占領ないしはその目的にとって危険な、ほかのいかなる人物も逮捕、拘禁されるべし」（筆者強調）と述べた。[55]ソ連にとって、これは理想的な定式化であった。「占領ないしはその目的にとって危険な、ほかのいかなる人物」とはまさに極めて広範な範疇であり、NKVDがどのような理由であれ好ましく思わない人物であれば対象を広げて取り込んでしまうことができるのだ。

赤軍は当然のことながら弁護士や証人も付けない軍事法廷や裁判所を設置し、その審理は数年間も続いた。これらは、ナチスの最高幹部を裁くため連合国全体が合同で開設したニュルンベルクの裁判とは全く別物であり、国際法とも無縁だ。有罪刑は時にはソ連刑法第五十八条に基づいて行われた。この条項はソ連の政治犯を逮捕するために使われ、いかなるドイツ法とも全く関係はない。判決はドイツ語に翻訳されることもあったが、被告が読めないようにするためキリル文字で記述された。被告は時として、激しく殴られたうえ、ほかにも拷問を受けた挙句に、自分では理解できない文書に強制的に署名させられた。十五歳のウォルフガング・レーマンはトラック二台を爆破したとする文書に署名する。当時、事件のことは知らなかったにもかかわらず、である。モスクワではほかの裁判も行われ、被告欠席のままソ連の裁判官により有罪を宣告された。被告が判決を知るのは、数週間も経った後のことだ[56]。

逮捕者の中には必ずしも重要な役職にあったわけではないが、実際にナチス党員だった者もいた。本当の犯罪者を下級官吏や日和見主義者と区別することもほとんどなかった。しかし、ナチスに加えて、相次ぐ逮捕は年齢的に若すぎてナチス党員になれるはずもなかった人々数千人をたちまち一掃してしまう――マンフレート・パプスドルフが逮捕されたのは十三歳の時だ――、すなわちミットヴァイダの十代の若者たちと同じように、時間も場所も折悪しく居合わせたというだけで罪に問われた者が多数いたのだ[57]。自由への熱望が過大なあまり逮捕されたのはほんのわずかしかいない。ギゼラ・グナイストは一九四五年には十五歳だったが、米軍放送で頻繁に聞いた言葉、民主主義の思想に心を奪われる。グナイストはヴィッテンベルクに住み、その地に駐留するソ連軍兵士に憤慨する。一部兵士は彼女の暮らす住宅棟の最上階に売春宿を設けたのだ。事態改善を願う彼女は十代の仲間数人とともに、素人っぽい独自の暗号まで備えた「政党」を結成する。メンバーたちはその潜在的な危険性のことは全く頭にはなく、さほどイデオロギーを身に付けているわけでもない。「民主主義についてのわたしの考え方とは」と彼女は振り返る。「民衆が自由に発言できてしかるべきだということでした。共産主義が何たるものかは知りませんでした。そのことについて実際に聞いたこともありませんでした」。(58)

グナイストは一九四五年十二月、仲間の「党員」二十数人とともに逮捕される。全員十代だ。彼女は「窓のない監房」に放り込まれる。二十数人の女の子たちと一緒だ。何人かは彼女の同級生だった。トイレは牛乳瓶。至るところ虫が這いまわり、シラミもいた。取り調べはソ連士官がロシア語で担当、かろうじて務まる程度の通訳が同席して何日間も続いた。この士官は彼女の背中や脚を叩き付け、出血するまで止めない。まだ十六歳に届かないグナイストはついに白状する。「反革命組織」に加わっていたことを認めたのだ。軍事法廷は一九四六年一月、彼女に有罪を宣告、本物の戦犯とまったく同様にザクセンハウゼンの監獄送りとする判決を言い渡した。(59)

歴史の奇怪な展開になじみのない者には驚くべきことのように思えるだろうが、ナチスの悪名高き強制収容所だったザクセンハウゼンは戦後、姿を変え、新たな役割を担ったのである。同じく名だたるブーヘンヴァルトの強制収容所がそうだったように。一九四五年四月、ブーヘンヴァルトの強制収容所を解放した米軍部隊は、ワイマール地区の代表的な市民を強制的に収容所施設の視察に駆り出す。瀕死の生存者や集団埋葬地、その傍らで薪のように積み重ねた遺体を目の当たりにさせたのだ。数ヶ月後、次にワイマール地区を支配下に置いたソ連軍部隊は同じ施設にまたも囚人たちを収容、最終的に彼らを同じ集団墓地に葬る。ソ連軍は多くの場所で同じやり方を踏襲した。アウシュヴィッツはポーランドに多数存在する労働キャンプのひとつだが、ここも戦後何らかの形で再利用されることになる。[60]

ロシア人たちはブーヘンヴァルトを特別収容所第二号と改名、ザクセンハウゼンは特別収容所第七号となった。[61] ソ連占領下のドイツには全体で、監獄数カ所や非公式の監禁施設とともに、こうした収容所が十カ所建設されるか改築された。これらの施設はドイツ人共産主義者による収容所でなく、むしろソヴィエトの収容所であった。ＮＫＶＤの強制収容所《グラーグ》中央総局がモスクワから直接、全施設を管理したのである。その管理は末端の細部にまで及ぶケースもあった。例えばＮＫＶＤは、ドイツの収容所ではメーデーの祝日をどのように祝ったらよいかという指示を送り、警備兵の「政治的・精神的」状況を注意深く監視した。[62] 一部にはドイツ人の補佐役もいたが、収容所の管理に当たる上官はすべてソ連の軍事要員だった。収容所はソ連の設計図に従って間取りがつくられた。コルイマやヴォルクタ〔いずれもソ連の収容所〕の住人が来てもたちまち住み慣れた場所と感じたはずだ。

同時に、ドイツの特別収容所はＮＫＶＤがソ連自体で運営していた類の労働収容所ではない。ソ連の収容所が通常はそうであるように、工場や建設プロジェクトに付属しているというのでもない。囚人たちは労働に駆り出されることはない。それどころか、生存者がよく口にするのは、働くことも、施設から出ることも、歩いたり動いたりすることも禁じられた状態でいることが耐え難いほど退屈だったということだ。ケッチェンドルフ収容所では収容者たちが台所で働かせてほしいと懇願した。何かしら動き回れるようにするためだ（そして、少しでも余計に食べ物にありつく狙いなのは言うまでもない）。[63] ザクセンハウゼンでは二つの区画があり、その一つでのみ労働が許された。囚人たちが望んでいたのはまさにその場所だった。[64]

特別収容所はナチスがもう一方で建設したような死の収容所ではなかった。ガス室もなければ、囚人たちがザクセンハウゼン送りとなって即刻処刑されることもなかった。とはいえ、そこは異様なまでに死に至らしめる場所だった。一九四五年から五三年までの間にドイツ東部のＮＫＶＤ収容所に収監された十五万人余りのうち――十二万人はドイツ人、三万人がソ連市民だった――、およそ三分の一は飢餓と病気で死亡した[65]。囚人たちは湿った黒パンとキャベツ・スープを与えられたが、あまりに粗末なものだったため、のちにソ連の強制収容所《グラーグ》に送られたレーマンが「シベリアでの食事のほうが上等でずっとまともだった」と回想しているほどだ[66]。医薬品もないし、医師もいない。シラミや害虫がいるため、病気はたちまち広がる。一九四五年から四六年にかけての冬は非常に寒く、ザクセンハウゼンの女性区域に収容された囚人たちはベッドの薄板を燃やして暖を取った[67]。ソ連の多くの刑務所がそうだったように、囚人たちは虐殺されて死んだのではない。顧みられることもなく、無視され、時には文字通り忘れ去られたがゆえに死んでいったのだ。

　ドイツ東部におけるソ連の特別収容所が意図した明確な目的とは労働でも虐殺でもなく、隔離することであった。少なくともソ連占領軍が自らの立ち位置を見極めるまでの間、特別収容所は疑わしい人物を社会から切り離すためなのだ。特別収容所は懲罰的というよりはむしろ予防的なものであり、基本的には体制に刃向かう可能性のある人物を隔離することを狙いとし、既にそうした行動の経歴を持つ人物の収監を意図したものではなかった。ソ連の強制収容所《グラーグ》では外部と一定の接触を保つことは可能だった。囚人は時には面会者と会うことさえできたのだ。それに対して、戦後ドイツに収容所が設置された当初の三年間は、囚人が手紙を送ることも受け取ることも不可能だった。どんなニュースであれ、外界から入手する術はいっさいなかった。多くの場合、彼らの家族は身内の者に何が起きたのか、どこにいるのかも分からなかった。ただ単に失踪したのだった。

　時間の経過とともに、外部からの圧力もあって状況は改善する。あまりに多くの若者が突如行方をくらましたことで肉親たちは気も狂わんばかりとなり、情報を求める問い合わせが当局者の下に殺到したのだ。ドイツ当局は通常は何の役にも立たない。一九四七年、チューリンゲンの家族に対し地元当局者は「ワイマールのロシア検察官から詳しい情報が得られるかもしれない」と助言した(68)。これに対しソ連当局者は指揮系統に従って上層部にこうした問い合わせを伝えた。全般的に混沌とした状況の中で、民衆は行方不明となっていた(69)。あるドイツ人学生は一九四五年に失踪、一九五二年になってようやく家族によって「発見」される(70)。ドイツのソ連軍政当局が、家族に居場所を連絡するのを囚人に認めることに同意してから、四年後のことである。同じ年に、NKVDは収容所への食料割当量を増やすこともした。高い死亡率を引き下げ、ソ連軍政当局に改善を嘆願していた東ドイツ当局者をなだめるためだった(71)。

市民の逮捕はドイツ国防軍兵士をソ連に長期間抑留していることと併せ、民衆と新たな当局との間で大きな摩擦要因となっていた(抑留兵士の一部は一九五〇年代までソ連にとどめ置かれることになる)。しかし、新たな当局はこれまでにない民衆の行動基準を作ることにも一役買った。新たに解放されたドイツ人は大半が共産主義者ではなく、ソ連の占領軍には何を期待したらよいのか分からなかった。数千人に及ぶ若者が逮捕、収監されたのは、いかなる形であれ「反ソ」政治に関わるほんの些細な疑いを持たれたからだ。これが直ちにほかの人々の姿勢を決定づけたのである。多くの人々にとって、これは人前に出たら自己検閲を課さなければならないという最初の教訓であった。ギゼラ・グナイストのような十代の若者が民主主義について話すと逮捕されかねないとすれば、もっと重大な政治的関与が問われた場合の刑罰がさらに重くなるのは分かり切ったことだ。

元囚人やその家族は以前にも増して恐れた。囚人たちは釈放された後も己の身に何が起きたのか語ることは滅多にない。ドイツのケッチェンドルフ収容所とソ連の強制収容所《グラーグ》での生活を体験したレーマンも一九八九年以後になるまで自分の妻に話さなかった。[72] 選別的な暴力を加えて、体制への潜在的な敵対者を狙った収容所を設置したことも、広範なソ連政策の一環であった。赤軍とNKVDは、戦後の東欧社会と同様に先行きの見えない不安定な社会では、大量逮捕が逆襲に遭う恐れのあることを知っていたのだ。しかし、声高な人物に対して慎重に狙いを定めた逮捕ならより大きな影響を及ぼすことができる。こうした人物を一人逮捕すれば、十人以上が恐怖におののくというわけだ。

一九四五年一月、ブダペストに到達したロシア人たちは首都を制圧しただけで、この国についてはほとんど何も知らなかった。大半はナチスの協力者がひしめく国——ハンガリーはソ連の侵攻を受けた際、ドイツの同盟国だった——にやって来たのだと思っていたし、自分たちが解放者として遇されているのか疑わしく感じることもあった。ドイツにおけるのと同様、彼らは見分けのつく限りファシスト全員を逮捕するよう命令を受けていた。しかし、ドイツでは人狼部隊《ヴェアヴォルフ》を探し、ポーランドでは国内軍を追跡したのに対し、ハンガリーではファシストをいかに正確に識別できるか、確信が持てないようだった。

その結果、ハンガリーでの当初の逮捕作戦は手当たり次第に行われた。男性陣は街頭で呼び止められると、「ちょっとした仕事」——ロシア語で「マーレンカヤ・ラボータ」。この言葉はハンガリー語化して「マーレンキー・ロボット」となった——のために連れて行くと言われ、車列に乗せられていった。彼らはその後、ソ連の奥深くに行方をくらまし、何年経っても戻ってこない。当初は、ほとんど誰であっても事足りたようだ。ハンガリー東部のある町の目撃者は、兵士たちがこの地に入って数日後に人集めを開始したのを覚えている。「大人の男だけでなかった。子供たち、十六、七歳の少年たち、十三歳の子ですらかき集められた。わたしたちが泣き叫び、懇願しようとも、兵士は耳を貸さなかった。ただ銃を構え、全員に家から出るように命じた。衣類も食料も何も持たされないケースもあった。着の身着のままで……。彼らがどこに連行されるのか、わたしたちには分からない。彼らは『マーレンキー・ロボット』、『マーレンキー・ロボット』と言うばかりであった」[73]。

一部には、裕福に見えるとか、書物を所有しているといった理由で不審人物とされた人もいた。当時十六歳のジェルジュ・ビエンは短波ラジオを持っていたため、父親とともに逮捕された。彼はスパイとして取り調べを受け、自白を強要されたうえ、単語一つすら理解できない三十ページに上るロシア語文書に署名させられた。ビエンは最終的にコルイマの収容所に送られ、一九五五年になってようやく帰還した[74]。

ソ連部隊はドイツ人探しの命令も受けていたようだ。数え切れないほどいると教え込まれていた。これは、実際にはドイツ語的な響きを持つ名前（旧ハプスブルク領の版図では極めてありふれたことだ）の人なら、たちどころに戦犯として扱われることを意味する。のちに最も重要なハンガリー共産主義者のひとりとなるヨージェフ・レーヴァイは一月初め、ラーコシに不満を述べた。ロシア人兵士たちは達成すべき「割り当て」を定めているらしい、彼らがドイツ人として扱うのは「ドイツ語を一言もしゃべらない人々であり――反ファシズム主義者だと分かった人々が拘禁されてしまった」と[75]。こうした政策の結果、一九四五年以後に十四万人から二十万人のハンガリー人が逮捕され、ソ連に追放された。彼らの多くが行き着いた先は強制収容所であった[76]。

ハンガリーに残った者もたくさんいた。拘禁――裁判もなく投獄されることだ――は一九三〇年代末期のハンガリーでは当たり前になる。しかし、それがいまや拡大した。「人民裁判」が設置され、ナチス協力者を裁判にかけて判決を下し、一部には処刑も行われた。裁判のうち数件は大々的に公開される見世物となった。過去の犯罪についてハンガリー人に教育を施すことになると期待してのことである。当時ですら一般のハンガリー人は、一連の裁判を「勝者の裁き」だと突き放す見方が少なくなかった。数年後、判決のいくつかは覆ることになる。「報復的な処罰」は止める時だとの理由からだ。(77)

判決が公正だと受け止められることもなかった。拘禁や裁判に関する決定は名目上、ハンガリーの管轄下にあったものの、NKVDが裁判所に影響を及ぼしていると広く考えられていた。ハンガリーにおける治安問題を監督する任にあったソ連当局者A・M・ベリャノフはあるとき、裁判の進め方が遅いと、あるハンガリー人政治家を叱りつけた。「彼は人民法廷の審理をもっと早めるよう要求、交渉や協議に時間をかけすぎていると批判した。起訴状朗読のあと、直ちに判決を言い渡すよう求めたのだ。わたしは言ってやった。われわれはソ連の司法制度を研究してきた。その制度では、政治裁判の場合、証言は公開法廷の場で聞くのだと。彼は思わずにやりとして、大きな黄色い歯を見せた。それはトラの歯のようだった……」(78)。赤軍はウィーン近郊の保養地バーデンにある瀟洒な館で独自の裁判も開いた。そこではハンガリーの主権に配慮する素振りすらない。ソ連軍事法廷はドイツにおけるのと同様、ソ連刑法第五十八条に基づき、政治的犯罪を理由にあっさりとハンガリー人に有罪を宣告した。(79)

訴追された人数はきわめて多く、罪状の種類はかなり広範に及んだ。一連の秘密の布告は新設のハンガリー警察隊に対し、とりわけ極右運動に参加していたメンバーを逮捕するよう指導した。そこには、一九四四年十月から四五年三月まで大戦末期にハンガリーを統治したファシストの矢十字党も含まれる。このほか、一九二〇年から矢十字党による政権奪取までハンガリー戦間期の権威主義的指導者ホルティ提督の下で仕えた軍将校や、居酒屋店主、タバコ屋、床屋、および——これまた救いがたいほど幅広い規定だが——「庶民との恒常的な接触により、最初にファシスト宣伝の種を蒔いた者」

（筆者強調）全員が逮捕の対象となった。実際問題としては、戦前の政府、党指導者、政治家のために働いたことがあるか称賛した人物ならだれでも身の危険はあった。ＮＫＶＤは新設の治安警察とともに、ホルティ提督の準軍事的な青年組織「レヴェンテ」のメンバーだった青年のリストも入手し、彼らの行方を追求した。ドイツでヒトラー・ユーゲントやヴェアヴォルフとみなされた人物を摘発したのとまったく同様である。ハンガリーとソ連の治安警察は一九四五年から四九年までの間に、全体でおよそ四万人のハンガリー人を拘禁した。新体制はブダペスト周辺だけでも最大で二万三千人が収容可能な拘禁施設を十六カ所も建設した。(80)

逮捕されたからといって全員がナチスと協力していたわけではない。それどころか、赤軍がハンガリーに入った時点から、新設のハンガリー秘密警察は――言うまでもなくハンガリー共産党とソ連の庇護者たちによる支援を受けて――異なる種類の「ファシスト」をも追求、その割り出しに着手した。ハンガリーの戦時地下組織はポーランドのそれと比べ規模も組織力も肩を並べるほどではなかったが、社会の最上層部に至るまで反ドイツの抵抗活動支部が存在していた。戦争終結の直後に（ハンガリー年表が通常示している時期よりずっと早い）、ＮＫＶＤとハンガリー秘密警察はこれら反ファシスト勢力に狙いを定めた。この勢力は独立心が旺盛であった。国家主権を信じていたのである。秘密組織の作り方もわきまえていた。多くが小地主党を支持した。この党は臨時政府の中で大きな役割を果たし、実際一九四五年の選挙で勝利した。

真に民主的な戦後東欧の中にあって、彼らはポーランドの国内軍と同じように、政治エリートになりたいと願った。しかし、ハンガリー政府が全面的に共産党の支配下に置かれる以前ですら、反ドイツ抵抗組織の元メンバーたちは監視されているのを知っていた。こうした秘密活動を行うある結社のメンバー、イシュトヴァーン・セント＝ミクローシュはのちに、彼や友人たちが戦争終結の直後に

「なにか追われている気がするが、具体的な理由が分からない」と書いている。ポーランドの組織と違って、彼らの場合は武装パルチザンではない。セント＝ミクローシュが書いているところによれば、彼の属した結社は「正式な機関もなければ、名簿も誓約書も、徽章や会員証もなく、明確に規定した規則も包括的な哲学さえ持ち合わせていなかった」[81]。多くは反ファシズム（同時に反ユダヤ主義でもある）の秘密結社、あるいは、本格的なレジスタンス組織というよりも、反ドイツの討論サークルの趣が強かった戦争期のハンガリー独立運動といった、それ以前からあったハンガリー人共同体の組織の流れを汲んでいた。結社の一部には戦後の小地主党の創設メンバーに名を連ね、やがて民主国家になると考えて体制側に協力しようとした者もいる。結局のところ、彼らは何とはなしに反ソ連で結ばれ、互いのアパートを訪ねては心配事の意見を交換する友人たちの集まりとほとんど変わるところはなかった。

最終的に、彼らは特別の関心を引く対象になる。何かを成し遂げたからではなく、秘密警察が彼らの戦時中の抵抗活動に関する概要を記した文書を手に入れたためであった。それ以後は一段と注意深い監視を受けることになる。セント＝ミクローシュは次のように述べている。

［一九四六年の］初秋に、隣人がわたしの居間に隣接する部屋を軍の政治部門にまた貸しした。彼らはそこから壁に穴を開け、マイクを取り付けた。穴はわたしの重厚なオランダ製コロニアル調の長椅子の背後にあるため、受信機は室内の声がはっきり聞き取れない。そこで、わたしの電話機が声を送信するために改造された。別のマイクが玄関に取り付けられた。そこにはビーダーマイヤー調のソファがあり、わたしたちの隣人の十代になる娘が求婚者と一緒に座っていた。この男は大学生を装ったＭＰＳ［軍事警察］の工作員であった[82]。

セント＝ミクローシュは一九四六年十二月、逮捕される。彼はアンドラーシ通りの秘密警察本部に連行され、そこで拷問を受ける。壁に額を付け、両腕を目いっぱい伸ばしたまま数時間も立たされ、「わたしは妻と母親を殺めた殺人者だ」と叫ぶよう強要された。既に通告を受けていたことだが、二人ともやはり逮捕されていた。彼は大勢の共謀者たちとともに裁判にかけられた。全員が「民主国家」打倒を煽ったことが問われ、十年の懲役刑を受ける。セント＝ミクローシュは裁判で、自分が全く関与していない犯罪について長々と「自白」した。彼の逮捕はあの時代に特有の、ある種の先制攻撃であった。彼や所属するサークルが実際に重大なことをしでかしたことはまったくない――しかし、そんなこともしかねないと当局は恐れたのである。

その直後、独立の気概を持つ聖職者に対し同様の先制攻撃がかけられた。その摘発で最大の犠牲者はカリスマ的で精力的なフランシスコ会修道士のサレーズ・キシュ神父であった。キシュ神父はブダペストの東方八十キロほどの町ジェンジェシュとその周辺で、ケディムと呼ばれる大規模で活発なキリスト教青年団体を運営していた。一九四五年を通じて新設のハンガリー秘密警察はジェンジェシュに特別の関心を向け始める。その年の選挙の際に、ここでは共産党がとりわけ振るわなかったためだ。また、農民を基盤とする小地主党が著しい躍進を遂げたからでもある。

一九四五年九月に入り、正体不明の複数の狙撃手がこの地方に駐留する赤軍兵士数人を殺害するに及んで、ソ連の庇護者たちはますます関心を抱くようになる。何らかの方策をとるよう圧力を受けた新設のハンガリー秘密警察は捜査に乗り出す。これまでに手掛けたものとしては初の大掛かりな捜査の一つであった。警察は高校生の年頃のケディムのメンバーも含め六十人余りを逮捕、拘束し、全員を事細かに取り調べた。警察の目的は、ケディムと小地主党、小地主党と「アングロ・サクソンの列強」、米国大使館とキシュ神父、そしてロシア兵を殺害したとされる若者たちとキシュ神父、これらを結ぶ入り組んだ連絡網を割り出すことにあった。全体をまとめれば、これらのつながりは少なくとも秘密警察要員の頭の中では、旧体制復活を図ろうとする「ファシスト的テロ謀略グループ」を暴き出すものとされた。

取り調べの記録はブダペストの公文書館にきちんと保管されているが、読むのは容易でない。容疑者の中で中心的人物の一人だった、ヨージェフ・アンタルという若き法科の学生は当初、いっさいを否定した。その後、彼は長々とした要領を得ない自白をする。おそらく、拷問を受けたのだろう。ある友人によれば、「ドイツによる占領への抵抗運動に参加」していたとされるアンタルは、連絡網の中では決定的なつながりを持つ男だった。地元の小地主党本部に勤務し、同時にキシュ神父とも面識があったからだ。とりとめもない自白の中で、彼は小地主党の政治家と交わした、ロシアとアングロ・サクソン列強との「来たるべき戦争」に関する会話を思い起こし、彼がキシュ神父と共謀し、この「武装闘争」に向けた組織づくりを既に開始していたとの印象を与えたのである。小地主党の事務所に保管されているいくつかの銃や手りゅう弾、キシュ神父が在り処を知る「城の中」の武器庫をほのめかすくだりもある。[83]

その直後、アンタルはこの自白を撤回する。しかし、これまた不明瞭な自白が十七歳のケディム・メンバーであるオットー・キズマンからも得られた。ロシア兵一人を暗殺したというのである。やはり拷問に遭ったと思われるが、キズマンはさらに踏み込んだ内容を語る。それによれば、キシュ神父は「武器を送り届けてくれる複数の有力者の名刺をわれわれに見せた」、神父は「外国からの積み荷が届くまで自分用の武器を確保しておくようわれわれに指示した」、神父は「ロシア人を殺すのは原罪ではない」と明言した、というのである。キズマンの友人で、やはり十七歳のラースロー・ボドナールからも同じくいい加減な話を引き出した。キシュ神父は彼らが空路ハンガリーから逃亡できるよう支援すると約束したと申し立てたのだ。(84)

キシュ神父自身はこうしたあり得そうにもない犯罪について、いっさい自白しなかった。それどころか、彼は取調官たちにこう告げた。「若者たちには武器を隠し、殺害には手を染めぬよう言い聞かせるために全力を尽くした。殺人は最もおぞましい犯罪だからだ」と。彼の供述によれば、彼は一度、米国大使館の代表と会った。米国の新聞を何部か差し出した人物だ。神父はいかなる米国製武器も受け取ったことはないし、それを求めたこともない。いずれにしても、神父はキズマン、ボドナール、および十六歳の少年と同様、死刑を宣告された。判決は一九四六年十二月、執行された。「謀略」に加わったほかのメンバーたちは投獄されたが、ソ連の捕虜収容所に送られたケースも数例あった。

「キシュ神父の謀略事件」は、ドイツにおけるギゼラ・グナイストの逮捕、あるいはポーランドにおける国内軍の指導者十六人の逮捕と同様、やがて到来する時代の前兆であった。事件捜査はその後の多くの事例もそうだったように、明らかにソ連の軍事当局が仕向けて行われたものだった。ソ連の捜査では当たり前のことだが、偶然の接触、距離のある交友関係、あるいは捜査官の想像に基づいて異なる組織――ケディム、小地主党、教会、米国大使館――が結び付けられた。この連絡網の中で捕捉された者ならだれにでも「ファシズム」の影が投げ掛けられた。犠牲者たちは多くが十代、二十代の若者たちだ。この陣営一帯では、今後数年にわたり秘密警察要員に途方もなく大きな関心を持たせる年齢層であった。

一九四六年の春、判決言い渡しに際して事件は報道面でも大々的に扱われた。五月四日、ハンガリー共産党機関紙『サバト・ネープ』は手錠を掛けられたキシュ神父の写真を掲載、「ファシスト謀略団が殺害を自供、罪認める」との見出しで報じた。一緒に載った社説はそっけなく「絞首刑に処せ」

と標題を付けた」[85]。事件は非共産党メディアでも取り上げられたが、扱いはもっと大きかった。まず、当時ハンガリー議会で最大の政党だった小地主党機関紙『キシュ・ウーイシャグ』(Kis Újság, 小新聞）は報道機関向けの警察公式発表をそのまま載せた。翌日、同紙は小地主党の指導者でハンガリー首相を務めていたフェレンツ・ナジの言葉を伝えた。ナジはその中で、「警察公式発表に載った情報が一部でも正しいのであれば、われわれは最も厳格な捜査とともに罪人への最大の厳罰を要求する」と述べた[86]。数日後、彼は曖昧な言い方を排し「ファシストの陰謀」と断じて事件に言及した。長年にわたりこの事件にいかなる真実もない可能性を公然とほのめかす者は誰一人いなかった。

ほかにも事件は続いたが、いずれも同じくおぞましいプロパガンダを伴い、同じくあいまいな証拠に支えられていた。波状的に次々と拘禁が襲い、一九四五年以降、休むことなく続いた。まず「戦争犯罪人」、ファシスト、およびファシストとみなされた人物ならだれでも狙われた。次いでホルティ体制に仕えた軍人と文官、その後は合法政党、とりわけ小地主党のメンバー、さらに社会民主党員、そして共産党員自体へと広がった。「国家の敵」という定義は徐々に変化したものの、敵に対処するメカニズムは始動した時点で確立していた[87]。

一九四六年のハンガリーは建前としては——同時期のチェコスロヴァキアあるいはドイツ東部と並んで——民主制であった。政府は非共産党の多数派である小地主党が担い、共産党や社会民主党、諸派と連立を組んで統治した。しかし、治安機関を支配したのはハンガリー政府ではなく、ハンガリー共産党であった。チェコスロヴァキア共産党が国内治安機関を支配し、ドイツ共産党がやがて東ドイツ治安機関を支配することになり、ポーランド共産党がポーランド治安機関を支配したのと全く同様である。東欧各国では共産党が秘密警察を支配下に置くことで、少数派共産党が各種政治行事に並はずれた影響力を確保した。共産党は選別的なテロルの行使により敵対者や一般大衆に対し、いかなる類の振る舞い、いかなる部類の人間が新体制に受け入れるところとならないか、明確なメッセージを送ることができたのである。

第6章 民族浄化

ボリシェヴィキ党は真の国際主義的労働者階級政党のモデルである。

党はその創設の日から一貫してあらゆる手立てを尽くして民族主義と闘ってきたのである。

モスクワで一九五〇年に出版された教宣パンフレット

一九六五年になって初めて故郷の村に戻った。

昔は村の道という道も、ねじれた木の一本一本も知り尽くしていたものだ。

ところが戻った途端、目にした光景が飲み込めなかった。

目に涙があふれ、長い間、一言も出て来なかった。

やつらは見事だったわが村ニエトレバを耕作地に変え、植林してしまったのだ。

イヴァン・ビシュコ、一九四六年に故郷の村を追われたウクライナ人(1)

国際共産主義運動が自己宣伝に努めた神話のひとつは、民族、人種の差異にとらわれないという神話であった。共産主義者は本質的に国際主義者であり、民族的区分けのない「単一の国際的軍隊の兵士」なのだ。戦闘的な英国共産党員の息子で、のちに自らも党員となったラファエル・サミュエルはかつて、幼少時に知った共産主義を「普遍主義的」と位置付けた。

われわれは民族的特性がある（その存在については半信半疑にすぎなかった）ということは認

めたものの、資本主義から社会主義への過渡期はどこでも内容的に「同質」であると考えた。共産主義は中世のキリスト教世界と同じように、ひとつにして不可分なものであり、信条で結びついた国際的な共同体であった。(2)

現実にはスターリンほど民族紛争を操り、煽りたてることに熱心だった戦時指導者はいない——もちろん、ヒトラー自体は例外として。レーニンは一九一七年、スターリンを「民族問題担当人民委員」に任命する。将来の大元帥はこの分野の専門技術と関心を培い、決して失うことはなかった。一九三〇年代以降、ポーランド人、チェチェン人、クリミア・タタール人、ヴォルガ・ドイツ人をはじめとする少数民族グループに対する波状的なテロルを指揮、最晩年にはユダヤ人も標的にした。一九四一年のナチス侵攻に伴い、スターリンは「国際主義者」ソヴィエト市民を鼓舞してドイツ人と戦わせるため、ロシア人の民族性と民族主義的象徴——伝統的な軍服、ロシア正教会——をも最大限利用する。民族主義の政治利用については非常によく理解していたのである。感情に訴える母国防衛の呼び掛けは、いかなるマルクス主義や国際主義の言葉よりもはるかに赤軍兵士を奮い立たせた。

民族紛争は一九四五年、ポツダムで連合国三巨頭が署名した協定にも書き込まれた。のちの世代の欧州指導者たちは「民族浄化」という概念にぞっとするはずだ。しかし、スターリン、トルーマンおよびアトリーは大規模な住民移動を積極的に後押しした。ポツダム協定は「ポーランド、チェコスロヴァキア、ハンガリーにとどまる……ドイツ系住民のドイツへの移動」をさりげなく呼び掛けた。数百万の住民に影響を及ぼす文面である。(3) 三巨頭はポーランドの対ソ国境を西方に移すことで合意、これにより数百万のポーランド人をウクライナからポーランドへ、数百万のウクライナ人をポーランドからウクライナへ移動させることも暗黙のうちに承認した。ハンガリー人をチェコスロヴァキアから、またスロヴァキア人をハンガリーから移動させることはポツダム協定に触れていないが、これが実際に行われても、国際社会の中で強く反対するものは誰一人いなかった。ソ連は既に一九四五年一月、ルーマニアから七万人ものドイツ人をソ連に移す大量追放を取り仕切っていた。ポツダム協定調印に先立つこと六ヶ月前のことである[4]。

ポツダムで定めた唯一の追加条項は、「いかなる移動も秩序ある、かつ人道的なやり方で達成すべし」としている。しかし、協定が調印されるまでに、「秩序ある、かつ人道的な」住民移動は早くも混乱を極め、すさまじい様相の大規模な住民移動に陥っていた。民族紛争——多くの国に存在するさまざまな異なる集団間の根深い、悲惨な暴力的民族紛争——はまさにヒトラーが東欧に残した遺産そのものであった。このため、一九四五年以降に起きたポーランド西部、ズデーテン地方、ハンガリー、ルーマニアからのドイツ人追放に関しては、いかなる議論もそれに先立つ五年間の出来事を想起することから始めなければならない。繰り返す。ドイツによるポーランド占領の目的は、ポーランド文明を破壊し、ポーランド人を識字能力のない労働力に変え、ポーランドの知識階層を抹殺することであった。ポーランド人はポズナニやウッチなど歴史的にポーランド領だった都市だけでなく、ポーランド国家が一九二〇年代に建設した新たな港湾都市グディニアからも追放された。彼らはドイツ人入植者に取って代わられ、二級市民になる。一部地域では街頭でポーランド語を話したり、子弟をポーランドの学校に通わせる権利も失った。ドイツで奴隷労働者として働くか、ドイツ人がポーランド領内に建設した奴隷労働キャンプ数十カ所のひとつで働くポーランド人は数千人に上った。

チェコ領土の占領もかなり自尊心を傷つけるものだったが、他と比べれば手荒ではなかった。全土で歴史的な記念碑や銅像が撤去され、現地指導者は殺害、国家の概念そのものが無視された。戦争終結時のドイツによるハンガリー占領は比較的短期間だったが、それでも非常に過酷だった。それより早い時期のハンガリーとドイツ、ルーマニアとドイツの利敵行為は当事国住民にとっては屈辱的であった。ドイツとの協力はたちまちのうちにドイツによる支配へと変わったからである。ホロコーストは至るところでユダヤ人の間にも、非ユダヤ人の間にも、罪悪感と敵意の入り混じった恐るべき後遺症を残した。

ドイツ系住民がナチスの権力維持に手を貸した地域では戦後の緊張が悪化した。ナチス党は全面的ではないにせよ、ひそかにファシストのズデーテン・ドイツ党に資金援助した。この党は一九三八年のチェコ選挙でドイツ系住民票の八五パーセントを獲得した。恩義を感じるズデーテン・ドイツ人はその年後半のミュンヘン協定による国土分割後、新たなナチス支配者を熱狂的に歓迎した。これが地元チェコ人のひどい恨みを買ったのだ。(5)ポーランドの都市ビドゴシチのドイツ系住民——戦前人口のほぼ五分の一を占めた——の一部が、聖職者や教師のほかボーイスカウトをも含む地元の指導的な市民に対する一九三九年の虐殺事件で、積極的にナチスを手助けした。戦後も彼らの評判が良くならなかったのはこのためだ。(6)

こうした直近の歴史をたどった結果、ど真ん中に居座っていたドイツ人に復讐を求める東欧の願望は理解できるし、おそらく正当化すらできるだろう。だが、それは常に正しいとは限らない。ドイツ人がすべてナチスではなかったし、彼らのだれもが隣人に敵対的だったわけでもないからだ。彼らの多くはチェコ人やハンガリー人と隣り合って平穏に暮らしてきたし、数世紀にわたってチェコスロヴァキアやハンガリーにおける善良な市民だった。下シレジアや東プロイセン——議論の余地なく戦前のドイツの一部だった領土で、現在はポーランドに帰属——の住民をはじめ他の人々も数世紀にわたりドイツ諸邦の一部である都市や村落で生活したのだ。

大方の個々人にとって家や家財、家畜、家宝の喪失は二度と取り返すことのできない悲劇だ。ところが、ドイツ系住民は個人としては扱われなかった。ドイツ人として扱われたのである。ゲアハルト・グルシカは、ミサの侍者としての勤めに支障があるからという理由でヒトラー・ユーゲントへの参加は拒否したシレジアの若者だが、カトヴィツェ近郊の労働キャンプに収容され、そこで複数のポーランド人指揮官に罵倒されながら、彼らに強制されてホルスト・ヴェッセルの歌を歌った。[7] 戦争終結時に意に反してドイツ国防軍に入隊させられたハンガリーのドイツ系住民は、一九四三年にナチス親衛隊に自発的に参加した者たちと同じく恣意的な追放命令を受けた。[8] ズデーテン地方のドイツ人共産主義者の娘だったヘルタ・クーリヒはドイツ人ファシストの娘たちとともに、自宅を追われた。[9] 正真正銘のナチス協力者と、一部は地元住民とともに差別にさらされてきた筋金入りの反ファシズム闘士との区別はまったくなかったのだ。

どれほど憎まれているかを知るドイツ人の第一陣はあわただしく東欧を去る。追放が始まるよりずっと前のことだ。数百万人の大規模移動には何ら組織だったものはない。多くはパニックに陥って家から飛び出し、その挙句たちまち戦闘に巻き込まれるか、寒さと飢えにうちのめされた。数万人がバルト海経由で脱出を試みたものの、結局は乗り込んだ船舶が連合国軍機によって撃沈され、海に消えた。ウッチに暮らすドイツ人十万人は——大半が最近の入植者——一九四五年一月十六日の朝、先を争うように脱出を開始、徒歩か馬にまたがって雪に覆われた道路や原野に繰り出した。その多くは同じ日に始まったソ連軍のウッチ爆撃に巻き込まれた。[10] 数日後、マリオン・デンホフ伯爵夫人は東プロイセンにある一家の古くからの邸宅を後にする準備に着手する。隣人の大半はまだ立ち去っていない。ナチスの避難命令を待っていたのだ。その命令が届くことはついになかった。赤軍が思いもよらない速さで迫ってくると、東プロイセンの住民は所持品を荷車に放り投げ、プロイシシュ・ホラント（現パスウェンク）の街頭に殺到した。デンホフの回想はこうだ。「町は人でひしめく回り舞台のようだった。荷馬車が両方向からなだれ込んで身動きがとれず、二進も三進もいかなくなった」。彼女自身は「鞍袋に化粧道具と包帯用の布、それと年代物のスペイン製十字架」だけを詰め込む。最後の食事をとって身づくろいを整えると、食料や食器はテーブルに残したまま家を出た。あえて玄関のカギは閉めない。彼女は二度と戻らなかった[11]。

実際のドイツ人追放は数ヶ月後に始まるが、きちんと段取りを整えて行われたわけではない。チェコは一九四五年春を「無茶な」追放が行われた時期としている。これは大規模な立ち退きをめぐる感情を深奥からとらえていない言葉だ。戦前のチェコスロヴァキア大統領エドヴァルト・ベネシュは一九三八年にロンドンに亡命して以来、一貫してドイツ系住民の国外退去を唱えていた。彼は七年間にわたりモスクワ、ロンドン、ワシントンを歴訪、この考えを売り込んだ。ハンガリーからのドイツ人追放も働き掛けた（自国から追放したいと願っていたハンガリー人を立ち退かすためでもある）。しかし、こうした首脳間協議や周到な準備にもかかわらず――そして、ポツダム宮殿から出されるばかりとなった「秩序ある人道的」扱いの指示にもかかわらず――、ズデーテン地方からの追放第一波は怒号と復讐、ナショナリズム、民衆の憤激が荒れ狂う大混乱の中で行われた。

ベネシュはナチス降伏直後の一九四五年五月十二日に行ったラジオ演説で宣言する。ドイツ人は大戦中、人間のように振る舞うことを止めた。従って、一民族として「このことといっさいについて重く厳しい罰則をもって代償を支払わなければならない……われわれはドイツ問題を断固として一掃しなければならない」と。この宣言を受けてチェコ人たちはブルノ中心部で暴動を起こし、ドイツ人のナチス協力者を警察に引き渡すよう訴えた。数日後、新たに結成されたブルノ国民委員会は、男性、婦女子とも二万人以上を住まいから強制退去させ、所持品を運べる限り持たせたうえ連行、オーストリア国境まで歩かせた[12]。国境到着までに数百人が死亡した。チェコ側統計によれば、一九四六年だけでドイツ人五千五百五十八人が自殺を遂げた。[13]

ほぼ時を同じくして、ポーランド西部のポズナニ近郊では自然発生的な追放も始まる。住宅不足や激しい復讐心が火をつけたのである。この地域にはドイツ人がまだ暮らしていた。そこにポーランド人が帰還、その数が急増したものの、建物はがれきとなっていた。ポズナニ周辺のヴィエルコポルスキエ地方では、最初に現地に現れた地方行政官とは党所属の秘密警察官だった。彼らは追放すべきドイツ人を選別してはトラックに乗せ、急場しのぎで作った中継キャンプに送りこんだ。ドイツ人はドイツへの移送手続きが整うまでそこにとどまった。これに勝る気分のいい時はない。ポーランドの兵士や治安警察は、「ドイツの塵をポーランドの地から一掃する」ことを祝うよう指示を受けた。「……将校、兵士の一人ひとりは幾世代も待ち望んでいた歴史的使命を今日こそ達成しているのだということを認識すべきである」と。[14]

感情がいまだ生々しい、こうした戦後間もない初期段階にあって現地住民は、ドイツ人が彼らに押し付けたのと同じ類の法規や規制を導入し報復に訴えた。一九四五年夏、チェコ人はドイツ人に対し背中にカギ十字を塗り付けた上、Nの文字――チェコ語で「ドイツ人」(Nemec)を意味する――を記した白の腕章を着けるよう強制、公園のベンチに腰掛けたり歩道を歩くこと、あるいは映画館やレストランに入ることを禁じた。[15] ブダペストでは、生き延びたユダヤ人の群衆は、元ファシスト政権当局者が戦争犯罪裁判に出廷あるいは退廷する際に襲い掛かり、殴りつけた。中には私刑同然の仕打ちを加えるケースもあった。[16]

ポーランド人はドイツ人に強制労働を――ナチス占領下で彼ら自身が強制労働に従事したのと同じように――課した。ナチスの強制収容所だった場所が使われることもあった。いくつかの事例を見ると、かつての受刑者がこんどは元看守を裁き、自分たちが受けたのとまったく同じように、暴行と拷問を加えた。あるポーランドの歴史家が書いているように、大戦中の収容所を戦後も使うのは今のわれわれには衝撃ではあるが、当時としてはそれももっともなことだったのである。というのも、ほかに施設がほとんどない中で、収容所は無傷だったからだ。実際、収容所は入れ代わり立ち代わりさまざまな用途に使われた[17]。例えば、ビドゴシチ近郊のポトゥリツェ村にあるナチスの小規模な労働収容所には、一九四五年一月まで一万二千人以上の囚人——大半はポーランド人だが、一部はソ連の捕虜、数百人の子供も含まれていた——が収容されていた。解放された直後はソ連兵士が占拠し、居住棟のほか、囚人たちが大戦中、長靴の修理に使ったなめし皮工場にあった皮の残りまで利用した。それから数週間してこの収容所をあずかる戦後初代のポーランド人所長エウゲニウシュ・ヴァシレフスキは、二月に施設を引き取った際、ソ連兵士数人がいまだに住みついているのを見つけた。そこで所長は彼らに対し、逮捕したばかりのドイツ人とナチス協力者——そこにはポトゥリツェ収容所のドイツ人看守や所長たちもいた——に譲るよう求めた。

戦前、商船の乗組員だったヴァシレフスキは——どうやら、あまり熱心な党員ではなかったらしい——その後、七月まで収容所の運営に当たった。部下の大半は元囚人で、その多くは復讐を狙っていた。だれから聞いても、ヴァシレフスキはポトゥリツェでの最も悪質な虐待は防ごうと努めた。かつて囚人だった看守はヴァシレフスキの態度が手ぬるいと不満を口にした。「わたしのいた時期に、状況が悪化した」と。もっとも、収容所の囚人はヴァシレフスキが指揮を執った七ヶ月で百八十一人から三千三百八十七人に膨らみ、状況悪化は避けられなかった[18]。ヴァシレフスキが十一月に収容所を去った後、流行性発疹チフスが発生、それから数年の間に、収容所職員たちが詐欺、職務怠慢、アルコール依存を告発された[19]。収容所が存続していた五年間でほぼ三千人のドイツ人が飢えや病気で死亡した。ポトゥリツェでのこうした虐待については文書記録はないが、元看守や囚人も聞き取りや回想記の中で、この収容所やほかの追放ドイツ人用施設での拷問や虐待の様子を証言している。ドイツ人は飢えに追い込まれ暴行を受けたのだ。頭に排泄物をかけられたり、金歯を無理やり抜かれたり、髪の毛を焼かれたりもした。「わたしはドイツのブタだ」と繰り返すことを強制され、虐殺されて日の浅いポーランドやソ連の囚人の遺体掘り起こしをさせられた。グリヴィツェ刑務所の所長ロラ・ポトクは――アウシュヴィッツ収容所からの生還したものの、母親やきょうだい、幼い息子を含む家族を失ったユダヤ人女性――、ドイツ人のナチス所属関係を追及した。自白すれば鞭で打ちつけ、そうでないときもナチスへの協力を認めないとすれば嘘をついているからだと鞭を振るって取り調べた。彼女自身の証言によれば、数ヶ月後に「正常な状態に回復」、気を取り直してドイツ人を人間として扱い始めた。それは彼らを許したからではなく、彼らと同じようになりたくなかったためだと自ら語った。[20]

時間が経つにつれてポーランド、ハンガリー、チェコスロヴァキアからのドイツ人追放は――最終的にはチェコスロヴァキアからのハンガリー人追放も――前よりは整然としてきた。チェコスロヴァキア大統領は複数のベネシュ令を布告、自然発生的な追放に発展した事態に法的な庇護を与えた。これらの布告はチェコスロヴァキアにおけるドイツ人およびハンガリー人の資産差し押さえ、ドイツ人およびハンガリー人居住者の立ち退き、ドイツ人およびハンガリー人の土地へのチェコ人、スロヴァキア人による再定住、さらにドイツ人およびハンガリー人からのチェコスロヴァキア市民権の剝奪について正当性を認めたものである。一連の布告が法的地位を得たことで、輸送は定期化し、食料供給も実施。追放される人々は家具や衣類の持ち出しが許された。資産や身許確認に関わる厄介な問題に対処する委員会が設置された。身許確認の問題はポーランドの民族的混交地域ではとりわけ深刻だった。ポーランド人の妻を持つ「ポーランド化」したドイツ人が国内残留を望むことが頻繁にあったためだ。ナチスが「ドイツ人」とみなしたカシューブ人やマズール人など少数民族の多くもそうだった。

最も厄介だったのは大戦中、ドイツ系のフォルクスドイッチェと自ら称した人々の扱いだ。ナチス占領下の欧州に暮らすゲルマン風だが必ずしもドイツ人ではない住民のために特別につくられた区分だ。フォルクスドイッチェはドイツ語風の姓を持ち、おそらくドイツ人家系のルーツがあるルーマニア人、ハンガリー人、チェコ人、ポーランド人などである。必ずしもドイツ語を話せるわけではなく、多くはドイツに行ったこともない。ナチスがフォルクスドイッチェの名簿への署名を求めたとき、彼らは民族的な誇りから応じたのかもしれないが、たぶん恐れも抱いて、あるいは単に厚遇を期待してそうしただけなのだ。脅迫を受けていた者もいる。ポーランドでは、ある委員会が一九四六年十一月、フォルクスドイッチェの「名誉回復」を図り、再び「ポーランド人」になるのを認める決定を下した。ただし、強要されてフォルクスドイッチェ名簿に署名したことを証明することができ、大戦中は「ポーランド系にふさわしく」振る舞った場合に限ってである。たとえそうであっても、治安警察はフォルクスドイッチェ狩りを時折認め、彼らを本物のドイツ人とともに労働収容所で働かせることもあった[21]。

いかにもドイツ人的な姓を持つ人がたくさんいるハンガリーで、フォルクスドイッチェ名簿に署名した者を実際に把握している唯一の機関は統計局だが、長官は当初、名簿提出を拒否した。一九四五年四月、ハンガリー秘密警察が来訪したあとでさえ、統計局職員は抵抗した。かつて統計局がデータを引き渡したことは一度もなかった、犯罪捜査のためであれ、大戦中であれ、ドイツ占領当局が一九四四年、ユダヤ人の身許割り出しを試みた時でさえ、応じたことはない、というのである。職員十人が秘密警察に逮捕されるに及び――さらに現地のソ連当局が一連の逮捕に関与しており、さらなる逮捕も辞さない構えであることも思い知らされ――、統計局はついに折れた[22]。

東欧のドイツ人再定住が完了するころまでに、その動きはおそらく欧州史上、例を見ないけた外れの大規模移動となった。一九四七年末までに七百六十万人あまりの「ドイツ人」――ドイツ系住民、フォルクスドイッチェ、および移り住んで間もない住民も含む――が移送ないしは脱出によりポーランドを後にした。そのうち約四十万人がドイツへの帰還途上に飢えや病気で、あるいは進撃の続く前線での交戦に巻き込まれて死亡した。[23] このほか二百五十万人がチェコスロヴァキアを離れ、さらに二十万人がハンガリーから追われた。[24] ドイツ人はウクライナ、バルト諸国、ルーマニア、ユーゴスラヴィアからも追放されるか、自発的に立ち退いた。全体として、ほぼ千二百万人のドイツ人が戦後期に東欧を去り、東西ドイツに再定住した。

ドイツ人難民はひとたび国境を越えると、さして歓迎もされなかった。ドイツの東部であれ西部であれ占領地区に赴く先では、ほとんどどこでも最下層を形成した。彼らは東部なまりを話し、作法や習慣も異なる。いかなる類の財産も手持ち資金もない。一九四五年の時点では彼らを迎え入れる施設を準備する時間もなかった。多くは当てもなく食料を求めてさすらう羽目になる。流行性のチフスや赤痢が追われた人々に蔓延、ほかにも広がった。ソ連管轄区域ではこの問題が悪化したため、当局が現地指導者に追放されてきた住民は一ヵ所に集め、「これ以上歩き回らないように」と直接要請したほどだ。英米管轄区域の代表部も追放を停止するか、少なくとも漸進的に対処するよう呼び掛けた。[25]

振り返ってみて、当初の大混乱や数年人の死者が出たことについては、往々にしてドイツ人を追放した各国政府の責任とされてきた。しかし責任はより広範に分担すべきである。言うまでもなく、戦争がなければ、ドイツによるこの地域への侵攻がなければ、さらに東欧住民に対するドイツのおぞましい虐待がなければ、追放が行われることは決してなかったであろう。その数が膨大だったのも、おびただしい数のドイツ人「植民者」が大戦中にこの地域に移り住んだためである。実際、一九四五年に追放対象となったドイツ人の多くは、この地域では家族や祖先とはいっさい無縁であった。ポーランドから追放された住民の中にはドイツ系もいたが――ドイツ出身者もいれば、ほかの欧州地域からの移住者もいた――、彼らはポーランド人あるいはユダヤ人の家屋や農地をあてがわれて移り住んできたのだ。それも元の所有者たちが殺害されるか追い立てられた後に、である。大方のドイツ人将校、あるいはドイツ人実業家とその家族はナチス占領下の欧州で付与された特権を享受していたが、彼らも立ち退きを迫られた。彼らにポーランドの土地や資産への請求権を唱える道義的根拠はいっさいない。もっとも、後年、彼らの一部は自らを「追放された者」とし、それゆえどこから見ても「被害者」であるとみなしている。追放被害者連盟は声高な主張で影響力のある追放された人々の団体だ。のちにその指導者となるドイツの政治家エリカ・シュタインバッハは、下位階級の伍長だった軍人の娘だ。父親はもとをたどればヘッセン州の出身で、大戦中はたまたまポーランドの町ルミアに駐留していた。一家は「追放」された――むしろ脱出だった――が、それは彼らが占領者だったからだ。実際、一家はヘッセン州への帰還を目指した。その地こそ、シュタインバッハが成長した場所なのである。[26]

追放政策は西側同盟諸国のすべてから力強い承認も取り付けていた。西側はポツダム会議以前から既にこの問題をとことん検討していたのである。チャーチルは一九四四年、英下院で「「ドイツ人の」追放は将来の平和達成のために、われわれが能う限り考え抜いた方策であり、それは今後とも一番満足のいく、なおかつ最も持続的なものとなるであろう」と語った。ローズヴェルトも民族浄化政策に承認を与え、一九二一年から二二年にかけてトルコとギリシアとの間で行われた住民交換を先例として引き合いに出した。[27]

一方、この追放策はソ連の全面的な支持も得た。非公式な大戦中の会話ではあるが、スターリンはチェコスロヴァキア指導部に「彼ら［ズデーテン・ドイツ人］を放り出すように。ほかの誰かを支配するとはどういう意味なのか、こんどこそ彼ら自身が思い知る番だ」と助言した。ポーランド人に対しても「ドイツ人が自ら逃げ出したくなるような状況をつくり出す」ように入れ知恵した。(28) さらに重要なことは、ドイツ人追放に当たったポーランド、チェコスロヴァキア、ルーマニア、ハンガリーの警察当局は事実上赤軍の支配下にある領域で、すべてソ連の督励を受けて対処していたということだ。スターリンは、ポーランドとチェコスロヴァキアが大戦終結以前からドイツ人追放について協議しており、既にルーマニアを支援していたことも知っていたのだ。ところで、ポーランドの国境線を引き直し、ソ連が占領した東部領土を西方の旧ドイツ領に置き換える決定とは、ポーランドが想像を絶する広大な規模で追放を遂行する以外に選択の余地がないことを意味した。結局のところ、ドイツ人追放はソ連の後押しがあって初めて可能だったのである。

ルーマニアとハンガリーからのドイツ人の追放、国外退去についても赤軍は直接の責任がある。ハンガリーにおけるドイツ人迫害は、国内のドイツ人全員に強制労働者として前線への出頭を命じた一九四四年十二月二十二日のソ連布告で始まった。本格的追放の準備に着手するのは一九四五年二月だ。連合国管理委員会のソ連代表がハンガリー内務省に対し、「ハンガリーに居住するドイツ人全員の名簿作成」を命じたのである（この命令が統計局との対立、幹部逮捕に発展した）。(29) そのころまでにＮＫＶＤは既にルーマニアからのドイツ人送還も取り仕切っていた。(30)

同時にドイツ人追放は、それが行われた各国では紛れもなく民衆の支持を集めていた。そうであれこそ、現地の共産党は場所がどこであれ手が及ぶ限り迅速に追放を掌握した——そして最終的に称勝ち得た。ポーランド共産党はドイツ人の国外退去に主導的な役割を果たすことで、のどから手ほど欲しかった信頼を獲得、さらに政治的右派勢力から慎重ながらも一定の承認すら取り付け派はかねて「均質な」ポーランド国家の樹立を唱えていた——同質性は当時の欧州各国で極めて望ましい政治目標とされていた。[31] 歴史家ステファン・ボットーニもルーマニア共産党の二面的な少数民族政策が――ハンガリー系、スラヴ系、ユダヤ系社会を統合する取り組みの一方で、ドイツ人には苛酷な仕打ちを加えた――党の正統性確保に役立つと考えた。[32]

チェコスロヴァキア共産党が追放に関わってくるとさらに広範な人気を集め、おそらく想像以上に重要な意味を持った。関与したからこそ党が本流と思わせる結果をもたらしたのだ。結局、警察当局は民衆の支持を得た政府の政策を並はずれた意気込みで推し進めただけにすぎない。チェコスロヴァキア共産党書記長クレメント・ゴットヴァルトは国民に対して、大戦への報復にとどまらず、ボヘミアが神聖ローマ帝国とドイツ諸邦主体の同盟軍に撃破された一六二〇年の白山の戦いへの復讐すら呼び掛けた。「諸君は白山をめぐる最終的な懲罰に、チェコの土地をチェコ人に返還することに備えなければならない。われわれはよそ者であるドイツ人貴族の子孫たちをすべて永久に追放するのだ……[33]」。スロヴァキア共産党機関紙もハンガリー系少数民族を攻撃する際に同じく民族主義的な言い回しを使用、マルクス主義の要素を織り交ぜるように努めた。「ハンガリー人領主たちはスロヴァキア農民を山岳地帯に追いやったが、もともと農民の暮らしたスロヴァキア南部の豊かな生産地域はスロヴァキア人民に返還すべきである[34]」。

ドイツ人の国外退去を促進するために設立された特別機関には、別の用途もあることがたちまち判明する。ポーランドでは、追放対象のドイツ人を拘束するため建設ないしは改修した送還施設の多くが、ゆくゆくは体制反対派の収容所や刑務所に転用されていく。チェコスロヴァキアでは共産党が追放を手助けするための準軍事組織を発足させた――このときの同じ組織が一九四八年、共産党によるクーデターに一役買うことになる。[35] こうしてドイツ人追放はまさに文字どおりの意味で、一、二年後に控えた恐怖政治の導入に機構上の基礎を築いたのである。

追放については配下の警察当局が実施に当たったため、各地の共産党は折よくドイツ人資産の再配分を担当することが多々あった。アパート、調度品、その他の物件が突如として彼らの手に転がり込む。そのすべては党の支持者にうまい具合に手渡すことができるわけだ。ドイツ人は農場や工場も残していったが、これも民衆の喝さいを浴びながら直ちに国有化し、ポーランドやチェコ当局者の管理下に置くことが可能となる。こうした大量の資産の差し押さえは、その後間もなく始まるさらに広範な国有化を民衆が受け入れるうえで心理的な素地を整えることに一役買った。ドイツ人が家屋や商売を失うことについては大方が満足の意をもって眺めてきたし、国民の敵から資産を接収するのは「公正」なことだと感じていた。そうであれば、労働者階級の敵から資産を奪うことも「公正」でないことがあるだろうか？

かつて追放されたドイツ人による、声高な主張を掲げる強力な組織のおかげで、ドイツ人追放問題は近年、戦後欧州における民族浄化の事例として最もよく知られ、頻繁に議論されるようになった。しかしながら、それは戦後実施された多くの大規模な民族浄化策のひとつにすぎないのである。

ドイツ人がシレジアやズデーテン地方から追い出されていくのとまさにほぼ同じころ、これとは別の住民交換がポーランド・ウクライナ国境で進行中だった。奇妙なことに、この交換――戦後の追放としては二番目に大きな規模――をつかさどる協定はポーランドとソ連との間ではなく、ポーランドとウクライナ・ソヴィエト共和国との間で調印された。この共和国は当時、とりわけ国際関係に関わる問題では主権を持たない存在だった。あるウクライナの歴史家は、これは国際的な協定だったと考えている。仮にほかの連合国が住民移送に反対しても――あるいは付随的に起きた暴力が手に負えなくなったとしても、スターリンにすればいつでも法的責任はないと否定することができるのだ。「取り決めたのはわれわれではない。ウクライナ人だ」と[36]。

スターリンが十分承知しているように、その当時はポーランド南東部とウクライナ西部で本格的な民族戦争が荒れ狂っていた。ここでは当該紛争に限って善悪を詳しく論じるつもりはない。紛争の根源は積年の経済的、宗教的、政治的確執があり、それがナチスの占領、および一九三九年と四三年から四四年にかけての二度にわたるソ連侵攻によって火を噴き、歪められたことを指摘すれば十分である。ポーランド東部とウクライナ西部における平和と民族的調和といった大義は、さまざまな民族・国籍――ポーランド人、ユダヤ人、ウクライナ人、ソヴィエト人――より成るパルチザンも、当時、権力をめぐって争っていた数多の政治信条を持つパルチザンも眼中になかった。暴力は一九四三年、かつてポーランド領だった現ウクライナのヴォルイニ州でテロルと悲劇のピークに達する。ウクライナ蜂起軍（Ukrayins'ka Povstans'ka Armiya, 略称ＵＰＡ）と連携するウクライナ・パルチザンが、ドイツは敗北しつつあり、赤軍が進撃中であることを察知したからだ。彼らは独自の国家を樹立する時期が迫ってきたようだと判断したのである。現地の指導者ミコラ・レベチは「ポーランド人居住の革命的領土全体を浄化」するよう部下に呼び掛けた。一九四三年夏、彼の部下は――その多くが一九三九年のソ連によるポーランド人追放やホロコーストの際のユダヤ人殺害を目撃ないしは事件に加担した――五万人ものポーランド人を虐殺、ほとんど全員が民間人だった。彼らはさらに数万人をヴォルイニから追放した[37]。

十代のポーランド人女性が自分の村で起きた大量処刑について記している。その記録が活写するように、あの年の夏に虐殺を行った者たちはナチスとソ連双方の教えを取り入れていた。彼女と姉、二人の兄弟それと隣人たちはヴォルイニの村はずれにある森に連れて行かれ、動くなと命令された。そのあとの出来事は痛ましいことに、わずか数ヶ月前に同じ地方で起きた数多の大量処刑と似たようなことだった。

わたしは眠っているようにして横たわっていました。大きなスカーフを持っていたので、それで頭を覆い、何も見えないようにしました。銃声が近付いてきました。わたしは死を覚悟しました。ところが、そのあと、もっと遠くで銃声が再び鳴り響いてくるのが聞こえました。わたしは手を付けられずに済みました。……［姉とわたしは］立ち上がり、九歳と十三歳の兄弟の方に目を向けました。二人とも頭に銃弾を受けていました。今に至るまで、わたしは良心の呵責を感じています。二人に帽子を脱ぐように言ったからです。たぶん帽子を被っていれば、助かったはずです。……［でも、それから］どこへ行ったらよいのでしょう？　わたしたちはやぶを抜けてルボマルの方角に歩いていきました。少女を連れた年配のウクライナ人女性と会いました。姉は家まで連れて行ってもらえないかと切り出しました。でも断られました。……幸いにも一番近くにある住宅はカギがかかっていて、人はいませんでした。わたしたちは飼い葉桶の水を飲み、歩き続けました。放浪者としての人生が始まったのです(38)。

ポーランド人は復讐に出た。ポーランド人パルチザン、ワルデマル・ロトニクは同じ夏に行った一連の反撃のひとつを振り返る。「奴らは前の二晩に七人を殺した。われわれはその晩、八歳の学童を含む十六人を殺した。……わが方は全部で三百人いたが、抵抗には遭わず、一人も犠牲者は出なかった。われわれの大多数はモドリンの住民をたくさん知っていた。だから、だれがナチス支持者で、だれがウクライナ民族主義者なのか分かる。われわれはそうした奴らをつまみ出したのだ」。一週間後、ウクライナ人が報復を行った。ある村落を焼き払い、女性全員をレイプした。逃げられなかった住民は誰彼となく殺した。ポーランド人はまたもやり返す。こんどは「目には目を、歯には歯を、その言に背かず、と誓うウクライナ人による襲撃で家族の全世代を失い、憎しみに満ち満ちた」男たちを伴って。(39)

こうした直近の歴史や、国境変更の現実が定着するには時間を要したことを考えれば、ポーランド人とウクライナ人の双方とも国外追放に抵抗したのは驚くに当たらない。当初、ソ連とポーランドは双方とも住民交換は厳密に自発的な意志によるものとすることで合意していたため、一九四四年秋に率先して列車に乗り国境を越えたのは一部だった。しかし、冬が到来し、赤軍の大群が最後のベルリン攻勢に向けて西方に移動すると、志願兵は枯渇し始める。ポーランド国内軍のパルチザンはソ連がそのうち旧ポーランド領をポーランド側に返還せざるを得なくなると考え、一九四五年を通じウクライナ西部で引き続き諜略活動を展開した。「ウクライナ西部の領土はソ連に領有されることはない。あの地はポーランド領だったし、これからもそうなる」。あるポーランド系住民はNKVD諜報員にそう語った。「アメリカは決してソ連にそうはさせない。戦争を始めたときからポーランドについては一九三九年までと同じ位置にとどまると宣言していた。だから、［ポーランドに］わざわざ移動することもない」(40)。

こうした拒絶に直面し、なおかつ民族紛争が収まらないのを知って、スターリンは、今ではウクライナ・ソヴィエト共和国となった旧ポーランド領地域にとどまるポーランド系住民への政策を一段と厳しくした。当時のウクライナ共産党書記ニキータ・フルシチョフは一九四四年九月、スターリンに手紙を送り、ポーランド人学校、大学の全面閉鎖、ポーランド教科書の発禁処分とともにポーランド人を一斉検挙し、ソ連全土の工業化計画で働かせることを提案した。(41) これらの政策の結果（それと並んで米国による救援策を取らなかったことや、第三次世界大戦が勃発しなかったこともあって）、ポーランド人はようやく西方に向かう輸送列車に乗り込み始めた。ＮＫＶＤは一九四六年二月に至るまでソ連領内で活動する「白いポーランド人」メンバーの摘発、逮捕を依然行っていたが、こうした活動家は公然たるレジスタンスを担う最後の小集団だったと思われる。[42] ソ連の文書によれば、一九四六年十月までに八十一万二千六百六十八人のポーランド人がソヴィエト・ウクライナを去り、ポーランドに向かった。[43] ウクライナのほかリトアニアやベラルーシからの移動も含め合計で百四十九万六千人のポーランド人がソ連を離れポーランドに向かうことになる。[44]

これは大掛かりな文化移転である。リトアニアやベラルーシ西部、ウクライナ西部を離れるポーランド人は何世紀にもわたってポーランド語が話されてきた都市を置き去りにしていく。その多くは何世紀にもわたってドイツ語が話されていた都市へと移り住んでいく。今ではリヴィウと呼ばれるルヴフの由緒あるヤン・カジミエシ大学は建物を残し、残った蔵書と教授陣を現ヴロツワフのブレスラウへと移転。同じく歴史あるその地の大学が残したところに居を構えた。世に知られるウクライナの肥沃な「黒土地帯」で農業を営んだ農民はシレジアの砂質の多い土地に再定住したが、そこでは大型機械や別の耕作方法が必要だった。再定住したポーランド人がドイツ人の家屋に足を踏み入れることも時にはあった。そこでは、お茶を沸かすやかんがストーブに置かれたままだったり、デンホフ伯爵夫人のように前の所有者が最後の食事を済ませたあと食器を片付けていないところもあった。

やがて、ポーランド政府はこの「回復の地」（**ziemie odzyskane**, ポーランド語では「約束の地」**ziemia obiecana** と非常によく似た響きを持つ言い回しだ）や、さらには中世の時代にその地を治めたスラヴの諸王について手の込んだ神話を練り上げていく。しかし、実のところ、「回復の地」にやって来た人々の多くは侵入者のように感じた。最初の収穫は新しい環境に不慣れだったため、不調だった。彼らはドイツ人が戻ってくるのを恐れていたため、投資には抗った。ポーランド人が一九四五年から四六年にかけて国内各地から旧ドイツ領の諸都市にやって来て、ドイツ人が残していったものを奪い取ったという事実は暗示的である。故郷のように感じられる場所に対する接し方ではないということだ。

新国境の西に位置するポーランド側にいたウクライナ人は引っ越しにはむしろ怒りを募らせ、抵抗感を強めた。スターリンがウクライナ民族主義を押さえ付けるためもあってたくらんだ一九三二年から三三年にわたるウクライナ飢饉にまつわる話は聞き及んでいたため、大多数はソ連体制に何ら幻想を持たなかった。彼らはソヴィエト・ウクライナに行きたがらなかった。一部は現地に赴いたものの、すぐに引き返そうとした。一九四五年、四六年の両年を通じ、ウクライナ蜂起軍およびウクライナ民族主義者組織（Orhanizatsiya Ukrayins'kykh Natsionalistiv, 略称ＯＵＮ）のパルチザンは送還事務所を襲撃、道路や本国送りの人々を運ぶための線路を破壊、本国帰還したポーランド人の居住先となった村落を焼打ちにすることさえした。[45]

ポーランド共産党は反撃した。一九四五年四月、民警、警察、秘密警察、ポーランド軍などで構成するジェシュフの特別作戦グループは、ポーランド五県からウクライナ人を「一掃」することを目的とする強制追放計画に乗り出した。この取り組みは当惑するほど不首尾に終わった。ウクライナ蜂起軍やウクライナ民族主義者組織に対する地元住民への支持があまりに強かったため、ある時点でジェシュフの指導部は秘密警察の幹部らに「特別偵察機」の出動を要請したほどだ。地上ではウクライナ人を捕まえることができないため、空中から彼らの居場所を突き止めたほうがうまく行くかもしれないと考えたのだ。[46]

一九四七年までに、ポーランド政府はもはやこの地方の民族浄化だけに関心を注いではいられなくなった。もっと根源的な危機に直面したのである。ポーランド南東部における自分たちの権力を保持する必要に迫られた。地元当局では無理だ。いくつかの町村では実際にウクライナ人パルチザンがポーランドの独立運動WiNの残存勢力と協力していた。[47] 三月、ウクライナ人パルチザンは危機を煽る。ポーランド国防次官のカロル・シヴェルチェフスキ将軍を殺害したのである。将軍は迫撃砲や機関銃で武装した百五十人ほどのパルチザンとの戦闘に加わっていた。事件を受けてポーランド共産党機関紙は激怒したと言うべきか、国際主義とは無縁の民族主義的な憤りをあらわにする。曰くウクライナの「絞首刑執行人」、「悪党」、「殺し屋」、「外国人傭兵」と決めつけ、「ファシストの銃弾」[48]によりポーランド国民の勇敢な息子を謀殺したとパルチザンを糾弾した。(とはいえ、シヴェルチェフスキは長年にわたる赤軍将校だった。彼の死を伝える内部文書の一つは「モスクワにいる家族に連絡」したと述べている)。[49]

将軍殺害を受けて、ポーランド当局はついにウクライナ人追放に動く。追放先はソ連ではなく——そこでも厄介な問題を引き起こす可能性がある——、ポーランドの北部と西部の旧ドイツ領である。国内東部に「安全」をもたらす狙いを高らかに宣言し——大多数のポーランド人が支持するのは確実な目標だ——、当局は四月末、ヴィスワ作戦(Akcja Wisła)に着手した。歩兵師団が五個師団、兵士一万七千人、民警五百人、土木工兵隊、パイロット、内務省部隊が加わる大規模な軍事作戦である。ソ連NKVDに所属する複数の軍事化師団やチェコスロヴァキア軍が国境沿いで支援に当たった。[50] 七月末までにこの膨大な部隊はようやく十四万人あまりのウクライナ人を住居から立ち退かせることに成功、彼らを薄汚い有蓋車両に乗せてポーランド北部と西部に再定住させた。作戦は流血と怒りを伴わずにはおかない。三年前にヴォルイニで起きた殺戮事件と全く同様に、血塗られ怒りの渦巻く事態となった。当時は幼少だったあるウクライナ人はポーランドの兵士たちがいとこの結婚式に乱入してきたのを覚えている。

お祝いが行われている家を突然、兵士たちが取り囲み、火炎爆弾で火を付けた。彼らは花婿と逃げ出せなかった客人数人を殺し、血だらけの遺体を荷馬車に放り上げた。そこにはザグロドで始末した人々が既に積み込まれていた。彼らが立ち去ろうとするとき、ヴェールをまとった白いドレスの花嫁がいきなり現れ、新郎イワンの遺体を置いていくよう懇願した。兵士たちは笑いながら、彼女の両手を縄で縛り、荷馬車に結び付けたうえ、出発した。はじめ走っていた若い女はやがて倒れ、泥道に引きずり込まれた。兵士たちは彼女を射殺した。それからようやく縄を切り、亡骸を道に置き去りにしていった。[51]

ウクライナ人農民層の支援網がなければ、ウクライナ人パルチザンはもはや抵抗活動を維持することもできない。殺害を免れた者たちは捕まり、尋問を受け、しばしばヤヴォジノで拷問にかけられた。ここもナチスの収容所だったところで、それまではドイツ人を拘束するために使われていた（多くのナチス収容所と同様、長い間使用され、さまざまな機能を果たした）。ウクライナ人はポーランド全土に離散した。一九九〇年代に、わたしはマズールの湖沼地帯のエウク近郊に住む彼らの子孫たちのグループに一度出会った。彼らはもうウクライナ語をあまり話さない。ポーランド当局が国内のどの町もウクライナ人構成比を一〇パーセント以上としてはならないと定めたからだ。彼らは次第に自分たちの言語、文化、そして独自性を失った。

ヴィスワ作戦が終了して数週間後、ソ連はソヴィエト・ウクライナ側の隣接地域で同じように無謀な措置に着手した。一九四七年十月の数日間に、ソ連秘密警察はウクライナ西部で七万六千百九十二人のウクライナ人を逮捕し、強制収容所に送った。[52] 何人かの歴史家はふたつの作戦に関連性があると推測する。どちらも強烈な自負心を持ち結束が固い西部ウクライナ人社会を永久に葬り去ることを意図していた。ポーランド人とロシア人の双方に対する頑強な抵抗活動を生み出してきたのは、この社会だった。ソヴィエト・ウクライナ人が逮捕を免れたとしても、もはや誰ひとりとしてポーランドを安全な避難場所として使うことはできない[53]。ヴィスワ作戦はそのことを思い知らせた。両方の作戦はともに国民の支持を得た。ウクライナ人パルチザンに苦しめられてきたポーランドの農民たちは彼らが消えたのを見て歓喜した――そして、彼らを追い払ったソ連とポーランドの部隊に感謝した。

ヴィスワ作戦は一国内で行われた住民交換としては際立って苛酷な事例だが、これが唯一だったわけではない。チェコスロヴァキア政府がスロヴァキアからのハンガリー人追放について、ポツダムでもその後のパリ講和会議でも連合国の承認取り付けに失敗すると、同じような解決を思い付く。文書にスロヴァキアからのハンガリー人追放はない。あくまで「自発的」な住民交換なのだ。こうした「自発的」退去に仕向けるため、スロヴァキアのハンガリー人は市民権、公式の場での母語使用の権利、ハンガリー語による礼拝出席の権利をはく奪された。八万九千人余りのハンガリー人はこうして一九四五年から四八年までの間に、スロヴァキアからズデーテン地方に立ち退き、いなくなったドイツ人に取って代わるか、あるいは国境を越えてハンガリー自体に向かうか「説得」を受けた。その代わりに約七万人のスロヴァキア人がハンガリーから到着した[54]。

外部からの抗議は一言も聞かれなかった。それは「ハンガリー系少数民族の運命にだれも関心を持たなかったためだ[55]」。ハンガリーのある歴史家はそう指摘する。しかし、本当のところは、少数民族の運命にだれもがいっさい関心を示さなかったのだ。世界はヴィスワ作戦のことはもちろんのこと、ポーランドとウクライナとの民族戦争にほとんど気にも留めなかった。ルーマニアから脱出、あるいは追放の身となった十万人のハンガリー人についても、チェコスロヴァキアを離れウクライナに向かった五万人のウクライナ人、あるいは戦後、ウクライナからチェコスロヴァキアに帰還した四万二千人のチェコ人とスロヴァキア人についても、見向きもしなかった[56]。

一九五〇年までに多民族東欧の面影をしのばせるものは数少なくなる。望郷の念だけが——ウクライナ人の望郷、ポーランド人の望郷、ハンガリー人の望郷、ドイツ人の望郷が——後に残った。一九九一年、わたしはウクライナ西部の町ザブロッコに近い小さな村落を訪ねて行った。そこにはウクライナ人夫婦が住んでいた。二人は一九四五年当時、あらゆる類のパルチザンが夜ごと訪ねてくるのにおびえ、戦闘におびえ、戦争に疲れていた。彼らは平和を切望し、ポーランド東部のサン川のほとりにある愛しい村を出ていくことに同意する。所有物を一切合財荷車に積み込み、東に向かってとぼとぼ歩いた。やっとのことで丘の上に立つ木造家屋に転がり込んだ。そこは最近までポーランド人家族が暮らしていた家だ。二人はその家にとどまった。半世紀後、ポーランドを一度も見たことのない孫娘がいまなおそこに行ってみたいと憧れている。彼女は知りたがっていた。あの国は「祖父母が言うように豊かで美しいところだったの？」と。

最終的に、追放されたドイツ人の大多数はドイツに向かい、ポーランド人はポーランドへ赴いた。ウクライナ人はソヴィエト・ウクライナに行こうと思えば行くこともできた。しかし、東欧のユダヤ人は既に潜伏先、強制収容所、亡命地へと離散し、一九四五年に帰還できる、だれの目にも明らかな祖国がなかった。たとえ彼らが元の住居に戻ってみても、目にするのは物理的な破壊と精神的な荒廃、さらには、もっとひどい状況だ。実際、ユダヤ人の戦後の運命は、彼らがこれまで民族的、政治的、犯罪的暴力に覆われてきた——依然そうした状況にあることが珍しくなかった——町や村に戻ったことを理解せずに把握することはできない。

平和は解放の後に訪れるという考えに慣れているため、この点をすんなり理解できる西欧人はほとんどいない。戦後の東欧でユダヤ人が以後の時代に味わった経験というものがある。このテーマが西欧人自身に絡みついた神話と感情を解きほぐすことも容易ではない。あらゆる戦後の民族紛争が、現在に影響を及ぼすため過去を利用したがる現代の政治家たちによって時折煽られているのは確かだ。かつて追放された人々の団体が一九七〇年代と八〇年代に西ドイツ政策で絶大な、しかもしばしば厄介な役回りを演じ、時折――一九八九年の危機的局面も含めて――ポーランドとドイツとの国境変更や住居返還を訴えた。ポーランド人とウクライナ人は折に触れてウクライナ革命軍にまつわる記憶をめぐって言い争いをする。前者は殺人集団として記憶し、後者は現在、自由の戦士として崇拝している。二〇〇八年、スロヴァキアとハンガリー間の緊張は、スロヴァキアでハンガリー人活動家が逮捕されたことに怒ったハンガリー側がこれに抗議して、国境通過地点をいくつか実際に封鎖するところまで高まった。

それでもやはり、戦後の東欧、とりわけ戦後ポーランドにおけるユダヤ人の歴史ほど感情面で大きな危険をはらんだ分野はまずない。その大部分を占めるのは、東欧ユダヤ人の東欧共産主義に対する入り組んだ関係である。一部ユダヤ人は戦後の東欧共産体制でもかなりの国々で重要な役割を果たし、それゆえ新体制の受益者とみなされた。ほかのユダヤ人たちが同じ体制の手にかかって苦しんだとしても、である。時には東欧人とユダヤ人がある種の受難劇競争に夢中になったこともある。前者は世界がホロコーストを知っているのに、ナチスやソ連のせいでこうむった自分たちの苦難を知らないことに憤る。時には後者が自分たち以外の人々による戦時下の苦難に議論が及ぶと、彼ら自身が味わった類を見ない悲劇的な経験に対する誹謗だと受け止めた。金銭、資産、罪、責任をめぐる議論が一貫して続いてきた。

こうした感情がいかにして行動に表れるのかを示す事例が一九九〇年代に持ち上がった。ポーランド国民記憶院となる組織の検察官がサロモン・モレルによる特異な事件の捜査に乗り出したのである。彼は――だれもが一致して認めていることだが――ポーランドのユダヤ人で共産主義パルチザンだった。一九四五年二月から九月までは上シレジア地方の町シヴェントフウォヴィツェにあるドイツ人用の労働収容所ズゴダの所長を務めた。ここはかつてアウシュヴィッツの補助収容所が置かれたところだ。その後はポーランド秘密警察要員となり、最終的に大佐に昇進、カトヴィツェにある刑務所の司令官に就く。モレルは一九九〇年代初頭にイスラエルへ移民した。

これ以外となると、モレルに関してはほとんどすべてが論議を呼ぶことばかりだ。ポーランドの捜査当局、検察当局によれば、モレルは戦後直ちにポーランド治安警察に加わる。まずルブリン城の監獄で働き、ポーランド国内軍指導者たちの取り調べを手伝った。その後、ズゴダに配属された。そこでの在任中、彼は婦女子を含めドイツ人が大半を占める囚人への虐待で知られるようになる。食べ物を取り上げ、衛生状態の悪化を放置、拷問を快楽とし、死に至らしめたこともある。環境が劣悪なため、夏は収容所にチフスが蔓延、千八百人あまりが死亡した。記録文書によると、モレルは内務省からチフス流行の責任を問われ、三日間の自宅軟禁に置かれ、給与の一部はカットされた。

二〇〇五年、ポーランドの検察官はモレルに戦争犯罪の罪があると判断し、彼が居住するイスラエル国家に対し身柄引き渡しの要請状――要請数件のうちのひとつ――を送付した。これに対してイスラエル司法省から激しい怒りの書簡が届く。モレルは戦争犯罪人ではなく、戦争被害者の一人だというのである。彼は大戦中、ポーランドの警察将校の手にかかり自分の両親や兄、義妹が殺害されるのを目の当たりにした。彼の兄はイスラエル書簡の言い方では「ポーランド人ファシスト」に殺された。イスラエル司法省当局者によれば、モンルが管轄していたシヴェントフウォヴィツェの収容所にいた囚人は六百人足らずで、全員が元ナチス党員だった。衛生状態は申し分なく良かった。こう指摘するイスラエル当局者の判断は事実ではなく感情に基づくものだった。この当局者は言う。モレルは「ナチスおよびポーランド人協力者が手を染めた大量虐殺の犯罪」に苦しめられた、彼に対する犯罪追及はポーランドの反ユダヤ主義に動機付けられたものである。従って、身柄引き渡しには応じないというのである。(57)

書簡のやり取りは双方にかなりの反感を引き起こした。ポーランド側はイスラエルが典型的な共産主義の犯罪人を隠していると感じた。イスラエル側はポーランドが典型的なユダヤ人被害者を攻撃していると思った。けれども、モレルにまつわる話は決して典型的なものではない。ポーランド、イスラエルのどちらかに公正さが欠けている「象徴」とするには程遠い。モレルの一件は例外として扱うべきだったのだ。

まず、モレルの来歴は異例である。多くの東欧ユダヤ人とは違って、彼はホロコーストを生き延びたからだ。生存者の正確な数字がないので、生還がどれほどまれなことだったか、厳密に示すのは容易ではない。ユダヤ人であっても、だれもが戦後の東欧でそのように登録したとは限らない。ユダヤ人組織と関係を持ちたいと望んだ人ばかりでもなかった。多くは「アーリア人」として受け入れてもらうため既に名前を変えており、戦後もその名前で通した。しかし、最も信頼の置ける推計によると、戦前のポーランド領内に住んでいたユダヤ人三百五十万人のうち戦後の生存者は一〇パーセント以下にとどまったもようだ。ナチス占領下のポーランドではおそらく八万人が生き延びた。残りは戦時中をソ連で過ごし、戦争が終わると帰還した。一九四六年六月までの時点で、戦後のポーランド国境内にはユダヤ人が約二十二万人いた。その数字は当時でみると、二千四百万人を数えたポーランドの全人口の一パーセント以下になる。[58]

ハンガリーでの推定はさらに難しくなる。ここではユダヤ人の同化、異民族結婚、改宗といった長い伝統があったからだ。その結果、一九四五年のハンガリーにおけるユダヤ人人口は十四万三千人とするものから二十六万人とする数字まであり、大きな開きが生じた。これもまた、ハンガリー全体の人口九百万人からするとわずかな割合である。しかし、よく知られたアウシュヴィッツへの大量移送も含め、大戦後半のナチスによる追放は主として農村部のユダヤ人を直撃したため、生き残ったハンガリー系ユダヤ人のほぼ全員はブダペストに暮らしていた。[59]当時、約九十万人いた首都でも彼らは非常に目立つ存在で、発言力のある少数民族だった。家族や職業上のつながりが保たれていたこともあって、ハンガリー系ユダヤ人はたちまち社会生活で重要な役割を演じ始める。こうしたことはポーランドではなかったし、ましてドイツでもあり得なかった。戦後、ドイツのソ連管轄区域ではユダヤ人の生き残りは約四千五百人を数えるのみであった。千八百万人の人口からするとごくわずかにすぎない。彼らはほとんど姿の見えない存在だったし、その後もそうした状態にとどまった。[60]

サロモン・モレルは戦後の東欧にとどまった点でも通常とは異なる人物だった。戦後、生還したユダヤ人の圧倒的多数が故郷にとどまるのは、親族が生き延びたか、残った資産がどんなものかを確かめるためだった。探し当てたものはないも同然で、打ちひしがれた人々が大半だ。ポーランドのユダヤ人当局者は一九四六年の覚書の中で、多数のユダヤ人が国外に去っていく事情を説明している。その主な理由は、「家族、親族、友人の墓場」と化した町や村で暮らすのは到底不可能ということだ。[61]外国に親類がいる――生きている親類はそれだけと言う場合もある――という理由で去った人もいる。他の人々は、特にソ連で戦争中の経験をした人はそうだが、共産主義を嫌い、また共産主義国家ではユダヤ人実業家や商人に将来はないと的確に見て取り、ポーランドを後にしていった。

しかし、恐れをなして去った人々もいる。戦後のポーランド、ハンガリー、チェコスロヴァキア、ドイツ東部は東欧全体と同様、暴力の支配するところだったからだ。共産党当局者であることは危険、反共主義者になるのも危険、ドイツ人であること、ウクライナの村でポーランド人でいること、ポーランドの村でウクライナ人であることが危険であった。ユダヤ人であることも危ういことになりかねなかった。戦後に帰還を歓迎され、公平かつ友好的に処遇されたユダヤ人もいる。赤軍に加わったあるポーランド系ユダヤ人は帰還すると、隣人たちが歓迎し食べ物を差し出したうえ、共産主義者を追い詰める地元国内軍部隊から守ってくれた。共産党とのコネを持つ別のポーランド系ユダヤ人は、異教徒の国内軍パルチザンをNKVDから救うのに手を差し伸べた。エミル・ゾンマーシュタインは――ユダヤ人問題担当相としてポーランド暫定政権に加わることを条件に、一九四四年にソ連の強制収容所《グラーグ》から釈放されたシオニスト活動家――謀略工作を展開、正統派ユダヤ人に変装した国内軍の密使を密かにロンドンに送り出した[62]。

同時に、戦争終結から間もない数ヶ月、数年後にハンガリーやポーランドで――チェコスロヴァキアやルーマニアでも――規模の評価にばらつきはあるものの、逸話なり文書記録にユダヤ人に対する残虐かつ致命的な攻撃が行われた証拠がある[63]。この時期のポーランドにおける「ユダヤ人死者」の数は四百人ないしは二千五百人に上る。そもそもどれだけのユダヤ人が生き残ったのか一致した見解がない以上、こうした統計上の食い違いはたぶん驚くに当たらない。しかし、このことは不透明な状況が深く折り重なっていたことも反映している。重要な例外はいくつかあるにせよ、これらの襲撃事件は他とは関連性のない特殊なケースであり――ポーランドにおけるドイツ人攻撃やスロヴァキアにおけるハンガリー人攻撃とは異なり――政府の公式な政策の一環ではなかった。他者が住み着いていた家にユダヤ人が帰還して引き起こされた場合もあれば、政治的論争が発端だったこともある。どっちがどっちだったか必ずしもはっきりしないのだ。帰還して自分の家だと主張したユダヤ人が殺されたのは自分の不動産が原因だったのか――あるいはユダヤ人ゆえに、だったのか？　治安警察に入ったユダヤ人が殺されたのは共産主義者だったためなのか――あるいは、ユダヤ人であるがためであったのか？　ユダヤ人に対する強盗事件は反ユダヤ主義的行為なのか、それとも通常の犯罪なのか？

少なくとも狭義に見て、これより明確なのは反ユダヤ主義暴動である。やはりこの時期に起きたもので、ポグロムと呼ばれることもある。一九四五年以降、反ユダヤ主義的暴力の爆発はジェシュフ、クラクフ、タルヌフ、カリシュ、ルブリン、コルブショヴァ、ミエレツといったポーランドの都市で発生。スロヴァキアではコルバソフ、スヴィンナ、コマルノ、トポリチャニの各都市で、ハンガリーではオーズドとクンマダラシュで起きた[64]。おぞましさでは群を抜く悪名高い暴動は二件あり、それは一九四六年七月四日にポーランドのキェルツェで、もうひとつは数週間後の七月三十日から八月一日にかけてハンガリーの都市ミシュコルツで発生した。

キェルツェで起きた暴動の表向きの理由は――こんなことが二十世紀でも起こり得るとは信じがたいことだが――血の中傷をめぐるうわさだった。おそらく時間通りに家に帰らなかったときに受ける罰を免れるためだったのだろう。ポーランド人の子供が両親に話した。ユダヤ人たちにさらわれていたのだと。彼らは自分を儀式用の生贄にするつもりだったとも。その子の話では、キェルツェにあるユダヤ人委員会の建物の地下室に捕われていたという。これは寄宿舎と地域交流センターを兼ねており、当時は生き残ったユダヤ人数十人が暮らしていた。酔っていたその子の父親は地元の警察に通報、警察はものものしい捜査に乗り出す。しかし、建物の住人たちがここには地下室はなく、子供を捕えておくことなどできるはずもないといくら説明しても、うわさは町中に広がり始めた。

群衆が委員会の建物に集まり出した。軍の部隊が駆け付けた――内務治安部隊の兵士四十人だ。建物内にいたユダヤ人指導者らは度肝を抜かれたはずだ。兵士たちが不穏な空気の群衆にではなく、ユダヤ人たちに向けて発砲し始めた。彼らは群衆を蹴散らすどころか、市民で編成する民警や警察とともに群衆に加わったのである。地元工場の労働者も勤務が終わると、同様に加わった。その日のうちにユダヤ人たちは町のあちこちで、さらに郊外で殺害された。なんとも不運なことにキェルツェに到着する列車でも乗り合わせたユダヤ人乗客が犠牲になった。日没までに少なくとも四十二人が死亡、数十人が負傷した。今日に至るも、この事件は戦後の東欧で起きた最悪の反ユダヤ主義暴動と位置付けられている。(65)

ミシュコルツでは暴動に発展する数日間に血の中傷のうわさがいくつもあったが――ユダヤ人とキリスト教徒の子供に絡むうわさは、クンマダラシュやトポリチャニで既に暴力沙汰を引き起こしていたものの――、この町が手の付けられない状況に陥ったきっかけは闇商人三人が逮捕されたことだ。うち二人がユダヤ人だった。逮捕の話はおそらく警察によってまたたく間に町中に伝わり、群衆は七月三十一日の朝、三人を待ち構えていた。地元の留置場から拘禁施設へ護送される日のことである。群衆は既にスローガンを掲げていた。曰く、「ユダヤ人に死を」、「闇商人に死を」と。拘束された三人が現れた際、彼らに向かって放たれた暴徒が一人を殺害、もう一人をこっぴどく叩きのめした。男は病院に収容された。三人目は――ユダヤ人ではなかった――なんとか逃げ切った。

警察が暴動の初期段階にいなかったことは特筆すべきことではあるが、その日午後には十六人を人前で私刑を加えたとして逮捕した。この逮捕が新たな怒りを呼び、激怒した群衆が翌日、警察署を襲撃、占拠した。こんどはユダヤ人の警官が殺害された。

ふたつの事件は国内でも――さらにキェルツェの事件は国際的にも――かなりの関心を呼び、心底からの衝撃と激しい憤りを引き起こした。ポグロムは相次いで新たな移住へと駆り立てた。当時ウッチに住んでいたあるユダヤ人が説明するように、「われわれは自らの存在が危険な状況に陥っていると感じた。けれども、われわれとしてはこの騒ぎが自分たちの意識に影響を及ぼすことは許さなかった。われわれは再び人間として生きようと望んだ。キェルツェのポグロムはわれわれを幻想から目覚めさせた。一瞬たりともここにとどまっていてはいけないのだ」[66]。

非ユダヤ人たちも動転した。反ユダヤ主義はホロコーストの記憶が生々しい国々ではあまりに忌まわしいものがある。ポーランドやハンガリーの知識人、政治家は党派を超えてそうした残滓を非難する苦悩に満ちた声明を出した。ポーランド国家は司法調査を実施、何人かの犯人を裁判にかけ、最終的に九人に死刑判決を下した。ハンガリーでは共産党中央委員会がミシュコルツ暴動の翌日、反ユダヤ主義を大っぴらに議論した[67]。おそらく最初で最後のことである。しかし、その後の警察の捜査および内部調査とも結果に満足する者はいなかった。

いずれの事件も体制の一部機関には責任の一端がある。キェルツェでは警察と治安機関が暴動を防げなかったばかりか、実際に軍とともに暴徒に加わったのである。群衆の暴力を爆発させたのは警察が加担したためだ。ミシュコルツでは地元警察がおそらく前もって群衆に情報を漏らしたのだろう。投機師たちが市中心部にやって来ると。そして暴動が発生すると、紛れ込んでいったに違いない。さらに重要なことは、ラーコシは自分自身がユダヤ人ではあるが、事件より一週間前の七月二十三日、ミシュコルツを訪れ、大衆集会で投機師をやり玉に挙げる演説を行った。「通貨フォリントで投機行為を行う者、われわれの民主主義を支える経済基盤を損なおうとする者は絞首台に吊るさなければならない」と。それと同時に、ハンガリー共産党[68]はユダヤ人の風刺画のように見える「投機師」の戯画をあしらったポスターを張り、チラシを配った。党が超インフレと貧しい経済状況に対する民衆の怒りの矛先を「ユダヤ人投機師」に向けさせる——さらに、そうした怒りが共産党に向かわないようにそらす——ことを望んでいたのは明らかだ。[69]

どちらの事件も、一部が主張したような国際的協働はおろか、慎重を極めた事前の計画があったことを裏付ける記録文書上の証拠はない。ソ連の工作員や顧問たちが両都市に居合わせた——キェルツェではソ連のNKVD将校一人が暴動の現場に立ち会ってさえいた——ものの、また、これらのポグロムがすべて同時期に発生した事実にもかかわらず、これまでのところその組織化にソ連の何らかの直接的な関与を突き止めることはできない。[70] ロシア人あるいは現地の共産主義者が暴動は彼らにプラスに働いたと思ったのかどうかも明らかでない。ハンガリーやポーランドの当局は反共運動や教会——当時は、付着した汚点のように見えたのである——に責任を押し付けたが、内部の議論では暴動が当局自体の脆弱さを示す兆候であることを認識していた。キェルツェでは治安機関の異なる部門が互いに言い争っていたため、七月四日は命令に服すことができず、結局、暴徒への抑えが利かなかった。彼らの対処能力を裏付けることには到底ならない有様だったのである。暴動を受け、地元の党幹部数人が解任された。[71] ハンガリーの党組織もミシュコルツの事態に狼狽した。ラーコシは暴動の責任を「わが党に潜入したファシスト勢力」に負わせ、拡大阻止を誓った。[72]

同時に、二つの暴動が一定の社会的支持を受けていたことも疑う余地がない。あたかも中世の奥深いところから沸き起こったかのように、ユダヤ人がキリスト教徒の子供を殺めているとか、ユダヤ人投機師がキリスト教徒の農民を襲って身ぐるみ剝いでいるといったうわさが、突如として東欧の一部地方都市を制し、田舎の住民に至っては恐れをなして眺めていたのである。こうした狂気の沙汰を説明づけるのは経済だと見る向きもある。ポーランド出身の歴史家ヤン・グロスは大戦中のユダヤ人大量殺害が「社会の空白」を生み、「そこを現地ポーランド人のプチブル階級が素早く埋めた」と指摘する。[73] 自分たちの地位に不安を抱き、手に入れたばかりのものを失うことを恐れ、新たな共産主義体制に危険を感じたこの社会階層は、生還したユダヤ人に憎悪をぶつけた。グロスはそう考えている。そこに一理あるのは確かであり、ほかの国々で同じ現象を目撃した人も少なくない。収容所生活を生き延びたユダヤ人、ヘダ・コヴァーリは一九四五年、彼女の家族が保有していたチェコの別荘に戻った。「わたしが呼び鈴を鳴らすと、しばらくして太ったひげ面の男がドアを開けた。一瞬わたしを凝視し、わめいた。『そうか、戻って来たのか！　だめだ！　それだけは勘弁してくれ！』と。わたしは取って返し、森へと足を向けた。モミの木の木立が続く苔むした地面をとぼとぼ歩き、鳥の声を聴きながら、プラハに戻る次の列車が来るまで三時間過ごした」[74]。民衆の反発を恐れたハンガリーの共産党はユダヤ人資産の返還を唱えることは実質的に拒否した。一九四五年三月、『サバト・ネープ』はユダヤ人たちに勧告した。ユダヤ人の住居を既に占拠しているキリスト教徒に対しては、たとえ彼らがファシスト政権の協力者だったとしても「理解」するように、と。ブダペストの党当局者も生還したユダヤ人に対し、自分たちの家に住み着いた者とは「合意に達する」ように提案した。目下の状況ではそれも確かに無理もないことだった[75]。

このほか、ユダヤ人憎悪の基底には経済競争にも増して根深いものがあると考える人々もいる。ポーランドの歴史家ダリウシュ・ストラが指摘するように、ポーランド人は――チェコ人、ハンガリー人、ルーマニア人、リトアニア人と同様――ドイツを含む西欧では想像もつかないほど、ホロコーストを見聞きし、その匂いすら嗅ぎ取ってきた。

この種の経験に対する心理的な反応は複雑であり、まったく不合理なのだ。すなわち、その記憶とはある種のけいれんである。連動する感情は強烈で制御することもできない。さらに重要なのは、こうした感情は必ずしも憐憫、同情の感覚ではないことだ。……わたしは心理学者ではないが、この理論に傾いている。というのも、一定の恐るべき行動形態についてはそれ以外に説明できないからだ。たとえば、ユダヤ人の子供たちが収容されている孤児院に何者かが手投げ弾を放り投げる場合がそうだ[76]。

ストラがここで言及しているのは、一九四五年八月十二日の夜に起きた悪名高い事件のことだ。犯人は不明だが、この襲撃者が実際にラプカ村のユダヤ人孤児院に手投げ弾を投げ込み、さらに二時間にもわたり施設に発砲し続けたのだ。驚くべきことに、死者は出なかった。しかし、孤児院はすぐに閉鎖され、子供たちは出て行った[77]。

ストラの説明は二〇〇五年に発表されたものではあるが、ポーランド知識人たちの多くが当時抱いた見解とさほど違いはない。高名な哲学者にして社会学者のスタニスワフ・オソフスキは一九四七年、同じ結論に達している。「慈悲心というものは」と彼は書いている。「他者がこうむった不幸に対するものでもないし、想像することのできる反応ばかりではない。……絶滅を運命づけられた人々は、他の人々には見境もなく唾棄すべき対象になり、人間的な関係から外れて排除されることにもなりかねないのである」。彼は、ほかの人々が事件以降に見て取ったのと同様に、こうも観察している。すなわち、なんらかの物質的な形でユダヤ人絶滅から恩恵を受けた人々は、しばしば不安に駆られ、罪の意識に苛まれることすらあった。そのため、自分たちの行いが正当だと見えるように努めたのである、と。「仮に、ある人の破滅がだれか別の人を利するのであれば、その破滅は道義的に正当化されるのだとまず己に、そして他者に言い聞かせようとする衝動が働くのである[78]」。

絶えざる敵意の理由がいかなるものであろうと、このことが背中を押す形で実際にユダヤ人が東欧を離れ、米国や西欧へ、とりわけパレスチナへ移住するように仕向けていった。キェルツェ暴動から三ヶ月で七万人余りがポーランドを去りパレスチナに向かった。彼らは一握りのシオニスト組織から援助や励ましを受けた。こうした組織は、移住促進を目的に設立されたパレスチナや米国の団体から資金提供、支援を得ていた。移住の段取りを定めた取り決めに従い、ポーランドのユダヤ人は合意のできたシレジア地方の国境通過点を通り、徒歩やトラック輸送によりチェコスロヴァキアを通過。最終的に地中海の港に向かい、そこからパレスチナを目指した（一部は途中で計画を取り止め、別の国に向かった）(79)。

やがて、この大移動はポーランド体制を困惑させ始め――英国委任統治下のパレスチナへの移民は依然として非合法であり、英国メディアはこのことについて報じ始めたのである――、短期間、停止となった。しかし、イスラエル国家が樹立されると、ユダヤ人は再び出国が認められる。というのも、当時、経済の中央集権化を進めていたポーランド国家にとって、ユダヤ人社会の小企業経営者を追い払うことは願ってもないことだったからだ。イスラエル政府も移住促進のため、ポーランド政府に有利な取り決めを行い、事実上ポーランド側に外貨流入を保証した。ルーマニア政府もイスラエルと同様な取り決めを結んだ。両国政府にはソ連が積極的に承認を与えたもようだ(80)。ハンガリーでは、米国ユダヤ人共同配給委員会――シオニストの主要な慈善団体――もやはりこの時期に百万ドルを政府に支払った。これと引き換えにハンガリー系ユダヤ人三千人が直ちにイスラエルへの出国を許された(81)。

いくつかの東欧諸国は舞台裏ではさらに乗り気な姿勢を見せ、のちに指導者たちが認めるよりもはるかに積極的だった。ユーゴスラヴィアを除き、これらの国々はすべて一九四七年にパレスチナ分割に賛成票を投じた。当時、ソ連はイスラエル国家の樹立を支持した。とりわけ、スターリンがイスラエルはすぐにも共産主義陣営に加わると考えたためである。東欧でもイスラエル建国への熱狂が高まる――一九四七年末にはポーランド、チェコスロヴァキア、ハンガリーの政府がユダヤ人の準軍事組織ハガナのための訓練キャンプを開設したほどだ。この組織はのちにイスラエル国防軍の中核となる。ハンガリー軍と秘密警察部隊は約千五百人のハンガリー系ユダヤ人を訓練した――一方、ポーランド系ユダヤ人約七千人がシレジアのボルクフに赴き、そこで赤軍とポーランド軍兵士から訓練を受け、最終的にハガナの戦士になっていった。当時、この計画は地元でも全国レベルでも支持を得た。一九四八年六月、ポーランド共産党中央委員会はこのユダヤ人グループに、「一定量の武器と軍事訓練場」をあてがった。ボルクフではだれでも見られる場所で訓練が行われ、志願兵が歌いながら町を行進した。志願兵がプラハやマルセイユ経由でパレスチナに向けて旅立つ際、「花や横断幕が掲げられた」――訓練を受けたユダヤ人の言葉を借りれば、「ポーランド人でさえ彼らの自由への戦いに大いなる共感を寄せていた」。この計画は一九四九年初めまで続き、そこには長期にわたり利益を引き出そうとする意図があった。ポーランド秘密警察は訓練課程を受けた人物のリストを保管しておいた。共産党員だった参加者は「イスラエルに渡った後もなお」諜報員として協力するよう同意を求められた。[82]

イスラエルの建国達成に伴い、あらゆる渡航は秘密ではなくなる。一九四八年、ポーランド国営旅行会社オルビスは列車による初の定期運行を開始する。ここでもルートはチェコスロヴァキア、オーストリア経由イタリア行きである。この旅は一、二度行って成功を収めると（ひとたびユダヤ人がシベリア行きではなく、「本当にイスラエルに行ける」と確信すると）移民申請が再び増加し始める。[83]その数は一九五〇年代初頭にまたも減少するが、それはほぼ間違いなくソ連の圧力によるものだった。スターリンによる当初のイスラエル支持はそのころまでに態度が硬化し、疑念と妄想症に変わった。とはいえ、一九五五年までの時点でポーランドにとどまったユダヤ人はわずか八万人。戦争を生き延びたユダヤ人の三分の二が国外に去った。東欧のどこも数字は似たようなものだ。一九四五年から五七年までの間に、ルーマニア系ユダヤ人の五〇パーセント、チェコスロヴァキア系ユダヤ人の五八パーセント、ブルガリア系ユダヤ人の九〇パーセントが出国。ハンガリー系ユダヤ人も四分の一ないしは三分の一が出て行った。(84)

とどまったユダヤ人のうち、相当な数が共産党員であることや、共産体制に大いに期待を寄せていること、共産国家のさまざまな機関に職を得ていることを理由に残留を選んでいる。それも当然である。あらゆる類の反共主義者が逮捕されるか殺害された時期に、反共のユダヤ人は東欧を去ったからだ。これがサロモン・モレルに絡む異例な事件としては決定的な要因なのである。彼は国内にとどまっただけでなく、治安警察に加わったがゆえに特殊なのだ。一般的な東欧神話とは逆に、大多数のポーランド系ユダヤ人は秘密警察には加わらなかった。どうしてそれが可能だったのだろうか？　その多くが国外に去ってしまったか、出国を計画しているところだったからである。

少数のユダヤ人がポーランドの共産党および党直属の治安機関で、非常に地位の高い、ひときわ目立つ要職を占めていたのは確かである。その中にはボレスワフ・ビエルートの最高顧問を務めたイデオロギー担当のヤクプ・ベルマン、同じく経済担当のヒラリー・ミンツ、秘密警察でカトリック教会への潜入工作担当部局を統括したユリア・ブリスティゲル、秘密警察の悪辣な主任取調官ユゼフ・ルジャンスキとその副官アダム・フメル、ルジャンスキの兄弟で、やがて戦後の出版業界の大半を牛耳ることになる作家イェジー・ボレイシャ、秘密警察の高官でのちに亡命したユゼフ・シフィアトウォがいる。悪名高いこのグループは決して多数派ではない。歴史家アンジェイ・パチコフスキによれば、戦争終結直後の時期に秘密警察「指導部」で、彼らが占めた割合は最大で推定三〇パーセント程度である。一九四八年以降、この数字はさらに下がる。彼らこそそうした数字とは不釣合いなほどの反共感情をとにもかくにも呼び起こしたのだ。それは間違いない。[85]

ハンガリーの状況は異なる。指導的なハンガリー共産党員はすべて――ラーコシ、ゲレー、レーヴァイ――出自がユダヤ人だったからだ。ガーボル・ペーテルも含めて政治警察や内務省を創設した面々の多くも同じだ。しかしながら、それにひきかえユダヤ人が共産党を支持していたかとなると、まったく定かでない。一九四五年の選挙で共産党に投票したのはユダヤ住民の四分の一にすぎない。戦後間もない数年間は傍目にもユダヤ人党幹部が多かったものの、国家機関で働くユダヤ人の割合は一九四八年以後、低下する。ハンガリー共産党は――東ドイツ共産党やルーマニア共産党と同じく――旧体制の下級職員、とりわけ警察官の採用に積極的に乗り出したためだ。大っぴらにこの階層での人気取りを狙い、共産党員を「エリート階層」、「よそ者」、あるいは、いかにも「ユダヤ人」とみる固定観念の打破を目指したのである(「彼らは、本当は悪者ではない」)。ラーコシは米国人ジャーナリストと会見した際、ファシスト政党の元党員たちについて、そう語った。「彼らは党内で決して活動的だったわけではない。彼らに必要なのは誓約書に署名するだけだ。そうすれば、われわれは受け入れる」)。[86]

さらに重要な点がある。東欧の共産党で指導的な立場にあったユダヤ人の存在は、どこを見ても「ユダヤ寄り」と根拠をもって呼ぶことのできる施策を生み出すことはなかったということである。逆にユダヤ人活動家も含め共産主義者は、ユダヤ人の歴史やユダヤ人の帰属意識についてことのほか葛藤を抱えた心境にあった。ホロコーストが起きている最中にあってさえ、そうだった。一九四二年、モスクワ滞在中のヤクプ・ベルマンはワルシャワのユダヤ人に起きている出来事について恐ろしい話を耳にし始める。やがて、彼の兄弟の一人がトレブリンカでガス室送りになる。しかし、彼は心を鬼にした。真の共産主義者たるもの、ナチスのたくらみを成すがままにしておくわけにはいかないと。彼はレオン・カスマン――彼もまたユダヤ人であった――に送った手紙の中で、今起きている悲劇に物事をはぐらかされたり、目をそらされたりしないようにと、友人に助言した。「ポーランドにおけるユダヤ人の状況は恐るべきものがある」と彼は書いた。「しかしながら、君がここに多大な努力を傾けることはできないように思える……というのは、ポーランドのユダヤ人大衆を占領者に対する精力的な闘争に駆り出す問題は重要だし、正しいことではあるが、……われわれが注意を払う中心にはほかの事柄を据えなければならない[87]」。

戦後、二面性をはらむこの葛藤が際立ってくる。一九四五年から四六年にかけて、ラーコシは不安を抱く。反ファシズム裁判では「ユダヤ人に何かやらかした人物」にかなり注目が集まっているが、それは民衆には受けないかもしれないと[88]。悪名高いことに、ラーコシはあるとき、会話中に反ユダヤ的な発言をし、国会議長ベーラ・ヴァルガを怒らせた、そのため、ヴァルガが「あなたの母親はユダヤ人だった。自分の母親を知らないとでも言うのか」とかみついたほどだ。ラーコシはそれにも全面否定するだろう。小地主党出身の首相フェレンツ・ナジが閣僚会議の席上、ハンガリーの戦後政治家にかなり多数のユダヤ人がいることについて見解を述べたときのことだ。ラーコシは落ち着き払って共産党にはこの問題はないと論じた。「幸運にも。わが指導部は全員カトリック教徒である」と[89]。ユダヤ人社会は存在しないに等しい東ドイツでさえ、顕彰に当たって大多数は共産主義者を意味する元「ファシズムと戦った戦士」と、大部分はロマやユダヤ人を指す元「ファシズムの犠牲者」とを早くから区別した。ジェフリー・ハーフが指摘するように、「ユダヤ人を資本家、受動的な虚弱者とみなす旧来の反ユダヤ主義的固定観念が、反ファシズム闘争に関する東ドイツの筋骨たくましい共産主義言説の中に引き続き潜んでいくことになる[90]」。

東欧の共産主義者と東欧ユダヤ人とのこうしたむかつくような関係の一端は、個々人の反ユダヤ主義に、ユダヤ人個人の反ユダヤ主義にすら起因すると考えられるかもしれない。それも一部は時の経過とともに深まっていったスターリン自身の反ユダヤ主義を反映しており、彼の死の直前には要職にあったソ連ユダヤ人の粛清で頂点を迎える。しかし、最も奥深いところでは、ユダヤ人やユダヤ性をめぐる共産主義者の不安感こそ、党がどれほど支持を得ているのか自信の持てない状況を反映しているのだ。

大多数の国民から正統性がないとみなされていることを知ればこそ――より正確に言えば、ソ連スパイとみなされていることを知ればこそ――、党は支持を取り付けようと伝統的な国民的、宗教的、民族的シンボルを据えていく。一九四五年、四六年の両年は特にそのことが言える。党は選挙を通して権力を取るチャンスがあるとなお考えていたのだ。ラーコシが闇市撲滅と反ユダヤ主義の言辞を弄する一方、ハンガリー共産党も一八四八年の「ブルジョア革命」を祝う毎年恒例の記念行事を主催、支持者には党の赤旗と同時にハンガリー国旗を掲げるよう指示し、一部古参党員を仰天させた。ラーコシが説明するように、「われわれは依然として党の愛国的な性格に問題を抱えている。多くの同志たちはわれわれがマルクス主義路線から逸脱しているのではないかと心配している。われわれは赤旗と国旗を選んだ。そのことははっきり分かるように力説しておく必要がある。……国旗とはハンガリーの民主主義を体現する旗なのである」[91]。

ドイツ共産党も同じ手法に訴えた。戦争がまだ続いているときに早くもドイツ帝国旗を復活させる。かつての兵士たちを党の大義に引き付けることができれば、もっけの幸いというわけだ。党はまた、過去にも目を向け伝統的なドイツの英雄を顕彰しようと努めた――例えば、一九四九年にワイマールで行ったゲーテ年の祝賀行事やライプツィヒで四年ごとに開くバッハ国際コンクールがそうだ。ポーランド人も一九四九年、ショパン年を開催した。ルブリン臨時政府の指導者エドワルド・オスプカ=モラフスキは一九四四年八月、「ヴィスワの奇跡」顕彰のミサさえあからさまに祝福した。これは一九二〇年、ポーランドがワルシャワ郊外でボリシェヴィキ軍を撃退した記念日で、反ロシア的なニュアンスが際立つ国民祝日だ。この奇妙な行事をさらに奇異なものにしたのは、ニコライ・ブルガーニン元帥が出席したことだ。当時はソ連人民委員会議議長、のちのソ連首相である。[92]

共産体制の反ユダヤ主義迎合は、同じくこうした考え方の一環だ。反ユダヤ主義を無視するか、あるいは弄ぶことまですることで、党がより「国民的」、「愛国的」になり、ソ連色が薄れ、違和感があまり感じられない、より合法的な存在に見えると多くが期待したのだ。ポーランドでは、党の不人気は「ユダヤ人が多すぎる」ためだとする定説があったが、それはさかのぼれば党自体に端を発する。戦時期のポーランド共産党指導者で、ビエルートにとって最大の政敵だったウワディスワフ・ゴムウカは人気が凋落した一九四八年、スターリンに長文の覚書を送り、党内のユダヤ人たちが党の基盤拡大を難しくしていると力説した。「一部のユダヤ人同志はポーランド民族、またはポーランド労働者階級との結び付きを感じていない……あるいは『民族的虚無主義』とでも言うべき姿勢を取っている」と。その結果、と彼は断言する。「わたしは国家や党機関におけるユダヤ人の割合がこれ以上増えないように歯止めを掛けるだけでなく、特に党機関の最高レベルにおける割合も徐々に減らしていくことが絶対に必要だと考える」[93]。

ズデーテン地方の反ドイツ意識、ポーランドの反ウクライナ感情、スロヴァキアの反ハンガリー心情と同様に、反ユダヤ主義はついに党の武器庫における、まさにもう一つの道具、もう一つの武器となった。この意味で、ユダヤ人の戦後史は民族浄化のひときわ熾烈な形態と同じ部類に属しているのだ。各国共産党は人気取りのため率先してドイツ人憎悪、ハンガリー人憎悪、ウクライナ人憎悪を、さらにホロコーストにより最も壊滅的な打撃を受けた地域ですらユダヤ人憎悪を煽った。ポーランドの共産党はのちにこのテーマに立ち返り、一九六八年に自国のユダヤ人多数を追放することになる。

ではサロモン・モレルはどうか？　とどのつまり、彼はある意味においてのみ、この時期の「典型的な」人物だった。戦争の惨禍と戦後の混乱を生き抜いた多くの人々と同じく、彼は異なる時代に異なる民族の中で異なる役割を演じた。ホロコーストの被害者、共産主義者として活動した犯罪人、家族全員をナチスに奪われた男、ドイツ人とポーランド人に敵対した加虐的な怒り――その怒りとは自らの被害者意識から生まれた可能性があるのか、そうでないのか、また共産主義に関連していた可能性があるのか、そうでないのか――に駆られた男。それがモレルだ。彼は心の底から復讐心に燃え、何とも凶暴な男だった。ポーランドの共産国家から勲章を授与され、共産体制崩壊後のポーランド国家によって訴追され、イスラエル国家により擁護された。それでも、戦後半世紀が経過するまで、訴追を恐れるようになった後でさえ、イスラエル移住にはまったく関心を示さなかった。結局のところ、彼の生涯にはユダヤ人やポーランド人について裏付けるものがいっさいないのである。その生涯は、二十世紀最悪の数十年を最も荒廃した欧州の一角に生きた人々に判定を下すことがいかに困難なことかを示しているにすぎない。

第7章 青年

諸君の反ファシスト行動グループは直ちに解体しなければならない……！
諸君は中央委員会の指示を待つことになっている！
ヴァルター・ウルブリヒト、一九四五年(1)

青年を掌握する者は未来を手中に収める
ドイツ青年ピオニール団のスローガン

一九四七年、ポーランド共産党政治局員で閣僚を務める古参党員、ステファン・イェンドリホフスキは同僚たち向けに気掛かりな問題についてのメモをしたためた。「アングロ・サクソンのプロパガンダに関する覚書」とややもったいぶった表題を付けたメモはとりわけ、わが国では英国および米国の通信社がソ連やポーランドの通信社よりも強い影響力を持っていると不満を述べている。すなわち、米国の映画はあまりにも好意的に批評に取り上げられ、米国のファッションはたちまち入手可能となるというのだ。彼は断固たる口調で提案する。ソ連のファッションはもっと目立つように展示、宣伝すべし。ポーランドで英語を教えるブリティッシュ・カウンシルなどの機関に厳しい制限を課すべし。西側諸国の大使館はさらに厳重に監視すべし、と。

しかし、なによりもイェンドリホフスキを悩ませたのはポルスカYMCAの見た目にも強い影響力だ。これはキリスト教青年会（YMCA）のポーランド支部で、一九二三年にワルシャワで設立、その後、ヒトラーにより活動を禁止された。一九四五年四月、ポルスカＹＭＣＡはジュネーブに本拠を置く国際ＹＭＣＡ本部からいくばくかの支援を受けたほか、地元の圧倒的な熱意にも支えられて活動を再開する。ＹＭＣＡが政治と無縁なのは明らかだった。ポーランドにおける主要な任務は外国からの支援物資――衣類、書籍、食料――を分配、さまざまな活動を提供、青年向けの授業を行うことだ。しかし、イェンドリホフスキは隠された動機があるものと疑う。彼は書いている。ＹＭＣＡのプロパガンダは「あからさまな政治的口調を控え……慎重に」行われている。だからこそ、ますます危険なのは言うまでもない。彼は国家保安相を務める同志スタニスワフ・ラトキェヴィチに対し、この組織の会計監査を行うとともに、利用されている出版物の種類や講義内容を注意深く監視するよう勧告した。[2]

懸念したのはイェンドリホフスキだけではない。同じころ、教育省は当時、戦う青年同盟（Związek Walki Młodych, 略称ＺＷＭ）として知られた共産主義青年運動の指導部から報告を受け取った。この組織はイェンドリホフスキにも増してＹＭＣＡを忌み嫌っていたのだ。青年共産主義者たちはＹＭＣＡの英語講座、クラブ活動、ビリヤード・ゲームに苛立ちを募らせていた。彼らが言い立てた不満によれば、グダニスクではＹＭＣＡが寄宿舎や食堂に資金援助し古着を与えているという。クラクフでは、ある建物を七十五年の使用契約で借り上げたという。同盟幹部が口に出したわけではないが、こうした支援はどれをとっても彼らの能力では到底及ばないことであった。[3]

それ以上に深刻な心配事があったのかもしれない。ボリシェヴィキ革命の直後、ポール・デュークスという英国工作員が何か特段の成功を収めたわけではないものの、諜報活動の隠れ蓑として実際にモスクワのＹＭＣＡを使ったことがある。[4]しかし、ポーランドの共産主義者たちは、ワルシャワのＹＭＣＡが厄介な存在であることを知るのに歴史の一端をひも解く必要などなかったはずだ。戦後のワルシャワでこうしたことを流行と表現することができるとすれば、YMCAが流行りであったがゆえに敵視したのである。たとえば、ワルシャワのYMCAは小説家にしてジャーナリスト、道楽者、さらにポーランド初の、最も偉大なジャズ評論家、レオポルド・ティルマンドの住み処だった。ティルマンドは戦後、半ば破壊された建物の一室を借りた。彼が後に書いているところによれば、「間口二メートル半に奥行三メートル半の広さ――言い換えれば、穴。それでも居心地は悪くない」部屋だった。辺り一帯はぬかるみ、ごみ、そしてワルシャワの廃墟だけである。これが、独身男性用の寄宿舎でしかないこの建物に「豪華なホテル」といった雰囲気を醸しだしてくれたわけだ。質素ではあったが、清潔で、閑静であった。[5]

夕暮れ時ともなると、ティルマンドは色鮮やかなカラーソックスにナローパンツという出で立ちで、階下のジャズコンサートに繰り出す。パンツはやはりYMCAで暮らす仕立屋が特別に誂えてくれたものだ。「そこでは、当時流行のスイング・スタイルを着こなした飛び切りの女の子たちがカフェテリアや読書室、プールの間を歩き回っていた」。ワルシャワとウッチのYMCA支部はともにコンサートで有名だ。あるファンが回想している。YMCAコンサートのチケットを手に入れるのが「夢だった。……文化的で優雅。アルコール抜きでも、大いに楽しめた」と。何よりも、コンサートは気晴らしの場だった。「われわれはカティンのことも、自由な国にどんな暮らしがあるのかも全く知らなかった。パスポートはない。新刊書や映画もない。それでも、われわれには気晴らしや楽しみを見つけたい当然の欲求がある。ジャズが与えてくれたのはまさに、それだった」。ティルマンド自身、後年、YMCAは、「荒廃した、穴居生活のワルシャワ、人々が狭苦しい場所に暮らす街の只中にあって本物の文明」を体現し、「とりわけ、われわれはその平等な雰囲気、軽やかさ、ユーモア精神を尊重していた」と書いている。[6]

しかし、イェンドリホフスキや戦う青年同盟といった敵どもににらまれては、この組織も存続できない。一九四九年、共産党当局はYMCAを「ブルジョワ的ファシズムの道具」と断じ、解体した。オーウェルの世界を思わせる異様な怒りに駆られた共産主義青年組織の活動家たちは、ハンマーを振り上げてクラブを襲撃、ジャズのレコードをすべて叩き割った。建物は兵士の友同盟とか呼ばれる団体に譲渡された。入居者たちはまず早朝の騒音で、その後は電気、水道を止められ、嫌がらせを受ける。立ち退かせるためだった。最終的に共産主義青年たちは一人ひとりの所持品を窓から放り投げ、ベッドを撤去した。

それでも、全員が退去したわけではない。大きな理由はほかに行き場がなかったためだ。ティルマンドはとどまった。新たな入居者がやって来た。妻帯者や子供連れもいた。一九五四年までに、ここは騒がしく汚れも目立つ場所になる。ホールには洗濯物がぶら下がり、調理のにおいが立ち込めた。家族全員がそれぞれ小部屋で寝泊まりした。一帯の建物はすっかり「パリの貧民街」に似てきた、とティルモンドは書いている。「かつてYMCAが備えていた愉快な心地よさは、今となっては、はるか彼方に過ぎ去った牧歌的ないにしえの思い出でしかない(7)」。

戦争終結直後に再建されたポルスカYMCAは今日で言う「市民社会」の典型的な実例であった。それまでは別の名称で流布した現象である(8)。十八世紀にはエドマンド・バークが「小隊」について称賛しながら書き留めた。公共心が生まれる元となると彼が信じた、小規模な社会組織のことである(これがフランス革命によって脅かされたと彼は考えている)。十九世紀になると、アレクシ・ド・トクヴィルは同じように熱狂的に、「あらゆる年齢、あらゆる身分、あらゆる気質の米国人が絶えず形成」する「結社」について書いた。その結社が独裁を防ぐ一助になると彼は結論付けている。「仮に人間が文明人としてあり続けるか、あるいは、そうなるのだとすれば、一体となって結び付く技が成長し向上していかなければならない」。最近では政治学者ロバート・パットナムが同じ現象を「社会的資本」として再定義し、自発的な組織とはわれわれが「共同体」と呼ぶものの中心に位置すると結論付けた。

ボリシェヴィキ政権も一九四五年までに市民社会論を発展させた。もっとも、それは完全に否定的な理論だ。バークやトクヴィル、および自国のロシア知識人たちとは対照的に、ボリシェヴィキはスチュアート・フィンケルの言葉を借りれば、「社会主義社会における公共圏は一元的、一義的であるべきだ」と考えたのである。開かれた議論という「ブルジョア的」概念を排し、独立した結社、労働組合、あらゆる類の団体を嫌い、これらを社会内の「分離主義的」ないしは「カースト的」分断と呼んだ。ブルジョア政党について言えば、それは意味を持たないものだった。（レーニンが既に書いているように、「欧州でもロシアでも政党名はもっぱら宣伝目的のために選ばれることがしばしばあり、政党の『綱領』もたいていは民衆を欺くことを唯一の目的として作成されるのだ[9]」）。合法的に存在することを許された組織は事実上、共産党の延長にすぎない。完全に非政治的な組織ですら活動禁止の対象となった。すなわち、革命が勝利を収めるまでは、非政治的組織といったものはあり得ないからだ。何から何まで政治的なのである。さらに、表向きは政治的でないとしても、密かに政治的な役割を担っているのだ。

そう決めてかかれば、いかなる組織化された団体も疑惑を免れないことになる。サッカーやチェスに関心があるとする団体が、もっと悪辣なことを追求する「前線」となってもおかしくはない。サンクトペテルブルクの学者ドミトリー・リハチョフ――のちにロシアで最も卓越した文芸批評家となる――は一九二八年、逮捕される。メンバー同士が古代ギリシア語であいさつを交わす哲学の討論クラブに所属していたためだ。投獄中、リハチョフは何人もの人物と出会ったが、その中にはボーイスカウトのペトログラード代表がいた。この団体は東欧でも後年、かなり怪しげな存在とみなされることになる[10]。

市民社会に対するこうした根深い疑念はボリシェヴィキ思考の中心にあり、通常の理解をはるかに越えるものがあった。フィンケルの指摘によれば、ソ連指導部が(レーニンの新経済計画が進む)一九二〇年に経済的自由の実験に取り組んでいるときでさえ、文学、哲学、信仰関係の団体に対する組織的破壊は衰えることなく続いた[11]。正統派マルクス主義者にとってさえ、政治と無縁なスポーツ、文化の団体といった自発的な組織を含む自由な結社よりは自由な交易のほうが望ましかったのである。これはレーニン、スターリン、フルシチョフ、ブレジネフの治世下を通じて当てはまる。他の分野では多くの変化があったにもかかわらず、市民社会に対する迫害はスターリンの死後も続き、一九七〇年代、八〇年代にまで及んだ。

東欧の共産体制はこの被害妄想を受け継いだ。自らそのことに気付き、ソ連への度重なる訪問を通じて身に付けたか、秘密警察の同僚たちが訓練期間中に習得したためか。あるいは一部事例に見られるように、戦争終結に当たりソ連の将校や大使が任地国で神経を研ぎ澄ますようにはっきりと指示したためだ。東欧駐在のソ連当局者が現地共産党政権に対し、特定の組織や団体について活動禁止を直接命じたことも数例ある。

革命後のロシアと同様に、東欧における市民活動家への政治的迫害は実際の政治家への迫害に先行しただけでなく、ソ連や共産体制が掲げるほかの目標よりも上位に位置づけられた。ハンガリーでは依然、建前としては選挙は自由であり、ポーランドにはなお合法的な野党が存在した一九四五年から四八年にかけての時代でさえ、ある種の市民結社は既に危機に瀕していた。ドイツ駐留のソ連司令官たちは占領から数ヶ月の間、礼拝や宗教儀式を禁じようとはいっさいしなかった。しかし、教会団体の会合や日没後の祈禱式、さらには教会外のレストランやほかの公共の場に集う宗教組織や慈善団体にまで強硬に反対することがたびたびあった。[12]「下部構造が上部構造を規定する」――経済が政治や文化を規定する意味になる――とするマルクスの信念にもかかわらず、市民社会への攻撃がこの地域で最も抜本的な経済改革にも先行していた。ソ連占領下の欧州各国でこれが行われた時期は、厳密には同じではなかったものの、そのパターンは極めて似通っていた。カトリック青年団体に所属することが非合法だったときでさえ、民間取引はまだ合法だった国がたくさんあったのだ。

この地域の青年運動史の中で、新生共産党に対する市民社会の意義が明確になる。これほどはっきり示したのはほかのどこにもない。おそらく、共産体制がそれ以上に重要とみなす社会団体が皆無だったからだろう。敵対するファシスト勢力が青年を重要視し、その組織化に大きな成功を収めたためでもある。早くも一九三二年にはドイツ共産党指導者のエルンスト・テールマンがナチスとまったく同様に、「スポーツ、規律、さらに仲間意識、スカウト運動のゲームおよび行進を取り入れる」よう同志たちに呼び掛けている。「われわれは多数の青年労働者の抱くロマン主義的・革命的心情にどうして気付かないのか？　自分たちの仕事にどうしてこれほど冷淡で鈍感でいられるのか……われわれはプロレタリア青年を引きつける磁場を創り出さなければならない……」。[13]

青年への執着は、一九四〇年代に共産主義サークル（および欧州一帯の左翼サークル）で広まっていた、人間は変わり得るという深い信念を反映してもいた。遺伝学に対するスターリンの疑念は有名だが、これはプロパガンダと共産主義教育が人間の性格を恒久的に変えることができるという彼の確信にまさに由来するものである。彼は、後天的性格が遺伝により受け継がれる可能性があるとの持論を唱え、それを証明するために実験をねつ造した反遺伝学者トロフィム・ルイセンコのような偽医者を擁護した。ルイセンコ理論が誤りであることを研究で証明する科学者はスターリンが存命である限り、ソ連で迫害に遭う危険があった。[14] スターリンの論法は明白だ。もし青年を教育とプロパガンダで型にはめて作り上げることができるのであれば、さらに、獲得した習性をその子供たちに受け渡すことができるのであれば、「新しい」種の共産主義的人間――「ホモ・ソヴィエティクス」、これについては追って詳述する――の創造は可能というわけだ。

ポルスカYMCAは戦争のもたらした瓦礫から再び姿を現した多くの青年団体の一つにすぎない。テレビやソーシャル・メディアが登場する以前の時代、ラジオ、新聞、書籍、劇場に接する機会に乏しい人々が少なくない当時のことである。青年団体は、十代の若者や年若い成人には、今日では想像しがたいほど重要な意味を持っていた。パーティーやコンサート、キャンプ、クラブ活動、スポーツ行事、さらに他のどこにも見当たらないような討論グループを組織したのだ。

とりわけドイツでは、ヒトラー・ユーゲントやその女性版であるドイツ女子同盟が消滅したことで紛れもない空白が生じた。戦争が終結する最後の最後までドイツの若者たちのほぼ半数が、ヒトラー・ユーゲントやドイツ女子同盟の集会に夜ごと出席していた。大半は用意されたキャンプ地で夏休みや週末を過ごしてきた。これら組織は今や完全に失墜したものの、実際の必要性を満たしていたのだ。そのため戦闘が止むや否や、ナチス青年団体の元メンバーやかつての反対者は、東西ドイツ一帯の町や大都市で、自然発生的に反ファシスト組織の結成に着手した。

こうした団体を立ち上げた第一陣はドイツ人の手になるものであって、ソ連主導ではなかった。若い人々が自ら組織したのである。彼らの周辺にいる大人たちはどこでも絶望に打ちひしがれている。ドイツの学童の五人に一人は父親を失った。十人に一人は父親が捕虜となっていた。社会の組織化はだれかが始めなければならなかった。大人の当局者が不在という中で、ごく限られた非常に活動的な若者がその役割を担ったのだ。ベルリン西部地区のノイケルンでは、五月八日――休戦の一日前――に創設した反ファシスト青年組織が五月二十日までに六百人のメンバーを獲得、早くも孤児院を五つ設立したほか、スポーツ競技場二カ所のがれきを撤去した。五月二十三日、この組織がノイケルン劇場である公演を行ったところ、一般観客とともにソ連軍将校も観に訪れた[15]。

その頃までにヴァルター・ウルブリヒトの飛行機でベルリン入りしていたウォルフガング・レオンハルトはこのノイケルン・グループのメンバー数人と会った。彼らはレオンハルトが接した初めての非ソヴィエトの政治活動家であった。「健全な現実主義を兼ね備えた正真正銘の熱意を感じ取ることができた。指令を待つことなく、この「グループの」メンバーはたちどころに、最も急を要する住民の要望に応えるために、まず取り掛かるべきことは食料と水の調達だと気付いた」。なかでも彼が驚嘆したのは、手際の良い実務的な議論である。「わたしがロシアで慣れっこになっていた延々と続くあらゆる会議と比べると、三十分でそれ以上のことを成し遂げた[16]」。休戦後二ヶ月は完全にソ連管理下に置かれていたベルリン全域で、同じような団体が食料配給や瓦礫の撤去を組織的に行い始めた。西側連合国が七月に到着する。そこで初めてベルリンは各占領区域に仕切られた。ベルリン当局は、その時までに、市内の十代の若者一万人が自発的に発足させたさまざまな反ファシスト団体に既に加わっていたことを知る[17]。

しかし、これら団体が始動するのとほぼ同じ時期に、ドイツに駐留するソ連当局の注意と疑念を招く。七月三十一日、在独ソ連軍政当局は、ベルリン行政指導部の下で反ファシスト団体の結成を「許可」するが、「正式な申請に関連して」のみこれを行う旨の布告を出した。明確な許可がない限り、換言すれば、不許可のあらゆる青年組織、組合、スポーツ・クラブ――社会主義の団体ですら――は活動禁止となった。これと並んで、別の布告があらゆる青年組織に対しソ連との「友好」を促進することも要求した。自立した諸団体は自然発生的に活動した三ヶ月間を経て、早くも国家管理の下に置かれるようになった。

自分の人生で初めて自然発生的な市民社会に出くわしたばかりのレオンハルトは、その破壊を任務とする担当者の一人であった。ベルリンに到着して間もなく、ウルブリヒトは認可もなく出現した「反ファシスト委員会や反ナチス団体、社会主義研究所、国民委員会あるいはそうした類の組織」に注意を向ける。レオンハルトは、ノイケルンの反ファシスト活動家たちと会っていたく感動したため、ウルブリヒトがこれらの団体に関心を寄せたことを最初は歓迎し、ウルブリヒトが委ねようとした任務とは、メンバーたちと接触し、その活動を支援することだとてっきり思っていた、と書いている。それは間違いだった。ウルブリヒトが彼に語ったのは、こうした委員会はすべてナチスが創設したということだ。大半は隠れ蓑の組織だというのだ。その狙いは本物の民主主義の発展を阻むことにあると、ウルブリヒトは断じた。そして命令を下す。「組織は解散せよ。それも直ちにだ……」。レオンハルトは任務遂行に「悄然と」同意する。その理由は後になってはじめて理解した。

下からの独立したイニシアティブで、反ファシスト、社会主義、あるいは共産主義の運動なり組織を立ち上げることは、スターリン主義にとっては不可能だった。というのは、こうした組織が統制を免れ、上から出された指令に抵抗を試みる危険が絶えずあったからだ。……この任務は独立して台頭してきたドイツの反ファシスト、左翼系社会層に対する党機関の初の勝利であった。(18)

とはいえ、ウルブリヒトやソ連の盟友たちは自発的な委員会を望まなかったものの、ソ連当局にきちんと登録された認可団体に若者が加わることを求めた。ドイツが「ブルジョア的」民主制とみなされ、複数の非共産政党がまだ存続を認められ、一部の非共産青年団体については全面的な規制に従うことを条件に登録を許可していたからだ。中道右派のキリスト教民主党は七月、党の正式な「青年部門」の登録を許された。一九四六年、ソ連行政当局は一定の芸術、文化団体の結成も認める布告を出す。[19]

共産党も独自の青年部門を設立し、ドイツ青年多数が参加を望むものと楽観的に想定した。しかし、青年たちは加入しなかった。少なくとも、見込んだ数には達しなかった。若き（あるいは多少は若い、当時三十三歳の）エーリヒ・ホーネッカーは信頼厚い部内者として――彼もウルブリヒトとともにモスクワからの第一便でベルリン入りした――一九四五年十月、指導部宛てに提出した報告の中で、進み方が遅いと上司たちに報告した。彼はドイツ人青年が「政治というものを元のナチス党の活動と同一視」していることを憂慮し、多くは「自分たちの問題に個人的な解決策を探し求め」、あるいは「娯楽や闇市取り引きにうつつを抜かしている」のを心配した。[20]

ドイツの青年は十分政治的に成り切れていないとみる人々もいた。ロベルト・ビャレク――今はブレスラウを離れ、自分の妻をレイプしたソ連軍兵士たちに対する幻滅から一時的に立ち直ったところだ――も、若いドイツ人がいまだにナチスの語彙で物を考え、話しているとこぼした。ビャレクは既にザクセンの共産党青年部門のリーダーに任命されており、その魅力をもっと良く広めるために、かつてのヒトラー・ユーゲントを党の新組織に取り込もうと支持の論陣を張った。彼らはドイツ生来のリーダーなのだとビャレクは宣言する。「われわれはヒトラー・ユーゲント運動の元リーダーたちを葬り去ることもできよう。しかし、彼らがふるった権力はジューコフ元帥の命令であろうと根絶することはできない」。[21]

ところで、共産党青年組織が勢いを失う中で、ほかの諸団体、とりわけキリスト教団体は明らかに伸びていた。ナチス敗退により道義が荒廃したドイツの地にあって、教会は精神的かつ倫理的なオアシスのようだった。のちに法学者、判事、そしてやがては西ドイツ憲法裁判所長官となるエルンスト・ベンダが当時、東ベルリンのキリスト教民主党の青年部門に加わったのは、その教義が「単純な真理」から来ていると思ったからだ。「徹頭徹尾、誠実であれ、嘘をつくことなかれ、正直であれ、汝の政治的反対者に公平であれ、公正であれ――すなわちそれは社会正義を意味する」。(22)

まだソ連の捕虜収容所にいたときから共産党の激しい勧誘工作を受けていた青年マンフレート・クラインもやはり一九四五年秋、教会に戻った。戦争終結でベルリンに帰還すると、当初はホーネッカーが共産主義青年運動を組織するのを手伝った。しかし、すぐに居心地の悪さを感じるようになる。彼は回想記で、「この体制の閉鎖性と一見したところ完璧で反駁のしようもない論理に、わずか二十歳で直面し、われわれはかなり無力感に襲われた」と書いている。「カトリック信仰に従って育てられ、カトリック青年活動とともに成長したので、わたしは依然として多くの迷いを抱えていた」。彼は最終的にキリスト教民主党の青年団体に加わった。これがかつての共産党の同僚たちを激怒させる。そうした反応も、同僚らがクラインは彼らの役に立ちうると気付くまでのことだ。ホーネッカーは満面に笑みを浮かべて言った。「君はわたしが思っていた以上に抜け目のない男だ」。ソ連の同志たちもクラインの決断を承認した。今や彼らは自らの代わりにクラインがキリスト教民主党内部でスパイになってくれることを期待している。(23)

一九四五年十二月までに、共産党青年組織は戦術変更の必要性に気付く。ほかの党の青年組織と同じ数だけ若者を引き付けることができなかったからだ。そこでゲームのルール変更を決める。ホーネッカーはビャレクに対し、「統一した」ドイツ青年運動の発足に向け「自発的な」大衆運動の組織化にひそかに乗り出すよう求めた。ドイツ青年団体をすべて単一の傘の下に統合する運動はザクセンを皮切りに行い、嘆願、集会、演説を展開していく手はずだ。青年団体のリーダーたちもソ連当局に手紙を送り、超党派による単一の青年組織づくりを訴える。ソ連軍政指導部がこの計画にひとたび同意すれば、「ブルジョア的」青年団体のリーダーは従わざるを得なくなる。そうなれば若者たちはすべて新たな組織に所属することになり、共産党青年部門の相対的な弱体化はそれほど目立たなくなるわけだ。(24)

これは失敗から生まれたアイデアだった。共産党は若者の獲得に競い合うことができなかったため、指導部が競争を排除したのだ。もともとはドイツのアイデア——ホーネッカーの発案だったと思われる——だったが、この計画は一九四六年一月、たちまちソ連軍司令官たちの支持を得る。当時の共産党中央委員会議長ヴィルヘルム・ピークが、在ベルリン・ソ連軍政本部の置かれたカールスホルストでの話し合いを書き留めている。「統一した反ファシズム青年組織の創設。同意。ただし、決定はモスクワで行う」。ウルブリヒトは次のモスクワ訪問の際に、この案件を正式に提起し、二月初め、モスクワの承認を得て帰還する。自由ドイツ青年団（Freie Deutsche Jugend, 略称ＦＤＪ）はこうして誕生した。

統一を求めるビャレクの「自発的」呼び掛けはほかの青年組織のリーダーたちを驚かせた。この問題を討議するため招集された会議の場で、ホーネッカーは「多数」の団体が統一した自由ドイツ青年運動を求めていると主張した。キリスト教民主党と社会民主党の青年組織指導者がそのような要請はいっさい聞いたことがないと訴えると、数百もの手紙が入った籠をいくつも見せられた。「驚かせたのが成功だった」とクラインは振り返る。「われわれは当時、こうした提案を計算に入れていなかった」。創立大会が組織され、広範な青年——キリスト教民主党、社会民主党、共産党傘下のメンバーたち——が出席に同意した。カトリックやルター派の青年指導者も慎重ながら、同じく同意した。クラインはこの大会について当時、ベルリンのキリスト教民主党指導者だったヤコブ・カイザーと議論した。カイザーは大会出席に同意したが、クラインには用心を怠らないようにと助言した。「これがどれほど長く持つのか、われわれの中ではだれも分からない」[25]。

初の会合は一九四六年四月、ブランデンブルクで開かれ、前途洋々のスタートを切った。まず歌（「自由青年のバラード」）で始まり、満場一致で幹部会を選出、そこにはクライン、ホーネッカー、ビャレクが名を連ねた。いくつもの歓迎演説があった。ソ連占領軍の文化担当官（コミッサール）、セルゲイ・トゥルパノフ大佐が若者に向けて「ヒトラーのイデオロギーがドイツ青年の意識に深い痕跡をとどめている」と演説。そのうえで、いくぶん庇護者よろしく会場の出席者がそうした中から成長を遂げたと持ち上げた。「われわれは諸君がそうしたイデオロギーをすべて払拭しようとたいへんな努力を重ねてきたことを知っている」と[26]。歓迎演説が終わると、さらに多くの演説が続いた。青年の達成した業績について、女子を含める重要性について、国営産業の必要性について、西側の背信行為について。登壇者の多くは会場に「同志」と呼び掛けた。一人か二人のカトリック代表が演説に立った。いかにも、われわれは統一を望んでいると一人が言った。「ドイツへの愛において団結せよ」[27]。

会場内は和解的なムードだったものの、廊下ではそれほどでもなかった。午後三時までに雰囲気は一転、険悪化する。その日の朝、一段と過激な共産党代表の一部が別室で会合を開き、そのうちの一人が教会団体のリーダーたちについて不満を語った。彼らを追放すべきだと考えたのである。ビャレクは、心配無用、教会系青年は統制下に置かれると諭した。「われわれは教会どもが地面にくたばるまで一日に十回殴りつけてやる。彼らがまた入用になった場合は、傷が癒えるまですこし撫でてやるのだ」[28]。

間の悪いことに、カトリック青年指導者の一人がこの軽口を立ち聞きし、やり取りをメモして同僚たちに報告した。クラインとカトリック指導者数人が新組織への参加を拒否すると発表する。しばらく激しい押し問答が続いた後、ソ連将校が仲裁に入った。ベイリン少佐はカトリック団体に対し組織内で一定の自治が享受できると約束、その結果、カトリック側は組織内にとどまることに同意した。ソ連の占領当局は一九四六年の時点でなお、管轄区域が少なくとも民主的で多面的な様相を帯びることを懸念していたのである。

その願望は長続きしなかった。大会は最終的に六十二人のメンバーを新組織の中央評議会に選出、そのうち五十人以上が共産主義者か社会主義者だった。それとは別に、共産党はすべての要職を自陣営に割り当てた。やみくもな共産党信奉者ホーネッカーは自由ドイツ青年団の指導者となり、青年とは言えなくなる後々までその職にとどまる（彼が一九五五年、自由ドイツ青年団の職を辞したときは四十三歳になっていた）。自由ドイツ青年団の養成学校が直ちにボーゲンゼーに開設された。クラインの回想によると、ここでは「ホーネッカーやその同志らの真の意図がたちまち明らかになった。……少年少女はマルクス・レーニン・スターリン主義イデオロギーで教育され、企業や国家において社会主義の勝利に貢献するには何を為すべきか緻密な指導を受けた(29)」。

ソ連の同志が抱く意図もまた、いっそう明確になった。一九四六年八月、ザクセンの当局が警鐘を鳴らした。地元各地の教会が独自の青年向け休暇や夏のキャンプを組織していたためだ。ソ連部隊が救援に駆け付けた。兵士たちが森に分け入り、当時作成された報告書の文言によれば、「子供たちは家に連れ戻された(30)」。十月、西ベルリンでキリスト教民主党の大規模な青年集会が開かれた際、不吉な電力カットがあった。当時のベルリンの電力は、市の半分を占めるソ連占領区域の発電所からすべて供給されている。そのことは参加者のだれもが知っていた。集会は抵抗の意志を込め、ロウソクを灯して続行した。[31]

ほかの団体はあっさり追い払われた。一九四六年の春、ソ連当局は登録されていない福音派の青年団体、キリスト教共励会(Entschieden für Christus)がザクセンで活動し、聖書討論会や祈禱集会を行っていることを発見する。「これはドイツ諸組織の活動への統制が弱いことを裏付けている」。ザクセン当局はそう宣言し、直ちにこの団体の活動を禁じた。[32] ライプツィヒで自由ドイツ青年団の「独立」支部を設立した別のグループも同じような運命に遭遇する。グループの指導者たちは参加メンバーについて、自由ドイツ青年団主流の「労働者」よりは知的な傾向が強いとし、それゆえ、独自の組織が必要なのだと主張したものの、やはり突然、解散処分となった。[33] ソ連のある報告書は、宗教的なつながりを持つ団体の多くが「宗教の枠からかけ離れて行動」し、「青年との文化・政治活動」に従事しており、その活動とは言うまでもなく教会の青年団体がこれまで常に行ってきたものだと不満を述べた。

一九四六年の冬、カールスホルストのソ連当局は発足間もないドイツ文化行政局——ソ連の政策を実施するため設立されたドイツ官僚制の一部——に対し、あらゆる種類の芸術、文化団体は子供、青年、成人向けの対象を問わず、自由ドイツ青年団、官製労組組織、あるいは公式の文化団体である文化連盟(Kulturbund)などの「大衆組織」に所属しない限り、非合法であると通達した。「さもなければ、統制が利かなくなる」と。当時、「結社」の状況把握のため派遣されたドイツのある査察官は、こうした団体の多くが大衆組織に連なっていないことを突き止めた。査察官を務める女性はとりわけ、独立したチェス・クラブの数の多さに恐れをなしたようだ。彼女はソ連とドイツの文化当局にこれら団体——チェス・クラブ、スポーツ・クラブ、歌唱クラブ——の撲滅を要請したが、その課題は一九四八年から四九年に至るまで完了しなかった。ほかの非政治的組織は即座に禁止となった。たとえば、ハイキング・クラブは厳しく活動を禁じられた。おそらく、ヒトラー・ユーゲントがことのほかハイキング好きだったためであろう（十九世紀末に生まれたドイツの有名なハイキング・自然愛好クラブであるワンダーフォーゲルはかつて、ナチスの原型への共鳴だけでなく左翼への共感も持ち合わせていたにもかかわらず、である）[34]。

クラインは体制内で活動を続けた。自由ドイツ青年団の内部にあって「名ばかりのキリスト教徒」としての役割を演じることに不満はあったが、印だけとなったほかのキリスト教徒をひとつの選挙ブロックに糾合しようとかなりの時間を割いた。自由ドイツ青年団を多くの異なるタイプの青年に開かれた形にしておくための働きかけを行ったが、無駄だった。発足からほぼ一年が経ったところで、党派を超えた青年向け政治としてソ連とドイツが行ったこの短期間の実験は終わりを迎える。一九四七年三月十三日、ＮＫＶＤはキリスト教民主党のほかの青年指導者たちとともにクラインを逮捕した。ソ連軍事法廷は彼をソ連の強制労働収容所に送る判決を下す。彼はそこで七年間過ごした。

一九四六年六月十九日、ハンガリー共産党機関紙『サバト・ネープ』は衝撃的な事件を報じた。ブダペスト中心部にある交通量の多い八角形の交差点オクトゴンで、ロシア人将校が殺害されたというのである。銃撃戦の際にもう一人ロシア人兵士も、「ハンガリー労働者階級の娘」とされる女性とともに死亡した。『サバト・ネープ』の説明によれば、殺害犯はイシュトヴァーン・ペンゼシュという若い男で、農村地域のカトリック青年団体カロトのメンバー、従って「我が国の経済回復と自由に対する敵」であった。捜査陣は広場を見下ろす屋根裏部屋で黒焦げになった彼の遺体を発見、彼が大掛かりな謀略に関わっていたと結論付けた。「土地を失った売国奴ども、勤勉なるハンガリー人民への寄生者どもは講和条約と通貨改革を見据えて、わが国の生活を台無しにしようとあらゆる手立てを尽くすであろう[35]」。

たちまちオクトゴン殺害事件として知られるようになる一件についてさらなる結論を引き出すのに、さしたる時間はかからなかった。翌朝、『サバト・ネープ』は一面全体を使って「青年と民主主義」と題した社説を掲載する。「われわれは今こそ、誤った方向に導かれた青年の手から武器と手りゅう弾を取り上げるときだ。……月曜日の襲撃事件を受けて、われわれはわが民主体制の右派に対し告げなければならない。ファシスト勢力との闘いは国民の闘争であり、国民の義務であると」[36]。翌日営まれた赤軍兵士二人の葬儀は報道面でも同様に手厚い扱いを受けた。『サバト・ネープ』によると、死亡した兵士の葬儀に「数十万人」が参列した。ハンガリー、ソ連当局者が先導する葬列の参加者は「裏切り者に死を」、「ファシスト殺人者を抹殺せよ」などのスローガンが書かれた横断幕を掲げた。ある社説執筆者は、惑わされた青年をいっそう厳格に取り扱うよう繰り返し呼び掛けた。「あらゆる反動的な批判を食い止めよう。……一定の教会団体がわが青年たちに殺害方法を教示するのを防止しようではないか」と[37]。

ハンガリーにおける連合国管理理事会議長として最近着任したウラジーミル・スヴィリドフ将軍も追悼演説の中で言及した。彼は力説する。「赤軍はハンガリー人民に対し民主主義の諸原則に従って新たな生活を確立する可能性を与えた」にもかかわらず、一定の「反動的勢力がハンガリー人民の偉大な庇護者である赤軍に野良犬のごとく攻撃を加えている」と。スヴィリドフ将軍はハンガリーの政治家たちを厳しく非難した。「諸君がソ連の友人と呼ぶ貴国のここで、ファシストの犯罪者がソ連人民に襲撃を掛けている。貴国のこの地で諸君は赤軍が流したいっさいの血の代償を銃弾で報いているのだ」[38]。

舞台裏では、オクトゴン殺害犯が仮に犯人だとしても、その本当の動機は実は謎であり、真相不明のままであることをすべての人々が認めている。小地主党の政治家で、当時首相だったフェレンツ・

ナジは回想記の中でペンゼシュとは社会民主党青年組織のメンバーで、カトリック系カロトのメンバーではなかったとし、彼の行動は嫉妬に駆られたものだと主張している。殺害されたソ連兵士は女友達をもてあそんでいたとされているのだ。[39] 当時、別の政治家はこう考えた。問題は「単純な恋の三角関係」であり、これを踏まえれば貧しい学生だったペンゼシュが事件後に自殺を図った説明がつく、愛する女性を殺害してしまったことに彼がどれほど悲嘆に暮れていたかがうかがえる、というわけだ。殺害犯はまったくいないという説も複数あった。ロシア兵士二人が互いに相手に向けて発砲しただけのことであり、ペンゼシュは秘密警察に殺害された、彼の遺体は警察の犯罪を隠すため焼かれた、というのだ。捜査が後手に回り、不手際もあるうえ、政治的に利用されている。これがほぼ一致した見方だった。[40]

つまるところ、実際に何が起きたのかは問題にならなかった。オクトゴン殺害事件はキシュ神父――ロシア兵士たちの殺害を企てたとして訴追された聖職者――に判決が下された直後に起きており、カロトに責任があるとされた。というのも、カロトが支持を広げていたためだ。さらにまずいことに、カロトは共産党傘下のハンガリー民主青年同盟（Magyar Demokratikus Ifjúsági Szövetség, 略称Ｍａｄｉｓｚ：マディス）をしのぐ勢いを見せ、この一年半は激しく対立し合っていた。「カロト」（Ｋａｌｏｔ）とはカトリック農業青年クラブ全国書記局（Katolikus Agrárifjúsági Legényegyesületek Országos Testülete）の頭文字で、組織はマディスに先駆けること十年も前から存在していた。一九三五年、二人の熱心なイエズス会士、テヘテム・ナジ神父とヤーノシュ・ケルカイ神父によって設立されて以来、カロトは土地改革や農民教育、緩やかな社会主義形態を支持することで地方のカトリック的性格とその信頼性を保持し、大戦中も機能し続けてきた。カロトはポルスカＹＭＣＡの持つ都会的な特徴、ドイツにおける初期の反ファシズム団体にあった怒りに駆られた熱情を備えているわけではない。大戦中の一部指導者は反ユダヤ主義に問われた[41]。しかし、カロトは本物だった。農民の生活向上に尽くし、以前の権威主義的なファシズム体制とは明確に一線を画し、そうした体制が崩壊しても名声が傷つくことはなかった。何よりも人気があった。一九四四年末の時点で、カロトは五十万人のメンバーを抱え、その浸透ぶりは四千五百の地方組織に及んだ。

それとは対照的にマディスはできたばかりで、マーチャーシュ・ラーコシの最側近の一人、エルネー・ゲレーの命令で発足した。ゲレーの意図したところはドイツのホーネッカーのそれと同様だ。ゲレーもまた、「普遍的」かつ「超党派」の旗の下、「労働者や農民、学生を統合」する組織を創設したいと望んだのだ。ほかの政治組織が独自の青年団体を結成するのを阻む狙いもあった[42]。この計画はほぼ即座に失敗する。一九四五年一月、この組織がブダペストで開いた初会合の一つで、マディス指導者が、既に「だれもがマディスとは」共産党の「隠れ蓑の組織だと考えている」と不満をこぼしていた。彼は同志たちにこのイメージと闘うよう命じた。「われわれは民衆に言って聞かせなければならない。われわれが当面、共産党の性格を備えているのは非共産党員がまだ加わっていないからに過ぎないと。われわれは教会組織やスカウト団体、社会民主運動の面々を勧誘しなければならない……」。選択の余地がないことを分かってもらえれば、若者たちは加入するはずだ。「われわれと手を組まない相手は敵対者だ……われわれに敵対する者はファシストだ[43]」。

もう一人の青年指導者アンドラーシュ・ヘゲドゥシュは、マディスも若者を取り込むためもっと巧妙な手段を使うよう求めた。「大衆は文化を必要としている。われわれは文化を通して彼らを掌握しなければならない」と彼は論じた。「われわれの前には千載一遇のチャンスがある。今のところ映画館は一つもない。大衆にほかの文化的な可能性を提供できる者は一人もいない。時間が経てば、もっと難しくなる」。ヘゲドゥシュ——一九五六年の一時期に首相となる——が文化に関心をもったのは、文化自体のためではなく、「大衆を組織の運動に引き込むためだった。……がれきの撤去ではそれはできないし、楽しみに欠ける」[44]。

マディスは発足間もない時期にはある程度の成功は収めた。特にブダペストがそうだった。とりわけその理由は、赤軍との良好なコネがあるためメンバーは食料や追放処分を免れる身分証明書が入手できるからだった。しかし、この組織が大衆集会を開こうとする試みはほとんどいつも失敗に終わった。一月の集会にわずか四十人しか参加しなかったときは、指導部が「プロパガンダのまずさ」を非難した[45]。半年後、若者を集会に引き付けるのがまだ難しいと分かると、指導部はラーコシの考え方を反映して、組織内に、とりわけ一定の地域に「ユダヤ人が多すぎる」のではないかと考えた。最近行ったメーデー・パレードの際に、「シオニストたちがわれわれと並んで行進するのを許可した」のは間違いだったと感じる人もいた。それが誤った印象を与えたのだと[46]。

ブダペストから一歩外に出ると、マディス本来の指導部をだれかに認めてもらうのはさらに困難を極めた。農村部の若者の間ではカロトが明らかに優勢だった――それだけに、ある時点でマディスが取り引きの交渉をしようと試みたほどだ。すなわち、マディスがカロトの文化活動やスポーツを運営することとし、カロトは教会や宗教上の活動を引き続き管轄できるというものだ。カロト指導部が拒否しても、驚くに当らない。

カロトやほかの既存青年組織がマディスに加わらないのを見て取り、ハンガリーのほかの合法政党は独自の青年団体を組織することに乗り出す。なかでも顕著だったのは社会民主党や小地主党だ。大学や中等学校の学生も自前の組織、ハンガリー大学・カレッジ協会連盟（Magyar Egyetemisták és Főiskolai Egyesületek Szövetsége, 略称Ｍｅｆｓｅｚ：メフェス）を結成する。これらの団体が急速に増加し始め、いかなるプロパガンダや説得をもってしても、マディス傘下の統一を納得させることは不可能なことが明白になると、この組織の戦術はますます露骨になる。脅しがさらに頻繁に起きた。一九四五年六月、マディス当局は小地主党の青年団体指導部に書簡を送り、新たな文化団体を結成するに際しては事前に許可を申請するよう要求する。「今後はこれらの規則を尊重してほしい」と書簡は力説。「さもなければ、われわれとしては最も徹底的な方法を適用することになるからだ」（書簡は「民主的な敬意を込めて」と署名）と述べた[47]。

マディスのメンバーはハンガリー全土で時に地元共産党幹部や警察の支援を得て、カロトの資産没収や集会阻止を図った。カトリック教会は地方当局がカロトの地元組織の活動を禁止しようとした事例二十七件、これとは別の迫害事件数十件を記録した。カロトはこれらの脅しに対処、青年指導部に一連のガイドラインを提示するとともに、過度に勧誘したり、既存メンバーに過度の圧力をかけないよう警告を発した。「退会を望むメンバーにはそうさせるべきであり、いっさいコメントせずに立ち去らせよ。加入を求める者は当然歓迎するが、ほかの組織が抱える勧誘の難しさにコメントは控えよ[48]」。

いずれにせよ、反目が激化する。一九四五年八月、マディス指導部は早くも仲間内で「カロト一掃」計画について話している。マディスの機関紙に載った一連の記事はカロトに攻撃を加え、大戦中の活動、とりわけ戦間期の準軍事的青年運動「レヴェンテ」（Levente）との協力関係に疑問を投げ掛けた。この組織は特段、イデオロギーに基づくものではないが、大戦終結時に赤軍と戦うため駆り出され、その指導者が死刑判決を受けたばかりだった。これに対しカロトは非難に応え――カトリック教会はカロトと同様、「レヴェンテ」には反対してきたとする――小冊子を作ったが、印刷物は「反ソ・プロパガンダ」に当たるとの理由で秘密警察に没収された[49]。

カロトの一部はメンバーの身の安全を恐れ、折り合いを付けようと試みた。一九四六年一月、カロトの共同設立者の一人であるケルカイ神父は、カロト指導部のソ連訪問をお膳立てするようソ連当局者に要請する。ソ連体制について「知見を得る」ことができるようにするためだ。三ヶ月後、カロトは――教会指導部の反対を押し切って――さらに別の新組織、ハンガリー全国青年評議会に加わることに同意した。これも共産青年による旗揚げだが、だれにも受け入れ可能な「傘」の組織と位置付けた。

ハンガリーの首座大司教になったばかりのヨージェフ・ミンツェンティはカロトの新組織への参加決定に反対した。彼は次第に反共主義者としての評判を獲得し、その名が知られるようになる。彼はケルカイ神父に、「あなたは非政治的な運動体を日々政治に明け暮れるたまり場に追いやった」と不満を述べた。これに対してケルカイは、ハンガリーが長期にわたり「ソヴィエト権力に隣接して」暮らす術を学ばなければならなくなっていると指摘。何とかして妥協策を見出す必要があるのだと述べた[50]。カロトを率いる別の指導者、ナジ神父はこの問題で、ミンツェンティに反対する立場にヴァティカンの支持を取り付けるためローマに出向いたほどだ[51]。

オクトゴン殺害事件が起きた結果、いかなる妥協策も見つからないことが直ちに明らかになった。七月二日、スヴィリドフ将軍は連合国管理委員会の会合で「反動的青年運動」の解散を公然と呼び掛ける。「ファシストの気構えでメンバーを教育している」との理由からだ。彼は内輪ではモスクワに、ハンガリーにおける「反動勢力の伸長」に不満を漏らし、ハンガリー政府に対しては合法政党や青年運動に潜んだ「ファシスト地下組織」に何らかの手を打たなければならないと単刀直入に申し入れた。

政府が全体として同意するのを待たず、党員の内相ラースロー・ライクはスヴィリドフの主張を実行に移す。七月十八日から二十三日にかけてライクは千五百以上の組織を活動禁止にした。禁止対象は青年団体にとどまらなかった。ライクが取った禁止措置第一弾の中には、（『サバト・ネープ』が「究極の過激な反民主主義勢力によるスポーツ限定の結社」と断じた）ハンガリー体育クラブ、プロハスカ司教が主宰する地域共同体奉仕組織であるプロハスカ勤労共同体、カレッジ学生協会、（過去にスト破りの活動で世に知られた）キリスト教民主党系労組数団体のほか、クー・クラックス・クランのやり方で神秘的な儀式を執り行うといわれるエメリカナ大勲章という組織もあった。ライクは続く第二弾でハンガリー海軍協会、地方の狩猟クラブ数団体、セーチェーニ伯爵退役軍人協会、さらにキリスト教民主タバコ労働者連合を禁止とした。活動禁止となった団体には、職能的な結社、団体も含まれ、そのすべてが「資本主義の利益に奉仕」する活動とされた。このほか、「反動的」社会組織、カトリックおよびプロテスタントの組織、さらに非共産党系労働組合もあった。大半は「ファシスト」や外国の利益のために密かに活動しているとされた。最後にライクはカロトの地方支部すべてを禁じた[52]。

禁令を受けて、カロトの一部メンバーは共産党の庇護を受けた組織の立て直しを図ったが、その努力も何ら実を結ばなかった。一九四七年、ナジ神父はハンガリーを脱出し、アルゼンチンに向かった。一九四九年、ハンガリー治安警察はケルカイ神父を逮捕、労働キャンプ送りとする判決を下した。彼は十年後の一九五九年に釈放されるが、半ば失明し、もはや若者を「反動的」にする影響力も行使できないほど病んでいた[53]。一九五〇年、ハンガリーの青年団体はすべて強制的に統合され、単一の組織、勤労青年連盟（Dolgozó Ifjúság Szövetsége, 略称ＤＩＳＺ）を結成。青年団体の略称乱立に終止符を打つ。それはまた、複数主義の終焉でもあった。

時が経つにつれ、共産党による市民社会への攻撃は変化し、いっそう巧妙化する。本物の市民社会を目指す競争をしつらえるため、体制側はまがい物の「公式」市民団体、組織を創設する。時として独立して見えるが、実は国家に統制されているのだ。

体制側は最も強力な市民社会組織の一部を破壊することにも乗り出す。あからさまな禁令によってでなく、策略や破壊工作を通して、である。重要な指導者を体制に忠実な人物にすげ替えたり、緩やかな組織に強固な共産党下部組織を投入したりしたのだ。やがて、この種の手法は東欧一帯で教会や聖職者に用いられることになる。時代が下って一九七〇年代、八〇年代には、反体制派に対して展開するはずだ。しかし、最初に試みたのは最も反抗的な青年団体、とりわけポーランド・スカウト運動とハンガリー人民大学に対してである。

スカウト運動は、東欧では驚くほど深く根を下ろしている。特に第一次世界大戦後に国境線が引き直された諸国がそうだ。これら「新生」諸国——ポーランド、チェコスロヴァキア、ハンガリー——の指導部は当時、国の活性化と再建プロジェクトに若者が参画することを強く切望していた。健康、勤労、地域社会への奉仕を重視していることから、バーデン=パウエル卿の近代スカウト運動は道筋を示しているように思われた。ポーランドの熱心な活動家が一九二四年のパンフレットにこう記した。スカウト運動は若きポーランド人向けに「性格」というあいまいな概念を定義するだけでなく、それを獲得するための具体的な手段を提供すると。(54)

ポーランドではスカウトの団員たちは大戦中、精神的かつ政治的な意義を発揮する特別な地位を得た。一九三九年九月のポーランドへの侵攻に伴い、スカウト活動の指導部は地下に潜伏しレジスタンスに加わる重大な決定を下す。シャーレ・シェレギ——グレー部隊——という名称の下、スカウト隊員は情報伝達係や連絡将校、無線通信士、看護師を務め、やがては国内軍のパルチザン戦士となる。十歳から十二歳ほどのスカウト団員はワルシャワ蜂起で戦い、死んでいった。蜂起が失敗し国内軍が敗北すると、年若い男女はボロボロになったグレーの制服をなお身に着け、ソ連強制収容所に出頭した[55]。「これは今日とは異なるスカウト運動だ。われわれはポーランド精神の中で育てられたのだ」とある団員は記した[56]。

地下組織のグレー部隊は戦争終結により、生き残った国内軍とともに自ら解散する。しかし、ビャウィストクなど東部の都市では、スカウト部隊が戦争終結前にも公然と解放地域での組織再編に着手する。クラクフが解放されるのとほぼ時を同じくして、そこでも戦前の著名なスカウト指導者たち数人が新規の部隊編成を開始した。彼らはルブリンの暫定政権に連絡する必要もなかった。そうしないのはなぜか？ 彼らの活動については戦前からだれにも連絡する必要がなかったのだ。一九四六年末までに、この運動体は若い男女合わせて二十三万七千七百四十九人のメンバーを数えた。情熱の高揚があったと、ある隊員が振り返る。「スカウト活動は独立後の数ヶ月で強力な爆弾のように爆発した。スカウト団員と指導者たちはどこからともなく現れた。夜ごと焚き火が焚かれ、無数の中庭でスカウトの歌が歌われた。若者たちは並はずれた熱意に燃え、生気がみなぎっていた[57]」。別の隊員は、一九四六年七月に参加した夏のスカウト・キャンプ活動の模様をこう回想する。

わたしが覚えているのは、キャンプ地で行う伝統的なキャンプファイアの魅力と特別な雰囲気だ——計画外の生き生きした討論では参加者が平易な言葉で語るのだ。最近の数年間をどう生き抜いてきたか、これらのプラン、人生の意味、友好について。……そして消えかかった焚火の炭がくすぶるそばで、両手の指を組み合わせスカウト伝統の祈りを捧げる。その時の参加者の表情は思いにあふれ、真面目そのもの。でも幸福感に輝いている……[58]。

ポーランドのスカウトはそもそも、政治には関わらない姿勢だ。国家再建の時に当たって、役に立ちたいだけだったのだ。ガールスカウトの元隊員が当時を振り返ってこう語る。彼女の部隊は、平日は孤児院で働き、週末はマズールの湖沼地帯に広がる旧ドイツ領に赴く。学校図書館の設置や史跡の目録作りを手伝うためだ。「言語変更促進委員会に参加」する目的まであった。当時、ドイツ語の地名や通りの名をポーランド語に置き換えていたのだ。[59] しかし、公式には受け入れられない兆候がほとんど間髪おかずに表面化する。一九四四年末から四五年初頭にかけて、ルブリンのポーランド当局はスカウトの活動を監督する暫定機関として「スカウト運動評議会」を創設する。評議会は戦前のスカウト部隊指導者数人を加えたものの、直ちにスカウトの誓いの言葉に微妙な変更を加える。今やスカウトは「民主的ポーランドに奉仕する」との文言になり、「神に仕える」との表現は削除された。さらに統括組織としてポーランド・スカウト同盟（Związek Harcerstwa Polskiego, 略称ＺＨＰ）も創設、あらゆるスカウト部隊は形式上、この組織の下でくくられることになった。狙いは、自発的に結成される団体を共産党管理下に従属させることだ。この仕組みは機能しなかった。[60]

一九四五年末までに、スカウト運動を統制、指導しようとする政府当局者（彼らはさらに新たな誓約の言葉を盛り込み、スカウト参加者は「より良き世界」の創造に誓いを立てることになる）と、必ずしもすべてがワルシャワの支配する同盟に個々の活動内容を報告しない草の根型スカウト団体側との間に、明らかな緊張が生じた。著名なグレー部隊の指導者多数が運動の指導部に加わってはいた。彼らも公式には政治に一線を画す態度を取り続けた。それでも、政治的事件はいくつか起きた。ビドゴシチでは一九四五年のパレードで地元の秘密警察本部を通って行進するスカウト隊員が腰を抜かす。銃弾二発が窓から発射されるのを耳にしたのだ。隊員二人が死亡した。殺害事件で訴追され判決を受けた者はいない。[61] 一九四六年、シチェチンで行われた「青年集会」では、スカウト隊員と青年共産党員との怒鳴り合いが人目もはばからず乱闘に発展。少なくともガールスカウト二人が激しく殴られた[62]。ポーランドの伝統的な憲法記念日に当たる五月三日には、デモに参加したスカウト隊員が全土で逮捕された。

一九四七年、ポーランド当局はスカウト運動の全面禁止を何度か考えた。しかし、禁止すれば数千人の若者を地下に追いやり武器を取らせるか、あるいはパルチザンとともに森に潜んで行動を共にする状況に追い込むと当局は懸念する[63]。そこで、当局は待った。そして最終的には、東欧共産体制の取締りでは一般的な手段となる戦術を採用する。既に述べた通りの手である。内部から運動を破壊することに決めたのだ。ハンガリーの共産体制はほぼ同時期に、やはり自国に抱えた問題のあるスカウト運動に対し、同様の決定を下した。

ハンガリーやドイツの組織と同じく、ポーランドの政治的青年団体は一九四八年二月、単一の組織、ポーランド青年同盟（Związek Młodzieży Polskiej, 略称ＺＭＰ）に統合された。その後は、スカウトの番になる。教育省はこの国民的運動体の再編に乗り出し、男女のスカウトを一体化、指導部の年長者多数を更迭し、経験は浅いがイデオロギー的にはもっと柔軟な若手を指導部に据えた。これらの改革は段階的に行われた。ます、トップの人物を入れ替え、それから男性か女性を代理に任命、その後にこの代理を地域の新指導者に登用する――などの手順を踏んだ。スカウト運動全国組織の新指導部は微妙に活動を変え始めた。伝統的な活動――ハイキング、キャンプ、サバイバルスキル――に加え、こんどは「国家の日常生活への参加」を打ち出したのだ。スカウト隊員は植樹、電話ケーブルの敷設、幼稚園での奉仕活動に駆り出された。ある当局者が指摘したように、彼らは建設現場を転々とする未熟練の作業旅団「ポーランド奉仕隊」（Służba Polska）の青年版として位置付けられたのだ。仕事を学ぶため工場や研修施設に派遣されるケースもあった[64]。

スカウト運動は世代間の横断組織であることを止めた。これまでスカウト部隊は十代末から二十代の男女を取り込んでいた。今では十六歳以上の隊員はポーランド青年同盟に「昇進」し、スカウトは子供向けの活動に変わる。組織的にも財政的にもスカウトは最終的に別個の組織ではなく、ポーランド青年同盟の下部組織となったのだ。従って、その主要な任務は子供の政治教育である。実際、見た目にはソ連の年少者組織ピオニールのように映り、そのように行動し始めた。ピオニールと同様の白いシャツと赤いタイを身に着けることすらした。[65] 一九五〇年、スカウトの誓いは三たび変わる。新しい文言は人民ポーランドに対するもので、「平和と諸国民の自由」促進を誓約する内容となった。

スカウト自身、進行中の事態を理解した。あるスカウト指導者が後に回想するところでは、「毎月、新顔が徐々にスカウト運動に潜入し始めた。スカウトの指導者とされるコシンスキとかいう人物がいた。わたしはバレエダンサーだが、彼もスカウト指導者としてはその程度。［秘密警察の］将校だった。[66] ひどい男だ」。気になる人は次第に運動を抜け、別の活動に移っていった。年若いため、組織がかつてはどのような姿だったのか記憶にない人々は不満を語ろうともしない。子供が大勢に同調し、面倒を起こさないことを望む両親たちは何も口にしなかった。[67]

別組織を立ち上げようすれば高い代価を支払う羽目になる。いくつかのスカウト部隊は地下に潜入して武器を取り——当時はまだ十分な銃があった——、戦闘の訓練を始めた。秘密警察は一九四七年、クロトシンの町でこうしたグループを突き止める。このグループはザヴィシャ（Zawisza）と名乗った。騎士道精神をほのめかす名称である。十八歳のリーダーは逮捕される際に自殺した。ほかにはまだ十五歳のメンバーもいたが、全員逮捕され、判決を受けた。ラジミンスクではやはり一九四七年、スカウト隊員だったメンバーで作る別のグループが「解体」された。秘密警察は彼らの持っていたポーランド・スカウト同盟の会員証を教育相に送りつけた。一種の警告としてである。若者を厳重に、細心の注意を払って懸命に監督しないと、どんな事態になるかを示している、というのだ[68]。だが、武器を取らない反対者も厳しい処罰を受ける恐れがあった。一九五〇年、ルブリン出身の十七歳の少女がかつて所属したスカウト団体のメンバーに非公式会合を呼び掛けようと決意する。学校で取り上げない事柄を話し合うだけ。それが目的だった。一九五一年、彼女と仲間七人は逮捕され、全員が二年から五年の懲役刑を受けた。本物のスカウト部隊と見受けられるのはいっさい、撲滅しなければならない。まやかしのスカウトによる支配を確保するために、というわけだ[69]。

ハンガリー人民大学のほうはどちらかと言えば、もっと厄介な挑戦を共産体制に突き付けた。スカウト運動がポーランド当局に対して行った挑戦以上のものがある。スカウト運動が政治状況の中では、戦前の愛国主義や「反動」(すなわち、中道)派と関わりがあったのに対し、人民大学は明らかに大衆迎合的で、左翼のプロジェクトであった。元々の人民大学は戦前、改革志向のロマン主義的詩人や作家たちによって設立された。農民の子弟教育を目的とし、学校、クラブとして、また地方出身の学生向けに都市部での生活空間として機能する方針だった。通常の学校ではなく、キブツの精神のようなものを備え、共同生活や民主的なグループとしての意思決定、フォークダンス、歌唱に力点を置いた。強い社会主義的傾向を帯び、大戦中は指導的メンバー多数が共産党に加わったものの、ソ連系でも共産党系の組織でもなかった。

戦後、一九四五年六月に講義を再開した初の人民大学であるジェルフィ大学の設立者たちは同じ精神で活動を担うと思われた。一九四四年十二月、戦前の学生、教師の一部がブダペストの解放地区にある旧ドイツ語学校で定期的な会合を開始、直ちに新しいカリキュラムの計画に取り掛かった。暫定政権はこの熱意を後押しし、早急に大学側に新校舎、果樹園、バラトン湖に面した保養施設を提供する。しかし、ジェルフィ大学指導部は独立の機関としてとどまる腹だ。開校を祝うために開かれた大会で、戦前の大学指導者であるラヨシュ・ホルヴァートは、既に多くが共産党員になっている出席者に対し、「大学自治のために闘い、党や国家からも自らを守る」よう呼び掛けた。その後数ヶ月間、彼はほかの参加者たちとともに人民大学全国連合、ネーコス（Nékosz）の設立に一役買った。これがやがて全土に数十もの同様の機関を設立していくことになる。[70]

実のところ、ネーコスは発足した時から崩壊の運命にあった。というのも、ジェルフィ大学もほかの大学も財政面ではまったく独立した手段を持ち合わせていなかったためだ。建物——城、元の駐屯地施設、接収された館——は政府から提供を受け、学生たちは政府の補助金で生活した。[71] 国家の影響力は国家の資金に由来する。共産党政権指導部には人民大学指導部とは異なる目標があった。当初、対立は表に出なかった。政権の指導的人物は人民大学の運動を公に支持。内相のライクと文化相のレーヴァイはともに大学で通常の講義を行い、ライクはブダペストのペテーフィ大学設立に尽力した。第一世代の学生たちは大学にいるだけで夢心地の気分だった。ネーコスの卒業生ミクローシュ・ヤンチョーは映画監督となり（映画産業に入った人民大学卒業生の一人）、人民大学運動の醸し出した情念と熱狂を一九六八年の映画『輝く風』（Fényes Szelek）に描いた。[72] この映画タイトルはネーコスの歌から採っている。

おお、われらの旗が翻る　輝く風に！
おお、旗に書かれし　自由に命のほとばしりを！
おお風よ、吹け！
輝く風よ、吹き抜けよ　われらは明日こそ変える　全世界を！

ヤンチョーは後に、大学生の一団から台本に音楽をたくさん入れたのはなぜかと聞かれた。作品の前半は会話より歌唱のほうが多いのだ。彼は純粋なリアリズムだと答える。「当時は戦争が終わり、若者たちが一緒になって街頭で歌を歌うのは非常にありふれた光景だった」と。別の人民大学卒業生イヴァーン・ヴィターニも「農民の息子、娘として、われわれは一日中歌っていた」ことを覚えている。(73)

熱狂的な雰囲気が生まれた背景には最初の学生たちが学ぶ機会を得た幸運を実感したこともある。というのは、大学側がそれまで教育とはまったく縁のなかった人々に学ぶ場を提供したからだ。きちんと読み書きができるのは家族の中では初めてという人もいた。一九四八年三月までに、人民大学は百五十八校で八千二百九十八人を擁し、このうち三五―四〇パーセントは農村地域あるいは農民家庭の出身、一八―二五パーセントは労働者階級の出身だった。大多数は男子だったが、女子卒業生からは女優数人も含め、後にたいへん有名になる人も出てくる。高度な教育を受けた人もいれば、教員免許を得た人もいる。一部は高等教育を講じることもできた。教育課程は往々にして左翼的だが、必ずしもマルクス主義ではない。ジェルフィ大学は初年度に一八四八年革命や音楽史に関するゼミのほか、英語、フランス語、ドイツ語、ロシア語の授業を実施。「ハンガリー・リアリズム」やハンガリー産業史を学ぶ機会も設けた。学生たちには無料の劇場入場券を渡し、利用を勧めるとともに、自由時間に読んでほしい書籍のリストを配布した。(74) 別の人民大学であるヴァシュヴァリ学院は学生に半年間の国外留学をするよう促した。(75)

自由に運営を委ねておけば、人民大学は新世代の進歩的知識人を送り出すだけで満足だったはずだ。しかし、ハンガリー共産党はもっと目標を限定していた。党が抱える二つの喫緊の問題を解決するうえで大学が役立つのではないかと考えたのである。その問題とは、地方での人気が圧倒的に低いことと、農村地域の党員が足りないことだ。一九四五年二月、ゲレーはラーコシ宛てのメモを送り、ハンガリーは「幹部要員、とりわけ指導者の不足」に直面していると指摘した。より端的に言えば「最大の問題はこれら幹部層の大半がユダヤ系であることだ」。前述したように、ゲレーとラーコシは彼ら自身ともにユダヤ人である。けれども、共産党が「ユダヤ的すぎる」とハンガリーの農民は党を支持しないのではないか。二人はこの点を恐れたのだ。人民大学が答えを出しているように見えた。農民を「民族」党員――「民族」とは非ユダヤ人を指す一種の婉曲表現――として養成、これによって共産党の「ハンガリー化」を図ってくれそうだからだ。(76)

大学の変容は、当初から一握りの共産党員を加えていた指導部内からまず始まった。彼らは今や、指導部を掌握する構えだ。党が後押しする青年団体、マディスの設立者でもあった人民大学の学生アンドラーシュ・ヘゲドゥシュは、後年、インタビューの中で、ジェルフィ大学の党組織が「かなり好戦的」で、「ある程度」はほかの団体に脅しを掛けたことを認めている。やはり党員だった別の学生は、「組織化された小集団がその意思をより大きな異種集団に押し付けることも可能。それが一般原則だ」と同意する。(77) さまざまな大学では党員たちが徐々に民主的な自治の仕組みを乗っ取っていく。彼らは影響力行使の役職に就いて、学生生活に一段と政治的な要素を持ち込んだ。学生を組織して地方の土地改革や協同組合生産を支持する運動に駆り出したほか、一九四五年と四七年の選挙に先立つ大規模な党の集会に動員を掛けた。より密接に党路線に従うよう、カリキュラムにも影響を及ぼした。一九四六年、ジェルフィ大学の入学試験は出願者に対し、明らかに偏った質問を出して回答を求めた。「あなたの村では教会信者はそうでない人と比べもっと善良な人たちか？　反動的な神父の名を挙げることはできるか？　あなたの村では若者たちは信仰心が厚いか？」と。(78) やがて、批判と自己批判のやり取りが大学内で開かれる夜の集会や会議の中心テーマになっていく。同じころ、とかく共産党の決まり文句を使うきらいがある――「世界の民主的青年との友好関係の維持」を語る――ジェルフィ大学の指導者ラースロー・カルドシュは、従来は緩やかで、ほとんど無統制状態にあった、上下関係とは無縁の組織の中でますます支配的な役割を演じ始める。[79] しかし、昔を懐かしむ元学生たちが最もつらい体験として記憶する変化とは、一段と手厳しくなった新聞の攻撃――学生たちは忠誠心が足りない、専門家意識に欠ける、さらに皮肉なことに、反ユダヤ的であると糾弾された――と、学生による内輪の「裁判」だ。政治的な正しさをさらに極端な形で要求、その基準に満たなければ学外追放に訴え始めたのだ。すべての学生たちは自らと他者の内に潜むイデオロギー上の誤りに警戒を怠らず、いまでは悪しきこととみなされる「農民ロマン主義」や「小市民的退廃」の証拠を探し出すよう指示された。当時、大学のひとつで教師を務めたアラヨシュ・コヴァーチは「われわれにはショックだった。彼らが攻撃を掛けたのは一体どうしてなのかさえ分からなかった。何が起きたのかも理解できなかった。理解も及ばない状況だったため、われわれは――自虐的、自滅的に――間違ったことが起きた、自分たちが誤りをしでかしたのだと納得するようにしたのだ」と振り返る。[80] 映画『輝く風』に描かれた劇的な結びはこうした「裁判」のひとつを題材にしている。

理想主義者たちがいつかは反撃に出ることもできたかもしれない。規模の大きなネーコスでは組織全体でさまざまな権力闘争が起きていた。しかし、一九四九年、体制側はしびれを切らす。各地の人民大学がいきなり、断固たる措置により国有化される。いっそうの「専門化」を図る必要があるとの理由からだ。各大学はほかの国立大学制度に吸収され、建物は別の機関に取り込まれた。特別の読書リストや劇場チケットは廃止。いずれにせよ、ほぼ機能停止に追い込まれていた理想的な自治運営は解体となる。その決定はマルクス主義理論を参考に正当化された。ラーコシが述べている。「わたしは社会主義のいっさいについて有名な古典から学んだ。大衆組織、青年団体、婦人組織、労働組合……についても。これらの書物に人民大学への言及は一言もない。こうした大学は必要とは思わない[81]」。

言い換えれば、人民大学とはマルクス、レーニン、スターリンにはあずかり知らない機関であり、ソ連にそのような施設は全く存在していなかった。従って、マルクス、レーニン、スターリンが言及したこともない数多くの団体とともに、人民大学も解体されたのだ。最終的にポーランドのスカウト運動、ハンガリーの人民大学、ドイツのキリスト教民主青年団体も広範な諸機関とともに――本流であれ特異な存在であれ、政治的か非政治的かも問わず、射撃クラブやフェンシング・チームから民族舞踊団一座やカトリック慈善団体に至るまで――、同じ運命をたどった。出現し始めた全体主義国家はどれほど市民の情熱、才能、余暇のためであろうと、いかなる競争も許容することはできなかったのである。

第8章 ラジオ

ある冬の日、わたしは軽率にも台本テキストに書き入れた。

「ロシアから寒冷前線が近づいています」と。アナウンサーがそれを読み上げた。午前中のことだ。私に電話がかかった。「局長のところに会いに行って来い」。出向くと、すぐに部屋に通された。

「ザレフスキ」。局長が言った。

「君はもっと賢いと思っていたが。今後は覚えておけ。東から来るのは暖かくて良いことだけだ」。

当時は、それもおかしな話に思えなかった……

アンジェイ・ザレフスキ、ポーランドの元放送局職員(1)

「こちらはベルリンです《ヒーア・シュプリヒト・ベアリーン》」。

ベルリンのラジオはこの言葉で復活した。一九四五年五月十三日のことである。デーニッツ提督が五月一日、ヒトラーの死を発表して以来、ラジオは沈黙していた。今やドイツの降伏手続きが完了し、市の西側にあるマズーレン大通りのドイツ帝国放送局の建物はソ連の軍政当局が接収した。ラジオ放送のために特別に設計され、欧州で最も近代的な録音スタジオを備えたこの建物は、破壊を免れた。中心部から外れた位置にあったことにもよるが、それより重要なのは赤軍が意図的に保護したことだ。ベルリンのほか地区は廃墟と化したが、大ドイツ放送局の設備は大部分が無傷のままで、放送局職員の多くはなんとか無事だった(2)。その意味では、この放送局はベルリンの諸施設の中では特異ともいえる存在だった。
最初の放送はわずか一時間で終わる。ソ連、米国、英国、フランスの国歌で始まり、次いでスターリン元帥の演説が流れた。それから聴取者はチャーチル、ローズヴェルト、そしてまたもやスターリンの声明とともに無条件降伏の条項が読み上げられるのを聞いた。その後、世界各地のニュース――ヒムラー逮捕に関する情報と戦争犯罪裁判の計画も含め――がソ連軍歌を織り交ぜて伝えられた。放送の最後はモスクワにおける戦勝式典を報じた。

……数百万のモスクワ市民が固唾を呑んで拡声器に詰め掛ける。放送局が冒頭のメロディー数小節を流し始めると、ますますたくさんの群集が赤の広場へ、クレムリンへと集まり、レーニン廟の前で重大ニュースを待った。群衆はようやく、ヒトラーのドイツが無条件降伏したと聞くと、お祝いが始まった。……歌うような歓声が沸き起こる。「偉大なるスターリン、万歳！」。この叫びは広場全体に響き渡った。(3)

ラジオは暗いアパートで耳を傾けるモスクワ市民にとっては重要な存在だった。やはり暗いアパートで耳を傾けるドイツ人にとってもラジオは重要になる。赤軍は的確にも、そう考えた。ソ連からやって来た占領者たちは、到着の時点から新しい放送局の番組作りや設備投資に精力的に取り組み、新生のベルリン放送局は初放送から数日後に驚くべき速さで番組内容を拡大する。五月十八日、ベルリン・ドイツ・オペラの管弦楽団が大きな録音スタジオのひとつでベートーヴェン（ドイツ音楽を代表して）とチャイコフスキー（ロシアを代表して）を演奏。二日後、ドイツ放送局は再びベートーヴェンとチャイコフスキーをシュトラウス、ボロディンとともに放送した。(4)五月二十三日には初の子供向け番組を放送する。(5) 聴取者は定期的なニュース速報も聞くことができるようになった。

こうした活動はすべて新放送局を運営し、最初の検閲機能も果たしたソ連将校団の監督下に置かれた。将校団はドイツ人グループを支配したが、この中にはウルブリヒト・グループに属する少なくとも三人のメンバーが含まれていた。後に東ドイツのテレビ局を創設する古参の共産主義者ハンス・マーレ、ドイツ兵のために設けたソ連の再教育収容所で「転向」したドイツ将校マテウス・クライン、若手として入った当時二十四歳のヴォルフガング・レオンハルトである。そこに間もなく二十二歳のマルクス・ヴォルフが加わる。レオンハルトにとってはコミンテルン学校時代の学友であり、東ドイツ・スパイ組織で将来の親玉になる人物だ。

東欧の秘密警察と同様、「新生」ドイツ放送局には一九四五年以前の歴史がある。ロシア人たちはすぐにも使えるこうした優れた設備があるとは思ってもいなかったが、前もって新放送局のアナウンサーを養成しておこうと考えていたのは確かだ。クラインとマーレは何年か赤軍の政治宣伝担当将校と組んで活動していた。こうした将校団の中からドイツにやがて初登場するソ連の文化担当将校が選び抜かれることになる。一九四一年に早くもドイツ語を能くするソ連将校とドイツ人共産主義者が共同でチラシを作成、飛行機からドイツ戦線に投下した。その年の十一月には、彼らはドイツ人捕虜に直接配ることを目的とした新聞数種の発行にも着手している。

スターリングラード攻防戦後の一九四三年七月、モスクワのドイツ人共産主義者は自由ドイツ国民委員会を設立。これにはソ連の大義を前に改心した捕虜数人が参画した。両グループは一緒に新聞を発行——編集は後に東ドイツで著名な編集者となるルドルフ・ヘルンシュタットが当たった——、捕虜収容所だけでなく、赤軍に制圧されたドイツ領土にも配られた。彼らはラジオ放送も始める。異なる時間帯に複数の異なるドイツ語放送がモスクワからニュースを発信、ドイツ軍部隊に戦いを止め、ヒトラーを打倒するよう繰り返し呼び掛けた。マーレはこうした放送局を多数手掛け、その中にはかく乱情報を流すためナチスの放送局を装ったものもあった。(6) ヴォルフはアナウンサーと評論員を掛け持つ。この仕事がヴァルター・ウルブリヒトとの緊密な関係に導いた。彼の妻エンミ――かつてレオンハルトに人前で屈辱的な告白を強要した女性だ――はメガホンを持って戦場を駆け回り、声を大にしてドイツ軍兵士に投降を迫った。(7)

国民委員会はソ連の看板組織だったが、その指導者たちは「共産主義色を前面に出しすぎ」ないよう細心の注意を払った。とりわけ、転覆工作によりヒトラーを打倒できると彼らがまだ期待していた一九四三年から四四年前半のときがそうだった。既に指摘したように、組織のメンバーはワイマール共和国やソ連の国旗の色ではなく、帝政ドイツの黒白赤を用いた。別組織の「ドイツ将校連盟」も設立された。国民委員会とともに、元ドイツ国防軍将校たちの参加を促すのが狙いだ。彼らがドイツ共産主義者と直接協力することに嫌悪感を抱いている可能性は十分あるからだ。(8)

こうした計算高い目論見は一九四五年春の新生ベルリン放送局にも影響を及ぼす。クラインとマーレは既に多くの捕虜と接触してきた。このため、大部分のドイツ人が急進的すぎることやソヴィエト色が濃厚なものに拒絶反応を示すことは分かっている。二人は、表向きはやや重厚なスタイルや、生真面目な文化、クラシック音楽といった難解好みも含めて、ドイツ放送にお馴染みの内容はかなり引き継いだ。ナチス時代の製作スタッフのほか、アナウンサーですら多数とどめ置き、排除したのは激烈なナチス宣伝に関わった担当者だけだ。ヴォルフが六月、両親に書いているように、「わが方は六人、それに将校が一人。『やつら』は六百人いる。……クズどもを抜き出すことはできるが、微々たる数にすぎない。多くが、というより実際は大多数が必要とされているからだ」。(9) とはいえ、放送局の基本的な政治姿勢に疑問の余地はいっさいない。放送局指導部も誰一人として、自分たちの政治的見解が最終的に勝利を収めることに疑念はない。マーレは心得た。自らの職務とは暫定期の大衆に「鏡」を提供することであると。大衆は「民主的自己理解」を育む途上にあるからだ。その過程においては、「多様な声」、おおっぴらな議論があってしかるべきである。さらにメディアがそうした見解を表明するに当たっては「公の場で議論を行い、大衆の意識を形成、そうすることで民主的な自己意識を強めていかなければならない[10]」。

初期段階ではメディアがすべて、このような明確な指針に従ったわけではない。とりわけ新聞各紙は異なる見解を多数提供した。一九四五年九月、経済面でリベラルな新聞『デア・ターゲスシュピーゲル』(Der Tagesspiegel) が米国の賛助を得て発行を開始したが、一九四八年まではベルリン一帯で自由に売られていた。『ディー・ヴェルト』(Die Welt) もそうだ。この新聞は一九四六年、西ドイツの英国管轄区域で発行を始めた。ソ連管轄区域ですら、すべての合法政党――社会民主党、キリスト教民主党、自由民主党――がまず、ソ連の記事もある程度載せることを条件にそれぞれ機関紙の発行が許された[11]。こうした新聞、機関紙はソ連のてこ入れを受けた最重要紙と紛れもない競争関係になる。その相手とはベルリン駐留赤軍が発行する新聞『テークリヒェ・ルントシャウ』(Tägliche Rundschau)、ヘルンシュタットとソ連大佐が共同運営する『ベルリナー・ツァイトゥング』(Berliner Zeitung) だ[12]。独立系紙は後にトラブルに陥る。キリスト教民主党紙『ノイエ・ツァイト』(Neue Zeit) は政治的不正確さを理由に発行部数削減の処分を受けることになる（当局がこの新聞全体を統制下に置いた）。社会民主党紙『ダス・フォルクス』(Das Volk) は共産党紙『ドイッチェ・フォルクスツァイトゥング』(Deutsche Volkszeitung) と統合、東ドイツ共産党の公式機関紙『ノイエス・ドイッチュラント』(Neues Deutschland) となり、一九四六年から廃刊まで続いた――当初、その編集に当たったのもヘルンシュタットである。

しかし、ラジオはいつも別だった。その偏向が巧妙で、なおかつ「多様な見解」への姿勢がのちの時代に比べかなり寛大だったにせよ、東ドイツ放送局はそもそもの出発点から共産主義寄りであり、ソ連独占の傾向を帯びていた。マーレは後年、「中央委員会の理解では、ラジオはドイツ生活の転換期にあって直接訴えかける機動的、組織的な役割を果たさなければならないということだった」[13]と回想している。一九四五年から四六年にかけて、ラジオは確かに最も接しやすいメディア形態だった。労働者、農民、あらゆる類の民衆がラジオを聴いた。とりわけ、紙不足や流通に支障のある時代には、そうである。共産党は有利な立場を築くためラジオを利用した。

当初はそれも上手くいった。ラジオは一見したところベルリンで唯一の「ドイツ」局としての地位――いずれにしても明瞭にドイツ語を話す唯一の公共放送だ――を築く。実際、国内全体としても唯一である。ラジオの地位は一般の評価としても非常に高かったため、ドイツ市民は放送開始から数年で数千もの手紙を寄せ、ロシアの外交政策からジャガイモの値段に至るまで何でも問い合わせた。もっとクラシック音楽を、と望む市民がいる一方で、もっと減らせと求める声もある。賛辞――ヘルダーリンに関する番組を好む投書もあれば、おとぎ話の番組愛好者もいる――もあれば、苦情もある。確かにこうした投書――「ラジオさん」という挨拶で始まることも珍しくない――は、くだけた調子で率直に語れるのだ。自分の息子、夫、兄弟はソ連の捕虜収容所からいつ帰還するのか知りたいと問い合わせる要望も数十通あった。この問題そのものを扱った番組の終了後、さらに数十通の苦情が届き、放送局は大半が、「悲惨な姿で病を得てロシアから戻ってくる」捕虜についてあまりにばら色の描き方をしていると訴えた。[14]

放送局はソ連のやり方に倣い、すべての投書を綿密に把握、個別の問題にどれだけこだわっているか集計（たとえば、一九四七年七月には二百三十二通が心配事として食料不足を挙げた）するとともに、「否定的」投書の数が増えているか、減っているか慎重に比較した。[15] 少なくとも発足から二年は放送局が聴取者のいちばん喫緊の関心事に応え、共産党に導かれた未来が今よりも素晴らしくなることを納得してもらおうと懸命に努めた。

ラジオに耳を傾ける聴衆に柔らかな物腰で共産主義を売り込む試みとして最も有名なのは、マルクス・ヴォルフが司会を務める番組「皆さんが尋ね、われわれが答える」だ。一九四五年にスタートしたこの番組でヴォルフは七ヶ月間、ドイツ人聴取者から送られた投書に生放送で答えた。受け取る質問は広範なテーマに及び、現実的な回答を求めることが頻繁にあった(「ベルリン動物園はどうなるのか?」)が、彼はほぼ例外なくイデオロギー的なひねりも利かせた。ウファのコミンテルン学校でそうすることを学び取ったからだ。例えば、六月七日の放送中、ある聴取者の投書に熱を込めて答えた。投書は赤軍のエネルギーと魂にいかに感動したかを語り、特に「ロシアでは何かやり遂げる人間はおしなべて評価されない、といつも教えられてきた」からだと書いていた。ヴォルフは「ソ連の平等化に関する作り話を信じる者はすべてゲッベルスのプロパガンダに引っ掛かったのだ」と断じ、「労働者の創意」を受け入れるソヴィエト体制を称賛した。

別の女性聴取者は、ドイツでは配給食糧のほかにどのような食べ物が近いうちに出回るのか知りたがった。ヴォルフはまず、「われわれが空腹になることはない」――ドイツ人はその点を幸運と思うべきである――と言い聞かせ、それから「もろもろの困難は赤軍のおかげで克服されつつある」と指摘し、最後に「市評議会の栄養管理局がベルリンに野菜、サラダなどを輸入するため全力を挙げている」と確約した。彼は動物園に関する質問まで使って、ヒトラーの最後の日々にどれほど事態が悪化したか聴取者に想起させたうえ、状況改善の日は近いと約束した。動物園にはまだ「ゾウ一頭、サル十八四、ハイエナ二頭、若いライオン二頭、サイ一頭、外来種の雄牛四頭、アライグマ七頭」を含む九十二頭がいるのだ[16]。

ヴォルフの回答があからさまに共産主義を礼賛したことは滅多にない。マルクス主義の言葉は使わなかったのだ。しかし、回答のほとんど全部が赤軍やソヴィエト体制を持ち上げ、ドイツの軍や国家体制に対して好意的に比較してみせた。さらに、どの回答にも、ナチス体制下と戦争の最終局面で耐え難いものとなった生活が、今や目覚しく好転するという約束がはっきりと含まれていた。

ほかの番組も同様の方針をとった。一九四五年末、ある司会者がザクセン州を訪れ、その地方の「青年」の地位を調査、心強い変化を再三目の当たりにする。ヒトラー・ユーゲントのメンバーだった数人が「指導者たちに敬礼しなくてもよくなったことが嬉しい」と語ったのである。全員が戦争の終結に感謝していると打ち明けた。学校はまだ再開していないし、困難も多々ある。しかし、記者は「われらの青少年のための自由で素晴らしい未来」を予測した。「共産主義」という言葉は使わない[17]。さらに別の記者がザクセンハウゼンを訪ね、この収容所の最後の日々にまつわる本当に痛ましい話を番組にした。最後は赤軍に繰り返し感謝する内容だったが、その放送にも特段のイデオロギー色はいっさいなかった[18]。

しかし、時の経過とともに、放送局のトーンが変わる。一九四六年のベルリン市議会選――東ドイツ共産党に初の大打撃をもたらした――を受けて、プロパガンダは一層露骨になり、アナウンサーの共産党所属もさらに前面に出てきた。この変化は聴取者が即座に気づき、投書に反映される。「ラジオさん」。ある聴取者が一九四七年、こう切り出した。「あなたは段々と退屈になってきた。夕方の番組は同じことの繰り返しを始めている」。別の投書は言葉が耳障りだと注文をつけた。「これではモスクワ放送に周波数を合わせた気がする」。

新しい傾向は放送局職員と制作に当たるソ連将校たちに促された事情もある。一九四九年まで将校らは用意された台本を放送前に目を通し（そして検閲し）、放送局の財政に深く関与し続けた。放送の初期段階ではソ連がかなりの資金援助をしていたのだ。放送局は一九四五年から四六年にかけて、雇用や財政支出の決定、新方針をめぐる新聞との調整についてソ連当局者に指導を仰いだ。[19]こうした関与はどれひとつとっても秘密ではない。式典行事の際はマーレがソ連の同僚にかしこまって敬意を表した。放送局のためにソ連側が主催したレセプションの席上、彼が述べた言葉によると、これは「ソ連当局者、とりわけジューコフ元帥に謝意を表明する儀礼」であった。マーレはソ連側に放送局が「ソ連管轄地区で最大の文化機関」であることも想起させ、放送局とは極力密接に関わるよう訴えた。放送局としては「友人と強力なスポンサーを必要としている」からだ。[20]

しかし、共産党が全般的にドイツ人の間で、特にベルリン市民の間で不人気であったことから、これがやがてマーレやドイツの同僚たちが懸念する根拠となっていく。一九四六年までに放送局は米国管轄区域放送（Rundfunk im amerikanischen Sektor, 略称ＲＩＡＳ）と直接張り合うようになるのだ。こちらはもっと生き生きとしたニュース番組を持ち、さらに重要なことだが、音楽も優れていた。東側放送局は西側放送局との競争に負けると感じ、東ドイツ共産党もドイツの西側地区での生活条件がより急速に改善していることに気づき始める。このため放送局経営陣は今後多年にわたって続く内部討議に着手する。いかに大衆を取り込むか？

放送局はエリート主義に傾きすぎている。党との結びつきを失っている。「大衆」が実際に何を聞きたがっているのかについてあまりにも理解が足りない。そうした懸念が出た。「大衆に対してはわれわれに耳を傾けるよう要求している」。放送局のある党員が内部討議の場で提起した。「しかし、われわれは大衆に耳を傾けているだろうか?」と。ラジオは「人民のメガホン」でなければならない。彼はそう断じた。「普通の」声をもっと放送に乗せ、党の演説は思い切って減らすべきだという点で多くが一致した。投稿者がうんざりだと考えていることも経営陣は把握している——それが本当であることを危惧しているのだ。党として初の「二カ年計画」をいかに推進していくか、一九四八年に行った議論で、何人かのアナウンサーが論じた。この問題ではウルブリヒト演説を単に放送するだけでは不十分であると。「リスナーが退屈に感じないようにするために、ラジオは計画について活発に相手に語りかける方策を見出す必要がある」というのだ。選りすぐりの記者たちが任務遂行のため抜擢され、彼らは計画をどのように実行に移すべきか民衆に聞くインタビューに繰り出した。その後、劇場的な演出をめぐる議論の中で、放送局首脳陣は「書き手は往々にして無味乾燥な材料から生き生きとした本物の光景を創出する能力を持たなければならない」し、芸術的手法とイデオロギーとを組み合わせる術を学ぶ必要がある、との見解で一致した。それも、「こうした記者をますます育成することが放送局の特別の任務である」からだ[21]。

反対論もあった。共産党の不人気が深刻化するにつれて、放送局内、党内、とりわけカールスホルストのソ連軍政本部では一部論者が別の見方を提起し始めた。ロシアの文化将校団は、イデオロギーと文化との組み合わせは必ずしも機能しないとみているのだ。その指摘によれば、ある「文化週間」が催された際、民衆は音楽を聞きにやって来るが、各種講演は無視したというのである[22]。イデオロギー偏重を避ける試みはかえってその効果を弱めることになる。将校団はそうした疑念を募らせた。この他、いかに退屈であろうと長文の演説を長時間放送することはラジオの定番に据えておくべきだとする意見もある。そうでもしなければ、どのようにして民衆が指導者を知ることができるだろうか？結論が出た。イデオロギーは手控えるのではなく、これまで以上に普及せよ——ラジオを通じ、さらに至るところで。

ポーランドではソ連によるラジオ放送局の占拠はなかった。というのは、この国に占拠すべき放送局が一つもなかったからだ。戦争が終結するまでにナチスの占領軍により放送設備があらかた没収されたため、全土に残る機材は皆無に近かった。ポーランドのラジオは一九三九年九月、『ピアニスト』〔邦訳『戦場のピアニスト』〕の著者、ウワディスワフ・シュピルマンが演奏するショパンのノクターン嬰ハ短調の調べに乗せて放送が途絶える。放送が一時再開するのは、ワルシャワ蜂起の勃発を受けた一九四四年八月八日のことである。国内軍の「ブウィスカヴィツェ」放送（「稲妻」放送）は二ヶ月にわたり軍事情勢のほか文学や文化を盛り込む毎日四回の番組を敢然とオンエアした。しかし、十月の第一週に沈黙する。国内軍が降伏したのである。

ラジオ放送はソ連による保護の下でソ連兵士の支援を受け、ポーランドにしっかりと復帰する。「プシチュウカ」放送（「ミツバチ」放送）は一九四四年八月十一日、ルブリン近郊の鉄道車両からソ連の機材を用いてオンエアを開始、赤軍とともに市内に入った。ルブリンに着くと、放送局はショパン通りの民間アパートに設置された。「スタジオ」は居間に置かれ、もう一室は応接間兼用で夜になるとアナウンサーたちの寝室に早変わりした。初期の放送は――すべて生放送である――軍事コミュニケと最新情勢の構成で、主としてラジオを持っていると思われる野戦司令官やパルチザン向けにオンエアされた。解放地のルブリン、ジェシュフ、ビャウィストクでは放送局スタッフが「ラジオヴェンズウィ」――屋外拡声器――も設置した。民衆が町の広場や公共の場に集まり、一日に何回か放送を聞くことができるようにするためだ。その時点で放送局は音楽の生演奏を番組に加えた。演奏したのはワルシャワ蜂起が挫折した後、町に多数たどり着いた芸術家肌の難民たちだ。[23]

ドイツの放送局と同じように、最初にポーランドのラジオ放送の運営に当たった担当者の一部は共産主義者だ。彼らはベルリンで新設ラジオを運営することになる要員ほど卓越しているわけでもなく、ロシア人に知名度が高いわけでもない。ただ、当時は著名で信頼されるポーランド人共産主義者の数が少なかったのだ。ポーランド放送局の初代局長、ヴィルヘルム・ビリクは戦前からの党員で現役の技師だった。後年、ポーランドの原子力研究庁の長官に就任している（さらに、その後は反共産主義の「連帯」運動を支援した）[24]。初期のラジオ・ニュース放送はすべてルブリン臨時政府のプロパガンダ部門当局者が原稿を書き、それを受け取った放送局が読み上げた。

最初に採用された職員の中には偶然、放送局に職を得た人もいた。後に有名な女優兼作家となるステファニア・グロジェニスカは一九四四年九月二日、生まれて初めてマイクを目にし、九月三日にはポーランドの放送アナウンサーに起用された。彼女は回想録の中で、ルブリン・ラジオ放送局の発足間もない、明らかに急ごしらえでしのいだ数週間の状況を記している。

ショパン通りには複数のアナウンサーのほか、技術者数人がいた。なかでも一番の人気者はルブリン近郊の村に住み、職場に通うニェロビェッ氏だった。評判を高めたのは彼が携えてくる大型の水差しだ。そこには密造酒がたっぷり入っている。容器のネック部分にボールペンとマグカップを添えたノートがくくり付けてある。一杯やりたければ、名前と量を記入する——たとえば、「シキリツキ——カップ半分」といった具合に。給料日にはニェロビェッがノートを手に出納係の隣に立ち、われわれから寄付を受け取るのだ[25]。

共産主義時代の記述が示すように、その後の数ヶ月はポーランドの放送にとって英雄的な時期であった。「国土が解放されると」、とある報道が高らかにうたう。「ポーランドのラジオ技師たちが前線の背後にぴたりと付き従い、どのような放送設備であれ残っているものは再利用に努め、果敢に送信機を作り直し」、赤軍と積極的に協力したのである、と。一九四五年の末、ビリクはラジオ放送が成功を収めたことについて、全くもって「ソ連の高貴にして私心のない支援の賜物である」と公の場で宣言することになる。

再建の迅速さに触れた証言としてはビリクに誤りはない。ポーランドの放送技師たちは三年もしないうちに、放送局十二局と送信所十カ所を完成させてしまったのだ。彼がソ連のおかげであるとしたことも、ある時期までは正しい。一九四五年を通じ、全土に送信可能なワルシャワ郊外ラシンの送信所にはソ連の資金が投入された。その建設支援に駆けつけたのはソ連の技師たちだ。ビリクによれば、ラシンの送信所建設はスターリンが直々に承認した。ビリクを疑う理由などない。ソ連がポーランドの放送再建を必要としたことも疑問の余地はない。しかし、現地では赤軍が往々にしてどちらともつかない曖昧な指示も下していた模様である。理屈のうえではソ連は「共産主義」放送を推進したい考えだったようだ。しかし、現地のソ連内務人民委員部（ＮＫＶＤ）はポーランド人が国内軍による対抗放送局を創設するのではないかとも危惧した。あるいは、ポーランド人がロンドンから届く「敵」の信号を受信するためにラジオを操作する可能性もあると恐れたのだ。

建前上はポーランド放送の再建に取り組みながらも、ソ連将校団はこうして実際には送信設備の設置、ないしは再利用を試みる者には疑念を抱いていたのである。一九四五年六月、シレジアの町ザブジェから寄せられた中央放送局あての手紙は、放送局の元職員が地元のソ連軍司令官により送信を禁じられたと訴えた。手紙の筆者はこの件について外交的に述べている。「われわれはこれが誤解による結果であり、ポーランド・ソ連の友好に基づき前向きに問題が解決されるものと信じている」と。ほぼ同じころ、グリヴィツェで地元当局が放送局を設置しようとしたところ、ソ連軍が実際に銃で脅しをかけた。下シレジアの当局もソ連軍司令官らにラジオと送信機器を引き渡すよう説得するのに苦労した。当局がなんとかして一部機器を取り戻したものの、こんどはポーランドの秘密警察によりたちまち没収された。[26]

ソ連当局はポーランドに進駐してまだ日の浅い段階から、ドイツ側が没収したラジオ受信機を返却することとすら取り扱いに慎重を期した。一九四四年八月——ちょうどラジオ・ミツバチが放送を開始したころだ——、赤軍司令官たちは解放地のポーランド人全員に対し、「形態や使途に関わりなく」手持ちのラジオ送信機、あるいは受信機を提出し、ポーランド国民解放委員会に引き渡すよう命じる布告を出した。命令にそむいた者は「敵国工作員」とみなされる。[27]数ヶ月後、この委員会は命令をさらに思い切った内容に改める。ビエルートは宣言した。十月三十日より、許可なくラジオを所持する者は死刑に処す、と。こうした判決が下された事例は少なくとも一件ある。一九四五年五月一日、ポズナニのスタニスワフ・マリンチェンコは「フィリップ社製のラジオ」を不法に所持したとして、処刑された。[28]

新聞、定期刊行物、出版に対する当時の態度も一様ではなかった。理屈のうえでは、臨時政府は出版の自由を支持した。すべての合法政党はそれぞれ独自の新聞を出すことが許された——共産党は一九四四年、機関紙の発行を開始。やがて『人民論壇』(Trybuna Ludu)」と呼ばれるようになる。しかし、ほかにも数紙あった。一九四四年を通じ、国内軍やほかのレジスタンス・グループも数十種におよぶ小規模な新聞や雑誌を発行していた。さらに、ジャーナリストが立ち上げた一、二の新聞が登場、いちばん有名なのは『ワルシャワ生活』(Życie Warzawy)だ。しかし、紙は極端に少ない——すべての製紙工場の七〇パーセントが破壊され、戦前の生産量の五分の一に落ち込んだが、残る工場が国有化されたため、一九四四年十二月までに新聞印刷は大半が政府の統制下に置かれ、出版物の大部分も単一の会社、「チテルニク」が一手に引き受けた。[29]印刷業の私有を制限する法律が一九四五年六月までに成立、体制に批判的な新聞は一九四六年までに印刷用紙の入手が困難になる。それでも、合法的な新聞の中では最も辛辣で、体制にはいちばん遠慮のない物言いをする政党である農民党の機関紙『人民新聞』(Gazeta Ludowa)は、勇敢にも公然たる政府批判を掲載し続けた。プロパガンダ担当の当局者は必ずしもこの党機関紙を統制しているわけではなかった。共産党員の一部記者はプロパガンダ部門の官僚には耳を傾ける必要はないと考えた。というのは、党機構の中では記者の地位のほうが高いと考えたからだ。このため、共産党の新聞ですら常に党の路線に従うとは限らなかったのである。[30]

ポーランドのラジオはそれほど大胆ではない。当初はあまり専門的でもなかった事情もある。一九四五年を通じ、ニュースだけでなく、ほかの番組いっさいを埋めつくしたのは戦争だった。アナウンサーたちは自分の体験を振り返り、聴取者にも同じく思い起こすように呼び掛け、さらに、失った肉親の長大なリストを放送で読み上げた。子供たちのために戦争の話を聞かせるアナウンサーもいた。二月二日の放送では、アナウンサーがワルシャワの住民に対して戦時下の外出禁止令を守るよう呼び掛けた。既に前線が西方に移ってはいても、「ヒトラー信奉の野蛮人」がまだ投降していないためだ。ほかには工場や学校の再建、国外からの兵士の帰還が共通のテーマとなった。[31]

放送局は当時新設されたほかの国家機関と同様、本来の業務以外の役目も果たした。一九四五年六月、ビドゴシチのスタジオはこれといった設備がほとんどなく、例えば番組作りができないのも同然だったが、料理人を一人雇い、毎日百人分の昼食を準備した。[32] 国中の放送局幹部はたえず嘆願書を送り、とくに音楽家たちのために資金増を求めた。食料にも事欠く音楽家がたくさんいたのだ。ワルシャワに寄せられた書簡によると、放送局職員が罹った病気のリストには、肺結核、リウマチ、目の病気、皮膚の疾患が含まれていた。[33]

しかし、群衆が初めて登場したワルシャワの市電を歓呼で迎えたのと同じように、ポーランド放送局の復活は民族復興のシンボルとして歓迎され、程なく芸術的才能を引き寄せる磁場となった。ウワディスワフ・シュピルマンは彼にとって（放送再開後）初のライブ演奏で万感の思いを込めてショパンのノクターン嬰ハ短調を弾いた。一九三九年、ラジオの放送が途切れるまさにその直前に弾いたのと同じ曲である。トレブリンカとワルシャワ・ゲットーで家族全員を失いながらも、シュピルマンは作曲を続け、一九六三年まで放送局の仕事を続けた。(34)

ラジオ放送は自らを全国民の声と位置づけてはいたものの、ワルシャワの政治的見解は厳しさを増し狭まる一方で、そうした見解に対する国内の同調圧力が強まった。ビドゴシチの放送局が五月九日、ソ連の戦勝式典に関する報道を中継しそこなった後、放送局長は自己弁護しなければと考える。彼はビリク宛に手紙を送り、設備が「お粗末な中古」だったとし、放送当日は使い物にならなかっただけだと説明した。しかし、現地のソ連軍司令官や地元秘密警察はそうした言い訳を受け付けない。中継ができなかったのは「忠誠心に欠ける技術職員」のためだと主張して、ラシンからソ連の技師を派遣し調査した。(35) この種の圧力は全般的な暴力の脅しと相まって、その年が経過するにつれポーランド放送のトーンが際立って新体制寄りに傾斜していった理由を説明する手掛かりになる。体制への協力者には物質的な利点――食堂や健康管理――もあったが、その一方でワルシャワの指導部に反抗する者は職やそれと抱き合わせの配給券を失った。

多くのアナウンサーは初めこそ共産主義者ではなかったにせよ、少なくとも年末までには共産主義用語の使い方を学び取った。五月九日に忠誠心の欠如を問われたことに自己弁護で応えた同じビドゴシチの放送局長は、一ヶ月後に手紙を書き、今では地元の役所に新設された「プロパガンダ」部局と週に最低三回会っていると説明した。局長は九月、車一台とメガホン一個を申請する（そして承認された）。これにより、放送局職員は電波の届かない場所に出向くことが可能になる。メガホンを使ってスローガンを叫ぶことで、やり取りができるわけだ。[36] 秋に入ると、カトヴィツェのラジオ局は「労働の世界」と労働者階級に向けた番組の拡充をワルシャワに確約する。ほぼ同じころ、ワルシャワの放送記者は十月革命を祝い中央計画の利点を大々的に宣伝する様々な番組の計画に着手する。ラジオの中央当局が十一月、将来の放送計画のため会談した際、ある幹部が局としては政治警察と民警の役割を称賛する番組をもっと制作すべきであると論じた。「新聞では『犯罪集団』による窃盗、殺害の事犯の増加が見受けられる。……被害者はたいてい民主的活動家たちだ。ポーランドが最も必要としている人々なのだ」。

同じ会合で、放送担当者は当時のポーランド政治で唯一残った独立系勢力、農民党が開催を控えた党大会について協議した。大会に関する情報は放送すべきだと大多数が考えたが、「農民党に向き合うには慎重を期さなければならない」とする声も一部にあった。この党が「否定的要素を自ら取り除き、民主主義陣営に加わっている」のかどうかはっきりしないという理由からだ。当時の農民党は依然として合法政党であった。しかし、放送関係者の見解では、合法だからといって党のメッセージをラジオで伝える権利が自動的に付与されるわけではないというのだ。

年末までに、ラジオの任務は少なくとも放送局指導部にははっきりした。ビリクは一九四五年十二月、職員に対して行った演説――ソ連の「高貴にして私心のない」支援に触れたのと同じ演説――で、ラジオの将来について構想を打ち出した。その中で、ラジオ受信機を増やす必要性を語り――「われわれは農民、労働者、勤労知識人層にラジオを聞いてほしい」――、二つの新工場が翌年に一万五千台生産すると説明した。ポーランドの放送は「無駄話」が多すぎるという苦情には取り合わなかった。戦前のラジオがもっぱら取り組んだのはエリート向けの娯楽でしかなかったが、ビリクは新生ラジオが「プロパガンダ要員として壮大な役割を果たすことができる。これは驚くべき武器なのだ」と職員に説いた。たしかに、ラジオは誰にでも送り届けることのできる武器だった。

ビリクの話によれば、ラジオは「ポーランドに誕生する新しいタイプの人間の創出」を手助けすることができるし、「……その主要な目標は、歴史がわれわれの前途に設定した基本的任務を遂行するために社会を動員することだ。すなわち、国土の再建、民主主義の強化、国民の統合がそれだ」[37]。この演説を受け、ポーランドのラジオは数年間にわたり、国民がこれらの言葉——復興、民主主義、統合——を、共産党がしたのと同じやり方で確実に定義できるよう鋭意努力することになる。

東ドイツのラジオはモスクワ仕込みの共産主義者によって放送を開始した。ポーランドのラジオはソ連の設備によって始まった。ハンガリーのラジオはロシア語で書かれ、ブダペスト暫定政権が発足二日目の一九四五年一月二十日に発表した布告によって始まった。この布告がハンガリー通信社と全国放送のラジオ局マジャール・ラジオを再建したのである。布告によりギュラ・オルトゥタイが両機関の局長に起用された。オルトゥタイはほかの事はさておき、放送局のブダペスト本部に向かった。そこは大戦末期、馬小屋として使われていた。設備はめちゃくちゃに破壊され、玄関脇には死んだ馬一頭の腐乱しかけた遺骸があった。中庭は爆弾によるクレーターがぽっかり穴を開けていた。オルトゥタイは廃墟となった建物の入り口に貼り紙をくくり付けた。「ラジオ局の皆さん、われわれは二十一日、エレベーターの反対側にある防空壕で、生き延びた人々が来るのを待っている」[38]。

ソ連の観点からすれば、オルトゥタイはこの任務には理想的な人物だった。著名な民族誌学者にして文芸批評家であり、戦前はマジャール・ラジオで働いたことのある社会主義知識人である。実際には共産党の秘密党員でもあり、当時のハンガリー政治に活発に関わった数人のメンバーの一人であった。公の場では、戦後も合法的な活動を許された四政党のひとつ、小地主党の党員と称し、一九四五年から四六年を通じ、小地主党の指導的政治家たちと緊密な接触を保った。同時に、ハンガリー共産党指導部からひそかに命令を受けていた。党は一九四五年三月、秘密の儀式でオルトゥタイに偽名による党員証を交付したのだ。

オルトゥタイが密かに党籍を得ていることはハンガリー駐留のソ連軍司令官たちにはもちろん知られている。ハンガリーのメディアについては、講和条項により正式に連合国管理理事会に責任が委ねられた。戦争の終結に伴い、この組織は各合法政党に新聞発行を許可した。ハンガリー共産党は旗艦として『サバト・ネープ』(Szabad Nép)を設立する。しかし、社会民主党、小地主党、農民党もまたそれぞれ独自の新聞発行を認められた。小地主党機関紙『キシュ・ウーイシャグ』(Kis Újság)はたちまち国内で最も人気のある新聞となった。[39] ハンガリーではほかの各国と同様、共産主義者がひときわラジオに関心を寄せたが、オルトゥタイがいることで党が放送への特別な影響力を確保した。ハンガリーの放送局は瞬く間にソ連の設備、送信機、技術者、さらにはソ連顧問団に全面的に頼ることになる。まぎれもなくソ連の世界観を反映するのも時間の問題だ。

これが一般大衆にすぐにも明らかになったわけではまったくない。オルトゥタイが張り出した告知を読み、職場に復帰した放送局職員にしても、事情は同じだ。彼らは廃墟となったブダペストで多大な労力を注ぎ、ハンガリー放送局の再建計画に着手する。状況は厳しかった。マジャール・ラジオの日々の記録によれば、五月に「ピアニストのラヨシュ・ヘルナーディがスタジオがあまりにも寒かったため七分間の休憩を求めた」とある。[40] 放送局職員の当初の「賃金」は毎日カップ一杯のスープだ。しかし、ほかに特典があった。ロシア語とハンガリー語の併記で印刷した身分証を持っているため、これを所持していれば街頭検挙や一連の追放を免れるのに役立ったのだ。[41] そうではあっても、公共輸送のない都市で職場に通うのは必ずしも楽ではなかった。放送局で言い伝えられた伝説がある。ある朝、その日の放送開始の時間が来ても、建物内には誰一人いない。掃除係の婦人がレコードをかけ、出勤者が現れるまで演奏を続けたということだ。(42)

ポーランドやドイツでもそうだったが、技術者の多くは戦前に放送局で勤務した経験があった――ほかは偶然就職した人々だ。アーロン・トービアーシュは一九四六年、高校を終えた夏に入局し、大学に進学できる資金を稼ごうと考えた。彼の仕事は「日曜の午後に俳優たちに朗読してもらうため、著名なハンガリー作家の短編」を選ぶことだ。十八歳の身にはたとえようもなく魅惑的な職務である。彼は結局、大学には進まなかったが、一九五五年まで放送記者を続けた。(43)とはいえ、ほかは新米だ。その中にはギュラ・シェプフリンがいた。一九三〇年代からの共産党員で、初代の番組編成局長になった。彼は回想記の中で――一九四九年、ハンガリーから亡命する――、ハンガリーは一九四五年当時は建前上、複数政党制の民主主義国家ではあったものの、オルトゥタイの個人的決定が内密にしている党籍の影響を既に受けていたと振り返っている。「職員を採用するのも解雇するのも、完全に政治的な性格を帯びていた」からだ。オルトゥタイは番組作りの政治的指針も打ち出した。「大国間の調和と合意を乱しかねない事柄はいっさい避けよ、党内政治に注意せよ、反ファシストの国際政治を知らしめ、普及せよ、民主的政府や国家再建、土地改革について宣伝せよ、ハンガリーおよび世界の進歩的伝統を常に強調せよ……」というのだ。シェプフリン自身、「少なくとも週一回は」ハンガリーの党本部を訪れ、自らの放送向けの「指針や事細かな党の方針」を求めた。彼はそれほどの手助けは得られなかった。それは主として、放送局が既に連合国管理理事会、すなわちソ連による直接の管理下に置かれていたためだ。ハンガリーの党はそれを気にも留めていない。いずれにせよソ連の支配下にあるとみなしていたのだ。(44)

しかし、ハンガリーの同志たちが当初、ラジオ放送の意義を把握していなかったとしても、ソ連の同志たちは把握していた。戦争終結まではラジオの所有を禁じていたものの、新規放送局の免許を発行、ソ連将校一人をその常駐「顧問」(および主任検閲官)として指名し、放送に備えることを許可する。一九四五年五月一日までに放送の準備は整った。[45] 正午、ブダペストのあちこちに周到に備え付けた拡声器が新しい放送局信号を流し──十九世紀の反ハプスブルク革命の歌から数小節を取ったものだ──、番組が始まった。四つの合法政党から各指導者が演説、ニュースが読み上げられ、音楽が鳴り響いた。ハンガリーの重要な音楽作品がいくつか演奏され──バルトークの作品とハンガリーのオペラが一つ──、その後、ロシアのオペラ、「ボリス・ゴドゥノフ」が続いた。それから拡声器はソ連兵士のためにロシア語で一時間放送した。[46]

一九四五年はおおむね、取り上げる話題──土地改革、ハンガリー・ソ連友好協会、新労組の結成、戦犯法廷、そして共産主義パルチザンの歴史──から判断すると、オルトゥタイが設定した枠内にほぼ収まる放送が続いた。けれども、アナウンサーたちは依然として「ブルジョア［すなわち、非共産党員］」作家の作品を朗読し、お馴染みの音楽を流していた。[47] ソ連の直接関与をおそらく物語るのは、ロシア語の番組(たとえば、「ロシア語歌唱を学びましょう」)が圧倒的に多いことだ。それはかくもお手上げの言葉が話される国を占領した赤軍が味わうもどかしさを反映しているのかもしれない。その年が終わるころには発足したばかりのハンガリー秘密警察も放送局に立ち会うようになっていた。将校たちは「政治的に興味のある」題材を扱う台本の写しを定期的に要求するはずだ。秘密警察の将校たちは放送局の部局を警備し──放送局の政治的意義を示す新たな徴候だ──、人々の出入りをチェックした。やがて別の秘密警察部隊が技術部局を警備するために送り込まれる。技師たちは過去に放送局に勤務していた経験者が多く、政治的に信頼が置けないためだといわれる。[48]

しかし、マジャール・ラジオのソ連監督官たちは、局の党員職員が番組制作権を得るために働かせた直感に任せた。当時はたいていの場合がそうだった。たとえ職員がコミンテルンの講習を受けていなくとも、その多くは党路線を習得し、それに基づいて判断したのだ。たとえば、マーチャーシュ・ラーコシはあるとき、シェプリンに対し、ラースロー・バールドシュの裁判を実況放送するよう命じた。バールドシュは、ハンガリーがドイツと同盟を組み、ソ連に宣戦布告する致命的な決定を下した戦時期の首相である。裁判が行われたのは、初のハンガリー選挙が実施される数日前のことだったが、シェプリンの回想によれば、惨憺たる放送となった。「バールドシュは紳士然と振る舞い、裁判官の気まぐれな怒鳴り声にも威厳を保ち、感情をむき出しにすることもなく、毅然と答えた。わたしは彼の有罪を確信したが、世論を変えようとしたわれわれの試みは裏目に出たのだ」。シェプリンは——ブダペストの同志たちの中では最も教条的な人物というわけでは決してなかった——裁判の途中で実況放送を中断した。バールドシュにはあまりにも訴える力があり、その言葉は共産主義の大義には有害極まりないものであった。シェプリンはこれ以後、裁判の録音抜粋のみを放送した。(49)

オルトゥタイはしばらくの間、少なくとも外見上は政治的多様性を何とか保った。マジャール・ラジオは一九四五年までは、政府のためにニュース番組を制作する民間の持ち株会社の所有であった。同社は通信社、広告会社、印刷施設のほか、小規模の銀行数行を保有していた。世間的には戦間期のホルティ政権とつながりのあったオーナーたちは戦後、資産を取り戻そうと奮闘する。彼らは小地主党から一定の支持を得た。この党は彼らへの補償を求めたが、新放送局の株に関し大半は政府の所有とすべきであるとも主張した。

オルトゥタイはどちらの考え方にも反対し、そして勝った。その年の夏が終わるころまでに、元のオーナーたちは権利を剝奪され、彼らの資産は没収。放送局はＭＫＨＲｔと呼ばれる国営会社に全面的に帰属した。(50) この会社は、こんどは政府――当時はまだ広範な政治家たちを抱合していた――ではなく、ハンガリーの主要な全政治勢力から成る理事会によって運営された。ここには四つの合法政党――共産党、社会党、農民党、小地主党――からそれぞれ各二名、さらに労働組合から二名のメンバーが加わった。

理事会は公平に見えるが、実際は労組のメンバー二名は共産党員だ。従って、共産党は四名の理事を確保したわけだ。ほかの代表も多くは各政党の最左翼に属している。このため、彼らは共産党寄りだ。ほかの理事はオルトゥタイのように密かに共産党に加わっている。戦争が終わってわずか一年の一九四六年の初めまでにハンガリー共産党は事実上、放送局の職員や理事会を支配、こうして、放送の内容を統制する。ところが、民衆も政界もそんなことはあずかり知らない。一年後、党が放送局に対しイデオロギー的な締め付け強化を決めても、誰一人防ぎようがなかったのである。

第9章 政治

欧州における秩序の確立と国民経済生活の再建は、
解放された人々がナチズムとファシズムの最後の痕跡を取り払い、
自らの選択による民主的制度を創設することが可能となるプロセスによって達成しなければならない。
……これらの選挙には、すべての民主的かつ反ナチスの政党が参加し、
候補者を擁立する権利を持たなければならない。
ヤルタ条約議定書、一九四五年二月十三日

「連合国の勝利により、ごく最近明るく照らし出された現場には既に影が差していた。
……共産党は欧州におけるこれらすべての東部諸国では極めて弱小であったが、
その規模をはるかに超える優位性と権力に上り詰め、
至るところで全体主義的支配を手中に収めようと図っている」
ウィンストン・チャーチル、一九四六年三月五日、米ミズーリ州フルトンでの演説

東欧に自由選挙を約束したヤルタ条約の調印から、全体主義の台頭を予言したウィンストン・チャーチルの「鉄のカーテン」演説までの間に一年が経過した。その一年の間におそろしく多大な変化が起きる。赤軍はモスクワで訓練した秘密警察要員を占領した各国に送り込み、地元共産主義者に全国規模のラジオ放送局を統括させるとともに、青年団体やその他の民間組織の解体に着手した。彼らは反ソ的であるとみなす人々を逮捕、殺害、追放し、さらに民族浄化政策を強行した。

こうした変化は何ら秘密ではなかった。外部の世界に隠していたわけではない。チャーチル英首相自身、「鉄のカーテン」という言葉を使ったのは、有名なフルトン演説が初めてでなく、一九四五年五月、まさに戦争が終わるときである。ヤルタからわずか三ヶ月後のことだ。チャーチルはトルーマン宛の書簡で、「彼らの前線に鉄のカーテンが引き下ろされている。背後で何が起きているのか、われわれにはうかがい知れない」と書いている。[1] チャーチルが好む高尚な言い回しは真実を覆い隠している。実は、「鉄のカーテンの背後」で進行中の出来事を把握していたのである。というのは、チャーチルにとっては腹立たしいことに、対談したポーランド人たちが真相を告げていたからだ。

事実、英米列強とソ連との友好的な関係はたいぶ前から壊れ始めていた。「われわれ自身と資本主義者の民主的陣営との同盟は成功する。後者がヒトラーによる支配を阻むことに関心を持っているためだ」。スターリンは戦争が終結する前にディミトロフにこう語った。「将来的にはわれわれはこの陣営とも敵対することになる」。戦争が終局に向かうにつれて、緊張が激化する。一九四五年四月、米軍と赤軍がエルベ川で初めて接触したときこそ、握手を交わし祝賀を催す機会となったものの、その後はドイツ人がどこで、誰に対して降伏すべきかをめぐり、厄介な議論が浮上――最終的には二つの調印式が行われた――、さらに米国がレンド・リース法（武器貸与法）による計画をいきなり取り止める決定を下した。この計画は大戦中、ソ連が米国製品を購入する際、財政支援を与えていたものだ。[2] 八月に初めて原爆が使用されたことでソ連の被害妄想に新たな打撃をもたらした。八月末には早くも米国とロシアの兵士たちがベルリンで夜間、頻繁に銃撃戦を交わした。[3]

しかし、ほどなく冷戦として知られるようになる、一段と深刻な相互不信を引き起こす本当の引き金となったのは、東欧の、とりわけポーランドの事態であった。一九四四年秋の時点では既にジョージ・ケナンが、民主主義のために引き続き闘っているポーランド亡命政権のメンバーは、「私の見るところ絶望的な体制の消えゆく運命にある代表者たちだったが、誰一人、このことを彼らに語るほど残酷にはなれなかったのである」[4]と認めている。六ヶ月後の一九四五年五月、ローズヴェルトの有力側近である顧問の一人、ハリー・ホプキンスはモスクワを訪問しスターリンと会談。「われわれがポーランドにヤルタ協定を実行に移せないでいる」ことに対するトルーマンの憂慮を伝えた。スターリンはこれに激怒しランド・リース法をめぐる決定を非難、ソ連としては自国国境と接する「友好的な」――すなわち親ソ連の――ポーランドが必要なのだと明言した[5]。

とはいえ、スターリンはヤルタの議定書に同意している。選挙はただならぬ状況にあろうとも行われるはずだ。ソ連の東欧占領と連立政権が続いた初期の時代――大まかに言って一九四五年から四七年まで――、すべてではないにせよ、一部の非共産主義政党には依然、合法的に活動する権利があった。非共産主義の新聞も一部は発行可能だ。政治活動は行われた。政治的自由の度合いは国によって異なり、選挙の操作や不正がどの程度行われているかも同様であった。しかし、少なくともそもそものスタート時点では、ソ連がせめて民主的選択という外見を、そしてある程度はその現実をも保つつもりでいることは明らかだった。

ソ連はそのほうが利益になると踏んだのである。既に筆者が指摘したように、ソ連と東欧の同盟諸国は民主主義が自分たちに有利に働くと考えていた。これは往々にして見過ごされているが、繰り返しておく価値のある重要な点だ。その期待に込めた誠実さは国によりさまざまではあるものの、この地域の党の大半は戦争が終わって間もなく選挙を実施する。党が勝つと思ったからだ。そう考える十分な理由がいくつかあった。戦争直後は欧州で活動するほぼすべての政党が、近代的な基準に照らせば極めて左翼的な政策を打ち出した。西ドイツの中道右派、キリスト教民主同盟や英国の保守党ですら、一九四〇年代末は一部産業の国有化まで含め、経済における国家の大きな役割を積極的に受け入れたのである。大陸一帯でまさにほとんど誰もが手厚い福祉国家の樹立を支持。共産諸党はこれまで欧州で行われた選挙でかなり善戦していたし、再びそうしたい構えに見える。フランス共産党は一九四五年の議会選で最大の支持を集め、勝利している。さらに東方で同じことが実現しないわけがあろうか？

欧州の共産主義者たちにも勝利を信じるイデオロギー的な理由があった。マルクスによれば、労働者階級は早晩、自らの運命を意識するようになる。そして遠からず共産党に信頼を置くはずだ。ひとたびこれが現実となれば、共産党は極めて当然のごとく労働者階級の大多数に選ばれて権力の座に就く。ポーランドの共産主義者レオン・カスマンは後のインタビューで説明した。

われわれは戦前の党が少数の国民からしか支持を得ていないことを重々承知していた。しかし、これは開明的な少数派、すなわち国民的な向上へと導いていく少数派であると思っていた。われわれが権力を握り、正しく政治運営をすれば、われわれを信用せず、疑念を抱き、敵対する人々を取り込めることも分かっていた。(6)

ウルブリヒトは一九四六年初め、党への演説で、同様の楽観主義を表明した。

われわれは問い掛けを受けてきた。ソ連区域でも選挙を行うのか？　それにはこう答える。確かに、その通りだ。われわれがどのように選挙を行うか分かるはずだ！　われわれはそうした選挙の実施に求められる責任感をもって事に当たる。すべての町村に労働者階級の多数派が存在することをはっきり示すようなやり方で選挙を行うつもりである。(7)

ウルブリヒトは少なくとも公衆の面前では、選挙がよもや労働者階級による多数派をもたらすことにはなるまいとの見立てを、おくびにも出さなかった。

スターリン自身はもっと皮肉な態度を取った。あるいは、欧州の人々が「民主主義」や「自由選挙」にいかなる意味を込めているのか、まともに把握したことがなかったのだろう。大戦中、スターリンは当時のロンドン亡命政権指導者スタニスワフ・ミコワイチクに率いられたポーランド代表団に対し、「われわれがポーランド政治において許容できない特定の人物――左右両派とも――がいる」と語った。ミコワイチクは、民主主義社会ではだれが政治に参画できるか、だれが不可なのか指図することはできないと指摘した。これに応えて「スターリンはあたかも……頭のおかしい人間とでもいうようにわたしを見つめ、会談を終えた」(8)。

その後、スターリンは一九四四年八月、ポーランドの亡命政権指導部の一団に、ソ連としてはポーランドで「民主的諸政党」による「連立」結成が望ましいと考えている――この問題はもちろん、「ポーランド人自身によって解決」されるべきことだが、と素っ気なく伝えた。スターリンの語る「連立」とは、構成メンバーが互いに競合することのない選挙前の連携を意味した。「民主的」とは親ソ連ということである(9)。いかなる形であれ競争はいっさい持ち込まないような「選挙」を望んでいたのは明らかだ。こうした状況では、ポーランドの共産党ですら勝利する可能性がある。スターリンが一九四五年、ウワディスワフ・ゴムウカに語ったように、「たっぷり扇動し、きちんとした態度を取れば、かなりの得票を挙げるかもしれない」(10)のだ。

スターリンの方式に忠実に従い、競争抜きの選挙を行った国はいくつかある。ユーゴスラヴィアが一九四五年十一月に実施したのはまさにその種の選挙――チトーはソ連の説得を待つまでもなく自分の政敵を迫害した——だ。公式結果は、有権者の九〇パーセントが立候補名簿に載った唯一の政党であるユーゴスラヴィア人民戦線に票を投じたと発表した。ベオグラード駐在のソ連大使は手放しでこの結果を称賛し、ヴャチェスラフ・モロトフに今回の選挙はこの国を「揺るぎない」ものにしたと報告した。選挙は大成功と受け止めたのである。[11] ブルガリアでも共産党が一九四五年十一月の選挙でいくつかの左翼政党を祖国戦線と呼ばれる連立に糾合した。[12] 両国とも本当の野党勢力は——中道や中道右派の諸政党で、連立参加を拒否した——国民に投票ボイコットを呼び掛け、多くがこれに従った。共産党はいずれにせよ、勝利を宣言した。

ところが、NKVDや地元共産党が最善の努力を尽くしたにもかかわらず、この地の政治家すべてが進んで選挙連立の一本化に加わったわけではないし、労働者階級が全員、その運命を自覚していったわけでもない。一九四五年から四六年にかけてこの地域の経済はなおも混乱状態にあった。政治の暴力はソ連への憎悪と反感とを植えつけた。その結果はどうかと言えば、東欧地域の大半で行われた最初の自由選挙、および半ば自由な選挙はマルクスの予測を裏付けるどころか、共産主義勢力にとって惨憺たる有様となった。これを受けて共産諸党の戦術は一段と過酷なものとなっていく。

ポーランドに関してスターリンは当初、慎重に動いた。少なくとも選挙に関しては。彼が差し向けた使節はユーゴスラヴィアやブルガリアで行ったように、ポーランドの政治階層にすぐさま一党単独による選挙実施を強いることはなかった。西側列強は国内軍指導者十六人が逮捕、追放されたのを受け、これまで以上にしっかりとポーランド政局を注視している。おそらくスターリンは連立型暫定政権という見せ掛けは維持しておくことが重要だと考えたようだ。こうした計算を念頭に、最後に一人残った非共産党員の指導者であるスタニスワフ・ミコワイチク——民主主義についてスターリンと議論しようと努めてきた政治家——が一九四五年春、祖国に帰還し合法的に活動することを認めたと思われる。

戦前の選挙政治に誰一人加わったことのないポーランドの共産主義者とは異なり、ミコワイチクは一般民衆によく知られている。一九三九年以前はポーランド農民党（Polskie Stronnictwo Ludowe, 略称PSL）——農村に基盤を置き、社会民主主義の政策課題を掲げ、真の正統性を持つ団体——の議長を務めていた。その年の九月、ドイツとソ連の双方から侵略を受けたのに伴い、ミコワイチクはロンドンに向けて出国、その地でポーランド亡命政権に加わった。ウワディスワフ・シコルスキ将軍が一九四三年、ジブラルタルで衝撃的な飛行機墜落事故で死亡すると、ミコワイチク自身が亡命政権の首相に就任する。彼はその役職で戦争終結に際し、スターリン、ローズヴェルト、チャーチルとポーランドの地位をめぐって談判。交渉が難航するにつれ、怒りを募らせ、ますます不機嫌になっていく。一九四四年十月、モスクワで行われたスターリンとチャーチルとの会談はとりわけ忌々しいものだった。その際に、たまたま知ったことがある。ローズヴェルト自身から確約を得ていたにもかかわらず、連合国側が既にテヘラン会談でソ連にポーランド東部を割譲していたというのだ（この会談でチャーチルはポーランドが「足をそろえて左に二歩ずれる兵士のように西方に移動」することも可能とほのめかした）。ミコワイチクはチャーチルに向かって声を荒げ、方針変更を要求した。英国首相は怒鳴り返した。「貴殿が議論を続けても、われわれはうんざりする。もうたくさんだ！」[13]

一九四五年三月、国内軍の幹部十六人が逮捕されると、ミコワイチクはポーランドにおける民主主義の可能性をほとんど信じられなくなった。それでも祖国への帰還を決意する。クリスティナ・ケルステンが指摘するように、ミコワイチクは「スターリンが自分の目標は共産主義のポーランドではなく、ソ連に友好的な民主的ポーランドであると言明したのは本気なのだという幻想に捕われていた」

のである。(14) こうした姿勢はロンドンや本国双方で多くのポーランド人から批判を招いた。彼らは、ミコワイチクの帰国が既に事実上のソ連支配下にある政府に見せ掛けの正統性を与えると考えているからだ。ある亡命紙《エミグレ》は不吉な予測を示した。「歴史がわれわれに教えているのは、ぎりぎり最大限の譲歩をしようとも、独裁的な全体主義に歯止めを掛けることは誰にもできないということだ。……唯一の救いの道とは――時機を見て国際世論を逆転させ味方に付けることだ」(15)。ミコワイチクはヤルタ条約が「普遍的な投票権と秘密投票に基づき可及的速やかに自由かつ制約を受けない選挙」を保障していると指摘した。彼はこの約束を額面どおりに受け取ることに決めたのである。(16)

一九四五年六月、モスクワに赴き、ポーランド臨時政府の設立をもたらす協議に加わった。この集まりに出席したのは「ルブリン・ポーランド人」――ビエルート、ゴムウカ、およびポーランド国民解放委員会に加わっていた親ソ連の政治家たち――と、ミコワイチク以外の農民党幹部である。その結果生まれた合意により先に指摘したように、国民統一臨時政府が発足、選挙が行われるまでポーランドを統治することになった。農民党はこの組織に加わる代表のうち三分の一を押さえた。さらに閣僚数ポストとともに、新聞発行に着手できるよう紙の割り当ても受けた。ミコワイチクは亡命中に綴った苦々しい思いがにじむ回想記の中で、この合意は「ポーランド人の大多数にさらなる幻滅をもたらした。……あの協定に規定された諸権利なら喜んで手を打つ日が訪れるはずだった。というのも、結局のところ農民党は三分の一すら取れなかった。獲得したものは何一つなかったのである」と振り返っている。(17)

ほんのつかの間だが、ミコワイチクの支持者たちには多大な期待を抱く理由があったかもしれない。彼が初めてポーランドの田舎に足を踏み入れた際は凱旋の趣だった。一九四五年六月、彼の乗った飛行機がワルシャワに着陸する。このときは数千人が飛行場に繰り出し出迎えた。群衆は市内を走る彼の車列に付き従い、市南郊にある臨時政府の新本部前に集結、彼に歓呼を送り続けた。ミコワイチクが数日後、訪れたクラクフでは、熱狂する支持者たちが実際に彼の車を持ち上げ、あちこちの通りを練り歩いた。彼らはそれからミコワイチク自身を担ぎ出し、肩車に載せた。こうした歓喜に満ちた集会でさえ、その背景には脅迫があったのである。ミコワイチクがクラクフ到着後の夜に現地の党幹部と初めての会合に臨み、そこから出てくると、自動小銃による一斉射撃を浴びた。ミコワイチク殺害を企てたものではない。むしろ、脅すことが狙いなのであり、実際、その効果を発揮する。彼は後日、クラクフを離れたあとに、あの会合に出席した全員が残らず逮捕されたことを知る。(18)

その後の数ヶ月間、ミコワイチクと熱心な支持者たちは、今から思えば桁外れに勇敢な、しかも驚くべき率直さで政治キャンペーンなるものを展開した。ミコワイチクと彼の率いる党はまず、野党として公然たる政治活動を行う権利のために闘った。次いで、初の国民投票で存在感を発揮する権利のために、最後に、戦後初の議会選挙で議席を獲得する権利のために闘った。一九四七年までに、彼の陣営は三回の投票すべてに敗れる。しかし、これより先、彼らが集めた支持の強さと規模が、ポーランドの共産主義者とその後ろ盾であるソ連顧問団を極度の不安に陥れていたのである。

ポーランドの共産主義者たちは当初からミコワイチクと農民党を孤立させようと全力を挙げた。スターリンが思いつきでミコワイチクに提案した選挙「連立」はたちまち実現する。この親ソ連ブロックは共産主義者のほか、幾分腰の引けた社会民主党、さらに紛らわしいことにまやかしの二政党を取り込んだ。ひとつは新たに作ったまがいものの「農民党」。共産党の支配を受けた党で、選挙民に混乱を引き起こすのが目的だ。そして、「民主党」である。これも同じ効果を狙っている。本来のPSLは意図的に紛らわしくしたこの連立に加わることを拒否、これにより政権外にとどまる唯一の合法政党となった。その結果ミコワイチクは、かなり穏健な社会主義者から最も急進的な民族主義者に至るまで、国内のありとあらゆる反共産主義者の支持を取り付けた。
数ヶ月と経たないうちに、共産党指導は誤りに気づく。一九四六年の冬、ゴムウカは党中央委員会総会で演説し、初めて公然とPSLを攻撃。PSL指導部を西側帝国主義者と結託した新たな反動的「敵対者」と決め付けた。さらに、PSLは森になお潜む反共パルチザンよりも危険な存在になりかねないとほのめかした。[19] ウォジミエシュ・ブルスは当時、共産党の若き経済学者としてこの会議に出席していた。

出席者の多くがあの演説の凄まじさに驚いた。何よりもまず、彼らは自分［自身］の国内支持がそれほど磐石ではないという感じがしたからだ。そこで、闘いではなく、ある種の停戦を望むことになる。それに、彼らは長きにわたる戦争を終え、かくも犠牲を払ったうえ、人的物的な喪失を抱え、疲れていたのだ。……わたし自身、猛々しいあの攻撃にはいささかびっくりしたと思う。

しかし、ブルスが観察したところ、ほかの出席者はゴムウカの演説を「それなりの満足感をもって」歓迎した。最終的に党は「反動を叩き潰す」ことになる。[20]
ミコワイチク自身は自党に対する言葉や力による攻撃を記録し続けた。重大な嫌がらせ――警察による暴力や拷問、殺害を含む――が建前上は合法的な彼の党に当初から付いて回った。早くも一九四五年十一月、彼はその後何度も申し立てることになる正式な抗議の第一弾をポーランドの秘密警察本部に送り付け、「タルノブジェグでPSLメンバーが大量に逮捕され、貴重品が没収された」ことに不満を訴えた。同じ十一月、警察官と共産党当局者がチシェベニツェでPSL集会への民衆参加を実

で八十人の逮捕者を数えた[21]。

力で物理的に阻止した。彼らはオレシニツァ近郊の村々の住民に対しては集会に参加すれば逮捕される危険があると警告。ウォヴィッチ付近の党事務所からは文書を盗み出した。一九四六年一月九日、ミコワイチクはヴロツワフ市で逮捕された党活動家十八人のリストをまとめる。一月下旬にはウッチで八十人の逮捕者を数えた[21]。

PSLのメンバーが逮捕されたのは武装地下組織の活動を理由にしたケースが頻繁にあった。たとえば、一九四六年三月、クラクフ南東の町、ウォパヌフで地元共産党員が政治集会を開いたが、PSLは招かれていない。共産党の政治家数人と秘密警察要員が帰宅途中に機関銃で武装したパルチザンの撃を受けた。交戦の際に、七人が殺害され、三人が負傷した。翌日、警察は現地のPSLメンバーを手当たり次第に検挙し始める。その根拠は共産党集会に出ていなかった以上、彼らの仕業に違いないというものだ。パルチザンは地元の党指導者の敷地にも放火、家屋と納屋が焼け落ちた。ミコワイチクは、警察当局が「捜査もせず、犯罪を解明しようともせず、最も安易な振る舞いをしている。……これは間違いなく権力の乱用である」と訴えた[22]。

混乱の最中、PSLは『人民新聞』(Gazeta Ludowa)の発行を開始する。党としてのやり方を貫いた驚くべき成果である。発行元は紙の入手が非常に制限されており、購読者に郵送する余裕はない。いつも品切れとなるため、読者には一人につき一部——友人用に余部を購入することは許されない——と限定するよう定期的に要請した。ミコワイチクの回想によれば、「われわれは『人民新聞』を一日五十万部発行してもいいだけの購読申し込みを受けていた。しかし、七万部を超える印刷用紙は決して受け取れなかった。この新聞は配達所や配布施設で数百部が共産党員の妨害に遭った。……個々の購読者は購読を打ち切らないと職場から解雇されると警告を受けた[23]」。ラジオとは異なり、『人民新聞』がポーランド国民の大多数に届かないのは明らかだ。しかし、「仮面が剥がれ落ちる」とかとかして入手した読者に現実を生々しく描いているのだ。『人民新聞』は逮捕された人の名前、日付、状況説明を掲載、記者たちはミコワイチクの国会会議での扱われ方に不満を訴えた。PSLは国会の三分の一を制していたとされるが、ミコワイチクが発言すると決まって——あるいは同党議員が発言するときも——部屋全体にやじや口笛が沸き起こり、一言も聞き取れない状況になってしまうのだ。[24]

PSLに攻撃を加えても、党を抹殺することはできない。それどころか、殺害されたPSL党員の度重なる葬儀は広範な反抗的民衆を惹きつけていく。聖職者は——当時はまだ自分たちの心情を自由に発言できた——公然と政府に反対する説教をし始めた。司祭がある教区教会で意図的に言い放った。もし「誰かがいわゆる反動とは何者なのかと問われたら、われわれキリスト教徒こそ反動であり、マルクス主義との闘いに打ち勝つつもりだとはっきり宣言しなければならない」と。共産党中央委員会のあるメンバーは同僚たちへの発言の中で「ブロック［左派連合］構想は大衆に十分な広がりを見せなかった」と慎重に指摘した。日ごろから何かに怯えたような腰の引けた社会民主党でさえも、秘密警察はPSLをあまりに手荒に扱っていると抗議し始めた。[25]

ポーランドの共産主義者たちは支持を失いつつあることに気づき、遅延戦術を試みる。党のイデオロギー部門で総括責任者を務めるヤクプ・ベルマンはビエルートに対し、ハンガリー、ブルガリア、ユーゴスラヴィアで行ったように一九四五年秋に選挙を実施するのを取り止め、代わりに一九四六年初夏の国民投票を行うよう説得した。ベルマンが数年後に語ったところによると、その主眼は世論を「探り」、「穀物の粒ともみ殻とを分離」し、民衆に対してはミコワイチクに賛成か反対か単純な選択を迫ることにあった。[26]民衆に提示した質問は肯定的な反応を引き出すように作られた。問いは三つである。あなたは上院（たいした機能は持たない戦前の制度）の廃止を支持するか？　私有財産を保持しつつ、土地改革および大規模産業の国有化を支持するか？　ポーランドの新たな領土と新たな西部国境を守りたいと思うか？

これらの質問すべてに対する正しい答えはイエスだ。こうして共産党の選挙運動が掲げたのは簡潔なスローガンであった。「三回、イエスを！」。ミコワイチクはこの挑戦を受けて立ち、支持者に二番目と三番目の質問には賛成票を投じるよう指示した。ベルマンが見抜いた通り、ミコワイチクが西部国境に異議を唱えることは難しい。国有化と土地改革は、とりわけ「私有財産を保持しつつ」と矛盾した文言が含まれているため、当時は支持を集めていた。(27) しかし、ミコワイチクは上院に関する無意味な質問については「一回はノー」と答えるよう支持者に呼び掛けた。

実のところ、ポーランドの国会に第二院があるかないかなど、誰一人つゆほども気にしていない。ところが、投票は共産党とミコワイチクのPSLとの代理戦となった。共産党は勝利に向け全力を挙げた。ポーランドがこのときのような選挙運動を展開したことはおそらく後にも先にもなかったと思われる。共産党は八千四百万枚に上るポスターやチラシ、パンフレットを印刷した。いまだに紙が不足している中で、桁違いの量のプロパガンダが行われたのである。国中の壁やフェンスは残らず「三回、イエスを！」とペンキで書き付けるよう命令が飛んだ。ラジオを通じ、また公共の催し物会場でも呼び掛けが行われた。女性、農民、労働者、知識人と、国民のあらゆる階層に向けてである。呼び掛けが露骨な民族主義的色彩を帯びることもあった——「三回のイエスはドイツ人の心には響かない」とか「イエスは諸君がポーランド人であることの証である」といった具合だ。それ以外は大衆迎合的で心情に訴える内容だった。ポーランド人は「三回のイエスを——もし土地の所有者に戻ってきてほしくないのなら」、あるいは「三回のイエスを——われわれの子供たちの繁栄と幸福のために」

投票するように指示されたのだ。(28)

選挙運動が最高潮に達すると、プロパガンダに続いて脅迫が始まる。クイブイシェフで訓練を受けウッチの秘密警察を率いるミエチスワフ・モチャルは地元のPSL指導者に対し、大胆にも「一回はノー」のスローガンを掲げる運動員は逮捕すると通告した。体制側は、国民投票のキャンペーンが大々的な政治ショーとして公開する国内軍幹部らの裁判を行う、絶好のタイミングになるとも判断した。この裁判では検察当局がパルチザンの地下組織とPSLとのつながりをそれとなくほのめかした。体制に反対するすべての勢力が、武装しているかどうか問わず、実際にPSLを支持していたことは言うまでもない(とはいえ、PSL自体は残存するパルチザンとは距離を置いていた)。その一部はさらに踏み込んで「二度ノーを」、あるいは「三度ノーを」と呼び掛ける運動をひそかに展開した。体制側はこれには不安を募らせる。投票日が近づくにつれ、軍部と民兵組織が――軍、国境警備隊、人民警察および秘密警察――集会や示威行動を組織するため動員された。「誤った」投票を支持していると疑われた者は逮捕、取調べ、あるいはそれより酷い処分を受ける危険があった。

しかし、プロパガンダは裏目に出る。投票前日の夜、戦後初の国際試合のひとつとしてワルシャワで開催されたポーランドとユーゴスラヴィアのサッカー戦を見ようと二万人ものファンが集まった。前半が終わった休憩中に、一握りの共産党の政治家連中が前に進み出る。観客たち全員に投票を促すつもりだった。非政治的なイベントがまたも政治の舞台と化していくことに気づき、発言者の一人の無味乾燥な堅苦しい言葉に怒った観衆は手をたたき口笛を吹き始めた――ポーランドでは否認のサインである。だれかがうわさを口にした。ミコワイチクがスタジアムに来ているというのだ。観衆は彼の名を連呼し始めた。ユーゴスラヴィアのチームは訳も分からず困惑したようだ――ある観客の言葉に「面食らった」のである――。それでも試合は続行した(ポーランドは負けた)。終了間際にトラック二台に乗った青年活動家がいきなりスタジアムの前に現れた。戦う青年同盟のメンバーだったが、観衆が家路に就く中、「人民ポーランド、万歳。国軍、万歳」と叫び始めた。だが、罵声を浴びただけだった。[29]

翌朝――一九四六年六月三十日――、有権者の八五・三パーセントに当たる一千百万人以上の人々が投票所に繰り出した。尋常ではない数だ。共産党は、この高い数字は国民が態度を変えて党に従ったことを意味すると考え、ひとまず喜んだ。若き経済学者ブルスは執務に就き、地方からの投票結果に関する報告を受けた。彼が覚えているのは、同志たちが数字を聞いて「慎重な態度」から「すっかり有頂天」になったことだ。一部が恐れていたようなボイコットはまったくなかった。労働者階級と農民層が投票に出向いたとすれば、素晴らしい知らせに違いないのだ。党は直ちに、解散総選挙の実施に向けた協議に乗り出した。[30]

熱狂はたちまち消え去る。確かに数百万人が投票所に出向いた。しかし、大半はミコワイチクの助言に従っている。投票結果は惨憺たるものだった。現在閲覧可能な記録文書によると、実際に「三回イエス」の投票をしたのはわずか四分の一にすぎない。圧倒的多数は少なくとも質問の一つに「ノー」を投じていた。[31] 共産党はこうした惨めな結果について十日間にわたりあれこれ考えた。ようやく発表したのは一連の数字を丸ごと改ざんしたもので、比率を逆に置き換えていた。PSLは明白なでっち上げに抗議した。実際の数字にはアクセスできなかったものの、独自の非公式な出口調査から、大半が「三回のイエス」に投票していないのは確かなことを知っていたのだ。共産党は偽りの結果を頑として貫いた。これよりさらに悪質な議会選に向けた段取りを設定。直ちに実施することは避け、六ヶ月間先延ばしすることになる。

一体何が起きたのか？　国民投票運動の失敗を検証した議論の中で、共産党は厳しく結論付けた。

チラシの大量生産はしっぺ返しを食らった。大量にペンキで書き付けたスローガンは人民を辟易とさせた。プロパガンダが突出していて、あまりに露骨だった、と。新設の宣伝省に勤務するある査察官は内部報告でこう書いている。

人民投票の発表を受けて最も重要な事柄とは、火を見るよりも明々白々な三つの肯定的回答を支持しつつも、節度と慎重さを保つべきであったということだ。「イエス」を呼び掛ける無節操な扇動は、何かほかに進行中の物事があるに違いないという疑念をもたらしたのである。[32]

議論の出席者たちが互いに指摘した。最も頻繁に耳にする大衆の二つの苦情に答えるために将来、宣伝要員を上手く訓練しなければならない。ポーランドの東方領土はなぜ奪われたのか？　そして、ソ連兵士が依然としてポーランドの地にいるのはなぜなのか？　無能力な宣伝要員は即刻、解任とすべきである。今後はポスターやチラシではなく、会話を用いなければならない。[33]

宣伝要員の「間違い」を許すにせよ、労働者や農民がこれほどの数をもって宣伝要員を拒絶できるわけは何なのか。共産党はいまだに理解しかねている。自分たちに勝利をもたらすとされるイデオロギー――労働者は結局のところ、労働者国家を支持するはずである――が骨の髄まで染み付いているため、党は自国民を把握することに悪戦苦闘しているのだ。新しい西方領土に住むポーランド人でさえ、この領土併合にノーを投じた。[34]ワルシャワ党委員会のあるメンバーは、同胞たちが想像を絶する規模で「混乱した考え方」に感染していると結論付けた。

これは、民主的統治を神の賜物と受け止めてきた人間にさえ見受けられる、抵抗と完全無視といったある種の不可解な精神とつながっているのだ。たとえば、労働者が圧倒的に多い地区がラドムにあるが、ここでは三度もノーを突きつけるケースが頻繁にあったのはなぜなのか？　イウジャやイェンジジェユフの農民がほとんどにノーと答えているのはなぜなのか？　軍や警察ですら多くの場合、否定的な回答を示したことをどのように説明できるのだろうか？[35]

国民投票は重要な転換点となった。その重要さは後の議会選挙をしのぐほどだ。一つには、この投票は浸透にはなお多年を要する実現プロセスの始まりを告げているからだ。プロパガンダには限界がある。ポーランドの共産党に限らず、あらゆる類の共産党は最終的に、量に勝ることが良質を意味しないとの結論に達した。それ以上に重要なのは、ポーランドの共産党が今になってようやく、いかなる選挙にも「公明正大」な勝利はおぼつかないことを悟ったことである。今後はミコワイチクの支持者を脅迫、恫喝するか、あるいは選挙結果をいっさい改ざんするか、どちらかを遂行していかなければならなくなるのだ。

彼らは結局、どちらの手段にも訴えた。破たんした国民投票から一九四七年一月の議会選までの半年間、秘密警察はクラクフのＰＳＬ指導部を逮捕。ワルシャワの党本部を捜索、物品を根こそぎ持ち去った。ＰＳＬ出版局の全員を取り調べ、逮捕した。ワルシャワ駐在の米国大使は公電で「ポーランドとソ連との友好にちなんだＰＳＬ主催の集会でさえ、粉砕されている」と報告した[36]。一般に公開したあらゆる選挙集会は軍が直接取り仕切った。ブルスの言葉を借りれば、「軍の制服のほうが平服のプロパガンダ要員よりもはるかに効率的だったからだ[37]」。治安確保を装って、「プロパガンダ保安集団」という名前で知られる部隊が国中に送り込まれ、武装パルチザンの襲撃に備え民衆の「保護」に当たった。

投票日が迫ると、体制側の戦術はさらに大胆になった。選挙を一週間後に控えたところで、五十二の選挙区のうち十選挙区でPSLの候補者が登録を抹消された――大半は南西部の農村地域で、伝統的に農民党の地盤だったところである。投票日前夜には、共産党がPSL関係者に数千通もの偽の電報を送りつけた。いずれも同じ内容で「ミコワイチクガサクジツ、ヒコウキジコデシス」とあった。ミコワイチクは自身の回想記の中で、一九四七年一月十七日の投票日は「ポーランド史における暗黒の日」であったと書いている。

堂々と投票するよう指示された数百万の人々が、工場や役所、あるいは指定された別の場所に集まった。屋外ではバンド音楽とともに武装警備兵が行進、投票所まで向かう。……民衆は投票用紙を手に持つよう言われている――警備兵が見やすいように民衆が長い行列を作って並ぶと、その頭上高く掲げられたのは数字の3［共産党ブロックの番号］ばかりである。

それでも、誰もが従ったわけではなかった、とミコワイチクが説明する。「数十万の勇気ある人々はポーランド農民党の番号を付けた投票用紙を手元に隠し持っていた。投票箱に近づくと、番号3の投票用紙をなんとかして丸め、自分自身の選択を行使した投票用紙を封筒に差し込んだ。……」[38]。ほかには列から抜け出し、兵士たちが立ち去った後に戻った人々もいた。問題はそういうことではない。公式集計によれば、投票者の八〇パーセントが「民主ブロック」に票を入れた。PSLに投票したのは一〇パーセントにすぎない。ミコワイチクは抗議して閣外に去った。国会はビエルートをポーランド大統領に、社会民主党のツィランキェヴィチを首相に選んだ。彼は社会民主党と共産党との統一を望んでいた。英国と米国の大使は正式に抗議し、国会の開会式をボイコットしたが、それも無駄に終わった。[39]

九ヶ月後の一九四七年十月、ミコワイチクはポーランドから脱出、ドイツの英国管轄区域を経由して英国に飛ぶ。彼は即刻逮捕される危険があると内密に警告を受けていたと語った。英国側は彼を軽度のヒステリー患者として扱ったようだが、おそらくその通りだったと思われる。ミコワイチクの地位に相当するブルガリア野党、農民同盟の党首ニコラ・ペトコフは一九四七年夏、逮捕、裁判の後、処刑されている。ハンガリー野党、小地主党の指導者フェレンツ・ナジは同じ頃、脅迫を受けて亡命した。PSLは一九四七年選挙のために結成されたまやかしの、「日の当たらない」政党として名目的には存続した。しかし、現実の政治にそれ以上の役割は何ら果たしていない。その党が解体されると、れっきとした合法的な政治的反対派は三十年以上もポーランドから消えることになる。[40]

実を言えば、ポーランド共産党による選挙の失敗は完全に予想外だったわけではない。少なくともモスクワではそうだ。スターリンはポーランド人の政治的忠誠にほとんど幻想を持たなかった。しかし、ほかの地域一帯では共産党の掲げる選挙スローガンに大きな信頼を寄せた。赤軍が依然駐留するオーストリア東部では共産党が秋の選挙で健闘する可能性があると考えていたし、ルーマニアについてもかなりの期待があった。とはいえ、ブダペストほど期待の高まったところはない。

実際、ハンガリーの共産党は戦後初の国政選挙での成功に絶対的な自信を見せた。これはハンガリー史上初めての真に自由かつ公正な選挙なのである。女性、農民、学歴のない人々に初めて完全な参政権が与えられた。[41] メディアや集会を通して行われる選挙運動に制約はない。六政党が候補者を立て、それぞれが別個の政党名簿に載った。そこには、既に指摘したようにポーランドのPSLと社会観、哲学が極めて似通った政党である小地主党、社会民主党、共産党、および三つの小政党が名を連ねている。

マーチャーシュ・ラーコシは個人的には大勝利を見込んだ。失業や不満が蔓延しているため、怒りを募らせ攻撃的なことを口走る群集を街頭に連れ出すのは容易いことだ。党は可能な限り頻繁に群集を駆り出した。全土で共産党指導部は大衆デモを展開、声高にスローガンを叫び、ポスターを掲げた。ブダペストの街頭で示したその存在感は圧倒的だった。そのためラーコシは、国政選挙の数週間前に行われたブダペスト市議会選挙でさえ左派連合――共産党と社民党――が勝利すると確信をもって予測した。ラーコシは党中央委員会の場で、左派二党で併せて「たぶん七〇パーセントかそれ以上」を制するはずだと述べている。当時、ハンガリーに駐在する最高位のソ連将校で、連合国管理理事会の議長でもあったヴォロシーロフ将軍はラーコシが過大視していると感じ、モロトフにあの党指導者は大衆デモを多用しすぎだとぼやいた[42]。確かにラーコシは三十万人を街頭に動員できた。ところが、「党員向けにきめ細かい教育活動を始めることとすらしていない」のだ。ヴォロシーロフは、ラーコシは経済への「集中度」が足りない――彼の経済政策は破たんしかけていることを遠回しの言い方で述べている――と感じた[43]。

党内では、あえてラーコシに楯突く者はいないに等しい。イェノー・セルは当時、共産党プロパガンダ部門に勤務（そして一九五六年、共産主義体制に反旗を翻す）、ハンガリー西部の町パーパで選挙宣伝の運営を担当した。投票に先立ち、セルは進捗状況を報告するため、地方集会に招かれる。大衆の支持について絶賛調の報告を次々に耳を傾けているうちに、心配になってきた。「誰もが、共産党は抜きん出ている、二つの労働者政党は絶対多数を取ると報告した。……わたしは自分に言い聞かせた。『不運なセルよ、おまえは群集に加わって嘘をつくのか、それとも、真実を語って面倒に巻き込まれるのか』と[44]」。

セルは勇気を振り絞って正直に答えた。集まった活動家たちに対し、左翼連合はパーパではほとんど支持を得ていない、小地主党は非常に強く、圧倒的過半数を取って勝つ可能性すらある（最終的に、その通りになった）、と告げた。ラーコシはこうした情報をはね付け、同志セルは誤っている、反動分子としか会っていない、パーパでは宣伝活動を強化する、民衆を動員すると息巻いた。結局、同志セルは万事上手く事が運ぶのを見守ることになる。

しかし、万事順調とは行かなかった。ブダペスト市議会選挙のあった、一九四五年十月七日の夜に最初の衝撃が襲った。結果が読み上げられると、共産党は小地主党の得票率が五〇パーセントを上回ったことを知る。ラーコシは「死体のように蒼白となり、一言も発せず椅子に体を沈めた」。十一月四日の国政選挙は似たり寄ったりの状況だ。結果が党本部に伝えられると、セルはある党幹部が「蒼白、真っ青、緑色になり、唇から血の気が失せる」のを見た。この男はそう叫び、よろめきながら部屋から出て行った。「白色テロが後に続く」[45]。反革命がやって来た。ラーコシは今度ばかりは腰が据わったと見える。前よりは自信を持って対応した。セルの回想によれば、「ラーコシはにっこり笑みを浮かべて部屋に入り、『同志諸君、どんなニュースかね？』」と言った。

われわれは憂鬱な面持ちでどんなニュースか彼に伝え、結果を示した。「同志諸君、それがどうしたのだ」と彼が言い放つ。「たった二、三の地区にすぎないではないか。腐りきった反動的な地区ばかりだ。こんな結果に惑わされてはいけない」。……わたしはその時、ラーコシがいかなる政治家であるのに気が付いた。……彼は全面的に敗北した事実を完全にわきまえているのだ。それでも、自らの役割を完璧に果たしている。彼は家に戻って寝ると言った。「同志諸君、選挙結果に関する詳しい総合的報告を翌日午前六時までにまとめてほしい」。しっかり頼むよ、と念を押すと、幸せそうな気分で出て行った。……わたしは指導部が失敗を正す方策を探るため、直ちに会議を始めたのだと確信している。[46]

小地主党は得票率五七パーセント。文句なしの勝利である。社会民主党は一七・四パーセントを得て二位。共産党は一六・九パーセントで三位となり、惨敗を喫した。

ブダペストのソ連当局はラーコシの楽観主義が誇張だと察してはいたが、不安を感じたのはこの敗北の規模である。そこで、スケープゴートを探した。赤軍政治部のトゥガリョフ少佐はモスクワ宛報告の中で、「国内の経済状況」――インフレや石炭不足――と並んで、なんとかして巧みに共産党にそうした不手際の責任を負わせた「右翼指導者たち」のせいにしている。少佐は小地主党が反ソ連のスローガンや暴力を用いていると非難、さらにハンガリー・カトリック教会の首座大司教である枢機卿ミンツェンティの背信行為についてかなり詳しく説明している。トゥガリョフが赤軍に非難が向けられることを恐れ――窃盗、レイプ、国外追放により犠牲者が出ている――、その結果が自らに及びかねないことを恐れているのは明らかだ。ハンガリー人は兵士にアルコールを差し出し、彼らを住宅に送り込んで略奪させたうえ、食料やさらにアルコールを与え、それと引き換えに略奪品を受け取っている。ハンガリー人はソ連兵士を「挑発」し悪しき振る舞いに引き込んでいる、と彼は主張する。ハンガリー共産党はソ連と密接なつながりがあるゆえ、そこで責任を負わされた、というのだ。[47]

ヴォロシーロフはそれに比べもっと単刀直入に盟友に指摘した。スターリンに対し、ハンガリー共産党には「犯罪分子、立身出世主義者、山師、かつてファシストを支持し、あるいはファシスト団体のメンバーにまでなっていた人間」が潜入していたと報告したのだ。さらに重要なことに、ヴォロシーロフは幾分もってまわった言い方で「指導者の出自がハンガリー人でないことが党には有害なのである」と説明を加えた。こうした指摘により、ユダヤ人が多すぎることを指していたのは言うまでもない。[48]数年後、ラーコシは、ヴォロシーロフ報告の中でやり玉に挙げられたのとまさしく同じスケープゴートに対し、一連のテロルを仕掛けることになる。小地主党しかり、ミンツェンティしかり。ユダヤ人共産主義者もその対象だ。少なくともそのうちの何人かは。

つかの間のことではあるが、小地主党は選挙勝利の恩恵にあずかろうと努めた。小地主党の党首ゾルターン・ティルディ、ハンガリー議会の議長となったフェレンツ・ナジの両者はラーコシに、小地主党としては新内閣の半数はほしい――小地主党が得票率で過半数を占めた以上、もっともな要求である――、残りの半分は各党に配分すべきである、と要請した。また、内務省を共産党から引き離し、少なくともその機能の一部は小地主党の管轄下に置くことも求めている。

彼らの主張は二つとも通らなかった。ヴォロシーロフは――モスクワにいるモロトフの指示で動いている――ラーコシに対し、ティルディとナジにこう伝えるよう命じた。共産党は一七パーセントの得票率ではあったが、この一七パーセントは「国内で最も活発な勢力」である労働者階級を代表しているのだ、と。それにも増して、「経済復興の重責は労働者階級の双肩にかかっている」、従って、労働者階級は政府内でもっと大きな役割を担うにふさわしい。そのことはさておき、とヴォロシーロフが説明する。ティルディとナジは、「ハンガリーは特殊な状況にある。敗戦国であるにもかかわらず、寛大なるソ連のおかげで民主的基盤に立脚した急速な再建を図る好機にあずかっている」ことを理解する必要がある、というのだ。新議会における労働者階級の強力なプレゼンスは、「ハンガリーがソ連に対する義務を果たすための保証」なのである。[49]

通常の状況であれば、いやしくも民主的に選ばれた政党がこうした恫喝的な理不尽に注意を払うこともなかったはずだ。しかし、一九四五年十一月にはキシュ神父がもう逮捕されている。赤軍による大量逮捕の記憶はまだ生々しい。警察は既に青年団体の排除に乗り出し、共産党のプロパガンダ部門はラジオ放送局に潜入している。ソ連顧問団は怒っている――そしてティルディは屈服した。共産党は内務省を押さえ――党の立役者のひとり、ラースロー・ライクは今や、内相である――、ラーコシは副首相になった。ティルディは首相に就任したものの、その地位にあったのは二月までにすぎない。ナジに取って代わられたのである。

これを機に、小地主党は驚くべき速さで瓦解し始める。絶え間ない圧力にさらされた党指導部は立て続けに間違いを重ねる。それから数ヶ月後、共産党はほかの諸政党と暫定的な連立を結成、大衆デモを展開したり新聞紙上やラジオ放送で激烈な言葉を用いたりして、小地主党の政治家か派閥を個別に次々と攻撃を加えた。三月初旬、左派連合はメディアを駆使したキャンペーンを組織、次いで小地主党から「反動的分子」の追放を求める大規模なデモに打って出た。二日後、ナジは観念し、群集をなだめるため、要求にあった「反動的人物」を追放した。その後、デジェー・シュヨクが率いる小地主党の別の派閥が党を離脱してハンガリー独立党と改名することを決める。シュヨクは自派の仲間がティルディやナジと距離を置くよう期待した。これら二人は今では左翼メディアで目の敵にされ、しかも党員からは軟弱な人物とみなされていた。かつて反ファシストの抵抗運動に加わったメンバーや青年団体指導者を含む小地主党シンパの逮捕が、一九四六年を通して加速化していった。

その年の秋、警察の捜査が差し迫っているという謎めいたうわさが流れ始める。最初は密かに、やがて公然と、新聞や政治家たちが、そしてついにはハンガリーのソ連当局も、小地主党書記長でナジの親友、ベーラ・コヴァーチがクーデターを企てていると非難した。ソ連大使がコヴァーチを正面から「陰謀家」と決め付けたのを受けて、ラーコシはナジに進言した。コヴァーチを切れ、と。しかし、コヴァーチは地方に「休暇」に出る。ハンガリー警察は彼の逮捕を急がなかった。すると、赤軍が一九四七年二月二十六日、割り込んで来た。彼ら自身の手でコヴァーチを逮捕したのである。「彼らはコヴァーチの自宅で軍司令官による逮捕命令を読み上げた。彼らは家宅捜索を行い、文書を没収、彼を連れ去った」[50]。コヴァーチはソ連の獄中に八年間、とどめ置かれることになる。

小地主党はその後、一枚一枚、切り刻まれていく。後年知られるようになった「サラミ戦術」によって、である。コヴァーチが姿を消すと、ほかの党員も自発的に去り始めた。小地主党やほかの合法的な非共産主義政党二党の幹部たちは次々に祖国を後にした。一九四七年五月、ナジ自身も脱出組に加わる。とはいえ、彼が本当に出国の意図があったのかどうかはまったくはっきりしない。何とも奇妙なことに、彼の党が解体しかけ、亡命した同僚たちの行方が知れない、政治的に緊迫した時期を選んで休暇を取っているのだ。同じく不思議なのは、ナジが夫人を伴い、年若い息子を後に残したことだ。自分の不在中は新たな国有化の法律はいっさい成立させない、という怪しげな約束をラーコシから取り付けたナジは、スイスに向けて旅立った。表向きはスイス型農業を調査するためであった(彼は回想記の中で「わたしの計画はしゃれた保養地で無為に時間を過ごすことではなかった」と説明している)。

ナジは出国したのとほぼ同時に、ブダペストから相次いで電話を受けた。最初は帰国を命じる電話、次いで、帰国するなと警告する電話だ。ナジの秘書は逮捕された。ナジは陰謀に加担したとして捜査対象になっている、ブダペストに戻ろうとしても、行き着けない恐れがある、「その途上で何らかの不幸が起きる可能性もある」、たぶん国境で。「この状況を軽々しく受け取ってはならない」とラーコシは警告した。ナジが怒りもあらわに陰謀の告発は「卑劣なでっち上げ」だと反発したときのことだ。七日間にわたり苦悶した末、ナジは最終的に亡命を選んだ。彼は辞任状をしたため、自分の息子と引き換えにそれを手渡した。「ついに、わが子を腕に抱きかかえ、わたしは辞任状を共産党の使者に渡した。その文書は彼らがクーデターを『合法化』するために是が非でも必要としていたものである」[51]。

ナジが追われたことで――彼の辞任を受けてさらに多くの政治家が国外に脱出した――、一九四七年の選挙は結果が目に見えていた。たとえそうであっても、共産党は勝算をつかめていない。投票に先立ち、彼らは選挙人名簿から数千人を抹消した。「敵対者」だけではない。その友人や親族も、さらに戦争捕虜収容所から帰還したばかりの人々まで、そこに含まれた。七月の選挙運動集会の際、一人の指導的活動家が党の意図を率直に示してみせた。全体として、七十万人か八十万人程度、排除したいというのだ。「同志諸君」と彼が説明した。「法律を順守しすぎることがあってはならない。……われわれは、選挙後に社会民主党が共産党と合体するとの構想を根絶するため、ひそひそ話によるプロパガンダを駆使する必要がある。われわれは、共産党が多数を制する村々は政府から特別の経済援助を受けるといううわさも広めなければならない[52]」。

ほかの出席者たちが提案したのは、活動家は一定の投票者に登録書類を渡すのを「失念」したことにするというものだ。イェノー・セルは自分の地区で共産党が投票用紙の第一番目に確実に載るようにした。特定政党に偏らないはずの番号選びを行うに当たって、「信頼の置ける婦人」に帽子の中から共産党名のカードを選んでもらうというのだ（そのカードは異なる折り方にしてある）。これ以外に、ほかの政党の集会を妨害するためならず者集団を組織した党員もいた。今ではハンガリー独立党の指導者となったデジェー・シュヨクはある大衆集会で発言しようとしたところ、どんなことが起きたか覚えている。

大きな叫び声が上がった。「あいつを窓から放り出せ！　たたき殺してしまえ！　首を吊るせ！　売国奴！」……ついに、わたしの出番になったとき、群集の攻撃が激しさを増した。その騒音で一言も話すことができなかったため……われわれは立ち上がり、ローマ法王賛歌を歌い出すと、群集の一部が罵倒し始めた。周りでは「インターナショナル」を歌っている。これは逃げ出すチャンスだ。群集が起立して「インターナショナル」を歌っているうちに、われわれは素早く演壇から離れた。……しかし、群集はわれわれに気づき、またもや叫び声を上げ始めた。「あいつらを外に出すな、連れ戻せ、窓から放り出せ……」

シュヨクは後日、内相ライクに苦情を訴えたが、同情的な対応はなかった。「共産主義者として」とライクは答えた。「言っておくが、処分がわたし次第ということであれば、君たちは全員処刑される」。[53] シュヨクもまた、間もなく国外逃亡した。

一九四七年八月三十一日の投票日までに、およそ五十万人が既に選挙人名簿から抹消された。有権者のほぼ八・五パーセントに当たる。さらに三十万人がついに投票に現れなかった。おそらく脅迫を受けていたためだろう。念のため触れておくと、共産党は最後の不正を働く。数万枚に上る追加発行の青い投票用紙を特別投票隊に配布――「休暇」のため地元選挙区にいない有権者向けとされる――、これがあちこちの選挙区を走り回り、複数回の投票を行った。投票隊は自分たちの行動をほとんど隠さない。彼らはハンガリー軍のトラック、さらにはソ連の車両にまで乗り込み、歌と笑いを振りまきながら村から村へと走り抜けた。どうやら、芝居じみたこの茶番に加わって楽しんでいたようだ。[54]

国内では抗議した人々が数人いた。その一人がシャーラ・カリグ。一九四三年以来の社会民主党員で、四四年から反ナチスの抵抗運動に加わった女性だ。スウェーデン外交官、ラオル・ヴァレンベリの友人であり同僚として、カリグは、数百人のハンガリー系ユダヤ人がゲットーを脱出、偽造書類を取得したり、彼らの子供を孤児院に匿ったりするのを助けた。ハンガリーの共産主義者が偽造文書を取得するのを手助けしたのも彼女だ。(ある回想によれば、彼女のブダペストのアパートは「出生証明書の製作所」だった)。戦後も政治活動を続け、一九四七年、まだ社会民主党員だった彼女はブダペスト中心部の選挙区のひとつで選管事務所の所長に任命される。その立場で、非公式な電話線を設けた。担当区の各投票所と連絡を保つためだ。そのほうが投票所への出足状況を把握するには都合が良い。投票日が終わるころに彼女は不正があったことを知る。そこで、二重投票の実例数件を警察に通報した。いかさま師たちは――全員が共産党員だった――逮捕されたものの、即刻ともいえる早さで釈放された。

翌日、カリグ自身が逮捕される。街頭で警告もなく捕まり、黒いソ連製リムジンに引きずり込まれたうえ、直ちにウィーン近郊のバーデンにある赤軍本部に連行された。彼女は三ヶ月間、拘束され、スパイ行為を問われて取調べと拷問を受けた。結局、罪状はなかったが、「ハンガリーの民主化プロセスへの障害」として国外追放を言い渡される。最終的にたどり着いたのは、ソ連で最も遠隔の地にある強制収容所のひとつ、ヴォルクタであった。ブダペストでは友人や家族、党の仲間たちとも、彼女の所在についてはいっさい知らされていない。ラーコシやライクは彼女の消息に関し何ら情報を得ていないと述べている。ブダペストのソ連当局ですら、なにくわぬ態度で全く分からないとしている――彼女は西側に移住してしまったのだろうか?

カリグはスターリン死後の一九五三年になってようやく帰還した。[55] その間、カリグの抗議行動に対する弾圧は功を奏した。一年も経たないうちにハンガリー政府は、現実に存在した見せ掛けばかりの議会制民主主義をいっさいかなぐり捨ててしまったのである。ハンガリー共産党の単独支配が確立した。

この陣営一帯の指導者たちと同様、ウルブリヒトとその取り巻きは左派がドイツの国民投票で勝利できるし、そのはずだと信じていた。一九四五年九月、ヴィルヘルム・ピークは自信たっぷりに書いている。ドイツの労働者は「ヒトラーが破滅に［導いた］ことを理解」しているだけでない。ソ連が「ドイツのために力強い成長と展望」を確保してくれることも分かっていると。それゆえ、労働者たちはソ連と緊密な政治家を好ましく感じるはずである。数ヶ月後、ピークは選挙を行えば確実に「プロレタリア体制」に勝利をもたらすとも論じた(56)。

ドイツの共産主義者はある一点には依然慎重だ。ハンガリーやポーランドの共産党と同様、彼らはドイツ社会民主党と連立を組んで投票に臨むほうがよいと考えている。彼らが自分に言い聞かせているのは、もし穏健左派と強硬左派とを仕切る線を曖昧にすることができれば、ドイツ労働者の支持獲得は容易い、ということだ。やがて中部欧州の社会民主党はすべて解体を余儀なくされ、共産党に取り込まれていく。そうした中で、初の「自発的」な左派の統一——共産主義とは一線を画し異なるものとしての社会民主主義の廃止——がドイツ東部で実現した。

統一は容易なプロセスではなかった。社会民主主義はドイツや東欧では由緒ある長い歴史を持つ。多くの社会民主主義者は反ソ連、反共産主義が根深い。これに対しドイツの共産主義者もまた長い間、社会民主主義者に嫌悪感を抱いていた(57)。二十世紀初頭、レーニン自身、ドイツ社会民主主義の創設者、カール・カウツキーと有名な論争を行っている。カウツキーは大胆にも革命に反対する論陣を張り、選挙を通じた権力の獲得を唱えた。レーニンは一九一八年の有名なパンフレット、『プロレタリア革命と背教者カウツキー』の中で、カウツキーは「戯言」をふりまき、荒唐無稽なブルジョア民主主義の「愚かしさ」を広言する「自惚れ屋」であると決め付けた[58]。東欧のほかの国々でも社会民主主義者は、おおむね共産党員よりは急進性を抑えた綱領を掲げた。彼らが唱えたのは、われわれが今日、福祉国家と呼ぶものであり、プロレタリア独裁ではない。革命ではなく、漸進的発展を志向したのである。とはいえ、共産主義者がとりわけ社会民主主義者を嫌ったのは、相手のほうが戦前、戦後を通じ人気の点で上回っていたからだ。

しかしドイツの偉大なる社会民主党は、政治的に失敗し、ナチスの手に掛かって敗北を喫した経験から、士気をくじかれていた。ワイマール時代のドイツでは左派が分裂し、右派がその分裂から漁夫の利を得た。今では、左派が統一に失敗したため、ヒトラーを権力の座に押し上げたと多くの人々が考えている。長年にわたる活動歴を誇る社会民主主義者、オットー・ブッフヴィッツは一九四六年三月、社会民主党と共産党との統一に支持を表明した。彼は「改革主義」は失敗したと書いている。今や、社会民主党が共産党と連携を組んで「革命的社会主義」を受け入れるときなのだ。

ソ連の影響力も一定の役割を果たした。ドイツ東部地区の社会民主党指導者、オットー・グローテヴォールは一九四五年八月、党には独立の権利があり、共産党との統一候補者名簿は提出しないと明言。その年の十月、同じことをドイツ西部地区の社会民主党指導者、クルト・シューマッハーに伝えた。二ヶ月後の十二月、グローテヴォールは社会民主党と共産党との合同集会で演説、統一に反対する十項目の理由を列挙した。なによりもまず、彼が力説したのは、「われわれの党員間には、兄弟政党の共産党に対する根深い不信感が表れている」ということだ[59]。

そうした彼の態度は極めて急速に変化する。一九四六年二月、英国の当局者に対し、心底心配していると打ち明けた。個人的に強い圧力にさらされ――彼は「ロシアの銃剣にくすぐられている」と語った――、党もトラブルに巻き込まれ、「地方組織は完全に弱体化されてしまった」と説明した。

もはや共産党との統合に抵抗する意味はなくなった[60]。グローテヴォールの見解が変わったのは、共産党の戦術が一九四五年秋、ソ連軍政当局の戦術転換とともに変化したためだ。ハンガリーの選挙に共産党が敗れ、オーストリアの共産党がお粗末な結果に終わった（十一月の国政選挙では期待が高まっていたにもかかわらず、議会で四議席しか取れなかった）。ドイツ西部の占領地域で社会民主党が人気を集めている。そうしたことが、まず東ドイツの共産党、次いで監視役のソ連に左派統一のときが到来したとの判断を促したのだ。一九四六年の初め、赤軍司令官たちは地方レベルで左派二政党の融合を強制的に行うよう命令を受ける。それから数ヶ月間にわたり、社会民主党員約二万人が「嫌がらせを受け、投獄された」。反対すれば「殺されることすらあった[61]」。熱心な社会民主党員であるベルリン市議会議員ルート・アンドレアス＝フリードリヒは日記の冒頭に、「われわれはどの面下げて世界的大国の圧力に立ち向かうというのか？　東部地区では合併プロセスが徹底した冷酷さで進んでいる」と書いた[62]。

グローテヴォールもポーランドの社会民主主義者、ツィランキェヴィチと同様、上手く立ち回ればいずれトップの座に上り詰める可能性は十分あると気がついたようだ（実際、彼はやがてそうなった。一九四九年から六四年に死去するまで、東ドイツ首相を務めた）。動機が恐怖によるものか、あるいは日和見主義からか、それともその両方からか、彼は一体化に同意する。一九四六年四月二十一、二十二の両日開かれた特別統一大会で、社会主義統一党（Sozialistische Einheitspartei Deuschlands, 略称ＳＥＤ）が誕生した。党機関紙『ノイエス・ドイッチュラント』は、「一党システムではなく、反ファシスト統一民主戦線を強化したものである」と書いた。「数百万人を代表するこの党と並ぶ分派グループのための余地は長期的に見て全くないであろう」。アンドレアス＝フリードリヒはその日記の中で、この声明を辛辣な形で要約した。「一党システムではないが、他方、ほかのいかなる政党のための余地もいっさいない[63]」。

グローテヴォールは圧力に屈したが、彼の党全体が従ったわけではない。ベルリン社会民主党の騒然とした会議でグローテヴォールは罵倒された。「追従者《ついしょう》！」、「強いられた統一はご免だ！　強奪されてなるものか」といった叫び声とともに。それだけにとどまらなかった。

抗議が激化する。ますます怒り、一段と熱を帯びる。議長の言葉は大潮に飲み込まれたかのようにかき消された。「裏切り者……。ペテン師……。身を引け……。止めよ……」。……誰かが歌い出す。「同胞よ、前に進め、光と自由に向けて……」。彼の唇が自然と歌詞を紡ぐ。同志たちは反射的に歌に加わる。一人ひとりの顔が誇りと胸の高まりで輝いている。「今度ばかりは屈辱を味わうこともなかった。十三年ぶりにわれわれは自分たちの自由を守ったのだ[64]」。

ベルリン社会民主党員の八〇パーセント以上が共産党との統合に反対票を投じた。この結果、両党の立場は極めてぎごちないものとなる。社会民主党はドイツ東部の大部分で消滅したが、ベルリンの党は主要な勢力としてとどまっている。それだけではない。ベルリンSPD（Sozialdemokratische Partei Deutschlands, ドイツ社会民主党）はもとより徹底的な反共産主義政党で、同じく反共の西部SPDとは緊密な関係を維持している。クルト・シューマッハーはソ連の圧力を受ける東部の社会民主党員を支援するため、「東方事務所」（Ostbüro）を開設した。ウルブリヒトは長大な演説の中でシューマッハーを激しく非難、「分断政策」を推し進める「反動勢力」と決め付けた[65]。

こうした事情を背景として、一九四六年九月に始まった戦後初のドイツ選挙運動は奇妙な光景を映し出す。当初からソ連軍政当局、およびチュルパノフ大佐率いるプロパガンダ部門がかなり的確に運動計画を作成した。チュルパノフは「SEDの決定はすべて、ソ連軍政当局指導部の同意を得なければならない」と告げ、高級幹部たちに対しては賠償金支払い計画を一時停止とするよう説き伏せた。ソ連支配地区への原材料の供給増を図り、さらに子供や乳幼児、妊婦向けの食料配給まで増やすためだ。[66]

ソ連軍政当局は当初、同盟相手のドイツ側の政治的才覚に懐疑的だったが、夏の終わる頃には勝利の確信を深めていく。ドイツの共産党はポーランドのそれと同様、用紙を無制限に入手できたため、数十万枚のポスター、百万枚を超えるチラシを印刷した。ほかの政党は用紙の確保にはとにかく奮闘しなければならなかった。SEDは意図的に陳腐なスローガン――「団結、平和、社会主義！」あるいは「統一のドイツを、われらの未来を確保して！」――を使い、「共産主義」という言葉やソ連へのいかなる言及も避けた。ロシア支配地区の五州全域でソ連当局者は公然とSEDの代役として選挙戦を展開した。一部地方では現地駐留の司令官が特定候補者を応援するか反対するか、さらに選挙集会を承認するか拒否するかの権利を留保した。[67]

たとえそうであっても、心強い結果とは程遠いものだった。SEDは東部地域レベルで多数派獲得に失敗し、「ブルジョア」系のキリスト教民主、自由民主両党との連立を余儀なくされる。社会民主党が「統一」SEDとは別に選挙戦を展開したベルリンでは――さらに、ここでは市の東西両地区で同時に選挙が行われた――結果は破滅的であった。社会民主党がソ連支配地区で四三パーセント、全体で四九パーセントを獲得し、圧勝したのである。SEDはなんとかして全体で一九・八パーセントを取ったものの、二二・二パーセントのキリスト教民主党にも及ばなかった。[68]

党は結果について積極的な見方を取るように努めた。『ノイエス・ドイッチュラント』の見出しは「〔東部〕地区でSEDが偉大な選挙戦勝利」と宣言した。しかし、舞台裏では指導部が意気消沈し、ロシア人は怒り狂った。モスクワではソ連指導部が政策変更を議論し、チュルパノフ解任を検討した。カールスホルストの赤軍本部では、民主主義が「銃剣を突きつけるだけで創出される」ことに疑義を表明、もっとリベラルな政策を主張する声まで出た。[69]

ソ連軍政当局はリベラル化どころか、弾圧に出た。そうした圧力を感じた民衆の一人にエルンスト・ベンダがいる。彼は一九四六年、東ベルリンのフンボルト大学で法律を専攻する学生で、キリスト教民主党（Christlich Demokratische Union, キリスト教民主同盟、略称CDU）の学生協会議長を務めていた。キリスト教民主主義こそは当時の彼にとって明確な選択であった。「ナチス体制と関わった経験があるからには、政治に積極的に取り組み、個人的な宗教的信条を政治に反映させ、己の信じるところに従って政治形成を試みることが必要だった」。[70]

CDUに大学から近い通りイェーガーシュトラッセにある党本部に小さな事務所をベンダに与えた。彼はそこで党幹部の内部議論を聞くことができるわけだ。当時、党は西のコンラート・アデナウアー率いる「西側志向」が強く、反ソ連の派閥と、東のヤコブ・カイザー率いる別の派閥とに分裂していた。カイザー派のメンバーは東西間に妥協を見出すことは依然可能であり、それゆえドイツの永続的分裂は回避できるという考えだ。現代的な意味で、党に「保守的」なところはいっさいない。「もし今日［東ベルリンCDUの］党綱領を見れば」とベンダは二〇〇八年、説明した。「左派の中でも左に位置づけられよう」。

とはいえ、ベンダの左翼的キリスト教民主主義ですら——当時、彼は福祉国家の樹立や、個人経営・私企業と並んで経済における一定の中央集権化を支持していた——大学内で共産主義者と悶着を引き起こすことになる。一九四七年に共産党の会議が開かれた際、大学が赤旗一色になったとき、ベンダは反対を唱えた。さらに、ほかの活動家たちと組んで、チラシを作成、学生はどこで勉強することになっているのか、「フンボルト大学か、それとも党上級学校なのか？」を知りたいと要求した。学生評議会——大ベルリンの分裂とほぼ同様にこの評議会もそれぞれの党路線に添って割れていた——の大多数は、ベンダや彼のCDU仲間と連携を取った。「どの党に票を投じるのかは重要ではない。それよりもっと重要なのは、どの党に投票しないのかということだ」。ベンダはそのころ開かれた大学の選挙集会でそう訴えた。「わたしの意味するところは誰もが理解した。……共産党に賛成か反対か、どちらなのか、ということだ。もし反対であるならば、社会民主党かキリスト教民主党あるいは別政党のメンバーなのかは重要ではない」。

一九四七年が四八年に変わるころ、この種の抗議行動はますます頻繁に発生。一段と厳しい弾圧に遭う。自由ドイツ青年団の指導部との協力を模索してきたCDU指導者、マンフレート・クラインは既に四七年春までに逮捕されている。ロストック、イェナ、ライプツィヒの各大学での抗議行動はさらなる逮捕に発展。もう一人の学生指導者、アルノ・エッシュは、最後はソ連軍事法廷により死刑を宣告された(71)。弾圧がベルリンに波及するにはもう少し時間を要した——市の東半分は西側占領国からなお注意深く監視の目が向けられていた——が、ついにその時は来た。フンボルト大学の学長で長年にわたる共産党員のパウル・ヴァンデルは指導的な学生活動家三人を追放処分にした。非共産党員が依然多数を占める学生評議会は投票でストライキ突入を決めた。

ベンダと東部キリスト教民主党員にとっての終わりがその後間もなく訪れた。

一九四八年三月のある日、わたしは友人の一人でCDU所属の学生がフリードリヒ・シュトラッセ「西ベルリンにつながる地下鉄駅」で逮捕されたと聞いた。……非常に鮮明に覚えているのは、わたしが直ちにCDU本部に駆けつけ、別の友人に電話したことだ。彼もわれわれの学生団体の役員を務めており、米国管轄地区のダーレムのどこかにいる。その彼を電話口に呼び、わたしが耳にしたことを伝えたうえ、「どうしたらよいだろうか」と尋ねた。そう言った途端、だれかが外部からわれわれのやり取りをさえぎった。……この人物が告げたのはわずか四語だ。「Seien Sie nur vorsichtig（くれぐれも気をつけろ）……」。わたしはたちどころに理解した。電話盗聴を仕事とする何者かがこの機会を使ってわたしに個人的警告を放ったのだ。

ベンダは受話器を置くと事務所を出て一目散に地下鉄駅へと向かった――仲間が逮捕されたばかりのフリードリヒ・シュトラッセではない。もうひとつの国境通過地点であるコッホ・シュトラッセを目指して、である。数分後、ベンダは米国管轄地区に入った。彼は以後、四〇年間、東ベルリンに戻らなかった。(72)

一九四七年末までに、ミコワイチクはポーランドから脱出、英国で暮らした。ナジは亡命の身となり、米国へと向かう。ヤコブ・カイザーはソ連のドイツ管轄地区におけるキリスト教民主党指導者の座を辞任、程なくしてベンダや多くの仲間たちとともに西ベルリンに脱出する。戦争終結から三年も経っていない。しかし、共産主義体制に対抗する組織的かつ合法的な反対勢力は今や、ほぼすべてが取り除かれた。一九四八年――ベルリン封鎖の年である――はしばしば、冷戦の始まりを画す年、中部欧州における「スターリン主義」台頭の年といわれる。とはいえ、東欧のスターリン化――あるいはソヴィエト化もしくは全体主義化――は一九四八年が始まるずっと前から既に存在していたのだ。

一九四七年秋頃に、スターリンは外部世界に対し、ヤルタ条約の文言に忠実に従う素振りもかなぐり捨てている。大戦中、スターリンは西側連合国への善意のしるしとしてコミンテルンを解散した。

今では同じ連合国に対する攻撃姿勢の一環として、新たな組織――共産党・労働者党情報局、略称コミンフォルム――を設立している。

「革命的」共産党の国際機関を再興することについては、大まかな話はかねてあったが、コミンフォルム結成に素早く弾みを付けたのは、トルーマン大統領と国務長官のジョージ・C・マーシャル将軍が大規模投資と巨額な融資による欧州経済復興の支援計画に乗り出すという報道であった。トルーマン・ドクトリンを打ち出した一九四七年の演説で、大統領は「全体主義体制の種子は困窮と欠乏によって育まれる」と言い切った。この考え方が最終的に行き着いた結論こそ、欧州復興に向けた気前のいい基金、マーシャル・プランであった。一九四七年六月に提案されたマーシャル・プランは欧州経済の再建を目指し、さらに――見方にもよるが――共産主義革命の脅威を払いのけ、あるいは西側資本主義の確立を助けることを狙いとしていた。米国のある賛同者は当時、書き物をした中で、「このプランは民主的プロセスの成長と発展、および経済的繁栄に好ましい経済環境を欧州に生み出すだろう」と指摘した。さらに重要なのは、このプランにより「欧州の政治、経済構造が破たんするのを防止できる」し、従って、当時は真の脅威とみなされた西欧における共産主義革命の可能性を抑え込むことも可能、としていることだ[73]。

ソ連は当初、マーシャル・プランにすっかり面食らっていた。計画が発表されると、参加を切望するポーランド政府は直ちにモスクワに指示を求めた。モロトフは今のところ、その件に関しては何も情報を得ていないと回答する[74]。ユーゴスラヴィア政府が直感したのは拒否であった。しかし、モスクワに書簡を送り、やはり助言を求めた[75]。一方、チェコスロヴァキア政府は――選択の余地があると思い込み――誘いを受け入れ、パリで開催のマーシャル支援会議への出席を決める。スターリンはチェコスロヴァキア共産党指導者クレメント・ゴットヴァルトと非共産党員の外相ヤン・マサリクをモスクワに呼び出した。スターリンは二人に、米国が「西側ブロックを結成し、ソ連を孤立させようとしている」のであり、その一翼を担うことは許されないと通告。会議参加は撤回せよと、にべもなく命じた。「パリ会議への参加は本日――すなわち一九四七年六月十日に――取り消さなければならない」というのである。二人は従った。(76)

コミンフォルムはトルーマンの挑戦に対するスターリンの回答であった。この組織が「スターリンの」陣営を強固なものとし、これにより加盟国が将来にわたり西側からの「プロパガンダ」に適切に立ち向かうことが可能になるのは象徴的なことである。コミンフォルムの発足に伴い、共産主義に至る独自の「ポーランド型」――あるいはドイツ型、チェコ型、ハンガリー型であれ――の道は一掃される。世界の重要な共産党は軒並み、東欧や西側でも単一の路線を採用することになるのだ。共産党十党が加入の招請を受けた。ブルガリア、チェコスロヴァキア、ハンガリー、ポーランド、ルーマニア、ソ連、ユーゴスラヴィアのほか、西側からフランス、イタリア、「トリエステ自由地域」(当時は係争地で、最終的にイタリアとユーゴスラヴィアに分割された)も加わった。

一九四七年九月、ポーランド山間部の保養地シュクラルスカ・ポレンバで開かれた初会合の出席者全員が組織の目的を認識していたようには思えない。ポーランドのホスト役、ゴムウカは最初の演説で「会合の非公式な性格」を力説し、無邪気にも「共産各党間の経験交流の必要性」について語った。だが、経験交流は全くなかった。それどころか、ソ連代表団が議事を乗っ取り、押し付けた。スターリンの下で文化を管轄するアンドレイ・ジダーノフは激烈な演説を行い、その中で、「新たな勢力連携」、「二陣営の形成」、「米国による欧州隷属化に向けた計画」について語った。彼は最後に出席者に決議案を提出、分断された欧州を明確に描き出した。一方は同盟諸国を結集した「ソ連の政策」であり、それは「帝国主義の弱体化と民主主義の強化を目的」とする。他方は「帝国主義の強化と民主主義への抑圧を狙った米国と英国による政策」である。[77]

コミンフォルムの結成は奇襲と位置づけられることがある。すなわちソ連権力が参加メンバー全体の命運を封じ込めたと突如表明したということだ。この組織発足を転換点、すなわちソ連が東欧ブロックの複数主義に対する許容姿勢を取り下げた節目と呼ぶ指摘もある。冷戦史の修正主義的な解釈では、シュクラルスカ・ポレンバでの会合は西側の攻撃的行動、とりわけマーシャル・プランという露骨な帝国主義に動転したための反発ととらえることもある。

とはいえ、あの会合の参加者たちが実際に提出した報告を綿密に読んでみると、異なる状況が浮き彫りになる。出席者自身の発言によれば、会合参加の共産党はほぼ例外なく既に権力基盤を築いていたのだ。ゴムウカは、「政権が連立という性格を備えているにもかかわらず」、ポーランド共産党員が「保安省と国防省で最高機関から末端の指導的機関に至るまで、治安機関では一般職員までも」すべてのポストを押さえている、と得意げに語っている。彼は共産党によるポーランド社会主義者の一掃についても詳細に述べ立て、ミコワイチクのPSLを打倒したことを自慢し、骨抜きにされた体制寄りの新たな「農民党」が取って代わったことを上機嫌で説明している。[78]

演説に立ったハンガリー代表のヨージェフ・レヴァイはやはり嬉々とした口調である。「先の選挙の結果」と、他の出席者に報告した。「われわれは主導的政党になった。二十五年間も実質的に少数の地下組織だったにもかかわらず、である」。彼は「フェレンツ・ナジの粛清」に触れるとともに、「米英帝国主義が期待をかけていた」小地主党の解体に言及した。ルーマニア代表団も「民主的諸政党ブロック」の成功を取り上げた。これが「民主的発展プロセスの強化を可能にし」、反対派を一掃することもできたというわけである。チェコの共産党指導者、ルドルフ・スランスキーですら、自らの党がまだ完全支配には至っていないものの（それは数ヶ月先のことになる）、チェコスロヴァキアで「人民民主主義の体制」を既に構築したと誇らしげに語った。[79]

コミンフォルムは永続的な、あるいは特別に影響力のある機関にさえもならなかった。陣営内の調整面でも大した成果を挙げることもなく、一九五六年に解散する。コメコン――一九四九年設立の経済相互援助会議――はもっと長い命脈を保つことになる。実際のところは、後々まで残る打撃をもたらした。数十年にわたり東側陣営内の貿易をゆがめたからである。しかし、コミンフォルムの発足が一時代の終わりを記したのは確かだ。シュクラルスカ・ポレンバでの会議を受けて、東欧の共産党は見せかけの野党までも抹殺したのだ。

このことは実際面では社会民主主義の痕跡をすべて一掃したことを意味する。ドイツの社会民主主義は既に潰されている。一九四八年、ポーランドの社会民主主義者も共産党との合併を強いられた。統一した政党はポーランド統一労働者党（Polska Zjednoczona Partia Robotnicza, 略称ＰＺＰＲ）と命名される。もっとも一般的には当時もその後も、共産党と呼ばれた。ハンガリーの共産主義者も一九四八年、同国の社会主義者を飲み込む。新党の名称――ハンガリー勤労者党（Magyar Dolgozók Pártja, 略称ＭＤＰ）――はモスクワで選ばれた。ハンガリー側は「ハンガリー労働者・農民党」を提案したが、ロシア側は「農民」という言葉が加わることに反対したのである。当然のことながら、ＭＤＰは旧社会党の新聞も含めその資産をすべて引き継ぎ、熱意に欠けるメンバーを追放した。[80] 党の成員は日常会話ではやはり、「共産主義者」と呼ばれた。

こうした変化はほかの機関に反響を及ぼす。ハンガリーの二政党が合体する直前、共産党指導者ラーコシと社会民主党指導者アールパード・サカシチとがラジオ放送局に到着した。生番組でインタビューを受けることになっているためだ。二人は着くなり、部屋に一時間閉じこもった。両者は番組が始まる二分前に部屋から現れ、聞き役の放送記者に質問リストだけでなく、想定される答えまで手渡した。「台無しにしてはならんぞ」。記者の耳元で上司がつぶやく。「ボーナスとして五百フォリントをやろう」[81]。表向きの民主的競争は取り下げとなった。それを受けて、見せ掛けの報道の自由もまた消滅した。

陣営内の政治はどこも同じようなパターンをたどる。チェコスロヴァキア共産党は今やほかの兄弟政党と同様、支持が落ち込んでいることに気づく。一九四六年、党は議会選で三八パーセントの支持を得ていた。ところが、一九四七年になると党は（マーシャル・プランに加わらない不人気な決定を下したこともあって）、その候補者たちが二〇パーセントでも取れればましであることを知る。ゴットヴァルトは陣営内の「小スターリン」と同じように、権力奪取の非民主的手段を企てる。一九四八年二月、憲法に則ったクーデターを決行、残存する反対派勢力の一掃に乗り出す[82]。

同じことがブルガリアで起きていた。左派連立のブルガリア祖国戦線が勝利したことに伴い、ブルガリアの共産主義者も連立内の非共産諸党を解体し（スターリンはディミトロフに対し「選挙は終わった。貴国の野党は地獄行きだ」と言い放った）、正真正銘の反対派としては唯一のニコラ・ペトコフを殺害していたのだ。彼はテロや選挙不正を乗り越え、一九四六年のブルガリア選挙で三分の一の得票を果たした[83]。

一部の国では、「ブロック政党」あるいは「連立政党」のいくつかがある種の民主的外見を保つ存在として引き続き活動を認められた。ポーランドは骨抜きにした農民党を存続させ、東ドイツは公認の「キリスト教民主党」や「自由民主党（ＦＤＰ）」を許容した。いずれも実態は別物である。しかし、これら政党の指導者たちにしても、その役割がまったくの虚構ではないにせよ、明確に限定されていることはさすがにわきまえていた。彼らは体制寄りの新聞や雑誌を発行し、名誉職や政府の特権を享受。決して共産党の覇権を脅かすことはなかった。一九四八年が終わる頃になっても人民民主主義体制における政治が終わりを迎えることはない。政治はいくつかの政党間ではなく、単一の政党内で展開するものとなったのである。それは今後も続くことになる。

第10章 経済

新しい社会主義的人間はレーニンのように考え、
スターリンのように行動し、
スタハーノフのように働かなければならない。
ヴァルター・ウルブリヒト

社会主義の定義。
ほかのいかなる体制にも存在しないはずの諸困難に対する不断の闘争。
一九五〇年代におけるハンガリーのジョーク

古典的なマルクス主義思想によれば、下部が上部構造を規定する。言い換えれば、伝統的マルクス主義者は社会の経済形態――労働分配、生産手段、資本配分――が政治、文化、芸術、宗教を規定すると考えた。この考え方によれば、いかなる国もまず経済システムを変えることなく政治システムを変革することはできない。

これは理論である。実際には東欧の新たな共産党指導者たちは、卵が先か鶏が先かという問題を抱えていた。彼らは共産主義社会を構築するためには経済を転換しなければならないと考えた。同時に、民衆の抵抗に直面しては経済を転換することはできないことも知っている。それゆえ、戦争終結直後の数ヶ月間は、共産党が最優先とする課題とは政治面であった。すなわち、警察力を配備し、市民社会を抑え込み、マスメディアを手なずけたのである。その結果、一九四五年においては東欧にいかなる経済革命も起きなかった。その代わり制度的革命があった。それを受けて国家はいとも簡単に経済を掌握する。新体制は最も手っ取り早く受け入れられると踏んだ諸改革とともに始動する。

その手始めに行われたいちばん着手しやすい変革とは土地改革だ。東欧一帯の広大な領地は荒廃し所有者不在であった。ナチスによって没収されたユダヤ人資産や、所有者が死亡するか逃亡したため遺棄されたドイツ人資産は今では休閑地となっている。ドイツの東半分では大地主の大半がソ連軍の進駐前に西側に脱出した。当時、こうした土地の多くは誰のものでもないと思われたため、国が接収しても反対はないのも同然だった。

一九四五年には、土地改革という考え方がとりわけ「共産主義」の政策という印象を皆に与えたわけでもなかったし、必ずしもソ連との関連はない。ハンガリーでは土地の再分配は戦前から多くのリベラル改革派が重要な目標としており、強制的な集団農場の設立とは全く別個のものであるとみなされていた。ポーランドでは共産主義者、非共産主義者とも「土地改革」のスローガンは受けると期待した。共産主義者が国民投票にこの改革を盛り込んだのはそのためである。ただ、タブーである「集団化」という言葉はほとんど口にしなかった。抜本的な経済的変革の到来を告げるには程遠い初の土地改革には、ボリシェヴィキ革命が最初に掲げたスローガンが「平和と土地とパンを!」だったソ連でそうだったように、貧困度の高い農民層から支持を取り付ける露骨な狙いがあった。赤軍は到着した時点から同じ政策を精力的に遂行し、富裕地主から土地を没収、貧困にあえぐ農民に再分配した。(1)しかし、東欧ではこうした単純な手立ては、ソ連将校が予想し、あるいは現地の共産党同志が期待した効果をもたらさなかった。

ゆくゆくは誰にも影響を及ぼすはずではあるが、ドイツの土地改革は当初、旧プロイセン貴族、ユンカーが所有した広大な領地に狙いをつけた。「ユンカーの土地を農民の手に」（Junkerland in Bauerhand）は、ヴィルヘルム・ピークがこのプロジェクトを推進するため多用した押韻のスローガンだった。一九四五年九月三日、ソ連軍占領当局はナチス党と積極的に関わった人物と並んで、プロイセンのザクセン州で百エーカー以上の土地所有者を対象に資産を収用する布告を出した。その影響はほぼ七千ヵ所の広大な領地に及んだ。土地はその後、小さな区画にして再配分された。その三分の二は土地を持たない五十万人に上る農場労働者、職を持たない都市居住者、東方からの難民の手に渡った。残りは国有地にとどまった。[2]

この事業の受益者の中にはもちろん喜び、土地配分をもたらしてくれたソ連将校に感謝する者もいた。村役場は横断幕や花で飾られ、歌が歌われ、共産主義者が称賛された。もっとも、こうした歓迎ぶりは稀なことだった。もっと頻繁に起きたのは、事業を進める過程で不公平と不釣合いの問題が噴出したことだ。再配分を手助けするため創設された各地の委員会が最終的に旧ナチス党員に牛耳られるところもあった。ほかの委員会は再配分の手続きを使って意趣返しをしたり、あるいはメンバーたちが有利になるように巧みに操作したりすることまでした。一部地域では、土地改革が領地の縮小どころか拡大をもたらした。「新しい農場主」の中には資産を受け取ったものの、農具や役畜、種苗がまったく入手できないものもいた。彼らはたちまち飢えに直面した。

土地を失った人々はだれもが尊大な貴族階級といった固定観念的なイメージに当てはまるわけではない。ユンカーの広大な領地を奪われた人ですら、そうだ。あまりにも多くの世帯主が死亡し、あるいは捕虜収容所にいたため、委員会はしばしば婦女子から土地を取り上げることになる。そのため彼らは完全に貧困に陥った。当時、ザクセン州で農場労働者として働いていたエーリヒ・レストは、親切な年配の貴族姉妹二人が領地を没収されたときの様子を後に説明している。姉妹が追放されたことは少なからぬ同情を誘った。特に、姉妹に取って代わってシレジアからの難民の一団が移り住んだときがそうだ。難民たちは与えられたばかりの美しい館にいっさい関心を示さなかったからだ。「合唱が歌われることも、ブラスバンドの演奏も全くなかった」とレストは書いている。「花飾りを掛けるなどということは誰にも思いつかなかった。その光景は画家たちが後に委託制作で描いたもの、あるいは作家らが記述したものとは全く別だった」。シレジア人たちはホームシックにかかり、自分の農場に戻りたいと望んだ。[3] 似たような複雑な状況が多々あったため、地方での共産党員数は期待されたほど急速には伸びなかった。[4]

ポーランドの土地改革はさらに強い疑惑の目で迎えられた。そこでは「集団化」はとりわけ否定的なニュアンスを帯びていた。同国東部では多くの人々が国境越しのソヴィエト・ウクライナに家族や友人がいた。その地の農民はまず土地改革を、次いで集団化を、その後は飢饉を経験済みである。こうしたシナリオへの恐怖があまりに根強いため、多くのポーランド農民は改革が土地全体を集団化する前触れになりかねないとの理由で(その通りになったところは少なくない)、部分的な土地再配分に反対した――個人的には恩恵を受ける可能性もあることを承知のうえでである。理論的にとらえてみても、ポーランドほど土地改革が不人気だった国はない。一九二〇年代、三〇年代と土地改革の試みが数回なされたが失敗に終わった。規模の大きな領地は概して経営がうまくいっており、改革担当者の多くが小規模農場は生産性が低いと考えたためでもある。[5] いずれにしても、ポーランドの最大級の領地は大半がかつての東部にあった。そこは今ではソ連の一部なのだ。

こうした点を知るポーランドの共産主義者は慎重に事を運び、中小規模の区画は当初、対象外とする。その代わり、一九四四年の土地改革に関する布告は、「ポーランド国籍を持たないドイツ市民」および「ドイツ民族を主張するポーランド市民(フォルクスドイッチェ)」、「売国奴〔都合よく解釈されるあいまいな規定」、百ヘクタール以上の農地すべてを対象に即時没収を呼び掛けた[6]。全体で、一万件ほどの領地が没収され、さらに一万三千件の領地は規模縮小となる[7]。影響は農地全体の約二〇パーセントに及んだ。

しかし、この政策――富裕層、ドイツ人、対ドイツ協力者に正面から狙いを定めた――ですら、一部が期待していたほど人気は集まらなかった。一九四五年五月、ゴムウカはモスクワで開かれた会議でその通り認めた。彼は「われわれはこの件に関して十分な教宣活動を行わなかった」と細心の注意を払って説明した。土地改革は体制に感謝する気持ちを農民に持たせるはずであった。けれどもゴムウカは農民がなお用心深く、依然として「反動勢力」に耳を傾けがちであると指摘。この問題と闘うため、ポーランド共産党は声を大にして、かつ明確に、集団化に反対する姿勢を打ち出すことを決めたと語った。さらに、「この段階ではポーランドの集団農場について考えることなど何の意味もない。わが党は集団農場には反対である。わが党は人民の意志に逆らうつもりはない。われわれはこのことを直接、農場主に伝えるのだ」と宣言した。コミンテルンの指導者ディミトロフはこれには憤慨。一部の農場主が集団化を望んだら、どうする、とかみ付いた。その場合は、どうなのだ？「われわれはそうした状況に遭ったことはない」。ゴムウカはそう答えた[8]。

農村経済がいまだに封建制同然だったハンガリーでは、土地改革が人気を得るもっと大きなチャンスがあった。一九三九年の時点でみると、あらゆる土地所有者の約〇・一パーセントが依然としてハンガリー全体の農地のほぼ三〇パーセントを支配し、その多くがとてつもなく広い領地の古城に住んでいた。それに対して小作農の大半は農地もちっぽけで、非常に貧しい暮らしをしていた。大衆受けを狙った土地改革論者は戦間期のハンガリーに幅広く浸透していたが、通常はソ連型の集団化には反対し、広大な貴族の領地に取って代わる民間の協同組合の創設を呼び掛けた[9]。

戦後、ハンガリーの政治家たちは、土地改革が必要なことについては漠然とではあるが見解が一致していた。しかし、規模や時期についてはまったく合意ができていない。この問題はいずれについてもソ連の占領当局によって解決を見た。暫定政権に土地改革を直ちに行うよう強制したのである。資産の再配分により、赤軍との戦いをまだ止めないハンガリー農民に、武器を捨てて帰郷するよう促すことができるとの理由からだ。ソ連当局は改革の規模についても素早く決定を下した。かなり広範に及ぶ厳しい決定である。一九四五年三月に出した土地改革に関する布告は五七〇ヘクタール以上の領地――土地、家畜、機械――を全面的に没収、それと並んで「ドイツ人、売国奴、対ドイツ協力者」が所有する領地もすべてその対象となった。教会の資産も例外扱いとしなかった。[10]

その資産はすべて、土地を持たないハンガリー農民、農場労働者約七十五万人に再配分された。あらゆる土地売却については農民、あるいはほかのだれかが大規模領地の再建を図ろうとするのを阻むため十年の禁止期間を設けた。一九四八年、改革はさらに広がる。富裕な農場主はほかの農場主から土地を借り受ける権利さえ失った。その代わり、使われていない農地についてはいかなるものでも今度は、農場労働者や集団農場に極めて低額の賃貸料で貸し出さなければならなくなった。[11]

多くの農民は新しい土地を手に入れたことで共産主義者に感謝した。しかし、「他の誰かの資産」を受け取ったことに気まずい思いにさせられた農民も少なくない。とりわけ、聖職者がこうした措置に反対する説教を頻繁に行っていたからだ。農村部のハンガリー人は、ベーラ・クンによる一九一九年の共産主義革命に対していまだに忌まわしい記憶を抱いており、ポーランド人と同じく、ウクライナでの出来事をうすうす知っていた。ハンガリー民主青年同盟（マディス）の精力的な若き指導者、アンドラーシュ・ヘゲドゥシュは改革支持の教育宣伝活動を行うため農村部に送り込まれ、感謝の念から敵意に至るまで広範な反応に出くわす。いくつかの村では、誰も土地を欲しいと思っていないと聞かされ、そういう場合は「その村には反動的な司祭がいると確信した」。実力行使に訴えざるを得ないこともあった。ある郡部で、彼は絶えず、それも誤って「デブレツェンに飛行機でやって来た同志」と紹介された（事実、彼はマーチャーシュ・ラーコシがモスクワから送り込まれた飛行機に同乗していたわけではない）。すると、地元行政当局者の一人で、貴族階級の一員であった人物がヘゲドゥシュに協力するつもりはないと告げた。「わたしはソ連司令官に報告しなければならなかった」とヘゲドゥシュは回想する。「司令官はわたしと一緒に戻ってきて、この人物に、二十四時間以内に要求を実行しなければ、壁を背に立たせて銃殺すると通告した」。脅迫を受けることも時々あったし、一度は首吊りにすると脅された。当時でさえ彼は、「党指導部が土地配分による農民への影響を過大評価している」ことを見抜いていた。[12] 国内の多くの地域で土地改革は支持を増やしたが、それは共産党ではなく小地主党への支持だった。小地主党の持つ農村の気風が新たな小地主階級にはるかに訴えかけたのである。土地改革に力を得て、彼らは「自分たちの」政党に、そして教会に引き付けられる。改革を推進したのはもっと「都市型」の共産主義者ではあったが、そちらの方にはなびかなかった。[13]

ハンガリーの共産党は一九四五年、ドイツの共産党は四六年の時点では集団化に触れていなかったものの、ほかの東欧諸国と同様、それぞれ四八年、五六年にこの構想に立ち返る。ただ、ポーランドは別だ。ハンガリー人は波のように襲った農村部の破たんに乗じて自発的集団化という計画から始めた。一九五〇年から五三年にかけてクラークを狙って復讐、農産物には低価格をつけて受け入れを迫る一方で、非常に高額な土地税や保険の掛金を要求した。ロシア語から借用した「クラーク」という言葉は「富裕な農民」を意味するが、ハンガリー語ではどこかしっくりこない、不自然な響きがある。しかし、「トロツキー主義者」とか「ファシスト」と同じように、たちまち政治用語となり、「共産党が好まない輩」を指して使うことも可能だった。ドイツ人も一九五六年以降、「自発的」集団化を導入、これにより数千人に及ぶ東ドイツ農民が西側に逃亡するのは必至となる。それまでに、ほかの多くの経済難民が同じことを実行していた。[14]

ウルリヒ・フェストは戦争が終結した際はわずか十歳だった。父親は従軍中に行方不明となった。家族が数世代にわたって食料雑貨店を営んでいた町、ウィッテンベルクは今ではソ連管轄区域にある。フェストは次のように振り返る。

ここでは何もかもが破壊された。店の窓は叩き割られ、民衆が店内の食料雑貨をことごとく略奪した。残ったものは何一つない。……ドアというドアは鍵がかかっていたが、民衆は店の窓によじ登って店内になだれ込んだ。わたしたちは店の玄関口に釘で板を何枚か取り付け、それから羽目板――窓ガラス――を一枚取り外し、まがりなりにも店の入り口にした……基本的には一種ののぞき窓で、縦二メートル、横一・五メートルほど。それが店の窓になった……。[15]

こうした災難に遭っても、彼の母親や祖父にとって打つ手は明白だ。二人は店を再開し仕事に復帰した。それも彼らだけではなかった。

戦間期の東欧は欧州大陸の西半分ほど豊かではなかったし、工業化が進んでいたわけでもない。[16] 商売は小規模で取引も限られ、産業基盤は脆弱であった。この地域では多くの国が、中でもナチス・ドイツがコーポラティズムの形態を実践していた。これは企業活動、特に大企業の事業に関して国家に大きな役割を与えるものだ。とは言うものの、最も基礎的なレベルでは、ポーランド、ハンガリー、チェコスロヴァキア、およびその他の東欧諸国はみるからに資本主義社会であった。ささやかな作業場、小規模な工場、小売店舗はすべて個人の所有である。一部の卸売販売は西欧や米国と同様、生活協同組合を通して行われたが、これは通常、商人が自分たちの利益のために組織した私的な生活協同組合だった。いっさいが商法、会社法、契約法の法体系、株式市場を機能させる仕組み、財産権を確立したのである。

戦後、フェスト家のような小規模な事業者は当初、営業継続を許される。これは新たな当局が小規模経営を好んだとか称賛したためではない。レーニン自身が健全な自由市場経済に対する小規模企業の重要性を正確に見抜き、「遺憾ながら、小規模生産は依然として世界に広まっている。小規模生産こそが資本主義や資本家階級を生んでいるのである」とかつて書いた[17]。多くの共産党指導者は必ずしも公衆の面前では口にしなかったものの、レーニンが抱く小規模経営への嫌悪感を共有した。例えば、ドイツの共産党指導部は一九四六年十月の中央委員会で協議したのは、個人商店を国家統制の下に置くべきかどうかではなく、いつ実施するかということだった。出席者の一人は性急に進めることに反対の論陣を張った。この部門をあまりに急速に撤廃すると混乱に陥り、人民を反動勢力の側に追いやってしまうことになる、と。別の出席者は迅速な実行を唱えた。危険な自由主義経済の考え方が小規模事業者の間に根を下ろしつつあるという理由からだ。「われわれは計画経済が人民経済の高度な形態であると言えるよう立証しなければならない」というのである[18]。

出席者全員が個人経営に対しては明らかに断固反対の立場だったが、そうとは見えないように気を配った。あらゆる商取引を一夜にして国有化すると民衆は激しく反発する恐れがある。さらに重要なのは、全員が個人交易はなお必要なことを知っていたことだ。他には何もないためだ。東欧の諸都市が廃墟となる中で飢えに苦しむ人々が売買するのを止めさせることはできない。実際、食料を行き渡らせる別の手段はなかったのである。東欧地域の中でも最も荒廃したところでは、配給を組織することすら困難だったはずだ。イタリアの作家プリモ・レーヴィは、アウシュヴィッツから解放されると直ちに近接の町にとぼとぼ歩いていった。

クラクフのマーケットは戦線が通過するとともに、たちまち自然発生的に活況を呈した。数日もすると、マーケットは郊外全体に広がった。そこではありとあらゆるものが売り買いされた。町じゅうがマーケットに集まった。町の住民は家具や書籍、絵画、衣類、銀製品を売っている。マットレスのように物を詰め込んだ農家の婦人たちは食肉、鶏肉、卵、チーズを差し出す。少年少女は寒風にさらされて鼻を真っ赤にしながら、彼らの配給券を買ってくれるタバコ中毒者を捜し求めた。(19)

しかし、この地域一帯の占領当局が配給や課税、規制を始めるにつれ、こうしたマーケットには浅ましいとの評判が立ち、闇市として知られるようになる。そこで働く人々はもはや商人ではない。むしろ闇商人なのだ。共産党当局は(彼らから見れば)乱雑かつ野放図な資本主義のはびこる街の一角や広場を取り除くために、東欧のほぼ各国で直ちに小売業、卸売り業の国有化に乗り出す。例えば、東部ドイツではソ連当局が戦前の協同組合コンスム(Konsum)を復活させ、まさしく国営企業のように振る舞うようにこれを設立した。コンスムはナチス政権に閉鎖される前のように組合員に奉仕するのではなく、卸売り物資への特権的な入手権を獲得、誰に売るのか買い手を選ぶこともできた。(20)

東欧の小規模資本主義者たちは一九四五年から四六年までの間、表向きは合法の存在だったものの、周囲から敵視される状況で営業していることは当初からはっきり理解していた。フェストが家族の物語を回想すると、営業ができた時期に店を再開した祖父の決断は英雄的な闘いの象徴となってくる。フェスト一家は戦争直後、国家機関（Handel und Versorgung）〔貿易と供給〕から小麦粉と砂糖の割り当てを受けるだけのために闘わなければならなかった。この機関は基本物資の分配をいち早く引き継ぎ、その物資はすべて配給券を通して最終的に割り当てられた。「民衆が望む購入量に応じた商いをするには十分なものがわたしたちの手に入らなかった」とフェストは振り返る。そこで彼は家族とともに消費者の配給券を集めてはコンスムに持って行き、それを使って店として調達できなかった物資を購入した。この仕事では儲けはいっさいなかったが、顧客への便宜であると一家はみなした。そうすることで信頼を築き、営業を続ける一助になると期待したのである。[21]

フェスト家の店から通りを進んでいくと、生地と衣類を扱うウルリヒ・シュナイダーの家族が経営する店があり、ここでも同じような変化が起きていた。シュナイダー家の店も数世代にわたって続いた家業で、やはり大きな期待と不安の的であった。彼の父親は戦争が最終局面を迎えた際、店の在庫――コート、ドレス、布地――を友人たちの家屋や物置に隠しておいた。店舗に残したものは一九四五年五月、ロシア人に略奪された。赤軍はその後、一家の家屋を臨時本部として接収、店の陳列窓は赤軍の遺体の入棺の準備をするために使った。シュナイダーと両親は店舗の上階にあるアパートに転居した。八月になって父親は――ナチスの党員だったが、どういうわけかソ連による逮捕、追放を免れた――占領当局から営業再開の許可を得た。

フェスト家と同様、シュナイダー家は店の窓に板を打ちつけ、ほんの数カ所だけ開けた場所を残し、商品――近所の屋根裏や地下室から救い出したものはなんでも――の一部を陳列して売りさばけるようにした。一家は隠し場所からミシンを二、三台引っ張り出し、仕立て直しや縫いぐるみ作りを始めた。シュナイダーは「他にやることがなかった」と振り返った。

数週間して、シュナイダーの父親はドイツとチェコとの国境にまたがるエルツ山地に定期的に出向く旅を始める。そこは繊維工業の本場だ。数百キロも離れた地方だが、父親は馬車で出掛けた。「しゃくにさわる旅だった。というのも、至るところに検問所があり、ロシア人がいるところではどこでも捕まったからだ」。父親にとってはほかに品物の仕入先がなかったため、選択の余地はない。それでも、持ち帰ったものは確実に売ることができた。[22]

事態はきっと改善するという希望があったので、フェスト家、シュナイダー家をはじめとする小規模な事業者は一九四五年から四六年までを通じ店を続けた。しかし、四七年までに物事は好転しないことが明らかになる。その年、戦後初めて再開したライプツィヒ見本市は大きな失望に終わる。シュナイダー家のような織物商人にとっては転換点となった。中世以来、ドイツの商業生活では中心的な行事だった見本市は、大々的な騒ぎとプロパガンダによって称賛されたものの、実際に売りに出された繊維製品や織物はひとつもなかった。かつては「そこでほかの会社と会合を持ち、あるいは物事に――何があり、何が新しいか――追い付く場だった」とシュナイダーは説明する。しかし、今や見本市はプロパガンダの行事と成り下がった。本当のビジネス情報を交換する場ではなくなったのだ。

一九四七年はポーランドでも転換点となった。一月の議会選挙を受けて、「勝利を収めた」共産主義者は一連の改革に着手する。将来的に彼らを支持すると想定される産業労働者の数を増やし、まったく支持を寄せない個人企業や小売業者を削減するのが狙いだ。通商産業相ヒラリー・ミンツが始めた悪名高い「流通戦争」である。スターリンによって個人的に任命されたミンツは戦前からの共産主義者で、マルクス主義経済の専門用語を駆使することにかけては本物の資質を備えていた。彼は四月の党中央委員会総会で、「市場を征服するための闘争は市場資本主義的要素の排除を意味するものではない」と演説した。「これはそうした要素を人民民主主義国家によって統制するための闘争であることを意味するにすぎない」というのだ。[23] 言い換えれば、「自由市場」は存続する。しかし、政府の確固たる統制の下に置かれる――これでは当然、自由ではなくなることを意味する。

実際、ミンツは私営企業の抹殺を図った。そのことは一言も語ることとすらせずに、である。「流通戦争」は、しかるべき文書作成ができない場合の刑事罰やおびただしい量の許認可に関わる制度を伴った、厳格な価格規制や高率課税の形を取った。すべての企業家は営業許可証を持たなければならない。その許可証は戦後の混乱期には何でも意味する「職業的な資格」を証明する必要があった。一事業者が雇用できる人数や、国内への持ち込み、国外への持ち出し、さらにはワルシャワからの搬出、ワルシャワへの搬入が可能な物資の量に対する制限が設けられた。ドイツと同様、ポーランド人も事実上、卸売業を国有化した。個人営業は食料を含む特別な産品を卸売価格で売買することができなくなった。

公式には、共産党メディアは「流通戦争」を大成功として喧伝した。ポーランドの公的歴史記述は引き続き一九八〇年まで、そのように位置づけた。しかし、経済学者アンデーシュ・オスルンドはこの成功が短命に終わったと指摘する。「勝ち誇る方に同調するのは難しい。『流通戦争』は通商全体にすさまじい打撃を加えたからだ」。一九四七年から四九年までの間に、民間の取引・流通会社の数は半減し、国営部門が取って代わることもできなかった。卸売業が壊滅したため、とりわけ小さな町では存続する個人商店や取引業者がいかなる種類の物資にも合法的な入手の道を断たれた[24]。新しい規則の導入は予測不可能だった。「日を追うごとに特定の経済活動が合法的な存立基盤を失った」とある経済学者は回想する[25]。しかし、その結果は完璧に予測可能だった。すなわち、数が増えた闇市（今では非合法である）の急速な発展、無秩序きわまる物資流通だ――さらに、あらゆるものが恒常的に不足したことである。農村の協同組合――その活動にしては気の利いた名前が付いているが、実際は国家管理の卸売業者だ――で監査役を務めたことのある女性は、自分が担当した部門の物資不足が泥棒の仕業なのか無能力の結果なのか、判断するのが難しかったことを覚えている。彼女は仕事の一環として、勤務先が持つ複数の支所の帳簿を検査したところ、間違いだらけだった。「わたしはいつも、カネが消える理由が分からなかった……店員の女性はすべて教育を受けていなかったので、足し算や測定ができなかった」。協同組合は一九五〇年までに戦前の「貴族的」経営の名残りをとどめるものはいっさい追放、信頼の置ける労働者階級の組合員に置き換えた。一例としては理容師も対象となった。状況が好転しなかったのは驚くに当たらない[26]。

一夜にして法の支配は消えた。多くの人々にとって商売を続ける唯一の方法は法を破ることだったからだ。小規模経営者たちは堅気であることを止め、「私掠船」(prywaciarze)となった。半ば非合法な自営業者のことである。その頃、ささやかな製造業を営んでいた有能な技師の娘は父親が何を生業としているか友人に語るときの戸惑いを覚えている[27]。一部の業者は家族の一員を雇うことで、雇員の数を制限する規則をすり抜け、あるいは家族の一員を「経営者」に任命することで事業規模を制限する規則をねじ曲げた。自営業者は大きな投資――彼らは税務当局からかなり目を付けられていた――を避け、法律状況が変わるのに応じて、素早く開業したり営業停止にしたりできるような事業計画に集中することも学んだ。長期の計画作りは出来ない相談だった。

時間の経過とともに、業者たちは協力し合う術も身に付けた。彼らの多くが自ら「職人」と改称した。「資本主義者」の汚名を着せられることなく、ささやかな商売や仕事場を維持することのできる呼び名だ。彼らはギルド(同業組合)も設立した。組合員の利益のために活動することもある官製機関である。この組合は国家が統制する公定価格で個人商店向けに原材料を入手するルート確保に努めた。機械工や配管工らが「職人」となれるように登録規則も変えた。組合代表――厳密には国の職員――を務めたことのある人物は体制全体が早晩、改善されることを期待し一度ならず「規則を曲げた」と振り返る。「わたしは人々がたくさん勉強し、これまで以上に多くを学んだ以上、彼らが変わると思ったし、体制がもっと賢くなると考えたのだ」。悲しいかな、そうはならなかった。[28]

ハンガリーでは、小売商の国有化はさらにゆっくりと進んだ。とりわけ、一九四五年から四六年の時期は共産党が当初、経済政策のあらゆる側面を統制するだけの議会多数派を組めず、厳しい規則や税を課すこともできなかったからだ。党はともかく「商売戦争」を行うが、それは規制によらず、プロパガンダ機関と警察を通して展開した。四五年の夏、小規模事業者、ささやかな取引の商人、非正規の露天市場に対する共産党の非難が一段と激烈となり、ファシストへの攻撃と見紛うほどの凄まじさであった。ブダペストの警察署長は七月、「闇市のハイエナどもからブダペストの労働者を解放する」方針を発表。ソ連兵士六百人、刑事三百人を伴った警察官約六百人が九月までに、「闇市商人」千五百人を拘束した。その大半は二度にわたってブダペストの大規模な露天市場を急襲した際の拘束者だ。

商売取締りのプロパガンダ・キャンペーンがたちまち露天市場を越えて広がった。共産党機関紙『サバト・ネープ』は七月下旬、労働者が市電のレールを敷設する傍らで、人々が近くのカフェに腰を下ろしコーヒーをすすっている──言い換えれば、労働者階級が働く一方で遊んでいる──一連の写真を掲載した。それから間もなくブダペストのカフェ、バー、レストランに対する警察の手入れがあった。警察は人々に愛された戦前からの施設、カフェ・ニューヨークまで閉鎖、倉庫で見つけた食料を没収し、帰還してくる捕虜たちにこれ見よがしに配った。[29]

一部のレストランは賄賂やコネを使って営業を続けた。しかし、それも一年後には新たなキャンペーン、第二波の取り締まりに発展していく。一九四六年六月、『サバト・ネープ』は「豪華」レストラン十軒が「少数者の必要を満たすため最も高価な禁断の肉料理を出し、社会秩序と公共の平穏を危険にさらした」ため閉鎖されたと報じた。確かにその通りだったと思われる。欠乏、インフレ、紛れもない空腹を抱えた時代にあって、きちんと食事の取れる人間たちへの反感は非常に高まっていたに違いない。(30)

ほかにも、自営レストランは不道徳なだけでなく滑稽であるとの印象作りに努める記事がいくつもあった。チップをやる「ブルジョア的」慣行をあざ笑う記事もあれば、ブダペストの給仕の伝統的な服装である燕尾服をからかう内容もあった。

この時代遅れの衣服は依然として廃れず、給仕たちはあたかも古き時代に仕えた召使いの心持ちを誇示するかのように、いまだに着用している。……近い将来、労働組合は給仕による燕尾服の着用を廃止するであろう。……この不健全、不愉快な衣服は消えていくのが望ましい。もっと仕事にふさわしく、快適かつ趣味の良い、上等な着衣に席を譲るために。

秘密警察が追及を続け、ありとあらゆるごまかし、不正行為を理由に自営業者を取り調べた。瀟洒な地区のパン屋が警察に拘束された。その月の配給の一部として塩四百キロを受け取っていながら、彼の作るパンに「一グラムたりとも塩を加えていない」ことを警察が突き止めたためだ。(31) 彼は問題の塩を闇市に流している疑いがもたれた。このほか、バグダッド・カフェのオーナーも標的となった。店の美的感覚が不道徳とみなされたのだ。警察の報告書は「レストランの入り口が客を衣装室へと案内するが、部屋の壁には鏡があり、そのわきに太腿もあらわに悩ましいポーズを取る夜会服姿の女性たちを描いた絵が飾られている」と文句をつけている。さらにまずいことに「従業員の中に黒人が二人いる」のだ。最後に見咎めたこの点は単に人種主義にとどまらず、風変わりな異郷の雇員をとどめ置く施設への根深い疑念をも反映している。[32]

レストランの店主たちは営業をなんとか続けたいと、さまざまな生き残り策を試みた。あるカフェの女主人は露天商に身を転じた。共産党に入党する者もいた。そうすることで政治的な疑惑の目を免れると踏んだのだ。結局、多くのカフェ店主は自ら進んで「国有化」された。それまで続けていた仕事の「支配人」として将来を確保するほうがまし、というわけだ。一九四九年にラースローネー・ゲトラー夫人が提出したこの種の嘆願書は売り出し広告のような文面である。

わたしはベニェルキー通り十九番地で一九二三年より営業しているわたしのレストラン、サシャロームを国営会社経営陣が引き継ぎ、わたしを支配人として確保するよう、ここに要請します。……この店は冬のパブ、別室、開放ベランダ、テラス、ビュッフェ、庭園内の売店から成る街角の住宅です。ここは今日に至るまで税金の滞納もなく、缶詰工場に匹敵する収益のよい店舗でした……。[33]

店主の一部は成功を収めた。一九三四年以来、ブダペスト最大の繁華街ヴァーツィ通りにあるクラ・サロンの経営者だった女性クラーラ・ロトシルトが、店舗を国有化された後も何とか営業担当にとどまったのは、彼女がとりわけ党指導部の夫人たちの間で絶大な人気を得たからだ。ロトシルトはパリのファッション動向を追い、それをブダペストの好みに合わせた。彼女は地位が高かったことから、フランス流行の最新事情に引き続き精通できるようパリ旅行まで許された。[34]

時の経過とともにブダペストにあるすべての私営レストランは「人民の」カフェテリア、あるいは「プロレタリアの」パブとなる。店名も変わった。ニューヨーク・カフェに代わって、ハンガリー語の響きがする短い名前――アダムのビュッフェとかクイック・カフェ――、あるいはただ単に番号を付けた。給仕とチップは姿を消した。行列が良質なサービスに取って代わった。かつては数十年もエスプレッソやクリームケーキに熱を上げた都市のことだ。こうした出来事はまさに革命的な変化であった。

まず土地改革から始まったのは、この改革が支持を集めると考えられたためだ。小売部門が後回しにされたのは、共産主義者たちがこれを廃止すると人気が落ちることを知っていたからだ。しかし、工業こそが――特に重工業――最優先なのだ。農業のような「後進的」部門、小売りのような「不適切」部門をはるかにしのぎ、工業は常に共産主義者の関心事であった。マルクス主義の世界観では、製造業に未来があった。鉄鋼プラント、製鉄所、工作機械工場が国土を近代化し、旧態依然の考え方を取り除くはずだ。工業化の目標は究極的には政治的なものである。ひとたび工業労働者となれば、誰もが共産党を支持する――つまり、理論はそう説く。その間、資産階級を撲滅すれば、反対勢力から強力な支持者を奪うことになる。

最も抜本的な変革は対ソ連賠償と略奪横行の時期が終止符を打つまで待たなければならなかった。選挙結果が振るわなかったおかげで、ソ連はハンガリーにおける一九四六年の賠償徴収を遅らせることに同意、四八年には賠償要求額が半減となった。[35] 広範にわたるドイツの賠償も四八年に終わる。賠償が共産党の評判にどれほどの打撃をもたらしたかを思い知らされたヴァルター・ウルブリヒトらの嘆願によるところが大きい。[36] ポーランドやチェコスロヴァキアではいかなる公式の賠償応諾もなかった。このため、賠償終了の公式確認もいっさいない。それでも、一九四七年から四八年にかけての時期には最も目に付く形のソ連、赤軍による略奪が停止した。

しかし、被害はもたらされたのである。戦後の時期はすべてが強奪の対象となり、誰の資産であれ聖域とはならなかった。そうした雰囲気の中で大規模国有化の第一波がある程度の民間支持を得る。多くの人々は大量没収の光景にもはや衝撃を受けることもなかった。ほかの人々は、経済混乱に秩序をもたらすことができるのは国有化だけだと考えた。たとえばポーランドの臨時政府は一九四五年十月、突如として家屋や工場も含めワルシャワ市域内の土地をすべて国有化した。[37]こうした政令は一九三九年以前には言語道断とみなされたに違いない。現在では考えられないことである。だが、一九四五年の時点では大半ががれきに埋もれた都市部の土地国有化は、多くのポーランド人にとってはまったく理にかなっているように思われたのである。[38]臨時政府が一九四六年一月に出した政令は五十人あるいはそれ以上の労働者を抱える全土の工場をすべて国有化するものだったが、これもさほど抵抗に遭うこともなかった。対象となった工場の多くはいずれにせよ、所有者がいなかった。以前の経営者は死亡するか、逃亡していたのだ。これらの事業が国家資産となると、状況は実際、ずっと安定した。少なくとも所有権は明確なのだ。[39]

ドイツでは新たに統一なった共産党が当初から主要産業の国有化を経済政策としてではなく、反ファシスト政策のひとつとして位置づけた。地主貴族ユンカーと全く同様に、ドイツの企業家はナチス体制との共謀がやり玉に挙げられた。すなわち、彼らが戦前、何らかの地位を得ていたならば、それは失ってしかるべきである、というのである。事前の警告として共産党は、産業国有化については「反ファシスト陣営」による政策とすべきであると布告する。合法諸政党のどれも反対は許されなかった。東部ドイツのキリスト教民主党指導者、ヤコブ・カイザーは当初、躊躇した。原則的には承認した(のちに国有化の支持者になった)ものの、ソ連管轄区域が勝手に国有化を導入すると、その政策はドイツを二つの異なる経済体制に引き裂くことになる――最終的にそうなった通りだ――と恐れたのだ。しかしながらカイザーはソ連軍政当局の圧力を受け、最終的に賛成した。共産主義者たちはプロパガンダの締めくくりとして、国有化に関する住民投票を一九四六年に行うことを決める。ただ、ポーランドがしくじったような二の舞は避けたいと考え、投票はザクセン州に限定、投票用紙もひとつの質問に絞った。有権者は「戦争犯罪者やナチス戦犯の工場を人民の手に」委ねることを望むか？　投票は成立した(40)。

同じころ、ハンガリーの国有化は段階的に行われた。まず炭鉱を、次いで工業分野で最大級の複合企業体を、最後に銀行を対象にした。一九四八年三月、政府は百人以上の労働者を擁した残る工場をすべて国有化、これにより重工業の九〇パーセント、軽工業の七五パーセントが国家の管理下に置かれた。四八年中に国内の主要な私企業はほとんど姿を消した(41)。

この「成功」は、ほかのどこもがそうであったように、ハンガリーでも政治的代償を伴う。実際のところ、国有化は一般労働者の日常生活にほとんど影響を与えなかった。労働者は同じ賃金を支給され、同じ仕事を行い、同じ不満を募らせた。作業監督が資本主義者か産業省のために働いているのであれば、一体どこに違いがあるというのか？　国営の企業長が自分の大義名分は正しいという意識――当人は所詮、「人民」に雇われている身なのだ――に支えられているのなら、私営の経営者よりも傲慢ですらあるかもしれない。国有化は共産党の人気をさらに集めるどころか、労働者にますます警戒心を抱かせることが往々にしてあり、一部企業ではストライキにまで発展した。歴史家パドライク・ケニーは繊維工業の都市ウッチ〔ポーランド西部〕で次に起きた出来事を叙述している。

> ヤリシュの工場でストライキ参加者は、「工場長の」行為が労働者ならびに国家に害を与えていると論じることに成功した。曰く、工場長は労働者や機械の能力を無視し、不注意にも高すぎ

るノルマを設定したため、多くの労働者がボーナス（給与の大半を占めることが多かった）を受給できない事態を招いた。馬の代わりに労働者を使って荷車を引かせ、彼らの尊厳も傷つけた、と。[42]

ウッチの争議は一九四七年九月、ピークに達する。市内の労働者のほぼ四〇パーセントがスト入りしたのだ。ポーランドではどの工場も同じパターンをたどったわけではない。ケニーは居住者のほぼ全体が難民たちで占められた旧ドイツ領のヴロツワフでは、社会的なつながりが非常に希薄だったため、ストライキははるかに少なかったことも指摘している。ただ、ウッチだけが例外ではなかった。一九四六年、シレジアでは鉱山労働者や工場労働者がストライキに打って出た。その同じ年にはグダニスクやグディニャの港湾でストライキが発生、死者二人を出す結果となった。[43]

これは異常なことではない。国有化がほぼ各地で通常の労働争議を政治化したのである。工場労働者が国営企業の賃金や労働条件に怒ると、抗議の矛先は直接、国家に向けられた。一九四七年、ブダペストの労働者階級地区チェペルでストライキが発生した際、労働者はトラック二十台を乗っ取って市中心部に向かい、政府に賃上げを要求した。その日の午後、内相ラースロー・ライクは官製労組の指導者を伴ってチェペルに向かった。二人は労働者から罵声を浴びる。報復は迅速だった。政治警察が直ちにストライキ中の工場に突入、三百五十人を逮捕した。警察は万全を期して、その後は内部通報者を頼みとする態勢を強化、ほかの工場でも「浄化」に着手した。警察は不満の証拠を記録し――警察のファイルによると、ある労働者は、「われわれは現在のいわゆる民主主義体制下よりも、かつての反動的な時代のほうがましな待遇を受けていた」と不満を漏らした――、「揉め事を起こす」労働者を特定しては解雇した。ディオーシュジュール製鉄所は一九四八年の五月と六月だけで百十三件の「政治的」規律に関わる懲戒手続きを取った。四九年以降、ストライキ行動をめぐるいかなる議論も国家に敵対する「反民主主義」の犯罪とみなされ、労働者はそうした行動をほのめかすだけでも党追放となる恐れがあった。(44)

より長期的に見ると、経済の国有化は戦争がもたらした物不足と経済のひずみを長引かせた。中央計画と固定価格とが市場をゆがめ、個々人との売買、企業間の取引を困難にした。こうした問題をこじらせたのは脆弱な、実在しない、あるいは競合する国の通貨である。ポーランドでは一九四四年から四五年までの間、「占領」下のポーランド・ズウォティ、ソ連ルーブル、ナチスのライヒスマルクがすべて流通していた。イーストやアルコールが通貨として使われたところもあった。(45) ドイツではソ連当局者が一九四五年八月までに占領地域を対象にすべての銀行を閉鎖、あらゆる銀行口座を差し押さえた。持ち主が使えたのは三千ライヒスマルク以下の口座だけだ。こうした措置により、ソ連当局者は最大級のドイツ人富裕層を占領地域から締め出し、私有経済から資本を奪い、あらゆる部門の破産を早めたのである。

ベルリンのソ連軍政当局は、英国、フランス、米国と同様、ドイツにおける自国の管轄区域で新通貨も発行。その通貨を「Mマルク」と呼び、ライヒスマルクと一対一で交換できると定めたうえ、部隊への支払いや物資購入に使用した。当局は公には決して認めなかったものの、直ちに「Mマルク」の印刷に着手、可能な限り迅速に行った——二月から四月までの間に発行額は百七十五億に達した。ほかの連合国はやがて一九四六年の通貨改革の実施を迫られる。それは超インフレを食い止めるためにほかならない。(46)

ハンガリーでは新たに出回る通貨に、切迫する国有化の脅威や高額な賠償、全般的な経済的不安定も絡んで、これまでほかに類を見ない極端なハイパーインフレを引き起こし、ほぼ一年半も続いた。それが頂点に達した一九四六年の夏、通貨ペンゲー（pengő）は十億台を付けた。その価値は日ごとに半減、価格は時間単位で変わる。ブダペストの画家、タマーシュ・ロションツィは当時、日記を付けていた、

昨日の午前十時、わたしは文化省に出向き、彼らが美術館のために買い取ったわたしの絵画の代金を受け取った。成約は金十グラムであった。わたしは道すがら貴金属商に金の値段を尋ねた。午前中の相場は金一グラム＝千九百億―二千億ペンゲー。一ドル＝千七百億ペンゲーであった。

ロションツィは二兆ペンゲーの支払いを受けた。しかし、彼が両替を済ませたときには午後になっていた。

午後二時までに金の価格は二千八百億に上昇、ドルは二千六百億に上昇した。わたしは受け取った代金を使ってスタジオの窓にガラスを取り付けようと思った。値段は十一ドル。昨日正午の交換レートによると、二兆八千六百億であった。従って、わたしは八千六百億も損をしたわけである。(47)

必然的に物々交換が現金に取って代わる。数日後、ロションツィは作品のひとつを「小麦粉二十キロ」で売却と記録した。政府は八月、ついに通貨改革を実施する。新しい通貨単位の一フォリントは

四十穣ペンゲー相当となった。[48]

経済のひずみを反映したのはインフレだけにとどまらない。怒りをぶつけるプロパガンダ、警察の取り締まり、政治的圧力にもかかわらず、半ば非合法の闇市は拡大を続け、プリモ・レーヴィがクラクフで目撃した類の原始的な露天商から手の込んだ密輸作戦に至るまで、ありとあらゆる形で出現した。戦争が終わったばかりの数ヶ月間、東部ドイツ人の大半は一日の数時間を闇市での「仕事」（あるいは「買い物」）に費やした。ベルリンっ子たちはそれから週末を田舎で過ごして食料を探し、購入か物々交換できるものを求めた。[49] 基本食料はほぼ各地で配給制となっていた。しかし、これが必要最低限の生活を保障し、人々の生存を確保したとはいえ、闇市あるいは自由市の価格が天井知らずであったことも意味し、さらに不満をかき立てた。ポーランドのあるプロパガンダ担当者が報告したように、「物不足と非効率な配分がもろもろの不平不満を助長している。ウッチの労働者は、自分の子供たちが離れたところからケーキを見つめることしかできないのが我慢ならない。自分のように懸命に働きながら稼ぎはわずかな人間がいる一方で、寄生者どもが自由市で大金を手にしながら、国はこの男から何も取り立てないでいることに不満なのである」。[50]

国有化が進むにつれて物不足は悪化し、工場や消費者に支障を引き起こした。切羽詰った東部ドイツのロイナ化学工場は肥料で食料を確保する物々交換に乗り出した。

ハルデンスレーベン地区から不法に輸送されることになっていたジャガイモと野菜を積む十四両の貨車が引き返してきた。ロイナ工場は、ノルトゲアメアスレーベン、グロス・ザンタースレーベン両村の農民と物々交換するために、車両一台に肥料を目いっぱい積み込んだ列車を送り出したが、二つの村の農民たちは、ジャガイモと野菜を差し出す強制命令を達成していなかったのだ。これを見て不審に思う当局者は誰一人いなかった。[51]

これは一九四七年にさかのぼる話だが、こうした事態は六七年にも起きたし、八七年になってもあった。不足と不均衡とは人民民主主義国家を発足当初から悩ませ、最後の最後まで続いた。東欧経済が戦後に成長したのは無からのスタートだったからだ――文字通り、ゼロ地点から始まったのである。しかし、たちまち西欧諸国に後れを取る。追いついたためしはなかった。

奇異に聞こえるかもしれないが、党の経済学者たちは往々にして何が間違っているのか完璧に理解していた。ミンツの権力基盤であるポーランド通商産業省の保管文書には全国の明晰な官僚から届いた手紙がたくさん含まれている。彼らは入れ替わり立ち代り忍耐強く国家管理の強化がもたらす否定的な影響を説明した。多くが論じたのは、私企業のほうが国営企業より生産性が高いということである。大企業と小企業双方の急速な国有化は経済状況を悪化させていた。中央技術投入局という機関が通商産業相に宛てた一九四七年春の手紙は、私営企業が「国営企業より規模の小さな存在であり……それゆえ、素早くより効率的に注文を仕上げることができるし、通常は国営企業より低価格である。これこそ私営企業、協同組合企業が、利潤および迅速な資本の回転率に直接の関心を持つという事実の結果なのである」と論じた。[52]

この手紙は事実上、私営部門に寛大な措置を求める嘆願書であり、ポンプや温度計、機械部品、はかり、建築資材を含め私営会社が生産している一覧表も入っている。「要するに」と技術投入局は結論付ける。「われわれが最も価格効率のよい生産を遂行するに当たり、その手段に一層周到かつ迅速に対応できるように、広範な品目を提供してくれるのが私営・協同組合経営の会社である。われわれはこの点を確認する」。
個人企業も国有化に反対する論陣を張り、自分たちの案件について政府部内の支持を取り付けることも時にはあった。一九四六年六月、質の高い図版入り書籍を専門とする――そして七十年間、同じ家族が経営してきた――クラクフの企業、アンチッ印刷所の経営陣が教育省に手紙を書いた。会社の「民主的な性格」、労働者への優れた待遇、ほかには真似のできないグラフィックの専門技術からして、会社は国有化法の対象外とすべきであると訴えたのだ。「われわれがポーランドの文化・芸術の再建に当たっている今、オーナーの個人的影響力を取り除けば、わが社の手掛ける科学、芸術関係の図版入り出版物は危機にさらされることになる」と。[53] アンチッ社の経営陣はさまざまな組織――クラクフ図書愛好者協会、ヤギエウォ大学――や、同社労働者から寄せられた支持表明の手紙を添えた。労働者はその中で、国有化には「原則的に」賛成するとしながらも、「私的経営がわれわれの物的状況を損なうことはない」と確信する、と証言した。殺到する支持表明に圧倒された教育省は、印刷所の要請をさまざまなほかの機関に送る。これほどの支持があったにもかかわらず、努力は無駄に終わった。情報・宣伝省の一官僚が、「印刷産業と質の高い作業を擁護するとした美名の下で、この会社は……利潤追求の会社存続を図り、技術労働者や雇員の余剰労働を搾取しようと望んでいる」と断じた。印刷所は一九四九年に国有化され、経営陣の資産は没収された。[54]
私営企業のほうが収益を上げられるし、労働者の受けも良さそうだ。そうした証拠はドイツの共産主義者たちにとっても同じく悩ましいことだった。彼らは一九五〇年、私営部門に関する調査を行い、その結果を党中央委員会経済部に提出した。委員会のメンバーはそれを見て気のめいる文書だと思ったに違いない。党の査察官たちが思い知らされたのは、私営会社のほうが生産性や労働者の満足度は高く、経営陣の人気がいまなお衰えていないということだ。ある会社ではオーナーが「雇員にクリスマス向けとして一万二千五百マルクを支給」した。別の経営者は従業員に二週間分の割り増し賃金を支給したほか、バターや砂糖などの食料が入った包みを休暇向けに配った。

工場内に共産党の下部組織が置かれたところもあったが、この報告書は、私営工場では「階級闘争の問題がほとんど議論されていない」し、労働者の教育が足りないと指摘した。ある労働者は衝撃を隠さず、自分の働く工場のオーナーは「搾取者ではなく、企業家なのだ」と言い切った。別の労働者は、勤務先の会社が国有化されると「われわれの稼ぎが減るし、クリスマスのお祝いもなくなる」と訴えた。これに対する官僚たちの回答は素っ気なくイデオロギー的な内容だった。中央委員会のメンバーは、私営企業における「教育およびプロパガンダ活動を組織的に改善しなければならない」というのである。労働組合の活動もまた強化する必要があるわけだ。[55]

私営小売部門が相対的に成功を収めていることに対する党官僚の対応に違いはない。ある経済学者が一九四八年、苦情を述べた。ソ連のドイツ管轄区域に「商取引」はいっさいない。あるのは「配給」だけである、と。しかし、政府は取引の条件に改善――それは価格の自由化と私営の小売・卸売り業者の成長を許容することを意味したはずだ――を図るのではなく、代替組織の創設を決めた。チェーン展開する国管の「自由」販売店（Handelsorganisation, 販売組織の意。略称ＨＯ）である。人々は「ＨＯ」店で、どこにも出回らない消費物資や食料を配給券なしでも、市場価格とされる値段で買うことができた。

党の調査が記録したところでは、民衆はこうした店舗を複雑な気持ちで受け止めた。ある婦人が歓迎したのは「日々の暮らしに大切な物品をようやく買えるようになる」からだった。ほかの人々は「自由店は確かに素晴らしいが、こうした価格ではそうとも言えない」、「労働者は自分が得た金ではあの店で何も買えない」、あのような店は「金持ちだけのものだ」と不平を並べた。[56]

こうした自由店ですら私営部門に太刀打ちできないことがたちまち明らかになる。党の経済専門家を悩ませ続けた問題だ。数年後に開かれた中央委員会経済部の新たな会議で、専門家グループが数字を分析した。私営部門で雇用された人数は急速に減少していた。私営業者に対する金融、政治面からの圧力を思えば、それも驚くに当たらない。それにもかかわらず、私営部門の売り上げは増加しつつあった。官僚たちは私営の小売業が私営企業と「業務上のコネ」を持ち続け、これが国営部門から「統制外物資」を入手するのに一役買っているのではないかとにらんだ。私営部門はもっと融通が利くようにも見えた。さらに、より安定性のある顧客基盤を備えていたのだ。

結論はこうだ。委員会を設置すること。私営卸売業者の創業許可は極力減らすこと。利潤への課税を増額すること。私営業者への商業スペースは貸し出し禁止とすること。私営小売業は売り上げを「一〇パーセント削減しなければならない」と委員会は結論付けた。現実がイデオロギーに合致しないのであれば、強制的に合わせるのだ。[57] 東ドイツの党政治局は一九四九年、各国営企業に対し経済的指導性を発揮することに加え、政治担当の副企業長を置くものとするとの布告まで出した。副企業長は労働者にあらゆる国家的行事を知らせ、ソ連について周知させておくため、「規律と常時警戒の事例」を示す必要に迫られるわけだ。「ドイツにおける進歩的民主主義勢力の勝利は、ソ連の支援を得てはじめて到達可能であることを従業員は確信しなければならない」。[58]

ほかの分野、あるいはほかの東欧諸国でも対応に違いはない。ストライキ参加者の要求、民衆不満、お粗末な経済実績が共産主義者たちに統制緩和を促すことにはならなかったのである。イデオロギーを取り下げるどころか、彼らは厳格にプロパガンダを強化し、「改革」の速度を上げた。さらに、新体制の規則に従うよう同胞を説得する新たな方策を模索した。政治分野と同様、失策は一段と激しい急進主義を生んだ。

統制緩和ではなく、その強化こそは東欧地域の各国共産党がストに歯止めをかけ、物不足を調整、生活水準を西側並みに向上させるはずだと信じて取った措置であった。そこで東欧の政権は相次いで複数の年度にまたがる複雑なソ連型中央計画の策定に乗り出し、道路建設から靴の生産にいたるまで、ありとあらゆるものに目標を設定した。ハンガリーは一九四七年八月、三ヵ年計画に着手、五〇年には五ヵ年計画を発表する。ポーランドも四七年に三ヵ年計画を開始、五〇年には六ヵ年計画を打ち出す。ドイツは四九年一月に二ヵ年計画を導入、その後に五一年から五五年までの五ヵ年計画に移行した。

これらの最初の計画で設定された目標は往々にして魔術のようなものだった。価格メカニズムへの理解は控えめに言っても単純だ。ポーランド初の経済官僚の一人は最初の計画が実施される数ヶ月前に、変動する石炭とパンの価格の把握に努め、こうすれば全商品の「正しい」価格を設定するのにやがて役立つだろうと思い描いた——共産主義経済にインフレが生じない以上、この価格はもちろん二度と変える必要はなくなる、と彼は考えたのである。ポーランド人はある時点で、正しい価格設定の秘密を発見したとされるソ連と同じ値段を、基本物資に単に当てはめてもよいのかどうかについても議論した[59]。

あれこれの数字はミクロのレベルではまさに恣意的なものだ。スロヴァキアの著名な共産主義者の妻、ジョー・ランガーは一九四八年、ブラティスラヴァのある輸出会社に勤務し、計画導入を最初から目撃した。

わたしが最初に衝撃を受けたのは、計画部局の主任から要請を受けた十二月のことです。わたしが翌年上半期に、スイス、英国、マルタ、マダガスカルなどに送る計画を立てていた歯ブラシの数は正確に何本になるか（ブラシはどのような種類か、何色か）を示す表を作成するように、とのことでした。いろいろな国にいるわたしたちの顧客は普通の人間ですし、病気や死は免れませんので、わたしはお答えしかねますと言いました。……わたしの反対意見ははねつけられました。そして、自分の予測を遅滞なくまとめるよう命じられました。

ランガーは「良心のとがめを感じながら」思いつきで作った統計を提出した、と書いている。彼女の上司は満足した。

彼の部下たちはその後、ほかの部局から受け取った同じようなデータを集約した立派な図表の作成に没頭していました。プラハでは、その図表がさらに見事に作成された表に取り込まれ、最後はさらに上部の機関に提出されました。その過程でほかの経済部門から出された同様の作り物と抱き合わせ、ついに頭文字「P」の付いたプラン誕生となりました。これが国民経済の究極の基礎なのです。(60)

出どころが空想の代物なのにもかかわらず、共産主義者たちはこの計画に絶大な信頼を置き、これが全土で展開する大規模なプロパガンダ活動の焦点となった。巨大な横断幕が建物や工場から吊り下がり、国民に「計画を達成せよ」とか「計画のために労働を」、「計画により社会主義の勝利を成し遂げよ」と呼び掛けた。「アウフバウ」（Aufbau）――「建設」あるいは「組み立て」――という言葉がポスター、横断幕、パンフレットで頻繁に、かつ積極的に使われた。ラジオ放送局はしつこいほどに計画を取り上げた。東ドイツのラジオ局台本作家は、計画に盛り込まれた四つの数字について「繰り返し」コメントするよう通告を受けた。生産の三五パーセント増、生産性の三〇パーセント増、賃金の一五パーセント増、予算の七パーセント削減がそれだ。

リスナーを退屈させないために（あるいはラジオ放送当局がもっと慎重な言い回しで述べたように、「無関心を誘発」させないために）、台本作家たちはインタビューや現場リポートと合わせてこれら四つの数字の繰り返しを盛り立てるようにとも指示された。生産計画を超過達成した企業の概略を紹介、遅れに対しては「建設的な批判」を加えることとも提案された。こうして成功は失敗（言うまでもなく、返上可能な失敗である）と対比されることになる。おそらく番組をもっと面白くするためだと思われる。(61) ポーランドのラジオ放送局では一九五〇年から五六年までの間、「六カ年計画をめぐる討論」が、スポーツから文化、政治まで各番組の政治的優先度を示すリストにことごとく登場した。

それと同時に、計画はあまたの問題に対する解決策として大々的に持ち上げられた。東ドイツのラジオ放送は一九四八年、この国を当時揺るがせていた西ドイツの通貨改革について、リスナーに心配しないようにと伝えた。計画の「達成と超過達成」とが「厳しいとはいえ必要な通貨上の試練を克服できるようわれわれを導いてくれる」(62)と。計画はもっぱら工業向けというわけではない。「われわれが芸術家に求めるものは」と東ドイツのある新聞が書いている。それは「五カ年計画を達成する日々の闘いにおいてわれわれを手助けしてくれる芸術作品である」(63)と。ドイツの文化官僚たちは年次ならびに四半期の計画を策定し、その達成状況に関する年刊、季刊の報告書も発行した。そこには全般的な目標——一例を挙げると「ソ連における経済や文化の発展について宣伝すること」——と並んで、より具体的な目標が盛り込まれた。単年の四八年計画は全土の各美術館に対し二カ年計画を紹介、説明する展示会場を早急に作るよう求めた。(64)

ポーランドでは、ワルシャワ再建が一九五〇年に始まった六カ年計画の中心的課題のひとつとなった。計画始動の機会をとらえて、三百五十ページもある豪華な写真アルバムがボレスワフ・ビエルート自身の著作として出版された。アルバムには戦後ワルシャワの写真——がれきの山、廃墟にしゃがみ込む子供たち、壊れたバルコニーに洗濯物を干す女性たち——とともにワルシャワの未来図が収録された。描かれた街には重厚な社会主義リアリズム様式の高層建築物、威圧する政府庁舎、広い目抜き通りがある。「大規模集会やデモ行進」に備えた広場のほか、スポーツ宮殿、公園も登場するはずだ。[65]

しかし、ポーランドの六カ年計画は六年も経たないうちに失速する。一九五三年にスターリンが死去したあとに頓挫。計画されていた案件も大半が完成を見なかった。街の再建は続いたものの、ワルシャワのアルバムに描かれた建造物の多くはついに建設されることもなく、ほかの建物プランは大幅に変更された。後の世代のワルシャワっ子たちはそのことに感謝した。

（下巻へつづく）

(3) この言葉は1923年、ムッソリーニの政敵、ジョヴァンニ・アメンドラによってつくられた。しかし、1925年、ムッソリーニ自身により絶賛され、彼の中心的な理論家ジョヴァンニ・ジェンティーレにより頻繁に用いられた。概説は次を参照。Abott Gleason, *Totalitarianism: The Inner HIstory of the Cold War*（Oxford, 1995）, pp. 13–18.

(4) Benito Mussolini and Giovanni Genttile, *Fascism: Doctrine and Institutions*（Rome, 1935）.

(5) この討議全体の要約はGleasonの *Tatalitarianism*、およびMichael Geyer and Sheila Fitzpatrick, *Beyond Totalitarianism: Stalinism and Nazism Compared*（Cambridge, 2009）の序文を参照。

(6) Hannah Arendt, *The Origins of Totalitarianism*（Cleveland and New York, 1958）. 邦訳ハンナ・アーレント『全体主義の起源』全3巻、（大島通義、大島かおり、大久保和郎訳、みすず書房、1972–74年、新装版1981年、再訂版2017年。

(7) Carl J. Friedrich and Zbigniew Brzezinski, *Totalitarian Dictatorship and Autocracy*（Cambridge, 1956）.

(8) 以下より入手可。http://www.trumanlibrary.org/whistlestop/study_collections/doctrine/large/index.php.

(9) Gregory Bush, *Campaign Speeches of American Presidential Candidates, 1948–1984*（New York, 1985）, p. 42.

(10) Geyer and Fitzpatrick, *Beyond Totalitarianism* を参照。

(11) Richard Pipes, *Communism: A History*（New York, 2001）pp. 105–7より引用。

(12) Michael Halberstam, *Totalitarianism and the Modern Conception of Politics*（New Haven, 2000）を参照。

(13) Slavoj Žižek, *Did Somebody Say Totalitarianism? Five Interventions in the（Mis）Use of a Notion*（New York, 2001）. ジジェクは、スターリン主義を「全体主義」ととらえるのは「リベラル民主主義の覇権」を不朽のものとする試みにすぎないと論じている。邦訳スラヴォイ・ジジェク『全体主義——観念の（誤）使用について』（中山徹、清水和子訳、青土社、2002年）。

(14) http://www.huffingtonpost.com/james-peron/rick-santorum-gay-rights_b_1195555.html; http://video.foxbusiness.com/v/1328239165001/the-uss-march-toward-totalitarianism; http://articles.latimes.com/2011/dec/25/business/la-fi-hiltzik-20111225

(15) http://fare.tunes.org/liberty/library/toptt.html

(16) 現代の独裁体制の進化に関する説明については、William J. Dobson, *The*

Ditator's Learning Curve（New York, 2012）を参照。

（17）これはマーク・クレイマーの明瞭にして正確な定義による。「『東欧』という用語は……ひとつには地理的、部分的には政治的なものであり、1940年代から1980年代の終わりに至るまで共産党支配の下にあった8つの欧州諸国から成る。……この用語は、西部のソ連共和国（リトアニア、ラトヴィア、エストニア、ベラルーシ、ウクライナ、モルドヴァ、およびウラル山脈より西部のロシア）が欧州の東端を構成するとしてもソ連自体を含むものではない。この用語にはチェコスロヴァキア、ハンガリー、ポーランドといったより適切には『中欧』と称される地域の数カ国、および1949年にドイツ民主共和国（すなわち東ドイツ）として知られるようになったところが含まれる。欧州のほかの共産主義諸国――アルバニア、ブルガリア、ルーマニア、およびユーゴスラヴィア――も『東欧』という用語でくくられる。ギリシア、フィンランドなど共産体制下に置かれたことのない国々は『東欧』の一部とはみなされない。たとえ、これら諸国がもっぱら地理的な観点からそのように解される可能性があるとしても、である」。Mark Kramer, "Stalin, Soviet Policy and the Consolidation of a Communist Bloc in Eastern Europe, 1944–1953", p1. 2010年4月30日、The Freeman Spogli International Instituteでの発表論文。

（18）これもJoseph Rothschildが*Return to Diversity: A Political History of East Central Europe Since World War II*（New York and Oxford, 2000）で指摘するところである。特に75―78ページ。邦訳ジョゼフ・ロスチャイルド『現代東欧史――多様性への回帰』（羽場久浘子、水谷驍訳、共同通信社、1999年）。

（19）*Pravda*, December 21, 1949

（20）*The Communist Party of the Soviet Union*（*Bolsheviks*）*is the Leading and Guiding Force of Soviet Society*（Foreign Languages Publishing House, Moscow, 1951）, p. 46.

（21）Hugh Seton-Watson, *The New Imperialism: A Background Book*（London, 1961）, p81を参照。

（22）この命題の古典的な見解はWilliam Appleman Williamsが、*The Tragedy of American Diplomacy*（New York, 1959）の中で打ち出した。比較的最近のより精緻な見解は、たとえばWilfried Loth, *Stalin's Unwanted Child: The Soviet Union, the German Question and the Founding of theGDR*, trans. Robert F. Hogg（London, 1998）に見出せる。

（23）John Lewis Gaddis, *We Now Know: Rethinking Cold War History*（Oxford, 1997）. 邦訳ジョン・ルイス・ガディス『歴史としての冷戦―力と平和の追求』（赤木完爾・斉藤祐介訳、慶應義塾大学出版会、2004年）; Kramer, "Stalin,

Soviet Policy, and the Consolidation of a Communist Bloc in Eastern Europe."

(24) T. V. Volokitina et al., eds., *Sovietskii faktor v vostochnoi evrope, 1944–1953*, Vol. 1, pp. 23–48; Norman Naimark, 'The Sovietization of Eastern Europe, 1944–1953', *The Cambridge History of the Cold War*（Cambridge, 2010）も参照。

(25) Ivo Banac, ed., *The Diary of Georgi Dimitrov, 1933–1949*（New Haven and London, 2003）, p. 14.

(26) Tony Judt and Timothy Snyder, *Thinking the Twentieth Century*（London, 2012）, p190. 邦訳トニー・ジャット著、聞き手ティモシー・スナイダー『20世紀を考える』（河野真太郎訳、みすず書房、2015年）。

(27) Tomasz Goban-Klas, *The Orchestration of the Media: The Politics of Mass Communications in Communist Poland and the Aftermath*（Boulder, 1994）, p. 54.

(28) ユーゴスラヴィア共産党はほかの国々の党よりは一貫して人気があった。しかし、それはおそらくは同党が最終的にソ連の影響力を断ち切ったためでもある。

(29) ひとつの例外は、長年にわたり定評ある研究となったZbigniew Brzezinskiの *The Soviet Bloc: Unity and Conflict*（New York, 1967）, 邦訳ズビグネフ・ブレジンスキー『ソビエト・ブロック——その統一と対立の歴史』（山口房雄訳、弘文堂、1964年）であった。

(30) Arendt, *Origins of Totalitarianism*, pp480–81.

(31) Timothy Snyder, *Bloodlands: Europe Between Hitler and Stalin*（New York, 2011）, 邦訳ティモシー・スナイダー『ブラッドランド——ヒトラーとスターリン大虐殺の真実』上下巻（布施由紀子訳、筑摩書房、2015年）, Norman Naimark and Leonid Gibianskii, eds., *The Establishment of Communist Regimes in Eastern Europe*, 1944–1949（Boulder, 1997）所収のJan Gross, "War as Revolution", Bradley Abrams, "The Second World War and the East European revolution", East European Politics and Societies, 16, 3, pp623–25. を参照。

(32) The Harvard Project on Cold war studiesやthe Wilson Center'sCold War International History Projectの研究を参照。新たなアーカイブを使用した最近の優れた研究にはJohn Lewis Gaddis, *The Cold War: A New History*（New York, 2005）, 邦訳ジョン・ルイス・ガディス『冷戦——その歴史と問題点』（河合秀和、鈴木健人訳、彩流社、2007年）; Vojtech Mastny, *TheCold War and Soviet Insecurity: The Stalin Years*（Oxford, 1996）, Melvyn P. Leffler, *For the Soul of Mankind: The United States, the SovietUnion and the Cold War*（New York, 2007）がある。Melvyn P. Leffler and Odd Arne Westad, "Bibliographical Essay" in *Cambridge History of the Cold War*, vol. 1: *Origins*（Cambridge, 2010）も参照。

(33) アンジェイ・パチコフスキとクリスティナ・ケルステンはこの時期を扱った著作を多数書いている。英語版では Andrzej Paczkowski, *The Spring will be ours: Poland and the Poles from Occupation to Freedom* (New York, 2003) および Krystyna Kersten, *The Establishment of Communist Rule in Poland, 1943–1948* (Berkeley, 1991) を参照。以下も参照されたい。 Norman Naimark, *The Russians in Germany: A History of the Soviet Zone of Occupation, 1945-1949* (Cambridge, Mass., 1995); Peter Kenez, *Hungary from the Nazis to the Soviets: The Establishment of the Communist Regime in Hungary, 1944–1948* (New York, 2006); László Borhi, *Hungary in the Cold War, 1945–1956: Between the United States and the Soviet Union* (New York, 2004); Karel Kaplan, *The Short March: The Communist Takeover in Czechoslovakia, 1945–48* (New York, 1987); Bradley Adams, *The Struggle for the Soul of the Czech Nation: Czech Culture and the Rise of Communism* (New York, 2005); Mary Heimann, *Czechoslovakia: The State That Failed* (New Haven, 2009).

(34) John Connelly, Captive University: *The Sovietization of East German, Czech, and Polish Higher Education, 1945–1956* (Chapel Hill, 1999); Catherine Epstein, *The Last Revolutionaries: German Communists and Their Century* (Cambridge, Mass., and London, 2003); Marci Shore, *Caviar and Ashes: A Warsaw Generation's Life and Death in Marxism, 1918–1968* (New Haven, 2006); Mária Schmidt, *Battle of Wits*, trans. Ann Major (Budapest, 2007); Martin Mevius, *Agents of Moscow: The Hungarian Communist Party and the Origins of Socialist Patriotism 1941–1953* (Oxford, 2005); Mark Kramer, 'The Early Post-Stalin Succession Struggle and Upheavals in East-Central Europe: Internal-External Linkages in Soviet Policy Making', parts 1–3, *Journal of Cold War Studies*, 1, 1 (Winter 1999), 3–55; 1, 2 (Spring 1999), 3–38; 1, 3 (Fall 1999), 3–66.

(35) T. V. Volokitina et al., eds., *Vostochnaya Evropa v dokumentakh rossiskikh arkhivov, 1944–1953* (Novosibirsk, 1997), and T. V. Volokitina et al., eds., *Sovetskii faktor v vostochnoi evrope, 1944–1953* (Moscow, 1999).

第1章◈ゼロ・アワー

(1) Tamás Lossonczy, *The Vision is Always Changing* (Budapest, 2004), p. 82.

(2) William Shirer, *End of a Berlin Diary* (New York, 1947), p. 131. 邦訳ウィリアム・シャイラー『ベルリン日記 1934–40』(大久保和郎、大島かおり訳、筑摩書房、1971年)。

(3) Marcin Zaremba, *Wielka Trwoga: Polska 1944–1947, Ludowa reakeja na kryzys* (Warsaw, 2012), p. 71. ページは刊行前の原稿からのものである。

(4) Anonymous. *A Woman in Berlin*, trans. Philip Boehm (London, 2006), pp. 64–6. 邦訳『ベルリン終戦日記——ある女性の記録』(山本浩司訳、白水社、2008 年、新装版 2017 年)。

(5) Krisztián Ungváry, *The Siege of Budapest: 100 Days in World War II* (London, 2002), pp. 324–5.

(6) Władysław Szpilman, *The Pianist* (London, 1999), p. 183. 邦訳ウワディスワフ・シュピルマン『戦場のピアニスト』(佐藤泰一訳、春秋社、2003 年)。

(7) Bradley Abrams, 'The Second World War and the East European Revolution', *East European Politics and Societies*, Vol. 16, No. 3, pp. 623–5.

(8) Heda Kovály, *Under a Cruel Star* (Cambridge, Mass., 1986), p. 39.

(9) Anonymous, *Woman in Berlin*, p. 297.

(10) Zaremba, *Wielka Trwoga*, p. 71.

(11) Ibid., pp. 6–7.

(12) Stefan Kisielewski, 'Ci z Warszawy', *Przekroj*, 6/V, 1945.

(13) Sándor Márai, *Portraits of a Marriage*, trans. George Szirtes (New York, 2012), p. 272.

(14) Arthur Marwick, *War and Social Change in the Twentieth Century* (London, 1974), pp. 98–145.

(15) Timothy Snyder, *Bloodlands: Europe Between Hitler and Stalin* (New York, 2011), p. 19.

(16) ibid., pp viii–ix.

(17) Wolfgang Schivelbusch, *In a Cold Crater: Cultural and Intellectual Life in Berlin, 1945–1948* (Berkeley, 1998), pp. 8–9.

(18) Andrew Roberts, *Masters and Commanders* (London, 2008), pp. 561 and 569.

(19) Abrams, 'The Second World War and the East European Revolution', p. 631; Iván T. Berend and Tamás Csató, *Evolution of the Hungarian Economy, 1848–1998*, Vol. I (Boulder, 2001), p. 253. も参照。

(20) ドイツ人戦死者に関する最新の計算は軍人 531 万 8000 人の死者を含んでいる (Rudiger Overmans, *Deutsche militärische Verluste im Zweiten Weltkrieg* [Munich, 2004], p. 260); 残りは民間人で、本国送還や国外追放の際に、あるいは空襲に遭って飢餓や病気のため死亡した。

(21) Janusz Wrobel, 'Bilans Okupacji Niemieckiej w Łodzi 1939–45', *Rok 1945 w Łodzi*, pp. 13–30.

(22) 数年前、筆者の夫はバルト地域生まれのあるドイツ人から手紙を受け取った。彼は大戦中、居住地を与えられたが、そこは現在、私たちのポーラ

ンドの別荘となっている。同封された写真には、これから馬に乗って出掛けるかのような乗馬ズボンをはいて、私たちの家の玄関前に腰を下ろして微笑む彼の両親が写っている。その家は今のポーランド中部に位置している。彼は非常に荒れ果てたこの資産を覚えており、父親が懸命に、住めるような状態に戻したのだと指摘した。彼はこの地域に暮らす人々が自分の家族のことを前向きに覚えていてくれるように望んだ。実のところ、その家族のことは全く記憶されていない。

(23) Jan Gross, 'War as Revolution', in Norman Naimark and Leonid Gibianskii, eds., *The Establishment of Communist Regimes in Eastern Europe, 1944–1949* (Boulder, 1997), p. 23.

(24) Krystyna Kersten, *The Establishment of Communist Rule in Poland, 1943–1948* (Berkeley, 1991), p. 165.

(25) M. C. Kaser and E. A. Radice, *The Economic History of Eastern Europe, 1919–1975*, Vol. II: *Interwar Policy, the War and Reconstruction* (Oxford, 1986), pp. 466–72.

(26) Iván Pető and Sándor Szakács, *A hazai gazdaság négy évtizedének, 1919–1975 története, 1945–1985*. I. *Az újjáépítés és a tervutasításos irányítás időszaka, 1945–1968* (Budapest, 1985), pp. 17–25.

(27) Berend and Csató, *Evolution of the Hungarian Economy*, pp. 254–5.

(28) Kaser and Radice, *Economic History of Eastern Europe*, Vol. II, pp. 504–6.

(29) Janusz Kalinski and Zbigniew Landau, *Gospodarka Polski w XX wieku*, pp. 159–89.

(30) Abrams, 'The Second World War and the East European Revolution', p. 634.

(31) Kaser and Radice, *Economic History of Eastern Europe*, Vol. II, pp. 338–9.

(32) Ibid., pp. 299–308.

(33) Jan Gross, 'The Social Consequences of War: Preliminaries to the Study of the Imposition of Communist Regimes in East Central Europe', *Eastern European Politics and Societies*, Vol. 3, No. 2, Spring 1989, pp. 198–214; Abrams, 'The Second World War and the East European Revolution', pp. 623–64; Kalinski and Landau, *Gospodarka Polski w XX wieku*, pp. 159–89.

(34) Abrams, 'The Second World War and the East European Revolution', p. 639

(35) Czesław Miłosz, *The Captive Mind*, trans. Jane Zielonko (London, 2001), pp26–29. 邦訳チェスワフ・ミウォシュ『囚われの魂』(工藤幸雄訳、共同通信社、1996年)。

(36) Márai, *Portraits of a Marriage*, p. 272.

(37) Zaremba, *Wielka Trwoga*, pp. 221–52.

(38) Ibid.

(39) チャバ・シュクルテーティとのインタビュー。ブダペスト、2009年3月12日。

(40) Zaremba, *Wielka Trwoga*, p. 87.

(41) Ibid., p. 273.

(42) Hannah Arendt, *The Origins of Totalitarianism* (New York and Cleveland, 1958), pp322–23.

(43) Karta, Lucjan Grabowski, II/1412.

(44) タデウシュ・コンヴィツキとのインタビュー。ワルシャワ、2009年9月17日。

(45) Hanna Świda-Ziemba, *Urwany Lot: Pokolenie inteligenckiej młodzieży powojennej w świetle listów i pamiętników z lat 1945–1948* (Kraków, 2003), pp. 30–50.

(46) Anna Bikont and Joanna Szczęsna, *Lawina I Kamienie: Pisarze wobec Komunizmu* (Warszawa, 2006), pp69–79に引用あり。

(47) ハンス・モドロウとのインタビュー。ベルリン、2006年12月7日。

(48) Miłosz, *The Captive Mind*, pp26–29.

(49) Martin Gilbert, "Churchill and Poland". 2010年2月16日、ワルシャワ大学で行った未刊行の講演。マーティン・ギルバートに感謝する。

(50) Peter Grose, *Operation Rollback* (New York, 2000), p. 2.

(51) Dean Acheson, *Present at the Creation* (New York, 1987), p. 85.

(52) Ibid.

(53) Gilbert, 'Churchill and Poland'.

(54) これに関する優れた分析は、*Stalinism Revisited: The establishment of the Communist Regimes in East Central Europe and the Dynamics of the Soviet Bloc*, ed. Vladimir Tismaneanu (New York and Budapest, 2009) pp. 205–11に所収のAntoni Z. Kamiński and Bartłomiej Kamiński, "Road to People's Poland': Stalin's Conquest Revisited"にある。Roberts, *Masters and Commanders*, pp. 548–58. も参照。

(55) Winston Churchill, *The Second World War*, vol. VI: *Triumph and Tragedy* (London, 1985), p. 300. 邦訳ウインストン・チャーチル『第二次世界大戦』全3巻（佐藤亮一訳、河出書房新社、河出文庫新装版2001年）。

(56) Robert Service, *Comrades* (London, 2007), p. 220.

(57) Ibid., p. 222.

(58) Operation of Unthinkableの当初草案および最終版は以下で参照可。http://web.archive.org/web/20101116152301/http://www.history.neu.edu/PRO2

(59) Stanisław Mikołajczyk, The Rape of Poland (New York, 1948), p. 60. 邦訳スタニスワフ・ミコワイチク『奪われた祖国ポーランド——ミコワイチク回顧

録』（広瀬佳一、渡辺克義訳、中央公論新社、2001年）。

（60） László Borhi, *Hungary in the Cold War, 1945–1956: Between the United States and the Soviet Union*（New York and Budapest, 2004）, p. 36.

（61） Mikołajczyk, *Rape of Poland*, p. 25.

（62） John Earl Haynes, Harvey Klehr and Alexander Vassiliev, *Spies: The Rise and Fall of the KGB*（New Haven, 2009）, pp. 20–26.

（63） Roberts, *Masters and Commanders*, p. 556.

（64） Hubertus Knabe, *17. Juni 1953 - Ein deutscher Aufstand*（Berlin, 2004）, pp. 402–6.

（65） Csaba Békés, Malcolm Byrne and János Rainer, eds., *The 1956 Revolution: A History in Documents*（Budapest and New York, 2002）, p. 209.

（66） Borhi, *Hungary in the Cold War*, p. 21.

第2章◆勝者たち

（1） Ruth Andreas-Friedrich, *Battleground Berlin: Diaries, 1945–1948*（New York, 1990）, p. 36.

（2） George Kennan, *Memoirs: 1925–1950*（New York, 1967）, p. 74. 邦訳ジョージ・F・ケナン『ジョージ・F・ケナン回顧録』全3巻（清水俊雄、奥畑稔訳、中公文庫、2016–17年）。

（3） John Lukacs, *1945: Year Zero*（New York, 1978）, p. 256.

（4） ルッツ・ラッコウとのインタビュー。ベルリン、2008年4月1日。

（5） Christel Panzig, *Wir schalten uns ein: Zwischen Luftschutzkeller & Stalinbild, Stadt & Region Wittenberg 1945*（Lutherstadt Wittenberg, 2005）, pp. 40–42.

（6） ジョーフィア・テヴァンとのインタビュー。ブダペスト、2009年6月3日。

（7） 国立セーチェーニ図書館（SNL）によるイェネー・セル、テルネーティ・インテリューク・ターラ、オルサゴーシェ・セーチェーニ・ケニヴタールとのインタビュー。ブダペスト、SNLの歴史インタビュー集。インタビューは1985年8月3日、アンドラーシュ・ヘゲドゥシュ、ガーボル・ハナーク、ジュラ・コザーク、イロナ・サボーネー・デールにより行なわれた。

（8） アレクサンデル・ヤツコフスキとのインタビュー。ワルシャワ、2007年5月15日。

（9） Kennan, *Memoirs*, p. 74.

（10） Sándor Márai, *Memoir of Hungary: 1944–1948*, trans. Albert Tezla（Budapest and New York, 2000）, pp. 44–6.

（11） Lukacs, *1945*, p. 75.

（12） Antony Beevor and Luba Vinogradova, eds., *A Writer at War: Vasily Grossman with the Red Army, 1941–1945*（London, 2005）, pp. 341–2. 邦訳アントニー・ビーヴァー著、リューバ・ヴィノグラードヴァ編『赤軍記者グロースマン――独ソ戦取材ノート』（川上洸訳、白水社、2007年）。

（13） TsAMO 372/6570/78, pp. 30–32.（アントニー・ビーヴァーに感謝する）。

（14） Catherine Merridale, *Ivan's War*（New York, 2006）, p. 389. 邦訳キャサリン・メリデール『イワンの戦争――赤軍兵士の記録1939–45』（松島芳彦訳、白水社、2012年）。

（15） Alexander Nakhimovsky and Alice Nakhimovsky, *Witness to History: The Photographs of Yevgeny Khaldei*（New York, 1997）.

（16） Krisztián Ungváry, *The Siege of Budapest: 100 Days in World War II*（London, 2002）, p. 360.

（17） 筆者の夫は1960年代のポーランドで子供時代にこのゲームで遊んだ。

（18） *Czterej pancerni i pies*, episode 13, 1969.

（19） Márai, *Memoir*, pp. 44–6.

（20） Beevor and Vinogradova, *Writer at War*, p. 326.

（21） Piotr Bojarski, 'Czołg strzela do katedry, Julian fotografuje', *Gazeta Wyborcza*, 21 January 2011.

（22） Norman Davies and Roger Moorhouse, *Microcosm: A Portrait of a European City*（New York, 2003）, p. 408.

（23） BStU MfSZ, Sekr. Neiber no. 407, p. 80.

（24） Beevor and Vinogradova, *Writer at War*, p. 330.

（25） Merridale, *Ivan's War*, p. 381.

（26） Alexander Solzhenitsyn, *Prussian Nights*, trans. Robert Conquest, Farrar Straus and Giroux（New York, 1977）, pp. 38–9.

（27） Lev Kopelev, *To Be Preserved Forever*, trans. Anthony Austin（New York, 1977）, p. 56.

（28） Ibid., pp. 50–51.

（29） Ibid., p. 41.

（30） Włodzimierz Borodziej and Hans Lemberg, eds., *Niemcy w Polsce 1945–1950: Wybór Dokumentów*, Vol, III（Warsaw, 2001）, pp. 57–61.

（31） James Mark, 'Remembering Rape', *Past & Present* 188（2005）, p. 149.

（32） Stewart Thomson, in collaboration with Robert Bialek, *The Bialek Affair*（London, 1955）, pp. 31–3.

(33) 例えば、Antony Beevor, *The Fall of Berlin 1945*（New York, 2002）を参照。邦訳アントニー・ビーヴァー『ベルリン陥落 1945』（川上洸訳、白水社、2004年）。

(34) Milovan Djlas, *Conversations with Stalin*（New York, 1990）, p. 95. 邦訳ミロバン・ジラス『スターリンとの対話』（新庄哲夫訳、雪華社、1968年）。

(35) Beevor, *Fall of Berlin*, p. 169.

(36) Margit Földesi, *A megszállók szabadsága*（Budapest, 2002）, p. 140.

(37) ハンス＝ヨッヘン・チッヘとのインタビュー。ザトゥエレ、2006年11月18日。

(38) 'Über die Russen und über uns', Verlag Kultur und Fortschritt（Berlin, 1949）. Originally published in *Neues Deutschland* and *Tägliche Rundschau*, 19 November 1948.

(39) Ibid.

(40) ヴァルガ／ワルガスは1946年、確かにハンガリーに戻った。政府による通貨改革の実施とハンガリー通貨フォリントの再導入にてこ入れするためだった。

(41) Friederike Sattler, *Wirtschaftsordnung im Übergang: Politik, Organisation und Funktion der KPD/SED im Land Brandenburg bei der Etablierung der zentralen Planwirtschaft in der SBZ/DDR 1945–52*（Münster, 2002）, pp. 88–92.

(42) Serhii Plokhii, *Yalta: The Price of Peace*（New York, 2010）, pp. 108–13 and 256–62.

(43) Sattler, *Wirtschaftsordnung im Übergang*, pp. 94–5.

(44) Norman Naimark, *The Russians in Germany: A History of the Soviet Zone of Occupation, 1945–1949*（Cambridge, Mass., 1995）, pp. 168–9.

(45) Ibid., p. 169.

(46) SAPMO-BA, DN/1 38032.

(47) Ibid.

(48) Volker Koop, *Besetzt: Sowjetische Besatzungspolitik in Deutschland*（Berlin, 2008）, pp. 71–7.

(49) DRA, 201–00–004/001, p. 62.

(50) Naimark, *Russians in Germany*, p. 171.

(51) SAPMO-BA, DY 30/IV 2/6. 02 49, fiche 3.

(52) M. C. Kaser and E. A. Radice, *The Economic History of Eastern Europe, 1919–1975*, Vol. II: *Interwar Policy, the War and Reconstruction*（Oxford, 1986）, pp. 530–35.

(53) Iván T. Berend and Tamás Csató, *Evolution of the Hungarian Economy, 1848–1998*, Vol. I（Boulder, 2001）, pp. 257–8.

(54) Földesi, *A megszállók szabadsága*, pp. 81–97.

(55) PIL, 174/12/217.

(56) CAW, VIII/800/24 (NKWD ZSRR), folder 9.

(57) Adam Dziurok and Bogdan Musiał, 'Bratni rabunek'. O demontażach i wywózce sprzętu z terenu Górnego Śląska w 1945 r., in *W objęciach Wielkiego Brata: Sowieci w Polsce 1944–1993*, ed. IPN (Warsaw, 2009), pp. 321–44.

(58) 彼はポーランドの山村ポロニンに住んだ。ポーランドで建立されたわずか二体のレーニン像うちのひとつが、かつてこの村に立っていた。その像は1990年に撤去されたが、地元議会は2011年、観光客を引きつけるため設置を決めた。

(59) Richard Pipes, ed., *The Unknown Lenin* (New Haven, 1996), p. 90.

(60) Ibid., p. 62.

(61) マルクス主義者のメンタリティに関する記述については、Robert Conquest, *Reflections on a Ravaged Century* (New York, 1999), pp34–36を参照。François Furet, *The Passing of an Illusion: The Idea of Communism in the Twentieth Century*, trans. Deborah Furet (Chicago, 1990) も参照。

(62)『何をなすべきか』は以下で入手可。http://www.marxists.org/archive/lenin/works/1901/witbd/.

(63) Richard Pipes, *The Russian Revolution* (New York, 1991), p. 608.

(64) Paul Lendvai, *The Hungarians: A Thousand Years of Voctory in Defeat* (Princeton, 2004), pp369–72, Richard Pipes, *Russia Under the Bolshevik Regime*, 1919–1924 (New York, 1994), pp170–72 および István György Tóth, ed., *A Concise History of Hungary* (Budapest, 2005), pp487–94. を参照。

(65) Pipes, *Russia under the Bolshevik Regime*, pp. 182–3.

(66) 第2回党大会に関する記述については、Victor Serge, *Memoirs of a Revolutionary* (Oxford, 1967) を参照。

(67) Martin Gilbert, "Churchill and Poland". 2010年2月16日、ワルシャワ大学で行った未刊行の講演。マーティン・ギルバートに感謝する。

(68) Adam Zamoyski, *Warsaw 1920: Lenin's Failed Conquest of Europe* (London, 2008), pp. 1–13 and 42.

(69) Pipes, *Russia under the Bolshevik Regime*, p. 192.

(70) Tim Tzouliadis, *The Forsaken: An American Tragedy in Stalin's Russia* (New York, 2008), p. 55.

第3章◆共産主義者たち

(1) Calora Stern, *Ulbricht: A Political Biography*, trans. Abe Farbstein (New York, 1965), p. 203. に引用あり。
(2) 次を参照。Marxists' Internet Archive, http://www.marxists.org/archive/Bulganin/1949/12/21.htm.
(3) Stern, *Ulbricht*. 特に断りのない限り、ウルブリヒトに関する経歴情報はシュテルンによる優れた伝記に依拠している。
(4) Stern, *Ulbricht*, p. 15.
(5) Stern, *Ulbricht*, p. 89.
(6) Elfriede Brüning, *Und außerdem war es mein Leben* (Berlin, 2004), p. 28.
(7) Walter Ulbricht, *On Questions of Socialist Construction in the GDR* (Dresden, 1968).
(8) Stern, *Ulbricht*, p. 124.
(9) Andrzej Garlicki, *Bolesław Bierut* (Warsaw, 1994) 特に 1–22 ページ。Andrzej Werblan, *Stalinizm w polsce* (Warsaw, 2009) pp. 122–31. および Piotr Lipiński, *Bolesław Niejasny* (Warsaw, 2001) も参照。
(10) *Polska-ZSRR: Struktury Podległości: Dokumenty KC WKP (B) 1944–1949*, pp. 59–61.
(11) イェジー・モラフスキとのインタンビュー。ワルシャワ、2007年6月7日。
(12) Lipiński, *Bolesław Niejasny*, p. 41.
(13) ソ連亡命者アレクサンドル・オルロフ、ポーランド亡命者ユゼフ・シフィァトウォともビエルートをNKVD工作員と述べている。Garlicki, *Bolesław Bierut*, pp. 16–19 および Lipiński, *Bolesław Niejasny*, p. 40. を参照。ビエルートの主要な政敵ゴムウカはフルシチョフに「ナチスの工作員」との噂についても伝えた。しかし、フルシチョフは取り合わなかった。
(14) Mátyás Rákosi, *Visszaemlékezések 1940–1956*, Vol. I (Budapest, 1997), pp. 5–26.
(15) Ibid., pp. 26–46.
(16) ラーコシのことはゲオルギ・ディミトロフの日記に頻繁に登場する。Ivo Banac, ed, *The Diary of Georgi Dimitrov 1933–1949* (New Haven, 2003) を参照。
(17) Ibid., pp. 46–83.
(18) Ibid., pp. 137–8.
(19) Harvey Klehr, John Earl Haynes and Kyrill M. Anderson, *The Soviet World of American Communism* (New Haven and London, 1998), pp. 110–42. 例えば、米共産党はJ. ピーターズを通してソ連との関係を維持した。彼はハンガリー生

まれの活動家で、1919年のハンガリー共産革命に参加、ハンガリー政治に一定の役割を果たした。その後、米国に移住し、ソ連秘密警察と協力して公然、非公然のスパイ活動を引き続き行った。

(20) Anne Applebaum, 'Now We Know', *The New Republic*, 31 May 2009.

(21) Thomas Sgovio, *Dear America* (New York, 1979), p. 99.

(22) Banac, ed., *Diary of Georgi Dimitrov*, p. 119.

(23) Alexander Dallinn and F. I. Firsov, eds., *Dimitrov and Stalin, 1934–1943: Letters from the Soviet Archives* (New Haven, 2000), pp. 28–31.

(24) Markus Wolf and Anne McElvoy, *Man without a Face: The Autobiography of Communism's Greatest Spymaster* (London, 1997), p. 32.

(25) Margarete Buber-Neumann, *Under Two Dictators*, trans. Edward Fitzgerald (London, 2008), p. 13.

(26) PIL, 867/1/H-168.

(27) Banac, ed., *Diary of Georgi Dimitrov*, p. 197.

(28) Marci Shore, *Caviar and Ashes: A Warsaw Generation's Life and Death in Marxism, 1918–1968* (New Haven, 2006), pp. 73–4.

(29) Ibid., pp. 123–7.

(30) Ronald Aronson, *Camus and Sartre: The Story of a Friendship and the Quarrel That Ended It* (Chicago, 2004), p. 150.

(31) Banac, ed., *Diary of Georgi Dimitrov*, pp. 118–99.

(32) R. C. Raack, 'Stalin's Plans for World War Two Told by a High Comintern Source', *The Historical Journal*, Vol. 38, No. 4 (Dec. 1995), pp. 1031–6.

(33) Buber-Neumann, *Under Two Dictators*, p. 175.

(34) Piotr Gontarczyk, *Polska Partia Robotnicza: Droga do Władzy, 1941–1944* (Warsaw, 2003), pp. 101–2.

(35) HIA, Mieczysław Rakowski Collection; also Gontarczyk, *Polska Partia Robotnicza*.

(36) Comintern Archive, British Library, 31/1/1/3–31.

(37) Comintern Archive, British Library, 31/2/1/1–10.

(38) Ibid.

(39) Wolfgang Leonhard, *Child of the Revolution*, trans. C. M. Woodhouse (Chicago, 1958), pp. 191–296.

(40) Ibid., p. 224.

(41) Ibid., p. 226.

(42) HIA, Jakub Berman Collection, Box 1.

(43) *Deklaracja Ideowa PZPR: Statut PZPR* (Warsaw, 1950).

(44) Ibid.

(45) T. V. Volokitina et al., eds., *Sovietskii faktor v vostochnoi evrope, 1944–1953* (Moscow, 1999), Vol. 1, pp. 23–48.

(46) Buber-Neumann, *Under Two Dictators*, p. 13.

(47) Arthur Koestler, *Arrow in the Blue* (London, 2005), p. 311.

(48) Leonhard, *Child of the Revolution*, p. 231.

(49) Ibid., pp. 241–51.

(50) Catherine Epstein, *The Last Revolutionaries: German Communists and Their Century* (Cambridge, Mass., and London, 2003), pp. 8–9.

第4章◈警察官

(1) Jens Gieseke, *The GDR State Security: Sword and Shield*, trans. Mary Carlene Forszt (Berlin, 2004), p. 7.

(2) Andrzej Friszke, *Polska: Losy państwa i narodu, 1939–1989* (Warsaw, 2003), p. 9.

(3) *Manifest Lipcowy* (Warsaw, 1974), p. 5.

(4) Krystyna Kersten, *The Establishment of Communist Rule in Poland, 1943–1948* (Berkeley, 1991), pp. 77–160.

(5) Martin Mevius, *Agents of Moscow: The Hungarian Communist Party and the Origins of Socialist Patriotism 1941–1953* (Oxford, 2005), p. 53.

(6) Krisztián Ungváry, 'Magyarország szovjetizálásának kérdései', in *Mítoszok, legendák, tévhitek a 20. századi magyar történelemről*, ed. Ignác Romsics (Budapest, 2002), p. 294.

(7) László Borhi, *Hungary in the Cold War, 1945–1956: Between the United States and the Soviet Union* (New York and Budapest, 2004), p. 38.

(8) ロシア語の略称SVAG (Sovetskaia Voennaia Administratsia v Germanii) あるいはドイツ語の略称SMAD (Sowjetische Militäradministration in Deutschland) で言及されることもある。

(9) Dirk Spilker, *The East German Leadership and the Division of Germany: Patriotism and Propaganda 1945–1953* (Oxford, 2006), p. 46.

(10) ポーランドの秘密警察は後にSłużba Bezpieczeństwa (治安機関)、略してSBと改称された。ハンガリーはその後、Államvédelmi Hatóság (国家保衛庁)、略称ÁVHと改めた。彼らの活動を快く思う者はいなかったため、頻繁に秘密警察の名称を変えたり、組織を再編することは大半の共産諸国ではよく行われていた。

(11) T. V. Volokitina et al., eds., *Vostochnaya Evropa v dokumentakh rossiskikh arkhivov,*

1944–1953（Novosibirsk, 1997）, Vol. 1, p. 203.

（12）Maciej Korkuć, 'Kujbyszewiacy - Awangarda UB', *Arkana*, number 46–7（4–5 2002）, pp. 75–95.

（13）IPN, BU 0447/120, pp. 5–12.

（14）IPN, BU 0447/120, pp. 13–15.

（15）ユダヤの物語については、Allan Levine, *Fugitives of the Forest: The Heroic Story of jewish Resistance and Survival During the Second World War*（New York, 2008）を参照。

（16）Korkuć, 'Kujbyszewiacy - Awangarda UB', pp. 75–95.

（17）IPN, BU 0447/120, pp. 5–12.

（18）Krzysztof Persak and Łukasz Kaminski, eds., *A Handbook of the Communist Security Apparatus in East Central Europe, 1944–1989*（Warsaw, 2005）.

（19）Konrad Pokicki, 'Aparatu Obraz Własny', in Kazimierz Krajewski and Tomasz Łabuszewski, eds., *'Zwyczajny' Resort: Studia o aparacie bezpieczeństwa 1944–1956*（Warsaw, 2005）, p. 26.

（20）Sławomir Poleszak et al., eds., *Rok Pierwszy: Powstanie i Działalność aparatu bezpieczeństwá publicznego na Lubelszczyźnie*（*Lipiec 1944-Czerwiec 1945*）（Warsaw, 2004）, pp. 50–55.

（21）Rokicki, 'Aparatu Obraz Własny', pp. 13–32.

（22）チェスワフ・キシチャクとのインタビュー。ワルシャワ、2007年5月25日。Witold Bereś と Jerzy Skoczylas, *Generał Kiszczak mówi... Prawie Wszystko*（Warsaw, 1991）も見よ。

（23）IPN, 352/7. アンジェイ・パチコフスキとダリウシュ・ストラに感謝する。

（24）Zsolt Krahulcsán, Rolf Müller and Mária Palasik, *A politikai rendőrség háború utáni megszervezése*（*1944–1946*）, unpublished manuscript, pp. 3–4.

（25）Gábor Baczoni, *Pár*（*t*）*viadal - A Magyar Államrendőrség Vidéki Főkapitányságának Politikai Rendészeti osztálya, 1945–1946*（Budapest, 2002）, p. 81.

（26）Zsolt Krahulcsán and Rolf Müller, eds., *Dokumentumok a magyar politikai rendőrség történetéből* 1. *A politikai rendészeti osztályok 1945–1946*（Budapest, 2010）, pp. 9–63.

（27）PIL, 274/11/10/pp. 6–7.

（28）PIL, 274/11/11/pp. 1–12.

（29）この建物は2002年、ナチスとソ連の体制による犯罪に特化したTerror Háza Múzeum（恐怖の館博物館）となった。

（30）Krahulcsán, Müller and Palasik, *A politikai rendőrség háború utáni megszervezése*, pp. 5–6.

(31) Sándor M. Kiss, from the introduction to Géza Böszörményi, *Recsk 1950–1953* (Budapest, 2005), p. 10.

(32) Vladimir Farkas, *Nincs mentség* (Budapest, 1990), p. 106.

(33) Krahulcsán and Müller, eds., *Dokumentumok*, pp. 159–60 and pp. 237–8.

(34) Mária Palasik, 'A politikai rendőrség háború utáni megszervezése', in György Gyarmati, ed., *Államvédelem a Rákosi-korszakban* (Budapest, 2000), p. 39; also György Gyarmati, 'Kádár János és a Belügyminisztérium Államvédelmi Hatósága', *A Történeti Hivatal Évkönyve* (Budapest, 1999), pp. 118–20; Magdolna Baráth, 'Gerő Ernő a Belügyminisztérium élén', *A Történeti Hivatal Évkönyve* (Budapest, 1999), p. 159.

(35) MOL, XIX-B-/1-/787/1945.

(36) Erzsébet Kajári, *A magyar Belügyminisztérium szovjet tanácsadói* (Múltunk, 1999/3), pp. 220–27.

(37) Farkas, *Nincs mentség*, p. 128.

(38) *Magyar Internacionalisták* (Budapest, 1980); *Magyar tudóslexikon A-tól Zs-ig* (Budapest, 1998), p. 192.

(39) PIL, 867/11/g-24/pp. 15–58.

(40) Ibid.

(41) マーリア・シュミット、シャーンドル・M・キシュおよびバルバラ・バンクとの会話より。Böszörményi, *Recsk*, p. 49 も参照。

(42) Klaus Eichner and Gotthold Schramm, eds., *Angriff und Abwehr: Die deutschen Geheimdienste nach 1945* (Berlin, 2007); Roger Engelmann, '"Schild und Schwert" als Exportartikel: Aufbau und Anleitung der ostdeutschen Staatssicherheit durch das KGB und seine Vorläufer (1949–1959)', in Andreas Hilger, Mike Schmeitzner and Ute Schmidt, eds., *Diktaturdurchsetzung. Instrumente und Methoden der kommunistischen Machtsicherung in der SBZ/DDR 1945–1955* (Dresden, 2001), pp. 55–64. も参照。

(43) Engelmann, '"Schild und Schwert"', pp. 55–64; Norman Naimark, 'To Know Everything and to Report Everything Worth Knowing: Building the East German Police State, 1945–1949', Cold War International History Project Working Paper no. 10, August 1994.

(44) BStU MfSZ, HA IX, no. 20603, p. 2.

(45) Jens Gieseke, *Die DDR-Staatssicherheit: Schild und Schwert der Partei* (Bonn, 2000), p. 18.

(46) Engelmann, '"Schild und Schwert"', pp. 55–64.

(47) クラウス・アイヒナーとゴットホルト・シュラムとのインタビュー。ベルリン、2008年6月24日。

(48) BStU MfSZ, Sekr. D. Min., no. 1920.
(49) Engelmann, '"Schild und Schwert"', pp. 55–64.
(50) BStU MfSZ, HA VII, no. 4000, pp. 16–17.
(51) Gary Bruce, *The Firm: The Inside Story of the Stasi* (Oxford, 2010), p. 34.
(52) シュラムとのインタビュー。
(53) Gieseke, *Die DDR-Staatssicherheit*, p. 19.
(54) クリスティアン・クレムケとヤン・ロレンツェンが監督を務め、2007年にベルリンで制作したドキュメンター映画 Das Ministerium für Staatssicherheit から取ったインタビュー。
(55) シュラムとのインタビュー。
(56) ギュンター・チルヴィッツ所有の文書。
(57) ギュンター・チルヴィッツとのインタビュー。ベルリン、2008年6月24日。
(58) Richard Pipes, ed., *The Unknown Lenin* (New Haven, 1996), p. 154.
(59) BStU MfSZ, 1486/2, part 1 of 2, p. 11.
(60) Amir Weiner, 'Nature, Nurture and Memory in a Socialist Utopia: Delineating the Soviet Socio-Ethnic Body in the Age of Socialism', *The American Historical Review*, Vol. 104, No. 4 (October 1999), p. 1121.
(61) IPN, 352/7. アンジェイ・パチコフスキとダリウシュ・ストラに感謝する。
(62) BStU MfSZ, 1486/2, part 1 of 2.
(63) BStU MfSZ, HA XVIII, no. 922, p. 210.
(64) Kati Marton, *Enemies of the People: My Family's Journey to America* (New York, 2009), p. 118.
(65) BStU MfSZ, HA VII, no. 4000, p. 36.
(66) BStU MfSZ, Ff 39/52.
(67) BStU MfSZ, Ff 39/52.

第5章◆暴力

(1) Wolfgang Leonhard, *Child of the Revolution*, trans. C. M. Woodhouse (Chicago, 1958), p. 381.
(2) これは *Sketches from a Secret War* (New Haven and London, 2005), p. 210. にあるティモシー・スナイダーの論点である。
(3) *Postwar* (New York, 2005), pp. 41–53 でトニー・ジャットが論じた報復に関する記述を参照。邦訳トニー・ジャット『ヨーロッパ戦後史』(上巻、森本醇訳、下巻、浅沼澄訳、みすず書房、2008年)。

(4) Amir Weiner は 2011 年 7 月、Hoover Archive Russia の夏のワークショップで講演した際、この主張を展開した。

(5) RGANI 89/18/4/pp. 1–3; from the collection of the late Alexander Kokurin.

(6) T. V. Volokitina et al., eds., *Vostochnaya Evropa v dokumentakh rossiskikh arkhivov, 1944–1953* (Novosibirsk, 1997), Vol. 1, p. 42.

(7) Mark Kramer, "Stalin, Soviet Policy, and the Consolidation of a Communist Bloc in Eastern Europe, 1944–1953," p. 13. に引用あり。Freeman Spogli International Institute に出した論文である。

(8) Krystyna Kersten, *The Establishment of Communist Rule in Poland, 1943–1948* (Berkeley, 1991), p. 286.

(9) アンジェイ・パチコフスキが、*The Spring Will Be Ours: Poland and the Poles from Occupation to Freedom*, trans. Jane Cave (University Park, Pa., 2003), pp 83–89 の中で、国内軍の編成について簡潔にして要領を得た英文の要約を載せている。

(10) Ibid., p. 116.

(11) Ibid., p. 118.

(12) Apoloniusz Zawilski, *Polskie Fronty 1918–1945*, Vol. 2 (Warsaw, 1997), p. 7.

(13) Ibid., pp. 458–66.

(14) Ibid., p. 45.

(15) Keith Sword, *Deportation and Exile: Poles in the Soviet Union, 1939–1948* (London, 1996), pp. 144–7.

(16) CAW, VIII/800/19 (NKWD ZSRR), folder 10, pp. 3 and 6.

(17) Ibid., p. 4.

(18) CAW, VIII/900/19 (NKWD ZSRR), folder 10, p. 9.

(19) CAW, VIII/800/29/1 (NKWD ZSRR), folder 1, pp. 1–2.

(20) CAW, VIII/800/19 (NKWD ZSRR), folder 10, pp. 6–10.

(21) Nikita Petrov, *Ivan Serov: Pervyi Predsedatel' KGB* (Moscow, 2005), pp. 21–34; also Sword, *Deportation and Exile*, p. 14.

(22) CAW, VIII/800/19 (NKWD ZSRR), folder 11, pp. 1–2.

(23) Karta, Janusz Zawisza-Hrybacz, II/1730.

(24) Karta, Henryk Sawala, II/ 3315.

(25) Stanisław Ciesielski, Wojciech Materski and Andrzej Paczkowski, *Represje Sowieckie wobec Polaków i obywateli polskich* (Warsaw, 2002), p. 27.

(26) Zawilski, *Polskie Fronty*, Vol. 2, p. 256.

(27) ワルシャワ蜂起に関しては優れた叙述が数多くある。英文による最新のものは Norman Davies, *Rising '44* (New York, 2004). 邦訳ノーマン・デイヴィス

『ワルシャワ蜂起 1944』上下巻（染谷徹訳、白水社、2012 年）。
（28） CAW, VIII/800/29/4 （NKWD ZSRR）, p. 197.
（29） CAW, VIII/800/19 （NKWD ZSRR）, folder 13, p. 33.
（30） Ibid., folder 11, pp. 70–80.
（31） CAW, VIII/800/13 （NKWD ZSRR）, folder 13, p. 33; also folder 12, p. 38.
（32） Andrzej Panufnik, *Composing Myself* （London, 1987）, p. 131.
（33） シモン・ボイコとのインタビュー。ワルシャワ、2008 年 5 月 28 日と 6 月 4 日。
（34） Andrzej Friszke, *Opozycja Polityczna w PRL, 1945–1980* （London, 1994）, p. 9.
（35） ヤルタ条約の内容は http://avalon.law.yale.edu/wwii/yalta.asp. で参照可。
（36） Kersten, *Establishment of Communist Rule in Poland*, p. 125.
（37） HIA, Jakub Berman Collection, folder 1: 6.
（38） Kersten, *Establishment of Communist Rule in Poland*, p. 135.
（39） Ibid., p. 126.
（40） Sławomir Poleszak et al., eds, *Rok Pierwszy: Powstanie i Działalność aparatu bezpieczeństwa publicznego na Lubelszczyźnie* （*Lipiec 1944-Czerwiec 1945*） （Warsaw, 2004）, p. 397.
（41） Snyder, *Sketches from a Secret War*, p. 207.
（42） Notes on WiN from the introduction to Józefa Huchlowa, Mieczysław Huchla, Romuald Lazarowicz, Zdzisław Wierzbicki and Andrzej Zagórski, eds, *Zrzeszenie 'Wolność i Niezawisłość' w dokumentach*, Vol. One, （Wrocław, 1997）.
（43） Justyna Wójcik, ed., *Stawiliśmy opór ...: antykomunistyczne organizacje młodzieżowe w Małopolsce w latach 1944–1956* （kraków, 2008）, pp. 33–4.
（44） Poleszak et al., eds., *Rok Pierwszy*, pp. 179–80.
（45） CAW, VIII/800/13 （NKWD ZSRR）, folder 15, p. 31.
（46） Anita Prażmowska, *Civil War in Poland, 1942–1948* （New York, 2004）, p. 153.
（47） Poleszak et al., eds., *Rok Pierwszy*, pp. 352–83.
（48） AAN, Ministerstwo Edukacji Narodowej, 587, pp. 2–3.
（49） Karta, Lucjan Grabowski, II/1412.
（50） Jakub Nawrocki, "Do Krwi Ostatnej", *Polska Zbrojna*, No. 8, 20 February 2011, pp. 60–62. クルパは投獄されたが、1965 年に釈放された。彼は 1972 年、死亡した。
（51） IPN, Rz 05/36/CD.
（52） CAW, VIII/800/19 （NKWD ZSRR）, folder 18, p. 13.
（53） エーリヒ・レストとのインタビュー。ライプツィヒ、2006 年 12 月 12

日。
(54) ドイツ西部における非ナチス化の説明については、Frederick taylor, Exorcising Hitler: *The Occupation and Denazification of Germany* (London, 2011), pp. 260–76. 参照。
(55) ポツダム議定書は http://avalon.law.yale.edu/20th_century/decade/17.asp. で入手可。
(56) Gerhard Finn, *Die politischen Häftlinge der Sowjetzone: 1945–1959* (Pfaffenhofen, 1960), pp. 26–31; ウォルフガング・レーマンとのインタビュー。ベルリン、2006年9月20日。
(57) パプスドルフは D. Jungnickel 監督のドキュメンター、*Zeitzeugen* の中でインタビューを受けている。
(58) ギゼラ・グナイストとのインタビュー。ベルリンおよびザクセンハウゼン。2006年9月20日、10月4日。
(59) ギゼラ・グナイストとのインタビュー。また Gisela Gneist and Gunther Hydemann, "*Allenfalls kommt man für ein halbes Jahr in ein Umschulungslager*" (Leipzig, 2002) も参照。
(60) Bogusław Kopka, *Obozy Pracy w Polsce, 1944–1950* (Warsaw, 2002), pp. 147–8.
(61) その後、特別収容所1番に変わる。ザクセンハウゼン追悼博物館のウェブサイト、http://www.stiftung-bg.de/gums/en/index.htm を参照。
(62) ザクセンハウゼン追悼博物館コレクションの文書より。
(63) Jan and Renate Lipinsky, *Die Straße die in den Tod führte - Zur Geschichte des Speziallagers Nr. 5 Ketschendorf/Fürstenwalde* (Leverkusen, 1999), p. 177.
(64) グナイストとのインタビュー。彼女は連絡員を務めた。
(65) ソ連文書から引用。ノーマン・ナイマーク (Naimark, *The Russians in Germany: A History of the Soviet Zone of Occupation, 1945–1944* (Cambridge, Mass., 1995), p. 377. は逮捕15万3,953人、死者4万2,022人という数字を挙げている。グナイストとハイデマン (*"Allenfalls kommt man für ein halbes Jahr"*, p12) はソ連とドイツの情報源を用いて逮捕15万7,837人、死者4万3,035人としている。
(66) レーマンとのインタビュー。
(67) グナイストとのインタビュー。
(68) Bodo Ritscher, *Spezlager Nr. 2 Buchenwald*, Gedenkstätte Buchenwald (Buchenwald, 1993), pp. 86–90.
(69) Ernest Tillich, *Hefte der Kampfgruppe*, brochure published in Berlin, 1945.
(70) Ritscher, *Spezlager Nr. 2 Buchenwald*, pp. 86–90.

(71) ザクセンハウゼン追悼博物館コレクションの文書より。

(72) レーマンとのインタビュー。

(73) Tamás Stark, *Magyar hadifoglyok a szovjetunióban* (Budapest, 2006), p. 36.

(74) HIA, George Bien Collection; George Z. Bien, *Lost Years*, self-published memoirs. も参照。

(75) Stark, *Magyar hadifoglyok*, pp. 73–85.

(76) Ibid., p. 97.

(77) László Karsai, 'The People's Courts and Revolutionary Justice in Hungary, 1945–46', in *The Politics of Retribution in Europe*, eds. István Deák, Jan T. Gross and Tony Judt (Princeton, 2000), pp. 233–48.

(78) Margit Földesi, *A megszállók szabadsága* (Budapest, 2002), p. 64.

(79) 旧 NKVD 本部を見学するため筆者をバーデンまで案内してくれたアニタ・ラッケンベルガーに深謝する。

(80) Barbara Bank, 'Az internálás és Kitelepítés dokumentumai a történeti levéltárban', in György Gyarmati, ed., *Az átmenet évkönyve, 2003* (Budapest, 2004), pp. 107–30; Karsai, 'People's Courts and Revolutionary Justice in Hungary', p. 233. も参照。

(81) István Szent-Miklósy, *With the Hungarian Independence Movement, 1943–1947: An Eyewitness Account* (New York, 1988), p. 136.

(82) Ibid., pp. 138–9.

(83) ÁBTL, V-113398/1, pp. 1–20; also Margit Balogh, *A KALOT és a kato-likus társadalompolitika 1935–1946* (Budapest, 1998), pp. 184–5.

(84) ÁBTL, V-113398/1, pp. 241–60.

(85) *Szabad Nép*, 4 May 1946.

(86) *Kis Újság*, 3 May and 4 May 1946.

(87) Sándor M. Kiss, Géza Böszörményi, *Recsk 1950–1953* (Budapest, 2005) の序文より。およびシャーンドル・M・キシュとのインタビュー。ブダペスト、2009 年 1 月 27 日。

第6章◆民族浄化

(1) Maria Buczyło, 'Akcja "Wisła": Wypędzić, rozproszyć', *Karta*, No. 49 (2006), pp. 32–63.

(2) Archie Brown, *The Rise and Fall of Communism* (London, 2009), p. 113. 邦訳アーチー・ブラウン『共産主義の興亡』(下斗米伸夫監訳、中央公論新社、2012 年)。

(3) ポツダム協定は http://avalon.law.yale.edu/20th_century/decade17.asp. で参照

可。

（4）Stefano Bottoni, ‘Reassessing the Communist Takeover of Romania: Violence, Institutional Continuity, Ethnic Conflict Management’, paper presented to the workshop ‘United Europe, Divided Memory’, Vienna, 28–30 November 2008, p. 5.

（5）Eagle Glassheim, ‘National Mythologies and Ethnic Cleansing: The Expulsion of Czechoslovak Germans in 1945’, *Central European History*, 33/4（2000）, p. 470–71.

（6）Piotr Semków, ‘Martyrologia Polaków z Pomorza Gdańskiego w latach II wojny światowej’, *Biuletyn Instytutu Pamięci Narodowej*, Nr 8–9（2006）, pp. 42–9.

（7）Gerhard Gruschka, *Zgoda, miejsce zgrozy: Obóz koncentracyjny w Świętochłowicach*（Gliwice, 1998）.

（8）*“They rocked my cradle then bundled me out” — Ethinic German Fate in Hungary 1939–1948*, exhibition catalogue, Terror Háza（Budapest, 2007）より。

（9）ヘルタ・クーリヒとのインタビュー。ベルリン、2006年11月21日。クーリヒとその家族が追放されたのは、チェコ警察が少女たちのためのナチス組織「少女同盟」（Jungmädel）の制服を着用した彼女の写真を見つけたためだ。

（10）Włodzimierz Borodziej and Hans Lemberg, eds., *Niemcy w Polsce 1945–1950: Wybór Dokumentów*, Vol. III（Warsaw, 2001）, pp. 25–6.

（11）Marion Gräfin Dönhoff, *Namen, die keiner mehr nennt: Ostpreußen - Menschen und Geschichte*（Munich, 1964）, pp. 16–18.

（12）Glassheim, ‘National Mythologies and Ethnic Cleansing’, p. 470.

（13）Piotr Pykel, ‘The Expulsion of the Germans from Czechoslovakia’, in Steffen Prauser and Arfon Rees, eds., *The Expulsion of the ‘German’ Communities from Eastern Europe at the End of the Second World War*, EUI Working Paper HEC No. 2004/1, p. 18.

（14）Borodziej and Lemberg, eds., *Niemcy w Polsce*, pp. 33–4.

（15）Pykel, ‘Expulsion of the Germans from Czechoslovakia’, pp. 11–21, and Balász Apor, ‘The Expulsion of the German-Speaking Population from Hungary’, in Prauser and Rees, eds., *Expulsion of the ‘German’ Communities from Eastern Europe*, p. 32.

（16）László Karsai, ‘The People’s Courts and Revolutionary Justice in Hungary, 1945–46’, in *The Politics of Retribution in Europe*, eds. István Deák, Jan T. Gross and Tony Judt（Princeton, 2000）, pp. 246–7.

（17）Witold Stankowski, ‘Centralny Obóz Pracy w Potulicach w latach 1945–1950’, in Alicja Paczoska, ed., *Obóz w Potulicach - Aspekt Trudnego Sąsiedztwa Polsko Niemieckiego w Okresie Dwóch Totalitarnyzmów*（Bydgoszcz, 2005）, pp. 58–9.

（18）Helga Hirsch, *Zemsta Ofiar*, trans. Maria Przybyłowska（Warsaw, 1999）, p. 78;

Stankowski, 'Centralny Obóz Pracy w Potulicach w latach 1945–1950', p. 62.

(19) Waldemar Ptak, 'Naczelnicy Centralnego Obozu Pracy w Potulicach w Latach 1945–1950', in Paczoska, ed., *Obóz w Potulicach*, pp. 70–78.

(20) Hirsch, *Zemsta Ofiar*, pp. 14–146; Witold Stankowski, *Obozy i inne miejsca odosobnienia dla niemieckiej ludności cywilnej w Polsce w latach 1945–1950*（Bydgoszcz, 2002）, pp. 260–69; John Sack, *An Eye for an Eye*（New York, 1993）, pp. 86–97. も参照。この本は受け止め方に当然議論があり、多くの間違いいや誇張が散見される。しかしサックのインタビューは信ぴょう性があると思われる。

(21) Borodziej and Lemberg, eds., *Niemcy w Polsce*, pp. 131–47.

(22) Barbara Bank and Sándor Őze, *A 'német ügy' 1945–1953. A Volksbundtól Tiszalökig*（Budapest and Munich, 2005）, pp. 9–34.

(23) Timothy Snyder, *Bloodlands: Europe Between Hitler and Stalin*（New York, 2010）, pp. 323–24.

(24) Pykel, 'Expulsion of the Germans from Czechoslovakia', pp. 11–21.

(25) Phillip Ther, 'The Integration of Expellees in Germany and Poland after World War II', *Slavic Review*, Vol. 55, No. 4（Winter 1996）, pp. 787–8.

(26) Piotr Szubarczyk and Piotr Semków, 'Erika z Rumii', *Biuletyn Instytutu Pamięci Narodowej*, No. 5（2004）, pp. 49–53.

(27) Norman Naimark, *Fires of Hatred: Ethnic Cleansing in Twentieth-Century Europe*（Cambridge, Mass., and London, 2001）, pp. 110–11.

(28) Ibid.

(29) Tibor Zinner, *A magyarországi németek kitelepítése*（Budapest, 2004）, pp. 19–28; also Barbara Bank, introduction to *A 'német ügy' 1945–1953*.

(30) Bottoni, 'Reassessing the Communist Takeover of Romania', p. 5.

(31) Mikołaj Stanisław Kunicki, 'The Polish Crusader: The Life and Politics of Bolesław Piasecki, 1915–1979', Ph. D. dissertation, Stanford University, June 2004, pp. 196–203.

(32) Bottoni, 'Reassessing the Communist Takeover of Romania', pp. 18–21.

(33) Kálmán Janics, *Czechoslovak Policy and the Hungarian Minority, 1945–1948*（New York, 1982）, p. 61.

(34) Ibid., p. 105.

(35) Andrzej Krawczyk, "Czechy: Kommunizm Wiecznie Zywy," *Gazeta Wyborcza* 155（July 5, 2007）を参照。クラフチクは、追放はチェコスロヴァキア共産党の正統性を支える極めて重要な部分だったと論じている。

(36) *Przesiedlenia Polaków i Ukraińców, 1944–1946*, Vol. 2, document collection

prepared by Archiwum Ministerstwa Wewnetrznych I Administracja RP and Derzahvny Arkhiv Sluzby Bezpeki Ukrainii（Warsaw and Kiev, 2000）, p. 41.

(37) ヴォルヒニャにおける民族浄化作戦に関し簡潔にして最良の説明をしているのは、Timothy Snyder, 'The Cause of Ukrainian - Polish Ethnic Cleansing, 1943', *Past and Present*, No. 179（May 2003）pp. 197–234. である。

(38) Barbara Odnous, 'Lato 1943', *Karta*, No. 46（2005）, p. 121.

(39) Waldemar Lotnik, *Nine Lives: Ethnic Conflict in the Polish-Ukrainian Borderlands*（London, 1999）, p. 65.

(40) *Przesiedlenia Polaków i Ukraińców*, p. 253.

(41) Ibid., p. 45.

(42) Ibid., pp. 737–41.

(43) Ibid., pp. 915–17.

(44) Dariusz Stola, 'Forced Migrations in Central European History', *International Migration Review*, Vol. 26, No. 2（Summer 1992）, pp. 324–41.

(45) *Przesiedlenia Polaków i Ukraińców*, pp. 49, 743.

(46) Eugeniusz Misiłi, *Akoja Wisła*（Warsaw, 1993）, pp. 16–17.

(47) Snyder, *Sketches from a Secret War*（New Haven and London, 2005）, p. 210.

(48) Misiło, *Akcja Wisła*, pp. 66–9 and 73.

(49) Ibid., p. 63.

(50) Ibid., p. 25.

(51) Buczyło, 'Akcja "Wisła"', p. 34.

(52) Snyder, *Bloodlands*, p. 329.

(53) Mark Kramer, 'Stalin, Soviet Policy and the Consolidation of a Communist Bloc in Eastern Europe, 1944–1953', p. 21, paper delivered at the Freeman Spogli International Institute, 30 April 2010.

(54) Dagmar Kusa, 'Historical Trauma in Ethnic Identity', in Eleonore Breuning, Jill Lewis and Gareth Pritchard, eds., *Power and the People: A Social History of Central European Politics, 1945–1956*（Manchester, 2005）, pp. 130–52.

(55) Janics, *Czechoslovak Policy and the Hungarian Minority*, p. 219.

(56) Bennet Kovrig, 'Partitioned Nation: Hungarian Minorities in Central Europe', in Michael Mandelbaum, ed., *The New European Diasporas*（New York, 2000）, pp. 19–81; Stola, 'Forced Migrations in Central European History', pp. 336–7.

(57) http://www.ipn.gov.pl/portal/en/2/71/Responce_by_the_State_of_Israel_to_the_application_for_the_extradition_of_Salomo.hyml. で参照可。ポーランド当局は1998年、ヘレナ・ブルスを本国に送還させようとも試みた。彼女は国内軍

の英雄的な指導者の１人であるエミル・フィールドルフ将軍の逮捕状に署名したスターリン主義者の元検事だ。将軍は茶番の裁判にかけられ、その後に処刑された。ブルスは1971年に既にオクスフォードに移住。「アウシュヴィッツ・ビルケナウの国」では「公正な裁判を受けることはできない」との理由で、ポーランドへの帰還を拒否した。英国政府は身柄引き渡しに同意しなかった。Anne Applebaum, "The Three Lives of Helena Brus" *Sunday Telegraph*, December 6, 1998. を参照。

（58） Dariusz Stola, *Kraj Bez Wyjścia? Migracje z Polski 1949–1989*（Warsaw, 2010）, pp. 49–53. Dariusz Stola, Natlia Aleksiun and Barbara Polak, 'Wszyscy krawcy wyjechali. O. Żydach w PRL', *Biuletyn Instytutu Pamięci Narodowej*, No. 11（2005）, pp. 4–25. も参照。

（59） András Kovács, ed., *Jews and Jewry in Contemporary Hungary: Results of a Sociological Survey*, Institute for Jewish Policy Research, No. 1（2004）, pp. 49–53.

（60） Jeffrey Herf, *Divided Memory: The Nazi Past in the Two Germanys*（Cambridge, Mass., 1997）, p. 70. 戦前からドイツに暮らしていたユダヤ人60万人のうち、約２万1,000人が国内全域にとどまった。

（61） Stola, *Kraj Bez Wyjścia?*, p. 50.

（62） Marek Chodakiewicz, *After the Holocaust*（New York, 2003）, pp. 187–99.

（63） ヤン・グロスは *Fear: Anti-Semitism in Poland After Auschwitz*（New York, 2006）の中で、1944年から46年の間に人種的な動機により殺害されたユダヤ人については1,500人が「広く受け入れられた」推定であると書いている。マレク・ホダキエヴィチは歴史論理学の及ぶぎりぎりの領域から *After the Holocaust*（pp. 207–16）の中で、これより少ない400人から700人という数字を挙げている。ほかの学者たちは最大2,500人としている。邦訳ヤン・T・グロス『アウシュヴィッツ後の反ユダヤ主義――ポーランドにおける虐殺事件を糾明する』（染谷徹訳、白水社、2008年）。

（64） Chodakiewicz, *After the Holocaust*, p. 172; János Pelle, *Az utolsó vérvádak*（Budapest, 1995）, pp. 125–49.

（65） これは極めて簡略化した形で事件を説明したものである。より詳しくは Gross, *Fear*, pp. 11–129、および Bożena Szaynok, *Pogrom Żydów w Kielcach. 4. VII 1946 r.*（Warszawa 1992）を参照。実際に何が起きたのかをめぐり今なお続く論争については、Łukasz. Kaminski and Jan Żaryn, eds., *Wokol Pogromu Kielckiego*（Warsaw, 2006）所収の Bożena Szaynok, "Spory o pogrom Kielcki" にうまく要約されている。

（66） Shimon Redlich, *Life in Transit: Jews in Postwar Łódź, 1945–1950*（Boston, 2010）,

p. 82.

(67) Robert Győri Szabó, *A kommunizmus és a zsidóság az 1945 utáni Magyarországon* (Budapest, 2009), p. 147.

(68) Martin Mevius, *Agents of Moscow: The Hungarian Communist Party and the Origins of Socialist Patriotism 1941–1953* (Oxford, 2005), pp. 94–8.

(69) 最近の二つの証言に関しては、Szabó, *A kommunizmus és a zsidóság az 1945 utáni Magyarországon* および Pelle, *Az utolsó vérvádak* を参照。英文では Peter Kenez が *Hungary from the Nazis to the Soviets: The Establishment of the Communist Regime in Hungary*, 1944–1948 (New York, 2006), pp. 160–62 で出来事を簡潔に要約している。

(70) ホダキエヴィチが *After the Holocaust* の中で書いているように、「現在のところ入手可能な資料は、ポグロムが秘密警察によって扇動された可能性を確認するものではないし、否定もしていない」(pp. 171–72).

(71) Anita J. Prażmowska, 'The Kielce Pogrom, 1946, and the Emergence of Communist Power in Poland', *Cold War History*, Vol. 2, No. 2 (January 2002), pp. 101–24.

(72) Szabó, *A Kommunizmus és a zsidóság az 1945 utáni Magyarországon*, p. 147.

(73) Gross, *Fear*, p. 39.

(74) Heda Kovály, *Under a Cruel Star: A Life in Prague, 1941–1968* (Cambridge, Mass., 1986), p. 47.

(75) Raphael Patai, *The Jews of Hungary: History, Culture, Psychology* (Detroit, 1996), p. 627.

(76) Stola, Aleksiun and Polak, 'Wszyscy krawcy wyjechali', pp. 11–12. Stola also credits Michael Steinlauf's *Bondage to the Dead: Poland and the Memory of the Holocaust* (Syracuse, 1997) and R. J. Lifton's *The Broken Connection: On Death and the Continuity of Life* (New York, 1979) in his review of Gross's *Fear* in *The English Historical Review*, Vol. CXXII, No. 499 (2007), pp. 1460–63.

(77) Anna Cichopek-Gajraj, "Jews, Poles, and Slovaks: A Story of Encounters, 1944–48", Ph. D. dissertation, University of Michigan, 2008, p. 230. に記述されている。

(78) Gross, *Fear*, pp. 130–31.

(79) Stola, *Kraj Bez Wyjścia?*, pp. 50–52.

(80) Ibid., pp. 53–63.

(81) Patai, *Jews of Hungary*, p. 614.

(82) Bożena Szaynok, *Poland-Israel 1944–1968: In the Shadow of the Past and of the Soviet Union* (Warsaw, 2012), pp. 110–13; Szabó, *A kommunizmus és a zsidóság az 1945 utáni Magyarországon*, pp. 75–88. も参照。

(83) Stola, *Kraj Bez Wyjścia?*, pp. 53–63.

(84) Ibid., p. 481.

(85) Andrzej Paczkowski, 'Zydzi w UB: Proba weryfikacji stereotyp', in Tomasz Szarota, ed., *Komunizm: Ideologia, System, Ludzi* (Warsaw, 2001).

(86) Quoted in Gross, *Fear*, p. 224.

(87) HIA, Jakub Berman Collection, folder 1: 4.

(88) Mevius, *Agents of Moscow*, pp. 94–8.

(89) Szabó, *A kommunizmus és a zsidóság az 1945 utáni Magyarországon*, p. 91.

(90) Herf, *Divided Memory*, p. 83.

(91) Mevius, *Agents of Moscow*, p. 184.

(92) Marcin Zaremba, *Komunizm, Legitimizacja, Nacjonalizm* (Warsaw, 2005), p. 140.

(93) T. V. Volokitina et al., eds., *Vostochnaya Evropa v dokumentakh rossiskikh arkhivov, 1944–1953* (Novosibirsk, 1997), Vol. 1, pp. 937–43. 1968年、ゴムウカは実際、ポーランド共産党から残るユダヤ人を粛清、その多くを国外に追放した。

第7章◆青年

(1) Wolfgang Leonhard, *Child of the Revolution*, trans. C. M. Woodhouse (Chicago, 1958), p. 408.

(2) HIA, Stefan Jędrychowski Collection, Box 4, folder 18.

(3) AAN, Ministerstwo Oświaty, 686, pp. 1–2.

(4) Robert Service, *Spies and Commissars* (London, 2011) p. 232.

(5) Leopold Tyrmand, *Dziennik 1954* (London, 1980), pp. 47–9.

(6) Marek Gaszyński, *Fruwa Twoja Marynara* (Warsaw, 2009), pp. 12–14.

(7) Tyrmand, *Dziennik 1954*, pp. 47–9.

(8) この概念を嫌う向きもある。著名なロシア研究者スティーヴン・コトキンは、「市民社会」という表現は学者や専門家、外国援助の篤志家にとってのイヌハッカ（西洋またたび）であり、……曖昧模糊とした、意見したところどのような目的にも使える集団的社会アクター」と述べている。ただ、中欧について書く際に、彼はいずれにしてもこの現象に触れざるを得ず、このため同じことに対しても別の用語（「ニッチ」niches）を使っている。Anne Applebaum.“1989 and All That”, *Slate*, November 9, 2009. を参照。

(9) V. I. Lenin, *The Communist party of the Soviet Union (Bolsheviks) is the Leading and Guiding Force of the Soviet Society* (Moscow, 1951), p28. に引用あり。

(10) Dmitri Likachev, 'Arrest', in Anne Applebaum, ed., *Gulag Voices* (New Haven, 2010), pp. 1–12.

(11) Stuart Finkel, *On the Ideological Front: The Russian Intelligentsia and the Making of the Soviet Public Sphere* (New Haven, 2007), pp. 1–13.

(12) Ellen Ueberschär, *Junge Gemeinde im Konflikt: Evangelische Jugendarbeit in SBZ und DDR 1945–1961* (Stuttgart, 2003), p. 62.

(13) Alan Nothnagle, *Building the East Germany Myth* (Ann Arbor, 1999), pp. 103–4.

(14) ソ連におけるルイセンコ対ダーウィン論争に関する優れた説明は、Peter Pringle, *The Murder of Nikolai Vavilov* (New York, 2008) に見いだすことができる。

(15) Ulrich Mählert, *Die Freie Deutsche Jugend 1945–1949* (Paderborn, 1995), pp. 22–45.

(16) Leonhard, *Child of the Revolution*, pp. 299–300.

(17) Mählert, *Freie Deutsche Jugend*, pp. 44–5.

(18) Leonhard, *Child of the Revolution*, pp. 318–26.

(19) DRA, F201–00–00/0004 (Büro des Intendanten Geschäftsunterlagen, 1945–1950), pp. 284–7.

(20) Mählert, *Freie Deutsche Jugend*, pp. 72–3.

(21) Stewart Thomson, in collaboration with Robert Bialek, *The Bialek Affair* (London, 1955), pp. 68–9.

(22) エルンスト・ベンダとのインタビュー。ベルリン、2006年5月20日。

(23) Manfred Klein, *Jugend zwischen den Diktaturen: 1945–1956* (Mainz, 1968), pp. 20–35.

(24) Thomson and Bialek, *Bialek Affair*, pp. 76–8.

(25) Klein, *Jugend zwischen den Diktaturen*, p. 34.

(26) SAPMO-BA, DY 24/2000, p. 13.

(27) Ibid., p. 164.

(28) Mählert, *Freie Deutsche Jugend*, pp. 114–17; SAPMO-BA, DY 24/2000, pp. 36–41.

(29) Klein, *Jugend zwischen den Diktaturen*, p. 67.

(30) Ueberschär, *Junge Gemeinde im Konflikt*, p. 65.

(31) Klein, *Jugend zwischen den Diktaturen*, pp. 73–4.

(32) V. V. Zakharov et al., eds., *SVAG I Religioznie Konfesii Sovetskoi Zoni Okkupatsii Germanii, 1945–1949: Sbornik Dokumentov*, pp. 244–7.

(33) Ibid., pp. 248–9.

(34) DRA, F201–00–00/0004 (Büro des Intendanten Geschäftsunterlagen, 1945–1950), pp. 284–7.

(35) *Szabad Nép*, 19 June 1946.

(36) Ibid., 20 June 1946.

(37) Ibid., 22 June 1946.

(38) Ibid., 23 June 1946.

(39) Ferenc Nagy, *Küzdelem a vassfüggöny mögött* (Budapest, 1990), pp. 314–16.

(40) Imre Kovács, *Magyarország megszállása* (Budapest, 1990), p. 294; József Mindszenty, *Emlékirataim* (Budapest, 1989), p. 134; Margit Balogh, *A Kalot és a katolikus társadalompolitika 1935–1946* (Budapest, 1998), pp. 198–201.

(41) Peter Kenez は、*Hungary from the Nazis to the Soviets: The Establishment of the Communist Regime in Hungary, 1944–1948* (New York, 2006) p. 165 で、これを「ナショナリスト」や「反ユダヤ主義的」と述べている。

(42) Balogh, *A Kalot és a katolikus társadalompolitika*, p. 166.

(43) PIL, 286/31/pp. 7–11.

(44) Ibid.

(45) Ibid.

(46) PIL, 286/31/pp. 13–15.

(47) PIL, 286/31/pp. 172.

(48) Balogh, *A Kalot és a katolikus társadalompolitika*, p. 167.

(49) Ibid., pp. 174–5.

(50) Ibid., pp. 180–83.

(51) Kenez, *Hungary from the Nazis to the Soviets*, p. 279.

(52) *Szabad Nép*: 16 July 1946, p. 3; 18 July 1946, p. 1; 19 July 1946, p. 1; 20 July 1946, p. 3; 24 July 1946, p. 3. See also László Borhi, *Hungary in the Cold War, 1945–1956: Between the United States and the Soviet Union* (New York and Budapest, 2004), pp. 94–5; Kenez, *Hungary from the Nazis to the Soviets*, pp. 279–80.

(53) Balogh, *A Kalot és a katolikus társadalompolitika*, pp. 206–9.

(54) Henryk St Glass, *Harcerstwo jako czynnik odrodzenia Narodowego* (Warsaw and Plock, 1924), pp. 15–18.

(55) Norman Davies, *Rising' 44: The Battle for Warsaw* (New York, 2004), pp. 177–8 and 496; Julian Kwiek, *Związek Harcerswa Polskiego w latach 1944–1950. Powstanie, rozwój, likwidacja* (Toruń, 1995), pp. 5–6. も参照。

(56) Karta, Bronisław Mazurek, I/531.

(57) M. Kowalik, *Harcerstwo w Stalowej Woli 1938 - 1981. Zapiski kronikarskie* (Warsaw, 1981).

(58) Karta, Janusz Zawisza-Hrybacz, II/1730.

(59) マリア・ストラシェフスカとのインタビュー。ワルシャワ、2009年5月

20日。
(60) Kwiek, *Związek Harcerstwa Polskiego*, pp. 8–12.
(61) Ludwik Stanisław Szuba, *Harcerstwo na Pomorzu i Kujawach w latach 1945–1950* (Bydgoszcz, 2006), p. 35.
(62) Kwiek, *Związek Harcerstwa Polskiego*, p. 47.
(63) Ibid., pp. 66–7.
(64) ユリア・タズビロワとのインタビュー。ワルシャワ、2009年5月20日。
(65) K. Persak, *Odrodzenia harcerstwo w 1956 roku* (Warsaw, 1996), pp. 60–62; Kwiek, *Związek Harcerstwa Polskiego*, p. 123.
(66) ストラシェフスカとのインタビュー。
(67)「地下」のスカウト運動は1950年代に発足。1989年まで存続した。
(68) AAN, Ministerstwo Oświaty, 592, pp. 1–4.
(69) Jan Żaryn, *Dzieje Kosciola Katolickiego w Polsce, 1944–1989* (Warsaw, 2003), pp. 119–20.
(70) Ferenc Pataki, *A Nékosz-legenda* (Budapest, 2005), pp. 179–97.
(71) PIL, 302/1/15/p. 11.
(72) 英文では *The Confrontation* (http://www.imdb.com/title/tt0062995/) のタイトルも付いている。
(73) イヴァーン・ヴィターニとのインタビュー。ブダペスト、2006年1月28日。
(74) PIL, 320/1/16/pp. 162–77.
(75) Tibor Huszar, 'From Elites to Nomenklatura: The Evolution and Some Characteristics of Institutionalised Cadre Policy in Hungary (1945–1989)', *Review of Sociology*, 11/2 (2005), pp. 5–73.
(76) Pataki, *A Nékosz-legenda*, pp. 173–5, and István Papp, 'A Nékosz legendája és valósága', in *Mítoszok, legendák, tévhitek a 20. századi magyar történelemről* (Budapest, 2005), pp. 309–38.
(77) Dini Metro-Roland, 'The Recollections of a Movement: Memory and History of the National Organization of People's Colleges', *Hungarian Studies*, 15/1 (2001), p. 84.
(78) Patake, *A Nékosz-letenda*, p. 259.
(79) PIL, 302/1/15; also 867/1/H-168.
(80) Pataki, *A Nékosz-legenda*, pp. 378–9.
(81) Papp, 'A Nékosz legendája és valósá', p. 335.

第8章◆ラジオ

(1) アンジェイ・ザレフスキとのインタビュー。ワルシャワ、2009年9月15日。

(2) Wolfgang Schivelbusch, *In a Cold Crater: Cultural and Intellectual Life in Berlin, 1945–1948* (Berkeley, 1998), pp. 108–9.

(3) DRA, B202–00–00–06/0617.

(4) DRA, F201–00–00/0004, pp. 646–50.

(5) DRA, F201–00–00/0004, pp. 427–35.

(6) Peyer Strunk, *Zensur und Zensoren* (Berlin, 1996), pp. 10–18.

(7) Markus Wolf and Anne McElvoy, *Man without a Face: The Autobiography of Communism's Greatest Spymaster* (London, 1997), p. 36.

(8) Strunk, *Zensur und Zensoren*, pp. 10–18.

(9) Schivelbusch, *In a Cold Crater*, pp. 109–10.

(10) DRA, F201–00–00/0004, p. 544.

(11) Strunk, *Zensur und Zensoren*, p. 111.

(12) ギュンター・ホルツヴァイシヒとの会話。ベルリン、2006年10月1日。イングリット・ペチシンスキとの会話。2006年10月16日。

(13) Michael Geyer, ed., *Te Power of Intellectuals in Contemporary Germany* (Chicago, 2001), pp. 252.

(14) DRA, 201–00–04/0001, pp. 1–132.

(15) Ibid., pp. 108–9.

(16) DRA, B202–00–07/0027.

(17) DRA, B202–00–03/0002.

(18) DRA, B202–00–06/40.

(19) DRA, F201–00–00/0004, pp. 532, 540 and 600–615.

(20) Ibid., p. 583.

(21) Ibid., pp. 71–3.

(22) N. Timofeeva et al., eds., *Politika SVAG v Oblasti Kulturi, nauki I Obrazovaniya: Tseli, Metody, Rezultaty, 1945–1949 gg, Sbornik Dokumentov*, pp. 124–5.

(23) TVP, 85/14 and Stefania Grodzieńska, *Już nic nie muszę* (Lublin, 2000), pp. 34–8.

(24) 非合法新聞 *Tygodnik Mazowsze* のアーカイブは1981年の戒厳令布告後、Billigsのアパートに保管された。2006年12月6日の *Gazeta Wyborcza* は http://wyborcza.pl/1,77023,3777590.html. で閲覧可。

(25) Grodzieńska, *Już nic nie muszę*, pp. 34–5.

(26) TVP, 85/2/2.

(27) 命令は1944年8月15日、*Rzeczpospolita*に転載された。

(28) *Dziennik Ustaw Rzeczpospolitej* 10 (November 3, 1944); Agnieszka Sowa, "Gadające skrzynki," *Polityka* 37, 2521 (September 17, 2005), pp. 74–76; ピョートル・パシコフスキとのインタビュー。ワルシャワ、2007年5月21日。

(29) Tomasz Goban-Klas, *The Orchestration of the Media: The Politics of Mass Communications in Communist Poland and the Aftermath* (Boulder, 1994), pp. 53–4.

(30) Andrzej Krawczyk, *Pierwsza próba indoktrynacji: Działalność Ministerstwa Informacji i Propagandy w latach 1944–1947*, Dokumenty do dziejow PRL, Vol. 7 (Warsaw, 1994), p. 36.

(31) NAC, recording catalogues, www. audiovis. nac. gov. pl; also NAC, Dokumentacja programowa Polskiego Radia, 21. 02. 1945, 9/8, s. 19.

(32) TVP, 85/2/2.

(33) TVP, 85/2/1.

(34) Władysław Szpilman, *The Pianist* (London, 1999), pp. 7–9.

(35) TVP, 85/2/2.

(36) Ibid.

(37) TVP, 85/6/1.

(38) István Vida, 'A demokratikus Magyar Rádió megteremtése és a Magyar Központi Híradó Rt. Megalakulása', in *Tanulmányok a Magyar Rádió történetéből 1925–1945* (Budapest, 1975), pp. 239–86, and Béla Lévai, *A rádió és a televízió krónikája 1945–1978* (Budapest, 1980), p. 11.

(39) Peter Kenez, *Hungary from the Nazis to the Soviets: The Establishment of the Communist Regime in Hungary, 1944–1948* (New York, 2006), p. 89.

(40) Lévai, *A rádió és a televízió krónikája*, p. 15.

(41) Ibid., p. 12; Vida, 'A demokratikus Magyar Rádió', p. 246.

(42) Jenő Randé and János Sebestyén, *Azok a rádiós évtizedek* (Budapest, 1995), p. 112.

(43) アーロン・トービアーシュとのインタビュー。ブダペスト、2009年5月21日。

(44) Gyula Schöpflin, *Szélkiáltó* (Budapest, 1985), p. 60.

(45) Vida, 'A demokratikus Magyar Rádió', pp. 249–51.

(46) Ibid., p. 251.

(47) Lévai, *A rádió és a televízió krónikája*, pp. 16–26.

(48) László András Palkó, 'A Magyar Rádió és az Államvédelmi Hatóság kapcsolata a Rákosi-korszakban', *Valóság* 2008/01, pp. 69–77.

(49) Schöpflin, *Szélkiáltó*, pp. 63–4.

(50) Randé and Sebestyén, *Azok a rádiós évtizedek*, pp. 110–12.

第9章◆政治

(1) NA, RG218, Stack 190 2/15/3/CCS/JCS UD47, Box 15, file 94（アントニー・ビーヴァー提供）

(2) John Lewis Gaddis, *The Cold War: A New History*（New York, 2005）, pp. 5–6.

(3) このうち1人がベルリン・フィルの指揮者を殺害した。Ruth Andreas-Friedrich, *Battleground Berlin: Diaries, 1945–1948*（New York, 1990）, pp. 86–92. を参照。邦訳ルート・アンドレーアス＝フリードリヒ『舞台・ベルリン――占領下のドイツ日記』（飯吉光夫訳、朝日新聞出版、1988年）。

(4) Krystyna Kersten, *The Establishment of Communist Rule in Poland, 1943–1948*（Berkeley, 1991）, p. 75. に引用あり。

(5) Ivan T. Berend, *Central and Eastern Europe 1944–1993*（Cambridge, 1996）, p. 30.

(6) Teresa Torańska, *Oni: Stalin's Posh Puppets*, trans. Agnieszka Kołakowska（Warsaw, 2004）, p. 484.

(7) Hermann Weber, ed., *DDR: Dokumente zur Geschichte der Deutschen Demokratischen Republik 1945–1985*（Munich, 1986）, pp. 65–6.

(8) Stanisław Mikołajczyk, *The Rape of Poland*（New York, 1948）, p. 100.

(9) T. V. Volokitina et al., eds., *Sovietskii faktor v vostochnoi evrope, 1994–1953*（Moscow, 1999）, Vol. 1, pp. 67–76.

(10) Gaddis, *Cold War*, p. 100.

(11) T. V. Volokitina et al., eds., *Vostochnaya Evropa v dokumentakh rossiskikh arkhivov, 1944–1953*（Novosibirsk, 1997）, Vol. 1, pp. 330–31.

(12) R. J. Crampton, *A Concise History of Bulgaria*（Cambridge, 2006）, PP. 182–3.

(13) Mikołajczyk, The Rape of Poland, p. 98; Martin Gilbert, "Churchill and Poland". 2010年2月16日、ワルシャワ大学で行った未刊行の講演。マーティン・ギルバートに感謝する。

(14) Keresten, *Establishment of Communist Rule in Poland*, p. 81.

(15) Ibid., p. 113.

(16) "Protcol of Proceeding of Crimea Conference" は http://www.fordham.edu/halsall/mod/1945YALATA.html. で入手可。

(17) Mikołajczyk, *Rape of Poland*, p. 127.

(18) Ibid., pp. 130–34.

(19) Kersten, *Establishment of Communist Rule in Poland*, p. 242.

(20) IWM, 'The Struggles for Poland, Programme Six', Roll E. 156, ウォジミエシュ・ブルスとのインタビュー（ワンダ・ロストフスカに感謝する）。.

(21) HIA, Stanisław Mikołajczyk Collection, Box 103, folder 3, and Box 104, folder 9.

(22) Ibid.

(23) Tomasz Goban-Klas, *The Orchestration of the Media: The Politics of Mass Communications in Communist Poland and tha Aftermath* (Boulder, 1994), p. 52.

(24) HIA, Stanisław Mikołajczyk Collection, Box 104, folders 4 and 5.

(25) Kersten, *Establishment of Communist Rule in Poland*, pp. 252–3.

(26) Torańska, *Oni*, p. 273.

(27) Ibid., p. 274.

(28) Kersten, *Establishment of Communist Rule in Poland*, pp. 271–7.

(29) IWM によるブルスとのインタビュー。

(30) IWM によるブルスとのインタビュー。

(31) Andrzej Paczkowski, *Referendum z 30 czerwca 1946: Proba wstępnego bilansu* (Warsaw, 1992), p. 14.

(32) Andrzej Krawczyk, *Pierwsza próba indoktrynacji. Działalność Ministerstwa Informacji i Propagandy w latach 1944–1947*, Dokumenty do dziejow PRL, Vol. 7 (Warsaw, 1994), p. 91.

(33) Paczkowski, *Referendum z 30 czerwca 1946*, pp. 221–2.

(34) Torańska, *Oni*, pp. 274–5.

(35) Krawczyk, *Pierwsza próba indoktrynacji*, p. 91.

(36) Kersten, *Establishment of Communist Rule in Poland*, p. 320.

(37) IWM によるブルスとのインタビュー。

(38) Mikołajcyk, *Rape of Poland*, p. 198.

(39) Anita Prażmowska, *Poland: A Modern History* (London, 2010), p. 167.

(40) 連帯は当初は非合法の運動だったが、1980 年 8 月から 1981 年 12 月までの間は合法の労働組合として認知されていた。

(41) Ignác Romsics, *Hungary in the Twentieth Century* (Budapest, 1999), pp. 230–31.

(42) Peter Kenez, *Hungary from the Nazis to the Soviets: The Establishment of the Communist Regime in Hungary, 1944–1948* (New York, 2006), p. 96.

(43) Volokitina et al., eds., *Vostochnaya Evropa*, Vol. 1, pp. 271–4.

(44) 国立セーチェーニ図書館（SNL）によるイェネー・セル、テルテーネティ・インテリューク・ターラ、オルサーゴシェ・セーチェーニ・ケニヴタールとのインタビュー。ブダペスト、SNL の歴史インタビュー集。インタビューは 1985 年 8 月 3 日、アンドラーシュ・ヘゲドゥシュ、ガーボル・ハ

ナーク、ジュラ・コザーク、イロナ・サボーネー・デールにより行なわれた。

（45）セルとのインタビュー。

（46）Ibid.

（47）György Gyarmati, '"Itt csak az fog történni, amit a kommunista párt akar!": Adalékok az 1947: évi országgyűlési választások történetéhez', *Társadalmi Szemle*, Vol. 8–9（Budapest, 1997）, pp. 144–61.

（48）Volokitina et al., eds., *Vostochnaya Evropa*, Vol. 1, pp. 271–4.

（49）Volokitina et al., eds., *Sovietskii faktor*, Vol. 1, pp. 243–4.

（50）Ferenc Nagy, *The Struggle behind the Iron Curtain*（New York, 1948）, p. 369.

（51）Ibid., pp. 405–26.

（52）Gyarmati, '"Itt csak az fog történni, amit a kommunista párt akar!"', pp. 144–61.

（53）Dezső Sulyok, *Két éjszaka nappal nélkül*（Budapest, 2004）, pp. 387–91.

（54）Károly Szerencsés, *A kék cédulás hadművelet*（Budapest, 1992）, pp. 59–73.

（55）Margit Balogh and Kataline S. Nagy, eds., *Asszonysorsok a 20. Században*, conference papers of BME Szociológia és Kommunikáció Tanszék, 2000, pp. 297–309.

（56）Dirk Spilker, *The East German Leadership and the Division of Germany: Patriotism and Propaganda 1945–1953*（Oxford, 2006）, pp. 53–4.

（57）Peter Greider, *The East German Leadership 1946–1973*（Manchester, 1999）, pp. 17–25.

（58）全文は http://www.marxists.org/archive/lenin/works/1918/prrk/index.htm. で入手可。

（59）Gary Bruce, *The Firm: The Inside Story of the Stasi*（Oxford, 2010）, pp. 34–6.

（60）Wilfried Loth, *Stalin's Unwanted Child: The Soviet Union, The Germman Question and the Founding of the GDR*, trans. Robert F. Hogg（London, 1998）, p. 31.

（61）Spilker, *East German Leadership and the Division of Germany*, pp. 47–50.

（62）Andreas-Friedrich, *Battleground Berlin*, p. 130.

（63）Ibid., P. 125.

（64）Ibid., pp. 114–15.

（65）Walter Ulbricht, *On Questions of Socialist Construction in the GDT*（Dresden, 1968）, pp. 78–90.

（66）Stefan Creuzberger, 'The Soviet Military Administration and East German Elections, Autumn, 1946', *The Australian Journal of Politics and History*, Vol. 45（1999）.

（67）Karl-Heinz Hajna, *Die Landtagswahlen 1946 in der SBZ*（Frankfurt am Main,

2000)、pp. 119–68.

(68) Spilker, *East German Leadership and the Division of Germany*, p. 101.

(69) Creuzberger, 'Soviet Military Administration and East German Elections'.

(70) IWM によるベンダとのインタビュー。

(71) Peter Skyba, 'Jugendpolitik, Jugendopposition und Jugendwiderstand in der SED-Diktatur', in *Jugend und Diktatur. Verfolgung und Widerstand in der SBZ/DDR.* Dokumentation des XII. Bautzen-Forums am 4. und 5. Mai 2001 (Leipzig 2001), p. 40.

(72) IWM によるベンダとのインタビュー。ベルリン、2008年5月20日。

(73) Sidney S. Alexander, *The Marshall Plan*, National Planning Association Planning Pamphlets nos. 60–61 (February 1948), p. 14.

(74) Giuliano Procacci et al., eds., *The Cominform: Minutes of the Three Conferences, 1947/1948/1949* (Milan, 1994), p. 26.

(75) Volokitina et al., eds., *Sovietskii faktor*, Vol. 1, p. 459.

(76) Geoffrey Roberts, 'Moscow and the Marshall Plan: Politics, Ideology and the Onset of the Cold War, 1947', *Europe-Asia Studies*, Vol. 46, No. 8 (1994), p. 1378; also Volokitina et al., eds., *Sovietskii faktor*, Vol. 1, pp. 462–5.

(77) Procacci et al., eds., *Cominform*, pp. 26, 225–51 and 379.

(78) Ibid., p. 43.

(79) Ibid., p. 129.

(80) Kenez, *Hungary from the Nazis to the Soviets*, pp. 277–8.

(81) Jenő Randé and János Sebestyén, *Azok a rádiós évtizedek* (Budapest, 1995), pp. 127–9.

(82) Ivor Lukes, 'The Czech Road to Communism', in Norman Naimark and Leonid Gibianskii, eds., *The Establishment of Communist Regimes in Eastern Europe, 1994–1949* (Boulder, 1997), p. 259.

(83) Ekaterina Nikova, 'Bulgarian Stalinism Revisited', in Vladimir Tismaneau, ed., *Stalinism Revisited* (New York and Budapest, 2009), pp. 290–94.

第10章◆経済

(1) Giuliano Procacci et al., eds., *The Cominform: Minutes of the Three Conferences, 1947/1948/1949* (Milan, 1994), p. 17.

(2) Ingolf Vogeler, 'State Hegemony in Transforming the Rural Landscapes of Eastern Germany: 1945–1994', *Annals of the Association of American Geographers*, Vol. 86, No. 3 (Sept. 1996), pp. 432–3.

(3) Jonathan Osmond, 'From *Junker* Estate to Co-operative Farm: East German Agrarian Society 1945–61', in Patrick Major and Jonathan Osmond, eds., *The Workers' and Peasants' State* (Manchester, 2002), pp. 134–7.

(4) Gary Bruce, *Resistance with the People* (Oxford, 2003), p. 33.

(5) Peter Stachura, *Poland 1918–1945* (London, 2004), pp. 47–9.

(6) Nicolas Spulber, 'Eastern Europe: The Changes in Agriculture from Land Reforms to Collectivization', *American Slavic and East European Review*, Vol. 13, No. 3 (Oct. 1954), pp. 393–4.

(7) Krystyna Kersten, *The Establishment of Communist Rule in Poland, 1943–1948* (Berkeley, 1991), p. 166.

(8) *Polska-ZSRR: Struktury Podległośći* (Warsaw, 1995), pp. 114–15.

(9) István Harcsa, Imre Kovách and Iván Szelényi, 'The Hungarian Agricultural "Miracle" and the Limits of Socialist Reforms', in Iván Szelényi, ed., *Privatizing the Land: Rural Political Economy in Post-Communist Societies* (London, 1998), pp. 24–6.

(10) Spulber, 'Eastern Europe', pp. 394–8. および Peter Kenez, *Hungary from the Nazis to the Soviests: The Establishment of the Communist Regime in Hungary, 1944–1948* (New York, 2006), pp. 107–18.

(11) Stephen Wegren, *Land Reform in the Former Soviet Union and Eastern Europe* (London, 1998), p. 226.

(12) PIL, 867/1/H-168.

(13) Mark Pittaway, 'The Politics of Legitimacy and Hungary's Postwar Transition', *Contemporary European History*, Vol. 13, No. 4 (2004), p. 465.

(14) Harris L. Coulter, 'The Hungarian Peasantry: 1948–1956', *American Slavic and East European Review*, 18/4 (December 1959), pp. 539–54; also Corey Ross, 'Before the Wall: East Germans, Communist Authority, and the Mass Exodus to the West', *The Historical Journal*, Vol. 45, No. 2 (June 2002), pp. 459–80.

(15) ウルリヒ・フェストとのインタビュー。ヴィッテンベルク、2008年4月16日。

(16) 戦間期の欧州経済の相対的な富については、大陸全体で同一の方法によりデータ収集が成されなかったため計測が難しい。しかしながら非常に大まかな推定をすると、1937年における1人当たりのGDPはチェコスロヴァキア1,841ドル、ハンガリー1,638ドル、ポーランド1,241ドルとなる。その当時、英国は3,610ドル、フランス2,586ドル、ドイツ2,736ドルであった。さらに比較を広げると、1人当たりのGDPは1937年のアイルランドが1,836ドル、ギリシア1,373ドルであった。Mark Harrison, "GDPs of the USSR

and Eastern Europe: Towards an Interwar Comparison," *Europe - Asia Studies* 46, 2（1994）, pp. 243–59. を参照。

（17） V. I. Lenin, *Left Wing Communism - An Infantile Dsorder*（Chippendale, NSW, 1999）, p. 30.

（18） SAPMO-BA, DY 30/IV 2/6. 02 3, pp. 17–25.

（19） Primo Levi, *If This Is a Man and The Truce*（London, 1988）, pp. 220–21. 邦訳プリーモ・レヴィ『アウシュヴィッツは終わらない——これが人間か』（竹山博英訳、朝日新聞出版、改訂完全版 2017 年）。

（20） AAN, Ministerstwo Przemysłu i Handlu, 2831.

（21） フェストとのインタビュー。

（22） ウルリヒ・シュナイダーとのインタビュー。ヴィッテンベルク、2008 年 4 月 16 日。

（23） Anders Åslund, *Private Enterprise in Eastern Europe*（Macmillan, 1985）, p. 26.

（24） Ibid., pp. 30–31.

（25） Ibid., pp. 27–9.

（26） ヤニナ・ストブニャクとのインタビュー。ワルシャワ、2007 年 11 月 28 日。

（27） クリスティナ・パシュコフスカとの会話。ホビェリン、2010 年 12 月 31 日。

（28） ステファン・グジェシュキエヴィチとのインタビュー。ワルシャワ、2007 年 10 月 12 日。

（29） György Polák, 'Csapás' a feketekereskedelemre - A gazdasági rendőrség ténykedése 1945 után', *Korrajz 2002 - a XX. Század Intézet Évkönyve, XX.* Század Intézet（Budapest, 2004）, pp. 128–37.

（30） Ibid., p. 135.

（31） Ibid., pp. 128–37.

（32） MOL, XIX-G5 480/1946. 2.

（33） Gergő Havadi, *Dokumentumok a fővárosivendéglátók államosításáról 1949–1953*（ArchívNet 2009/2）, http://www.archivnet.hu/index.phtml?cikk=313. で入手可。

（34） György Majtényi, 'Őrök a vártán. Uralmi elit Magyarországon az 1950-es, 1960-as években', in Sándor Horváth, ed., *Mindennapok Rákosi és Kádár korában*（Budapest, 2008）, pp. 289–316.

（35） Margit Földesi, *A megszállók szabadsága*（Budapest, 2002）, pp. 108–36.

（36） Norman Naimark, *The Russians in Germany: A History of the Soviet Zone of Occupation, 1945–1949*（Cambridge, Mass., 1995）, pp. 172–3.

(37) Marek Jan Chodakiewicz, John Radziłowski and Dariusz Tolczyk, eds., *Poland's Transformation: A Work in Progress* (Charlottesville, 2003), pp. 157–93.
(38) David Crowley, *Warsaw* (London, 2003), p. 28.
(39) Padraic Kenney, *Rebuilding Poland: Workers and Communists 1945–1950* (Ithaca, 1997), p. 30.
(40) Naimark, *Russians in Germany*, pp. 184–6.
(41) Ignác Romsics, *Hungary in the Twentieth Century* (Budapest, 1999), pp. 248–9.
(42) Kenney, *Rebuilding Poland*, p. 81.
(43) Kersten, *Establishment of Communist Rule in Poland*, p. 251. ウッチ、シレジア、グダニスクはいずれも1980年、独立労組「連帯」の重要な拠点となる。
(44) Gyula Belényi, *Az állam szorításában. Az ipari munkásság társadalmi átalakulása 1945–1965* (Budapest, 2009), pp. 49–51 and 158–9.
(45) Henryk Różański, *Śladem Wspomnień i Dokumentów (1943–1948)* (Warsaw, 1987), p. 142.
(46) Jochen Laufer, 'From Dismantling to Currency Reform', in Konrad H. Jarausch, ed., *Dictatorship as Experience: Towards a Socio-Cultural History of the GDR* (New York, 1999), pp. 73–90.
(47) Tamás Lossonczy, *The Vision is Always Changing* (Budapest, 2004), pp. 98–100.
(48) William A. Bomberger and Gail E. Makinen, 'Hungarian Hyperinflation and Stabilization of 1945–1946', *The Journal of Political Economy*, Vol. 91, No. 5 (Oct. 1983), pp. 801–24.
(49) Jeffrey Kopstein, *The Politics of Economic Decline in East Germany, 1945–1989* (Chapel Hill, 1997), p. 21.
(50) Kenney, *Rebuilding Poland*, p. 90. に引用あり。
(51) Kopstein, Politics of Economic Decline in East Germany, p. 26. に引用あり。
(52) AAN, Ministerstwo Przemysłu i Handlu, 2832, p. 1.
(53) AAN, Ministerstwo Oświaty, 568, pp. 2–12.
(54) AAN, Ministerstwo Oświaty, 568, p. 22; see also http://www.drukarnia-anczyca.com.pl/historia/1945-1957.
(55) SAPMO-BA, DC 30/IV 2/6. 02 116.
(56) SAPMO-BA, DY 30/IV 2/6. 02 76.
(57) SAPMO-BA, DC 20/12046.
(58) BStU MfSZ, Sekretariat d. Ministers (Min.) 387, p. 622.
(59) Różański, *Śladem Wspomnień i Dokumentów*, p. 145.
(60) Jo Langer, *My Life with a Good Communist* (London, 2011), pp. 17–19.

(61) DRA, F201–00–00/0004, pp. 309–10.

(62) DRA, B204–02–01/0364.

(63) Peter Grothe, *To Win the Minds of Men: The Story of the Communist Propaganda War in East Germany* (Palo Alto, 1958), pp. 141–2.

(64) DRA, F201–00–00/0004, pp. 318–31.

(65) Bolesław Bierut, *Sześcoletni Plan Odbudowy Warszawy* (Warsaw, 1950).